자조론 연구

영국 · 일본 · 중국 · 한국을 중심으로

이 저서는 2016년 정부(교육부)의 재원으로 한국연구재단의 지원을 받아 수행된 연구임(NRF-2016S1A6A4A01019227)

자조론 연구

영국 · 일본 · 중국 · 한국을 중심으로

초판 1쇄 발행 2020년 4월 27일

지은이 | 우남숙
펴낸이 | 윤관백
펴낸곳 | 도서출판 선인

등 록 | 제5-77호(1998.11.4)
주 소 | 서울시 마포구 마포대로 4다길 4 곶마루 B/D 1층
전 화 | 02) 718-6252 / 6257
팩 스 | 02) 718-6253
E-mail | sunin72@chol.com

정가 30,000원

ISBN 979-11-6068-373-8 93300

· 잘못된 책은 바꿔 드립니다.
· www.suninbook.com

자조론 연구

영국 · 일본 · 중국 · 한국을 중심으로

우남숙

▌목 차▌

Ⅰ. 서론

Ⅱ. 동아시아 삼국의 자조론의 이론적 원형: 스마일스의 『자조론』

Ⅲ. 동아시아 삼국의 자조론의 전개: 일본 · 중국 · 한국

Ⅳ. 결론

I
서 론

본 책의 주제는 근대 동아시아 삼국에 수용되어 큰 영향을 미쳤던 자조론이 새뮤얼 스마일스(Samuel Smiles, 1812~1904; 이하 스마일스)의 대표작인 『자조론(Self-Help)』(개정판 1867)[1)]을 이론적 원형(Original Type)으로 하여 전개되었음을 정치사상사적으로 해명하고, 과연 그의 자조론은 어떻게 형성되어 근대 동아시아 삼국으로 전파되었으며 각국에서는 어떠한 고유의 자조론[2)]으로 정착되어 가는지를 살펴보는 것이다.

삼국에 자조론의 이론적 원형을 제공한 스마일스는 일부 독자들에게는 비록 낯설게 여겨질지 모른다. 그러나 자주 회자 되는 '하늘은 스스로 돕는 자를 돕는다(Heaven helps those who help themselves)'의 전파자로 잘 알려져 있다. 또한 그는 영국 빅토리아시대(Victorian era, 1873~1901)[3)]의 의사 및 야학 교육가이면서 약 25권의 저술과 수백 편

1) 본고에서의 스마일스의 인용문은 공병호의 번역본인 『자조론』(비즈니스북스, 2005)을 참고하였다. 또한 계속 인용할 경우에는 책의 쪽만 표시하며, 원문 소개의 경우에는 Smiles, Samuel, 2002, *Self-Help*, Oxford: Oxford Press.를 참고하였다.

2) 본고에서는 『자조론』과 그의 사상을 통칭하는 자조론을 구별하여 문맥에 따라 사용하기로 한다.

3) 영국의 19세기는 빅토리아여왕(Queen Victoria, 1819~1901)의 인명과 거의 동격의 시기라 할 수 있다. 즉 빅토리아여왕은 18살이던 1837년에 삼촌인 윌리엄 4세

의 에세이를 남긴 문필가이기도 하다.

그런데 『자조론』의 1장 첫 줄에 실려 있는 그의 금언이 가진 함의은 산업화 시대에 새로이 등장하게 된 '노동빈민(industrious, labouring poor)'에게 빈곤(poverty) 극복은 국가의 구제정책에 의해서가 아니라, 자신의 도덕적 자질이라 할 수 있는 개인의 올바른 태도(the right attitude)나 투지(determination)와 같은 이른바 '자조정신(the spirit of self-help)'에 의해 가능하며, 이러한 성숙한 인격의 함양을 통해 그 어떠한 것도 성취해 갈 수 있다는 것이다.[4] 나아가 그는 이를 예증하기 위해 유럽의 역사를 통해 변화와 역경에 도전하여 '자조정신'의 승리를 실천한 입지전적인 인물들에 관한 수많은 예를 담았다.

그런데 '스스로를 도우라'는 뜻의 '자조'라는 용어는 그가 처음 만든 신조어가 아니다. 즉 19세기 자유주의적 빈곤 담론이 전개되던 빅토리아시대에 빈곤의 근절을 위해 빈번히 사용되던 시대정신을 상징하는 단어였다.[5] 스마일스는 이를 토대로 자조적 방법을 통한 사회개혁

의 뒤를 이어 즉위하여, 1901년까지 약 64년간 영국을 통치하였는데 역대 군주 가운데 최장기간이며 64년간의 치세가 19세기의 2/3를 차지하기 때문이다. 한편 빅토리아시대를 넓게는 1830년이나 1832년(제1차 선거법 Reform Bill 1832.6 개정안 통과)부터, 좁게는 1837년(빅토리아 여왕 즉위)에서 1901년(빅토리아 여왕 서거)부터인데 역사가들은 대개 1870년을 기점으로 빅토리아시대를 전기와 후기로 나눈다. 또한 이 시대의 문화를 지배한 사상 또는 풍조를 빅토리아니즘(Victorianism, 빅토리아풍)이라 부른다. 즉 문학적으로는 직접적이고 천한 표현의 문체를 피하고 느슨하면서도 다양하게 진행하는 빅토리안 스타일(Victorian style)이며, 영문학에서 빅토리아 문학이 차지하는 비중은 매우 크다.

4) 원문은 "Life will always be, to a large extent, what we make it." "To think we are able is almost to be so."이다. Smiles, Samuel, 2002, *Self-Help*, Oxford: Oxford Press, p.33 참고.

5) 자조 · 체면 · 절제와 같은 빅토리아시대의 주된 덕목은 중간계급(middle classes)의 가치관이자 빅토리아시대 정신이기도 하였다. 이에 대해 리처드 D. 앨틱은 자신의 책에서 다음과 같이 말한 바 있다. "다윈의 『종의 기원』에 의해 조물주가 특별한 호의를 베풀어서 인간을 본래 완벽하게 창조했고 인간의 욕구에 각별히 맞춰서 우주를 만들었다는, 오랫동안 소중히 여겨온 신의 섭리론은 끝나

사상을 전개한 것이다. 즉 빈곤은 선천적인 부도덕의 산물이므로 빈민(the poor)은[6] 무상구호의 자격이 없다는 인식을 토대로, 당시 극빈자(pauper)와 빈민의 경계선을 드나들었던 노동자들을 향해[7] 빈곤의 원인은 사회에 있는 것이 아니라 개인에게 있으며, 누구나 모두 평등하게 갖출 수 있는 '자조정신'이라는 '인격 형성(character building)'을 통해 대처해 나갈 것을 독려한 것이다. 이러한 그의 자조론의 근간은 고전경제학자인 토마스 맬더스(Thomas Robert Malthus, 1766~1834; 이하 맬더스)[8]와 공리주의의 창시자인 제러미 벤담(Jeremy Bentham,

---

고 말았다. 그러나 진보에 대한 빅토리아인들의 신념은 대단히 뿌리 깊은 것이었기에 이를 완전히 억누를 수는 없었다. 따라서 인간은 신의 중재에 의존해서 자신의 상황을 개선할 수 없지만, 자신의 삶에서 무엇이든지 이룰 수 있으려면 스스로에게 의지해야 한다는 것이다. 즉 인간의 비극적 운명을 타개할 수 있는 유일한 해결책은 인간이 자신의 능력을 충분히 깨닫고 사용하는 데서 찾을 수 있다고 인식하는 것이다. 그리하여 실증주의 윤리학에서는 우리에게 친숙한 자조라는 테마가 더욱 숭고한 표현으로 등장한다." 리처드 D. 앨틱, 이미애 옮김, 2011, 『빅토리아 시대의 사람들과 사상』(아카넷 한국연구재단총서 학술명저번역 504), 아카넷, 351쪽 참조.

6) 영국에서 '빈민'이라는 용어가 처음 등장한 것은 16세기 전반이다. 이 시기에 장원이나 '어떤 봉건적 상급자에게' 귀속되지 않은 개인들이라는 새로운 현상이 나타났기 때문이다. 이로써 '빈민'의 의미는 생활이 곤궁한 사람들을 포함해서, 누구든 생계 방편을 찾아 거처 없이 전전하는 상황에 처한 개인을 모두 포함한 것이다.

7) 1839년과 1840년대의 지역 대표 신문이면서 차티즘(Chartism)의 전개와 대륙의 혼돈스러운 상황을 속속 보도하던 『에섹스 스탠다드(Essex Standard)』에서는 노동계급(the working classes), 노동빈민, 빈민을 구별하지 않고 동일한 의미로 사용하였다. 이는 근로하는 노동자도 절대 빈곤에 시달렸음을 알 수 있다. *Essex Standard* 1949.1.5 참조.

8) 1차 산업혁명(First Industrial Revolution, 1760~1830)을 계기로 등장하게 된 고전경제학(classical economics)은 경제사상사에서는 최초의 근대 경제이론으로 지목되며, 아담 스미스(Adam Smith, 1723~1790; 이하 스미스)의 『국부론(The Wealth of Nations』(1776)이 시발점이다. 즉 그는 시장경제는 가만히 내버려 두면 자기조절을 시작해서 자동적으로 사회적으로 최적의 자원배분 상태로 도달하게 된다는 고전파 경제학의 중심 이념인 자유방임주의를 설파했다. 다시 말하자면 특정 계급의 이익과 편견에 갇힌 중농주의자와 중상주의(mercantilism) 정치경제

1748~1832; 이하 벤담) 등의 이른바 19세기 자유주의자들의 영향이 컸다.

이러한 스마일스의 자조론은 개정판을 통해 일본을 거쳐 동아시아에 전파되었다. 그 계기는 에도 막부(幕府)가 주관한 최초의 공식 영국[9] 유학생들의 감독이던 나카무라 마사나오(中村正直, 호 敬宇, 1832~1891; 이하 나카무라)가, 귀국 선물로 받은 개정판 『자조론』을 '유럽의 위인전'이란 뜻의 제목인 『西國立志編－原本自助論』(1870~71; 이하 『서국입지편』)으로 출간하였기 때문이다. 이 과정에서 그는 'Self-Help'를 표현하기 위해 새로운 단어인 '자조(自助)'를 만들어 정착시켰고, 국가 부강의 원인에 관해 종래의 군사력 혹은 유덕자 군주론에서 벗어나 국민 개개인의 품격(respectability)에 의한 도덕적 신장의 총합임을 지목하였다. 또한 『서국입지편』은 메이지유신을[10] 거치며 몰락한 곤궁한 사족(士族, 사무라이)에게 큰 격려가 되는 책이었다. 나아가

학과 달리 자유방임적인 생산 체제를 확립하고 산업혁명의 이데올로기인 경제적 자유주의를 체계화시켰다. 이러한 그의 사상은 데이비드 리카도(David Ricardo, 1772~1823; 이하 리카도), 맬더스, 제임스 밀(James Mill, 1773~1836), 벤담, 밀 등에 의해 지지를 얻었다. 특히 밀의 『정치경제학 원리』는 고전경제학이 널리 퍼져나갈 수 있는 계기도 만들었으며, 스미스의 최소의 국가 기능이 최대한의 자유를 보장한다는 논리인 국가의 불간섭 원칙은, 19세기 중반까지도 큰 영향력을 발휘하여 1870년경부터 시작된 영국의 신고전경제학 발현의 근원 역할을 하였다.

9) 본래 브리튼은 잉글랜드가 속한 섬을 지칭하는 것이며, 이 책에서 사용하는 '영국'은 오늘날의 대브리튼－북아일랜드(1801)연합왕국과 다르다. 즉 통합법(Act of Union, 1707)에 의해 웨일즈(Wales)가 통합되고 이어서 스코틀랜드와 아일랜드도 잉글랜드(England)에 통합되어 대브리튼연합왕국(United Kingdom of Great Britain)이 이루어진 것으로, 아일랜드가 독립하기(1922) 이전인 대(大)브리튼(Britain)연합왕국을 의미한다. 이 가운데 스코틀랜드의 역사는 잉글랜드의 침략에 맞서 국가를 지키기 위한 항쟁의 역사이다. 즉 병합을 당한 이후 주권을 회복하려는 두 차례의 자코바이트난(Jacobite Rebellion, 1715, 1745)을 일으켰다.

10) 메이지 유신은 학문상 명칭이며, 메이지 초기에 유신을 '고잇신'이라고 불렀다. 본래 '고잇신'이란 주자의 『대학장구(大學章句)』의 '일일신 우일신(日日新又日新)'에서 유래한 것이다.

당시 일본은 동아시아에 서구 문명과 사상을 수용하는 통로 역할을 하였으므로, 이 책은 중국과 한국에도 전해져 자조론 전파의 매개 역할을 하였다.

따라서 Ⅱ장에서는 먼저 동아시아 삼국의 자조론의 이론적 원형인 스마일스의 자조론 형성과정을 알아보고, 자조론과 관련한 그의 개인적 행적 및 자조론의 이론적 구조를 살펴볼 것이다. 동시에 스마일스의 자조론의 서양 정치사상사적 위상에 관해서도 밝혀 보고자 한다. 한편 자조론은 19세기 말에 이르자 자유방임국가론을 비판하며 등장하게 된 새로운 시대사조인, 사회민주주의(집산주의 collectivism)적 복지국가 이념으로 전환하는 과정에서 쇠퇴하였다. 그러나 1970년대 말 3차 신자유주의로서 부활하게 된다. 즉 마거릿 대처(Margaret Thatcher, 1925~2013; 이하 대처)는 국민을 향해 빅토리아 시대의 모토의 하나였던 "스스로를 도와라! (Self-Help)"를 강조하였다. 그러면 왜 스마일스의 자조론이 1970년대 말에 대처리즘(Thatcherism)으로 재차 부활하게 되었는지 그 배경을 살펴보고자 한다.

그리고 Ⅲ장에서는 수용국 순으로 하여 최초의 수용국인 일본·중국·한국 순으로 각국에서의 역사적 전개와 수용양식을 상술할 것이다. 즉 각국은 『서국입지편』을 저본으로 하여, 각국의 수용 시기에 따라 시대적 조건을 달리하며 나름의 해석 방식과 구조를 통해서 독특한 수용 양식을 보여주며 토착화해갔기 때문이다. 예를 들어 영국에서의 자조론은 빈곤의 원인에 대한 정의와 해소의 방법과 관련이 있는 이른바 선별적 복지논쟁으로 시작되었으나, 일본에서는 부강한 근대 국민국가의 건설을 위한 정치사상 혹은 근대적 지식인의 삶의 방식과 관련한 도덕적 윤리 및 세속적 성공을 위한 자본주의적 생활윤리로 정착되었다. 이와 달리 제국주의의 침탈을 경험한 한국의 경우는,

개인의 행복을 위한 자조가 아니라 식민지해방 투쟁에서 일차적으로 요구되는 민족의 독립 및 자주를 위한 '자강(自强)'의 정치사상으로서 주된 기능을 하게 되었다.

이러한 각국의 사상적 특징들을 차례로 해명하기 위해, 최초 수용자인 나카무라와 더불어 대한제국에 건너와 활동한 인물인 오오가키 다케오(大垣丈夫, 1861~1929; 이하 오오가키)를 통해 최대 수용국인 일본의 수용양식부터 살펴보고자 한다. 특히 잘 알려지지 않은 메이지 시대(1868~1912) 후기 인물인 오오가키를 연구 대상으로 삼은 이유는, 『대한자강회월보』 등에 자조론과 연관된 다수의 계몽논설뿐만 아니라 『서국입지편』의 아류서적인 『청년입지편(靑年立志編)』(1908)도 저술하여, 장지연·박은식 등의 대한제국 인사들로부터 큰 호평도 받았기 때문이다. 또한 오오가키의 자조론은 메이지 초기의 나카무라와 달리 메이지 후기의 자조론의 수용 양식을 보여주고 있기 때문이다.

그리고 일본에 이어 중국의 자조론을 계몽사상가 량치차오(梁啓超, 1873~1929; 이하 량)의 독서논설인 「자조론(自助論)」을 살펴보고자 한다. 왜냐하면 그는 메이지 중기에 일본으로 망명하여 『서국입지편』을 『청의보(淸議報)』(1898.12~1901.11)의 고정 논설난인 「음빙실자유서(飮氷室自由書)」에 독서논설인 「자조론」으로 게재하였다. 그런데 그의 「자조론」에 주목하지 않을 수밖에 없는 이유는, 그는 중국과 한국에 근대 서양사상 수용의 창구 역할을 하며 큰 영향을 끼친 인물로 알려져 있기 때문이다. 즉 14년간의 망명지 일본에서 전개되던 서양 근대사상의 파동을, 자신이 발행하던 계몽잡지 『청의보』, 『신민총보(新民叢報)』(1902.1.15~1907.11) 등을 통해 중국과 한국에 전하는 사상적 매개자 역할을 하였기 때문이다. 따라서 당시 량은 과연 자조론을 어떻게 받아들였으며, 그의 수용양식은 한국의 사상가들에게는 어떠한 형태로서 전달된 것인지에 주목하는 것이다. 나아가 이를 통해 한국의 특수성인 일본 및 중국을 경유한 자조론의 역사적 수용 과정에서, 량이 과연 어떠한 사상적 가교 역할을 한 것인지를 밝힐 수 있게 되는 것이다.

마지막으로 가장 후발주자인 한국의 경우는 당시 영국 유학생이 없었으므로 직접적 수용이 아닌 간접적 수용이었다. 예컨대 조사시찰단(朝士視察團, 1881.4; 일명 신사 유람단)으로 파견된 윤치호는, 최초의 일본 유학생이 되어 나카무라가 당시 도쿄에 설립하여 전성기를 맞이하고 있던 도진샤(同人社, 1873년 6년 2월 개설~1887년 병합)에서 수학하였고 교장인 나카무라와 교류한 역사적 흔적도 남아 있다.[11] 윤치호 이외에도 일본 유학을 통해 서구 사상을 탐색하던 유학생들도 계몽잡지를 발간하며 자조론을 전파하기 시작하였다. 예컨대 장지연이 창간한 『조양보(朝陽報)』(1906.07.01)를 시작으로 스마일스의 『자조론』의 총론격인 1장의 「국민과 개인(National and Individual)」을 앞다투어 초역하며 스마일스를 '덕학대가(德學大家)'로 회자시킨 것이다. 특히 최남선(1890~ 1957)은 『서국입지편』의 6편까지를 『자조론』(신문관, 1918)으로, 홍난파도 『자조론』의 일부를 오오가키와 동명의 책이기도 한 『청년입지편(青年立志編)』(1923)으로 펴냈다. 이 밖에도 유학경험이 없는 유학자 출신들도 자조론을 수용하여 전파하였다. 예컨대 장지연·박은식 등은 『청의보』, 『신민총보』 등의 인천 보급소 혹은 당시 유통되던 일본발 서적 등을 통해 자조론을 접하고, 『대한자강회월보』, 『서우』, 『서북학회월보』를 통해 자조론에 공명하였음 밝혔다.

---

11) 1881년 7월 7일 조사시찰단은 도쿄 도진샤를 방문한 후, 에도가와초(江戸川町) 18번지에 사는 나카무라를 찾아가서 학업과 교육 등에 관해 필담을 나누었다. 한국고전번역원, 한국고전종합 DB(http://db.itkc.or.kr/) 참조.

따라서 일본 유학생 출신들뿐만 아니라 이들을 통해 수용된 자조론의 역사적 수용 경로를 추적하고, 그들의 수용양식에 대해 명확히 살펴보고자 한다. 특히 후술하는 바와 같이 한국에서 전개된 자조론의 기능은 일제 강점기의 금서 목록에 『자조론』이 포함된 것에 의해 알 수 있듯이 단순한 사적 영역에 한정된 자본주의적 생활 철학서에 머무르지 않았음을 알 수 있다. 즉 자유주의와 민족주의가 결합하는 현상이 나타나지 않은 영국과 달리, 국가 주권의 회복이라는 문제를 직면하고 있던 한국의 경우는 식민권력과 맞서기 위해서는 자유주의와 민족주의가 결합하였다. 더욱이 자조론의 수용은 한국의 자유주의 수용의 역사에 있어 지평을 넓히는 것이다. 즉 단순한 고전적 자유주의 수용에 머무르지 않으며 천부인권과 사회계약설을 부정하는 가운데 이루어진 19세기 자유주의가 수용되는 도정을 밝힐 수 있는 것이다. 동시에 자유주의는 친일화를 통해 제국주의 침투를 용이하게 만들어 민족주의와는 배타적이었다는 종래의 입장에 대해 새로운 해답을 줄 수 있는 정치사상사적 의의도 갖는다.

결론인 Ⅳ장에서는 각국에서 자조론의 정치사상사적 의의를 규명하는 것이다. 즉 미국의 독립선언과 프랑스혁명(1789~1794)은 전통적인 고전적 자유주의가 확산되는 기폭제가 되었지만, 동아시아에서는 개인의 자유를 확립하기 위한 논의인 존 스튜어트 밀(John Stuart, Mill, 1806~1873; 이하 밀)의 *On Liberty*(1859, 이하 『자유론』)보다 오히려 『자조론』이 먼저 전파되었다. 따라서 이 책은 영국의 자유주의 역사에서 자유 관념에 중대한 수정을 보여준 19세기 자유주의가 전파될 수 있는 기폭제가 되었다. 즉 정치적 자유에 국한된 소극적 자유의 범위를 넘어서,[12] 도덕적 자유인 적극적 자유마저도 승인하여 자유주의의 수용 범위가 확대될 수 있었다. 더욱이 경제적 자유주의로서는 빈곤효용론의 중상주의적 보호무역에서 벗어나 자유무역(Free-Trade)의 핵심인 자유방임주의(economic theory of Laissez-Faire)를 수용할 수 있게 된 것임을 해명할 수 있다.

12) 이 용어는 이사야 벌린(Isaiah Berlin, 1909~1997; 이하 벌린)에 의해 창시되었다. 즉 그는 다층적이고 복합적인 '자유'의 개념을 체계적으로 연구함으로써 정치철학을 재편했다는 평가이다. 예컨대 『자유의 두 개념(Two Concepts of Liberty)』(1958)에서 '소극적 자유(negative freedom)'와 '적극적 자유(positive freedom)'의 구분을 통해 자신의 입장을 분명히 했다. 이사야 벌린, 박동천 옮김, 2006, 『이사야 벌린의 자유론』, 아카넷.

Ⅱ

동아시아 삼국의 자조론의 이론적 원형

스마일스의 『자조론』

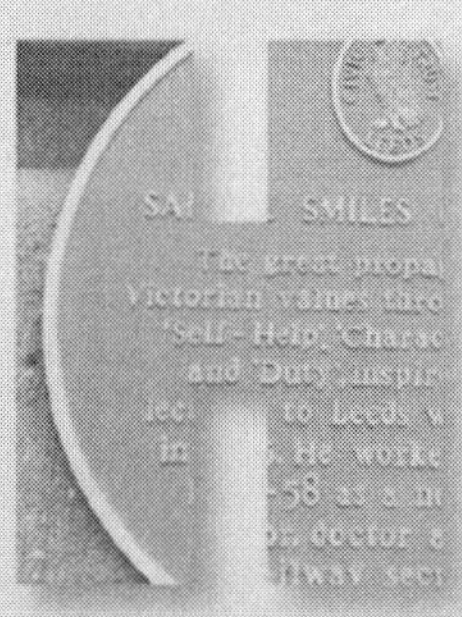

Ⅱ장에서는 나카무라가 자신이 영국에서 가지고 온 책이 개정판임을 『서국입지편』의 표지에도 명확하게 밝혀 놓았기 때문에, 동아시아 삼국의 자조론의 이론적 원형은 개정판을 중심으로 검증하고자 한다. 그런데 초판과 개정판은 본지에 있어 차이가 없다. 이는 스마일스가 개정판 「서문」에서 '자조정신에 관해 불필요한 부분을 빼고 독자에게 흥미 있을 만한 새로운 사례를 추가하기 위해서'라고 하여 개정의 취지를 분명히 밝혀주었기 때문이다. 따라서 초판이 간행되는 역사적 과정, 그의 자조론의 형성에 영향을 준 시대적 배경, 개정판을 저본으로 한 자조론의 이론적 구조를 차례로 살펴보고자 한다. 아울러 『자조론』은 스마일스가 새로운 직장을 찾아간 런던에서 1859년에 출간되었지만, 자조론의 골격은 이미 신흥 공업도시인 리즈(Leeds)에서 형성된 것이므로 그의 약 20여 년간의 리즈에서의 정치 사회적 활동이 그의 자조론 형성에 어떤 영향을 끼친 것인지에 대해 검토해 보고자 한다. 나아가서는 그의 자조론의 19세기 자유주의로서의 정치사상사적 의의와 사회민주주의의 등장으로 쇠퇴한 자조론이 3차 신자유주의로서 왜 재차 영국에 등장하게 되었는지에 관한 정치사상사적 배경도 함께 살펴보고자 한다.

1. 『자조론』의 간행

『자조론』의 모태는 그의 사후에 나온 『자서전(The Autobiography of Samuel Smiles)』(1906)을 통해 리즈에서 '1845년 3월경 어느 날(one day)'부터 시작한 연속 강연이었음을 알 수 있다. 또한 강연을 한 장소는 리즈의 리치몬드 힐(Richmond Hill, West Yorkshire)이며, 그를 초청한 단체는 통신협회[1] 소속의 젊은 노동자 야학단체(a mutual study group)인[2] 〈상호발전협회(Mutual Improvement Society)〉였다. 이 단체의 유래에 대하여는 초판 서문에 잘 나타나 있다. 그런데 이 단체는 리즈

1) 당시 영국은 인구의 단 2%만이 투표권이 있었다. 따라서 이 단체는 당시 과두제적 성격의 의회에 대한 민주적인 개혁과 보통 선거권(universal suffrage)의 획득을 목적으로 하였다. 회원으로는 오늘날 파킨슨병 발견으로 더 잘 알려진 의사인 제임스 파킨슨(James Parkinson, 1755~1824)도 1792년에 참여하였다. 그는 모든 사람에게 참정권을 줘야 하고 의회도 개혁돼야 한다고 주장하는 한편, 빈곤층에 대한 교육의 실시와 정치·종교·토론의 자유를 강조했다. 아울러 익명의 한 회원은 1792년에 다음과 같이 쓰고 있다. "나는 주위를 살핀 결과 이 나라가 평등이라는 새로운 원리에 감명을 받은 수천명의 노동자들과 현재로서는 아무리 작은 불티라도 노동자들을 불붙게 할 수 있는 문제들로 충만되어 있는 것을 알았다 …(이하 생략)"

2) 이 단체에 관하여는 Radcliffe, Christopher, 2006 "Mutual improvement societies and the forging of working-class political consciousness in nineteenth-century England," *International Journal of Lifelong Education*, 16(2), pp.141~155, Mar-Apr 참조.

에서 멀지 않은 제강의 대표 도시였던 셰필드(Sheffield)의 '헌정정보회(The Society for Constitutional Information, 1791; 이하 SCI)'와 한때 회원 규모가 5,000여 명을 넘어선 적도 있었던 '런던통신협회(The London Corresponding Society, 1792)'까지 그 시초를 거슬러 가볼 수 있다. 왜냐하면 유럽의 변방 국가였던 영국과 달리 해협 너머 프랑스에서는 급진주의(radicalism)인[3] 자코뱅(Jacobin) 주의가 이미 혁명을 통해 퍼져나가고 있었으며, 이에 영향을 받은 영국의 장인 및 수련공(artisan)들도 급진주의운동을 벌이며 야학 학습단체를[4] 자주적으로 결성하였기 때문이다. 당시 셰필드는 숙련된 기술이 있고 글을 읽을 줄 아는 많은 노동자들이 거주했던 도시였으며 영국 자코뱅파의 중심지였다.

---

3) 영국의 '급진주의'에는 여러 유형이 있다. 이는 프랑스혁명 당시의 자코뱅의 몽테뉴파의 이념과 비슷한 개념으로, 프랑스혁명을 지지하는 영국의 공화주의적 입장이다. 이러한 영국의 급진주의자들에 대한 1790년대의 영국 정부의 대응 과정을 보면, 채텀(Chatham) 백작의 아들인 소피트(小, the Younger)인 윌리엄 피트(William Pitt, 1759~1806; 이하 소피트) 수상은(1783.12) '자코뱅'이라고 호명하여 이들을 억눌렀다. 예컨대 1798년 아일랜드에서 반란이 일어나자, 이들을 동일하게 '자코뱅'이라 호명하며 억압하였다. 또한 그는 재임 중에 발생한 미국 독립전쟁 · 프랑스 혁명 · 나폴레옹전쟁과 같은 큰 사건들로 급진주의운동에 위기감을 느껴, 어떠한 비판적인 소리를 하여도 폭동을 사주하는 언동으로 간주하며 급진주의자들을 탄압하여 혁명의 파급을 억제하려 하여 '피트의 공포정치'라는 오명을 가졌다. 반면에 그는 1800년에는 아일랜드 의회와 영국 의회를 합쳐 '제국의회'를 설립하는 헌정적 변화를 주도했으며, 어릴 적부터 친구였던 윌리엄 윌버포스(William WIilberforce, 1759~1833)와 함께 노예해방 법령(The Emancipation Act, 1833)을 제정하여 노예제도를 폐지한 공로로 유명하다. 이러한 개념들의 배경에 관해서는 H. T. Dickinson, 1985, "The British Jacobins," *British Radicalism and the French Revolution 1789~1815*, Oxford: Basil Blackwell, pp.1~24; M. Ray Adams, 1947, "Introduction," *Studies in the Literary Backgrounds of English Radicalism*, Lancaster: Pennsylvania, pp.1~22 참조.

4) 리즈대학 교수이자 마르크스주의 역사가였던 에드워드 파머 톰슨(Edward Palmer Thompson, 1924~1993; 이하 톰슨)은 『영국 노동계급의 형성(The Making of the English Working Class)』(1966, New York: Vintage Books)에서 영국의 급진적 개혁단체의 활동에 대해 밝혀 놓았다. 이에 관하여는 김대륜, 2014, 「『영국 노동계급의 형성』 다시 읽기—출간 50주년에 부쳐」, 『역사비평』 106호, 206~228쪽 참조.

이들은 글씨와 산수 등 초보적인 단계의 지식을 몇몇 동료들과 함께 습득하였고, 철학 · 신학 · 과학 · 경제학의 어려운 고전을 독파해 내었다고 한다. 예컨대 빈곤한 노동자들도 대표자를 선출할 수 있도록 하기 위한 선거권쟁취 운동인 차티즘에도 큰 영향을 끼친, 급진주의자인 토머스 페인(Thomas Paine, 1737~1809)의 『인간의 권리(The Rights of Men)』(1791~1792)도 탐독하였다.[5] 이러한 급진주의적 운동은 농업과 수공업 중심의 산업을 공업과 기계 중심의 산업으로 전환시킨 1차 산업혁명[6]을 계기로 더욱 촉발된 것이다. 즉 산업화에 의한 기술이

---

5) 영국의 팸플릿 작가이며 급진적이고 혁명적인 지식인이던 페인은, 18세기 영국의 정치가이자 자유주의사상가였던 에드먼드 버크(Edmund Burke, 1729~1797; 이하 버크)의 『프랑스혁명에 관한 성찰(Reflections on the Revolution in France)』(1790)에 대한 반박인 『인간의 권리』를 발표했다. 즉 프랑스혁명의 열기가 영국의 노동자들에게 미쳐 '자유 · 평등 · 박애'와 같은 개념들을 주장하자, 버크는 이러한 주장들이 "인간의 권리에 대한 그들의 이론에 너무나 사로잡혀 있어서 인간의 본성을 완전히 잊어버리고 말았다"며 반박하던 대표적 보수주의자였다. 그런데 버크가 언급한 '인간의 본성'이란 부패한 귀족층의 도덕적 본성이 아니라, '돼지 같은 떼거리'라 비유된 인민의 본성을 지칭한 것이다. 반면에 페인은 주권은 인민에게 있다며 완전한 보통선거를 주장하여 자유주의와 민주주의를 연결시킨 제2부(1792.2.17)를 발표하며 맞받아쳤고, 버크는 재반박하였다. 한편 페인의 공화주의가 담긴 『인권』(1 · 2부)에는 두 가지 유형의 정부 형태로서 선거와 대표에 의해 만들어지는 정부와 세습적 승계에 의해 만들어지는 정부라고 하였다. 전자는 이성에 기초하는 공화국이며 후자는 왕정 혹은 귀족정으로 무지에 기초한다고 하였다. 이 가운데 페인은 민주주의가 인간의 자연권을 보장하는 유일한 정부형태라고 믿었으며, 정부가 국민들의 자연적인 권리를 보호하지 않을 때에는 대중의 정치 혁명이 허용될 수 있다고 논하고 있다. 따라서 페인은 기득권 세력에게 눈엣가시와 같은 존재가 되어, 치안교란이라는 반역죄를 선고받고 책의 출판도 금지를 당하자 프랑스로 탈출한다. 이에 관하여는 김재오, 2014, 「인권의 정치와 민주주의의 재구성 토머스 페인의 『인간의 권리』」, 『안과 밖』 37, 150~174쪽 참조.

6) 1760년에서 1830년까지 이어진 1차 산업혁명은 인류사의 흐름을 바꾸어 놓은 중요한 역사적 사건 가운데 하나임은 분명하다. 또한 산업혁명이라는 용어의 등장은 영국 산업노동자들의 상황에 대한 고전적 기록으로 평가되는 독일인 프리드리히 엥겔스(Friedrich Engels, 1820~1895; 이하 엥겔스)의 『영국 노동계급의 상태(Die Lage der arbeitenden Klasse in England)』(1845)에서 처음 사용되면서부터이다. 아울러 아널드 토인비(Arnold Toynbee, 1852~1883)가 『18세기 영국 산업

고도화되면서 노동자들은, 그동안 접근이 어려웠던 새로운 지식과 정보를 탐구하고자[7] 스스로 야학모임을 조직하였고 독학과 독서를 위한 조직을 더욱 더 확산시켜 나가 전국 어디서나 목격될 수 있었다.[8]

혁명 강연(Lectures on the Industrial Revolution of the Eighteenth Century in England)』(1894)에서 '산업혁명의 본질이란 자유경쟁 · 공장제 · 부의 급속한 증가 분배의 불평등이다'라고 요약한 데서 비롯되었다. 한편 1차 산업혁명의 특질은 방적과 방직기술의 비약적인 발전으로 면직물공업(cotton industry) · 철공업 · 석탄공업을 비롯한 제반 공업에서의 기술혁신 및 조직혁신이 이루어진 것을 의미한다. 즉 중개인들이 농가에 원료와 기계를 빌려주는 시스템이 도입되고 플라잉 셔틀, 스피닝 제니 등이 개발되면서 직물 생산량도 급증함으로써 직물산업이 성장하게 되었다. 더욱이 제임스 왓트(James Watt, 1736~1819)에 의한 증기기관(1784)과 조지 스티븐슨(George Stephenson, 1781~1848; 이하 스티븐슨)에 의한 증기기관차의 발명을(1814) 계기로, 1830년대부터는 증기력 및 철도의 시대가 전개되었다. 또한 1830년대에는 카트라이트의 역직기가 본격적으로 보급되면서, 비단이나 모직물과 달리 값싼 대중적 상품이 생산되어 국내와 방대한 해외 시장에서 수요가 폭발적으로 늘어났다. 따라서 영국은 경제적 측면에서는 국내 시장과 해외식민지를 바탕으로 광범위한 자본축적이 이루어졌다. 그리고 2차 산업혁명이란 1865년부터 1900년까지로 새로운 에너지원으로서 강철(steel)과 전기의 시대로 정의된다. 이 시가에는 영국 외에도 독일, 미국의 공업 생산력도 커졌기 때문에 이들 국가는 기술혁신을 강조할 때 이 용어를 많이 사용한 바가 있다. 이러한 산업혁명으로 인한 공업의 확산은 사회적 측면에서는 산업자본가와 임금노동자를 중심으로 한 계급사회가 형성되었고, 원료와 상품 시장을 위해 국가 간에 다투게 만듦으로써 국내적으로는 내셔널리즘을, 국제적으로는 제국주의를 고무시키는 결과를 가져왔다. 실제로 자본주의 · 계몽주의 · 과학기술의 섭취를 이룩한 영국인은 이를 다른 지역에 전파해야 한다는 소명의식을 나타내기도 했다. 그러나 이들의 문명화 작업에 나타난 제국주의적 성격을 부정할 수 없다. 김명자, 2019, 『산업혁명으로 세계사를 읽다』, 까치 참조.

7) 톰슨은 맨체스터(Manchester)의 〈애국연합(Manchester Patriotic Union)〉에 의해 피털루학살 시위가 벌어진 이후에는, 노동자들은 독학뿐만 아니라 상호협력을 통해 지식을 증폭시켜 나가기 시작했다고 주장하였다. 즉 노동자들이 서점과 술집 · 작업장(industry house, work house) · 교회 · 야학교 · 자선학교 등 각종 모임을 통해서 신문을 공개적으로 읽고 스스로 정기 간행물을 만들어가며 자신들의 세력을 넓혀 나갔다는 것이다. 실제로 1830년대의 선거법 개정 운동 당시에는 영국에서 가장 유력하다는 『타임스(The Times)』의 발행 부수가 5,800부 미만이었으나, 노동자 단체가 만드는 신문이나 정기 간행물의 판매 부수는 최소한 5,000부~10만 부가 되었다는 것이다. 이에 관하여는 김대륜, 2014, 「『영국 노동계급의 형성』 다시 읽기—출간 50주년에 부쳐」, 『역사비평』 106호, 206~228쪽 참조.

이러한 노동자들의 학습활동에 관하여는 19세기의 노동운동의 지도자로 성장한 인물들의 자서전을 통해, 이들이 지적 함양을 위하여 애썼던 모습과 함께 야학단체에 대한 언급을 통해서도 잘 나타나 있다. 이는 차후의 차티즘에서 노동자들의 요구를 구체화한 문서인 「인민헌장(The People's Charter, 1838.5; 이하 헌장)」에서도 국가에 의한 보통교육을 요구하는 항목으로 구체화되었다.[9)]

이러한 당시 영국 노동자들의 배움에 대한 열망과 좌절된 교육의 현실은, 스마일스가 『자서전』에서 밝힌 바와 같이 그를 노동자 교육에 참여하게 만든 동인이었다.[10)] 즉 그는 오늘날 IT기업에 해당하는 최고의 직장인 리즈의 한 철도회사의 관리직(1845~1866)에 근무하는

---

8) 프랑스혁명의 영향을 받은 영국의 제화공인 토마스 하디(Thomas Hardy)와 존 프로스티는 〈런던 통신협회〉(1792.3)를 조직하였다. 이 단체는 의회개혁을 통한 모든 성인의 투표권 획득을 목표로 한 것으로, 영국사에서 최초의 노동계층에 의한 정치단체라 할 수 있다. 한편 이 단체의 정관 제1조는 '우리 회원의 수에는 제한이 없다'이다. 그러나 1779년 랭커스터, 1796년 요크셔, 1797년에는 마지막 대규모집회를 끝으로 군대와 경찰에 의해 해산당했다. 또한 〈런던 통신협회〉의 회원이자 벤담주의자들(Whig-Benthamites)이며 양복 제조공 출신의 프란시스 플레이스(Francis Place, 1771~1854)는 노동계급을 대상으로 한 교육기구로써 1820년대에 설립된 〈기계공강습소(mechanics' school)〉에서 교육활동에도 참여하였다. 훗날 하원의원이 된 그는 '근로자 단결금지법(Combination of Workmen Act, 1799)' 철폐운동도 주도하여 1824년에 달성하였다. David Vincent, 1981, *Bread Knowledge & Freedom; A Study of Nineteenth-Century Working Class Autobiograpy*, London, New York; Methuen, p.129.

9) 차티즘의 모태인 〈런던 노동자 협회〉의 주요한 설립 목적 가운데 하나는, '자라나는 세대의 교육을 증진시키며 동시에 지식의 확산을 위해서' 유용한 정보와 자료를 갖춘 도서관을 설립하는 것이다. 또한 이 협회는 〈버밍엄정치동맹(the Birmingham Political union)〉과 함께 전국 각지에 사람들을 파견하여 노동자들을 조직화하는 데 힘을 쏟았다. 따라서 여러 지역에서 노동자 집회가 열릴 수 있게 되고, 집회에서 노동자들은 청원을 통해 「헌장」으로 법제화하려 함으로써 명실공히 차티즘이 시작되었다.

10) 스마일스는 『자서전』에서 '자주적으로 지식을 교환하며 자신을 개량하려는 그들의 정열에 감동하여 강연자로서의 제안을 흔쾌하게 승낙하였다'라고 참여 동기를 밝혔다.

동시에 교육 계몽운동가로서의 활동도 병행하였다. 그런데 스마일스가 야학단체에서 강연한 주제는 노동자들에게 국가의 번영을 위해 열심히 일해 달라는 이야기 아니라, '개인의 행복의 증진과 웰빙(안녕, wellbeing)'을 위한 것이었다. 즉 그는 『자서전』에서 '노동자들의 행복과 안락한 인생(wellbeing)이 주로 그들 자신의 근면(industry) · 자기교양(self-culture)[11] · 절제(moderation)에 달려 있다는 점을 본보기로서의 사례들을 소개하면서 강조했다. 이러한 주제는 조금도 새롭거나 독창적인 것이 아니었으며 오히려 꽤나 진부한 것이었다'라고[12] 겸손하게 기술했다. 이렇게 스마일스가 자신의 강연 주제에 대하여 '꽤나 진부하다'라고 표현한 이유는, 당시 빈민의 경계선을 드나들던 노동자들의 삶의 궁극적인 목표는 '행복'의 증진과 그 수단인 '웰빙'이 목표였기 때문이다. 왜냐하면 영국민은 산업혁명을 통한 산업화의 혜택만 누린 것은 아니었다. 즉 산업혁명의 핵심적 현장이라 할 수 있는 공장과 탄광에서는 비인간적 노동이 수반된 바와 같이, 영국민은 이러한 부산물인 각종 사회문제를 전 세계에서 가장 먼저 체험한 것이다. 예컨대 리즈뿐만 아니라 인근 공업도시인 브래퍼드(Bradford)와 셰필드, 당시 영국에서 네 번째로 큰 항구인 헐(Hull) 등과 같이 급성장한 공업도시의 노동자들은 절대적 빈곤과 질병에 시달렸다. 비록 소득이 증가한

---

11) '자기교양'은 영국에도 잘 알려진 미국의 개혁자 윌리엄 채닝(William Ellery Channing, 1780~1842)의 노동자 계급을 향한 연설집 『자기교양』에서 유래한 것이다. 즉 그는 개인의 존엄과 평등을 강조하고 영국의 초기 산업사회에 대해 비판적 입장에서 자조적인 방법으로 사회개혁 사상을 이끌었다. 스마일스는 『리즈타임즈』 1839년 3월 23일 자에서도 이 책에 대한 서평을 실었으며, 1842년 소책자에도 역시 인용한 바가 있다. 즉 그는 차티스트 윌리엄 러벳(William Lovett, 1800~1877; 이하 러벳)을 칭찬하며, 노동자계급을 향해 '절제, 자기억제, 자기해방을 향한 인간의 진보'를 강조하였다.

12) 리처드 D. 앨틱, 이미애 옮김, 2011, 『빅토리아 시대의 사람들과 사상』(한국연구재단총서 학술명저번역 504), 아카넷.

다고 해서 행복이 반드시 증가한다고 볼 수 없지만, 자신들은 가난하여 삶이 불행하다고 느끼며 이른바 '굶주린 40년대(The Hungry Forties)'를 보내고 있었다. 더욱이 질병도 가난과 함께 숙명처럼 따라왔다.[13] 왜냐하면 밀집된 도시의 열악한 주거환경과 지역 간 활발한 이동으로 감염병이 더 빨리, 더 많은 사람들에게 전파되었기 때문이다. 예컨대 페스트·콜레라·장티푸스와 같은 감염병에 취약해져 잉글랜드와 웨일즈 지역에서는 사망자들이 지속적으로 발생하였다. 따라서 1840년대의 자료에 의하면 영국 노동자들의 평균 수명은 22세였다.[14] 특히 공장과 탄광에서는 이전의 작업장과 전혀 다른 엄격하고 냉혹한 공장제 노동 규율 하에서, 노동자들은 비인간적인 과잉 노동시간으로 건강을 해쳤다. 따라서 노동자들은 자신들의 행복에 큰 영향력을 행사하는 가난과 질병과 과잉 근로시간에 대한 개선 욕구가 강했다. 이러한 비참한 현실에 대해 카알 마르크스(Karl Marx, 1818~1883; 이하 마르크스)는 런던에 망명하던 중에 임산부와 아동이 탄광에서 장시간 노동해야 하는 현실을 비판한 바가 있으며, 이러한 비참상은 향후 공산주의를 제안한 그의 『자본론』(1867)에 큰 영향을 끼쳤다.

그리고 이러한 노동자들의 '행복과 웰빙'의 가치관에는 공리주의의

---

13) 18~19세기의 영국에서 가장 두드러진 특징의 하나는, 인구학적으로 아동의 비율이 상당히 높았다는 점이다. 즉 1661년을 기준으로 15세 이하 인구의 비율이 약 29%였지만, 1821년은 약 39%로 증가했다. 주된 원인은 19세기가 시작된 이래 1830년까지는 인구의 절반이 질병으로 20세 이하에 사망하였기 때문이다. Kirby, P., 2003, *Child Labour in Britain, 1750~1870*, Palgrave McMillian, p.26.

14) 예컨대 노동자들은 가축과 사람의 공간 구분이 없이 거의 무분별하게 집단적 생활하였기 때문에, 전염병이 돌 때는 사망률이 시골보다 높았다. 당시 콜레라도 빈번하게 창궐하여 1832년부터는 확산되었으며 1848년에는 재차 강타하여 5만 명 이상의 생명을 앗아갔다. 또한 장티푸스가 잉글랜드와 웨일즈에서 1840년대 지속적으로 발생하여 많은 사망자들이 발생하였다. 따라서 인구의 지속적 성장은 산업도시들에 만연한 불결한 환경 때문에 1820~1870년 사이에 성장률이 잠시 줄었다.

영향이라 할 수 있다. 예컨대 스마일스는 『자서전』에서 자신이 『리즈 타임즈(Leeds Times)』 주필 시절에[15](1839~1842) 벤담에 관한 기사를 많이 다룬 바가 있다고 밝혔다. 주지하듯 벤담은 쾌락(pleasure)과 고통(pain)의 단순한 수용자로서의 인간관이다. 또한 그는 행복이란 쾌락을 최대화하고 고통을 최소화하는 행위라고 간단히 정의했다. 아울러 밀은 벤담의 인간관을 불완전 인간관이라 지적하며, 보다 높은 가치를 추구하며 자기계발에 관심을 갖는 존재로서의 인간관을 상정하였다. 즉 자신이 생각하는 바람직한 자아실현적 인간상을 토대로 낮은 수준의 행복과 높은 수준의 행복 개념을 이끌어 내어 행복의 질적 차이를 주장하였다.

이러한 19세기의 공리주의적 행복관과 달리 천년 이상을 지속해 온 서양의 중세사회에서는 인간의 행복은 최고의 선이 아니었다.[16] 즉 인간은 자신의 기쁨을 추구하기보다는 수동적인 존재로서 신의 뜻에 따라야 한다는 행복관이었다. 예컨대 걸인은 그리스도의 가난한 추종자들이었고 이러한 빈민 구제(poor relief)의 목적도 진정으로 가난한 자들을 위해서라기보다 약간의 적선으로 영혼의 구원을 얻으려는 것이었다. 또한 예수는 인간의 원죄로 행복의 완성이 지상에서 불가능

---

15) 스마일스가 평소 희망했던 『리즈타임즈』에 주필이 된 배경은, 챠티스트 퍼거슨 오코너(Feargus O'Connor, 1794~1855; 이하 오코너)가 운영하던 노동신문인 『노던 스타(Northern Star)』(1837.11 창간)에 비해 판매 부수가 적어지자 새로운 주필을 찾는 가운데 이루어진 것이다.

16) 고대의 서양철학에는 다양한 행복개념과 행복이론이 출현하였다. 예컨대 행복을 유일한 선으로 본 아리스토텔레스는 『니코마코스윤리학』에서 '이성 기능을 잘 수행해야 행복도 온다'라고 하며 이성이 완전하게 발휘됨으로써 지성의 탁월성(지혜 · 이해력) 및 품성의 탁월성(온화 · 절제)이 실현될 수 있을 때 행복은 진정으로 성취된다고 하였다. 또한 에피쿠로스는 합리적인 쾌락을 최고선이자 행복으로 보았다. 김광수, 2018, 「애덤 스미스의 행복이론: 행복 경제학과 시민 경제론의 기원」, 『경제학연구』 66(1).

하다고 가르치며 수난을 통한 구원의 메시지를 전했고, 산상수훈의 가르침 역시 현실의 가난 · 애통 · 박해 등에 대한 천국의 보상에 속하며 궁극적인 행복은 육체가 죽은 후에 영혼과 신을 통해서만 이루어질 수 있다는 것이기 때문이다. 따라서 기독교에서는 왕이든 귀족이든 성직자이든 개인의 행복 추구는 방종을 고무하여 공공질서를 교란한다는 주장하에 인간의 행복은 논의의 대상이 아니었다.

그러나 산업사회의 태동과 함께 등장한 중간계급[17]은 스코틀랜드 계몽주의(Scottish Enlightenment)의 영향을 크게 받은 공리주의의 영향하에 '행복'과 쾌적한 삶인 '웰빙'을 중시하였다. 즉 스코틀랜드는 18세기 중엽부터 하노버왕조기 정치적 안정뿐만 아니라 이미 국민의 문자

17) 당시에는 부르주아(bourgeois) 혹은 자본가(capitalist)라는 용어 대신에 '중간계급'이란 용어가 사용되었다. 예컨대 벤담의 친구이자 밀의 아버지이며 스코틀랜드 철학자이기도 하였던 제임스 밀은 『정부론』(1720)에서 토지세력(Landlord)을 통렬히 비난하면서 정부가 가장 신뢰할 수 있는 계급은 '중간계급'이라 하며, 이들에 의해 주도되는 대의정치를 역설한 바 있다. 먼저 부르주아의 어원은 '성(城)에 둘러싸인 중세 도시 국가의 주민을 이르는 말'이었으나, 근대에 와서 절대왕정의 중상주의 경제 정책으로 부를 축적한 상인 및 산업혁명을 주도한 시민계급을 의미하게 되었다. 아울러 중간계급이란 튜더왕조 초기부터 토지 소유관계의 변화를 주도한 젠트리(gentry)였다. 본래 젠트리란 귀족과 자영농인 요먼(yeoman) 사이의 지배계층을 지칭하며, 교양이 있고 예의 바른 남성을 뜻하는 '신사(gentleman)'란 말의 어원이다. 동양에서는 향신(鄕紳)이라 번역되었다. 그들은 법률가 내지 상인 출신의 신흥지주를 포함한 중소지주로서 새로운 경제적 여건에 능동적으로 대응하면서 토지를 확대하였다. 실제 이들은 17세기 스튜어드왕조 시기에는 영국의 경제발전을 선도하면서 정치적 주역으로 등장하게 되었다. 즉 전제정치와 종교탄압에 맞섰으며, 내전에서는 왕의 힘을 약화시킨 명예혁명(1688)을 통해 영국 국교회(Church of England) 세력과 왕당파에 맞서 승리함으로써 의회 주권국가와 시민국가의 기틀을 마련하였다. 그러나 시민혁명 이전 시기에는 이들이 상당한 부를 소유하였음에도 왕과 귀족의 지배를 받는 피지배 계급이었으며, 구제도의 모순을 깨뜨리려는 시민혁명을 주도한 이후에야 비로소 사회의 주체 세력으로 등장하였다. 즉 과거의 정치질서에 도전하며 정치적 자유와 민주주의를 요구한 계급인 것이다. 따라서 19세기 빅토리아시대에 이르러 이들의 지향성과 가치체계의 확대와 권력획득은, 빅토리아 사회의 독특한 성격을 띠게 만든 것이었다.

해독률이 75%를 넘었으며, 해외 식민지경쟁과 국제무역을 통해 형성된 상업 자본에 의해 개인은 물론 상인집단들의 여흥(entertainment) 및 사치 활동이 증가하며 감수성과 자의식을 가진 인간의 일상적인 삶을 통해 행복감을 찾으려는 경향이 두드러졌다. 예컨대 토마스 제퍼슨이 "그 어느 곳도 에든버러(Edinburgh)와 경쟁할 수 없다"라고 한 바와 같이, 스코틀랜드의 수도인 에딘버러를 중심으로 지식인들 사이에는 근대 시민사회의 질서 원리의 기초를 이성이 아닌 행복에서 찾는 감성적 개인주의(affective individualism)가 퍼져 나갔던 것이다.[18] 대표적 인물은 데이비드 흄(David Hume, 1711~1776; 이하 흄)과 스미스 등의 이른바 도덕철학자들(moral philosopher)[19]이다.[20] 이들은 경

---

18) 본래 1707년 잉글랜드에 의해 병합된 스코틀랜드는 잉글랜드에서 유입된 투자 자본을 바탕으로 도로와 운하망이 정비되었으며, 1720년대부터 식민지 무역의 성장으로 시장경제가 발전하고 해외상품의 소비 및 여가의 상업화 등이 나타났다. 이에 부응하여 스코틀랜드 계몽주의는 1750~60년대 동안 글래스고우와 에딘버러 출신의 에딘버러 명사회(Selected Society)에서 가장 영향력을 행사했다. 예컨대 흄과 같은 귀족 출신, 스미스 등과 같은 교수 출신으로 출발한 단체 130명의 정회원이 있었다. 특히 흄의 『인성론』에서부터 스미스의 『도덕 감정론(A Theory of Moral Sentiments)』(1759) 제6판이 출판된 1790년대까지 대략 반세기 동안의 지적 활기이다. 또한 회원 가운데에 은행가 · 상인과 같은 재력가, 건축가 · 의사 등 전문직 종사자들로 대학, 교회, 각종 사회단체 등에 널리 포진하였던 것이다.

19) 당시의 도덕철학은 오늘날의 윤리학일 뿐만 아니라 인간 본성과 행동에 관한 모든 학문들(심리학 · 정치학 · 경제학 등)을 포괄한 개념이었다. 예컨대 스미스는 도덕철학을 12년간(1751~1764) 강의하며, 근대 시민사회의 구성 · 질서 · 조직 원리를 규명하려 하였다. 이처럼 인간 본성과 행동에 관한 모든 학문들(심리학 · 정치학 · 경제학 등)을 포괄하였으며, 경제학이라는 개념이 생기기 이전이었으므로 정치경제학도 도덕철학의 일부였다. 이후 밀의 『정치경제학 원리』를 계기로 정치경제학은 독립적으로 산업혁명 이후에 새로운 사회체제를 뒷받침할 학문으로 자리 잡아 널리 받아들여지게 되었다. 즉 정치적이라는 수식어가 붙는 만큼 국가 수준에서의 경제의 관리 기술이나 원리를 가리키게 되었다. 또한 국가 차원에서의 정책 · 행정 · 법률 제정 등이 시장에서의 생산과 소비, 이윤 추구 등에 미치는 영향을 연구하였다. 요컨대 당시 토리(Tory)주의자와 휘그(Whig)주의자 가리지 않고 정치경제학에 대한 지지자들이 나왔으며, 영국의 정치인 애딩턴(Henry Addington, 1757~1844)은 "저녁 만찬과 파티, 교회와 극장 그

제적 이해에 바탕을 둔 정치적 운동의 범위를 넘어서 정치철학 및 도덕철학으로 고전적 자유주의를 심화시켰다. 예컨대 흄은 『인성론(Treatise)』(1740)에서 이성에 대한 신뢰와 달리, 인간의 행복을 도덕적 판단의 기준으로 삼아 도덕을 효용과 밀접히 관련시켰다. 또한 그는 하나의 권위를 지닌 계약이 되기 위해서는 약속은 지켜야 한다는 사회적 관습이 계약에 앞서 먼저 존재하고 있어야 하는데, 계약에 의해 사회가 성립된다는 말은 모순이므로 사회계약론을 부정하였다.

흄의 이러한 이론을 바탕으로 스미스는 『도덕감정론』에서[21] 인간의 행복이란 물질적 부의 소유와 그 사용 여하에 달려 있다고 보았다. 뿐만 아니라 맬더스는 『인구론』에서 『국부론』의 목적에 대해 다음과

어디에서든 우리 시대가 처한 곤경과 정치경제에 관한 토론이 없는 것이 없다"라고 말할 정도로 큰 영향을 끼쳤다. 이처럼 18세기 말경부터 19세기 중반까지 산업혁명의 시기는 산업자본주의 시대인 동시에 인접 학문으로부터 독립적인 학문으로서 자리 잡기 시작한 고전적 정치경제학의 시기였다.

20) 이 밖에도 글래스고우대학 윤리학 교수였던(1729~1746) 프란치스 허치슨(Francis Hutcheson, 1694~1746)이 있다. 그는 샤프츠베리(Shaftesbury, 1671~1713)가 말하는 도덕감과 자비심을 그대로 수용하여 우리는 자신에게서나 타인에게서 선한 행위를 볼 때 쾌락을 느낀다고 말하면서 그 쾌락 중에서 으뜸이 되는 쾌락을 보편적인 행복에 대한 욕망이라고 할 수 있는 자비심으로 꼽고 있다. 즉 그는 『미와 덕의 관념에 관한 기원에 관한 연구(An Inquiry into the Origin of our Ideas of Beauty and Virtue)』(1725)에서 공리주의의 원리라 말하였다. 스미스는 커골디(Kirkcaldy) 출신으로 글래스고우대학 재학시절에 허치슨에게 윤리학을 배웠으며, 1752년에는 허치슨의 뒤를 이어 모교에 교수가 되었다. 스미스는 허치슨을 "결코 잊혀 지지 않을" 인물로 평가한 바 있다. 아울러 '스코틀랜드 계몽주의'라는 용어는 윌리엄 로버트 스코트(William Robbert Scott)가 1900년경에 흄의 철학적 업적을 평가하는 과정에서 처음 사용하였다.

21) 『도덕감정론』에서 "행복은 마음의 평정과 향유 가운데 있다. 평정이 없이는 향유할 수 없고, 완전한 평정이 있는 곳에는 향유가 항상 존재한다"라고 하며 모든 사람은 행복을 원하기 때문에 행복을 해치는 것이 무엇인가를 스스로 알면 그런 행동을 하지 않을 것이라는 것이다. 따라서 자신의 행복을 위해서 자신의 욕망만을 추구하지 않을 것이며, 행복을 자유로이 추구하면 '동감'에 의해 결국은 사회 전체가 이득을 보는 공공의 행복으로 이어진다는 것이다.

같이 언급한다. 즉 "아담 스미스의 공인된 목적은 국부의 성격과 여러 원인을 조명하는 데 있다. 그러나 때로 그것과 중첩되어 있으며 여전히 더 흥미로운 또 하나의 목적은 국가의 행복 또는 사회의 하층계급의 행복과 안락에 영향을 주는 원인들에 관한 탐구라는 점이다"[22]라고 하였다. 이처럼 스미스는 인간은 이기적일 뿐만 아니라 다양한 욕구 가운데 행복에 대한 욕구를 인간 고유의 본능으로 보았으며, 물질적 부가 그들을 행복하게 해줄 수 있다 하였다. 또한 그는 "타인의 행복을 촉진"하는 사회적 관계 속에서의 행복을 품격있는 행복으로 보고 더 무게감을 두었다. 예컨대 헌신 · 선행 · 공공정신 · 관용 · 인간애 · 친절 · 우정 같은 고급 덕목의 실천을 통한 행복이다. 다시 말하자면 사회적 인간은 사회적인 본능에 해당하는 공감(sympathy)으로 상호배려와 상호호혜(reciprocity)로 조율되어 선행(善行)의 가치가 사회에 확산될 때, 사회구성원들은 자아실현뿐만 아니라 더 기품이 있는 행복감을 느끼기 때문이라는 것이다. 또한 그는 "정부의 모든 구조는 오로지 그 체계 아래에서 생활하는 사람들의 행복을 촉진시키는 경향에 비례해서만 평가된다"[23]라고 한 바와 같이 국가의 존재 목적도 시민의 행복 증진에 있으며, 국가는 이러한 목적에 기여하기 위한 치안유지와 공공사업에 제한해야 한다고 하였다.

이러한 스코틀랜드 계몽주의자들의 입장에서 공리주의자들은 한 발 더 나아갔다. 즉 벤담은 자연권 사상은 모호한 형이상학과 신학의 개념으로 표현되어 있기 때문에 공리의 원리가 적용될 수 없다고 주

22) 토머스 로버트 맬더스, 이서행 옮김, 2011, 『인구론』, 동서문화사, 96쪽.

23) "어느 누구도 자본을 투자하는 것은 오로지 이윤을 얻기 위해서이다. 그는 다른 많은 경우에서와 같이 여기서도 보이지 않는 손에 이끌려 자신이 의도하는 바가 아닌 목적을 증진시키게 된다." 아담 스미스, 김수행 역, 2007, 『국부론』, 비봉출판사, 422~423쪽.

장했다. 예컨대 벤담은 "문제는 그들이 이성적 사고를 할 수 있는가, 아닌가가 아니다. 또한 그들이 이야기할 수 있는가, 아닌가도 아니다. 문제는 그들이 고통을 느낄 수 있는가이다"라고 한 바와 같이 인간은 '유정적(有情的) 존재(sentient being)'이며, 각자가 원하는 것을 성취하는 것이 행복이며 행복이 유일한 본래적인 선이라고 주장하였다. 이처럼 자신의 공리의 원리는 이성에 기초한 천부적인 자연권과 도덕관념이 아니며, 인간 고유의 본능인 정신적 물질적 자부심을 토대로 한 흄으로부터 근원된 감정이라 하였다.[24)]

그러나 밀은 벤담의 공리주의가 가정하고 있는 인간의 본성과 행복의 요소에 대한 비판을 통해 새로운 인간관을 확립하였다. 즉 어떤 종류의 쾌락은 양의 많고 적음에 관계없이 다른 쾌락보다 더 우월하고 바람직하며 가치 있는 것이 될 수 있는데, 단순한 감각의 충족보다는 지능 · 감정 · 상상력 그리고 도덕 감정의 충족이 보다 높은 가치를 갖는다는 것이다. 예컨대 '개별성(individuality)', '발전적 존재(progressive being)로서의 인간과 관련된 능력인 지성 · 감정 · 상상력', 쾌락과 고통을 타인과 함께하려는 사회적 공감(social sympathy)' 등이 행복과는 불가분 관계라 보았다. 특히 그의 '개별성'은 독특한 개성이며, 자발성, 더불어 스스로 깨우쳐 가는 존재를 실현해 갈 수 있는 스스로 결정하는 자율성(self-authorship)을 모두 포함하는 포괄적인 개념이다.

---

24) 공리주의의 기원은 17세기까지 거슬러 올라간다. 예컨대 인간 본성을 이기적으로 본 토마스 홉스(Thomas Hobbes, 1588~1679: 이하 홉스)에 반기를 든 존 로크(John Locke, 1632~1704; 이하 로크)의 문하생인 제1대 섀프츠베리 백작 앤서니 애슐리쿠퍼(Anthony Ashley Cooper, 1st Earl of Shaftesbury, 1621~1683)는, 한 개인이 선하거나 악한 것을 판단하는 것은 이성이 아닌 감정에 의한 것이라고 보았다. 즉 인간은 누구나 선한 것을 보며 감탄해 마지않고 악한 것을 보며 혐오와 경멸을 느끼는 도덕적 감수성을 지니고 있다. 또한 공중의 이익에 반하는 사적인 이익에 대한 관심을 마주하게 될 경우에는 혐오감을 느끼며, 공중의 이익을 지향하는 자비심을 자연적인 것으로 보았다.

스마일스는 지금까지 간략히 언급한 스코틀랜드계몽사상과 공리주의를 사상적 배경으로 하여, 당시 극한적 가난을 겪고 있는 노동자를 향해 고통이자 불행인 가난에서 벗어나 삶의 궁극적인 목표가 '행복과 웰빙'임을 강조하였다. 또한 그의 첫 저술인 『신체교육론(Physical Education)』(1838)을 통해서도 "건강의 증진은 삶을 더 만족스럽게 하고 더 효율적으로 일하도록 하며 더 많은 돈을 쓰면서 가족 및 친구와 즐겁게 보낼 수 있게 한다"라고 하며 이러한 삶의 태도와 목표를 행복으로 인식하고 행복에 영향을 미치는 다양한 요인들인 지 · 덕 · 체의 조화로운 발달을 강조하였다.[25] 이와 같이 스마일스가 '행복과 웰빙'에 대한 정당성과 사회적 가치를 꾸준히 강조한 점은, 동시대의 허버트 스펜서(Herbert Spencer, 1820~1890)가 『지육 · 덕육 · 체육론(Education: Intellectual, Moral, and Physical)』(1860)에서 다룬 것보다 약 20년 이상 앞서고 있어 더 큰 의의가 있다.[26]

한편 이러한 '행복과 웰빙'을 강조한 스마일스의 자조론 강연은 점차 인기가 높아만 갔다.[27] 애초에는 약 100여 명 정도의 수강생이었으

25) 스마일스의 사후에 출판된 『자서전(The Autobiography of Samuel Smiles)』(1906)에서 "초등학교 시절 선생님으로부터 '너는 아무짝에도 쓸모없는 몸이니 청소부나 해라'는 질책을 당할 정도로 특별한 재능이 없는 평범한 사람이었으나 활동적(energetic)이며 건강한 신체 덕분에 자신이 성공할 수 있었다"고 말한다.

26) 19세기에 이르자 노동자들의 행복을 본격적으로 증진하는 양적 · 질적 방안이 이루어졌다. 왜냐하면 노동환경 및 노동에 대한 인식의 변화로 여가의 확보와 관련한 다양한 문화 프로그램의 전개 · 자기 개발의 실천으로 이어졌기 때문이다. 예컨대 그동안 귀족의 전유물이었던 스포츠인 축구 · 테니스 등이 공업지대 노동자들을 대상으로 노동자의 삶의 질의 향상을 위해 본격적으로 퍼져 나가기 시작했다.

27) 『국부론』에서 거론된 것처럼 이러한 생활 개선 욕구는 "어머니의 태내에서 나와 무덤에 이르기까지 사라지지 않는 성향"으로서 이로부터 절약이 비롯되고 사회적 차원에서 자본축적이 도모된다고 하였다. 아담 스미스, 김수행 역, 2007, 『국부론』, 비봉출판사, 341쪽.

나 점차 300여 명을 넘어섰다. 그러나 그는 이러한 인기에 힘입어 즉각적으로 책을 출판하려고 한 것은 아니었다. 그 계기가 된 것은 '자신의 성공은 스마일스의 옛 강연 덕분이었다'라는 옛 수강생 중의 한 사람의 덕담 때문이었다. 그는 우연하게 덕담을 듣고 고무되어 묵혀 두었던 강의록을 첨삭하여 『노동자의 교육(The Education of the Working Classes)』으로 간행하였고 이를 토대로 『자조론』을 완성한 것이다. 그러나 출판 과정은 순조롭지 못하여 그는 1855년부터 여러 출판사를 찾아다녀야만 했다. 결국 새로운 직장을 찾아 이주하게 된 런던에서 자비를 보태어 1859년 가을에 비로소 간행되었다.

이처럼 그의 『자조론』의 출판 과정은 힘들었으나 반향은 컸다. 즉 빅토리아 여왕을 비롯한 저명인사들로부터 '19세기 영국을 세계 최고의 번영한 산업국가로 만드는데 일조한 책'이라는 호평을 받았다. 또한 앞서 언급한 바와 같이 『자조론』의 모태는 교육이나 학문으로부터 소외되어 추상적인 사고와는 거리가 먼 주경야독의 수강자를 대상으로 한 강연문이었던 만큼, 그는 누구나 쉽게 읽을 수 있도록 구체적인 실례를 등장시켜 자신이 전달하고자 하는 동일한 주제를 반복적으로 예증하는 귀납적 글쓰기 방식을 사용하였다. 이러한 글쓰기 방식에 대해 당시 학문적 권위를 가지며 영향력을 행사하던 캠브리지 대학의 출판물이던 『브리타니카백과사전(Encyclopaedia Britanica)』 제11판에서는 '스마일스의 문체는 단순하지만 경탄을 금치 못한다. 명쾌하고 박력 있는 문장이다'라는 호평도 받았다. 더욱이 이 책의 판매량을 보면 출간 첫해인 1859년에는 2만 부가 팔려 나갔는데 이는 문맹률이 높은 시대라는 것을 감안하면 엄청난 부수였다. 같은 해의 밀의 『자유론』과 찰스 다윈(Charles Robert Darwin, 1809~1882; 이하 다윈)의 『종의 기원』(1859.11.24)보다도 더 많이 팔린 기록이다.[28] 이러한 초판의 인기와 더불어 개정판도 스테디셀러가 되어 19세기에 출간된 비소설 중에서 가장 인기 있는 책이자 영국인이 성경만큼이나 모두가 애지중지하는 책이 되었다.

이러한 인기의 비결은 앞서 언급한 바와 같이 이해하기 쉬운 문체로 쓰여졌다는 점 외에도, 영국의 당시 1차 산업혁명이 완성을 향해 나아간 시대적 배경도 작용했다고 볼 수 있다. 즉 모태가 된 강연 시기인 1845년경과 달리, 초판이 출판된 1859년은 영국이 세계의 공업을 독점하며 눈부신 발전을 거듭하여 '세계의 공장'으로 부각되고, 지구상의 수많은 나라를 식민지로 삼아 오랜 동안에 '해가 지지 않는 제국(the empire on which the sun never sets)'으로 불리는 전대미문의 역사를 일궈낸 시기였다. 이뿐만 아니라 개정판이 출판된 1867년도 세계경제에 대한 강력한 지배권을 행사하여 자국의 번영을 상징하는 표현인 팍스 브리타니카(Pax Britanica)라는 신조어를 새로이 만들어 간 시대이기도 했다.[29] 이처럼 두 시대는 출신 및 교육적 배경이 없어도 자

28) 『자조론』 초판이 출판된 1859년은 영국의 출판 역사에 있어서 중요한 해이다. 즉 『자조론』보다 3개월 앞서 『자유론』이 발간됐고, 다윈의 『종의 기원』도 같은 해에 출판되었다. 게다가 스펜서의 '사회진화론(Social Evolutionism)'을 토대 과학주의가 급속히 성장한 시기였다.

29) 예컨대 수정궁(Crystal Palace)이 완성된 후에 개최된 일명 런던 만국 박람회(공식 명칭은 '만국산업생산품 대박람회' 1851.5.1)의 목적은, 25개국의 정재계의 주요 인물들을 초대하여 영국의 기관차·선박용 엔진·공작기계 등과 같은 그동안 이뤄낸 산업의 위력을 과시하기 위함이었다. 즉 관람객들은 당시의 최첨단 발명품이자 영국 제조업의 견인차 역할을 했던 대형 면직기를 비롯해 전신기·현미경·공기펌프·기압계·의료기기를 보면서 세계 최강국인 영국의 힘을 느낄 수 있었다. 더욱이 영국은 전 세계의 주요한 해양 교역로마저도 완전히 장악하여 경쟁국은 중앙아시아 지역을 장악한 러시아밖에 없었다고 볼 수 있었다. 이처럼 영국은 전 세계적인 패권국(hegemon)으로서 세계 경찰의 역할마저 수행하며 대영제국(British Empire)을 만들어갔다. 곧 영토가 2천6백만 ㎢이고 전 세계 인구의 약 4분의 1인 4억의 인구에 이르게 되었다. 이를 지휘한 대표적 인물은 1855년부터 1865년까지 수상을 지낸 자유당(Liberal Party 전신 휘그당)의 파머스턴 자작 헨리 존 템플(Henry John Temple, 3rd Viscount Palmerston, 1784~

신의 노력과 노동을 통해 중간계급으로 이동할 수 있는 가능성이 상대적으로 높았기 때문에 성공에 대한 열정이 높았던 것이다.

이러한 『자조론』의 인기는 빅토리아시대 후기인 1880년경까지도 이어질 수 있었으며, 그의 사후인 1908년에도 56판이 발매되었다. 그런데 이 책은 국내에서만 인기가 있었던 것이 아니라, 유럽의 주요 언어 및 일본어 등 약 20여 개국의 언어로도 번역되고 해외독자들부터도 '서구 제국의 국부를 만들어낸 텍스트'라는 호평과 함께 널리 회자되었다.[30] 이러한 국제적 명성에 힘입어 그는 이태리에서도 특강할 기회를 가졌으며, 장수도 누려 동시대에 활동하던 저명한 인사인 찰스 디킨즈(Charles John Huffam Dickens, 1812~1870) · 스펜서[31] · 다윈 · 토

1865) 수상이며, 이후에도 영국의 산업력은 여전히 후퇴하지 않고 향상되어 제국화의 방향으로 일관되게 나아갔다. 본래 제국이란 16~17세기의 스페인 제국을 지칭하는 말이었지만, 대영제국이란 15세기 후반부터 18세기 중반까지 유럽의 배들이 세계를 돌아다니면서 항로를 개척하며 탐험과 무역에 열중하던 탐험의 시대 이후부터 1931년 영연방(British Commonwealth)이 설립될 때까지 영국에 복속되거나 영국이 건설한 식민지 등을 통틀어 일컫는 말이다. 또한 1815년부터 1914년까지를 '제국의 세기(imperial century)'라 부르며, 라틴어인 '팩스 브리태니커'는 '영국의 평화(British Peace)'라는 뜻이다. 김기순, 2017, 『디즈레일리와 글래드스턴: 국가경영의 이념, 정책, 스타일』, 소화 참조.

30) 스마일스의 해외에서의 인기를 실감할 수 있는 유명한 일화가 있다. 예컨대 오스만제국이 이집트에 파견한 총독(Khedive)의 관저에는 코란과 『자조론』의 인용구가 나란히 새겨져 있었는데, 방문한 어느 영국인이 벽에 적혀 있는 글귀를 보고 "어디 나오는 말이냐"고 묻자, 총독이 '『자조론』에 나오는데 영국 사람이 스마일스도 모르느냐'고 핀잔을 줬다고 전해진다. 실제로 이탈리아 · 독일 · 네덜란드 · 덴마크 · 프랑스 등의 유럽어로 『자조론』이 번역 출판되었을 뿐만 아니라, 보헤미아 · 브라질 · 아르헨티나 · 이집트 · 터키 · 인도의 몇몇 원주민어 등으로도 읽혔다. 미국의 철강왕인 앤드류 카네기(Andrew Carnegie, 1835~1919)도 자서전에서 '『자조론』으로부터 크게 영감을 얻었다'고 밝힌 바 있다. 출처: 중소기업뉴스(http://www.kbiznews.co.kr).

31) 스마일스와 동시기에 활동한 스펜서는 소위 사회과학(the Social Science)의 선구자로 평가된다. 즉 자신의 주된 활동 분야인 사회학과 정치철학뿐만 아니라 인류학, 심지어는 당시 형태를 갖춰 나가던 진화론을 비롯한 생물학에 관한 저술에서 큰 족적을 남겨 영국의 과학주의를 급속히 성장시킨 인물로 평가받고 있

마스 칼라일(Thomas Carlyle, 1795~1881; 이하 칼라일) 등 가운데 유일하게 1896년에 치러진 빅토리아 여왕 즉위 60주년 기념식에 참석할 수 있었다. 더욱이 오늘날에도 '위대한 평민들의 위인전'이자 대중적인 자기계발(self development)의 책으로서 여전히 대중의 사랑을 받으며 많은 사람들의 인생을 바꾸어 놓고 있다. 예컨대 어느 자기계발서를 펼치든 볼 수 있는 "좌절이 성공의 문" "늘 자신을 준비시켜라" "잡은 기회는 놓치지 마라" "결심하라, 끝내 이룰 것이다" "굴하지 않는 의지력으로 평생의 꿈을 이루어라" 등은 모두 스마일스 창작물이다.

다. 첫 저서인 『사회정학(Social Statics)』(1851)에서 자연과학으로부터 인문사회과학에 이르는 방대한 영역을 진화론을 토대로 심오하게 통합한 통합철학체계(System of Synthetic Philosophy)를 완성하였다. 이 책에서 그는 사회의 발생을 계약이 아닌 진화에 의한 성장으로 보았으며 사회를 정태적 · 기계적이 아닌 동태적 유기체임을 해명하고, 사회진화 양식(mode)의 보편적 인과관계를 연역적 서술이 아닌 귀납적 방법으로 해명하였다. 이러한 사회에 대한 과학적 접근은 당시 각국이 지향하고 있던 정치사회적 목표인 근대 국민국가로의 재편을 가능하게 할 수 있는 변혁이론의 기반도 되어, 모국인 영국보다 오히려 유럽제국 · 미국 · 동양 삼국에 큰 환영을 받은 것은 주지의 사실이다. 또한 스펜서는 1859년부터 제정된 자유당의 입법들에 대해서 "약자들을 도와주는 입법을 옹호한 자들은 사회에 적응하지 못한 사람들을 구해내려는 것"이라고 하며, 주택 · 공중보건 · 노동조건 등을 규제법이 자신들의 유산(legacy)을 배신했다고 비판하였다.

2. 스마일스의 자조론의 시대적 배경

그러면 스마일스의 자조론은 어떠한 시대적 배경 하에서 잉태된 것인가. 주지하듯 사상이나 이데올로기는 시대 상황과 밀접한 관계를 맺으면서 형성되고 변화된다. 예컨대 20세기 중기의 영국의 역사학자인 브릭스(Ara Briggs, 1921~2016)는 '1859년 출판된 『자조론』만큼 빅토리아 시대를 상징하는 책도 없다'라고 강조한 바와 같이[32] 스마일스의 자조론은 빅토리아시대로부터 결코 자유로울 수가 없다. 그런데 스마일스의 자조론이 등장한 빅토리아시대 초기는 전통적인 사회경제적 · 정치적 · 윤리적 · 정신적 · 종교적 확실성이 와해되는 가운데 엄청난 인식의 혼란을 겪은 격변기였으며, 국민적 생활조건을 향상시키는 것이었다. 예컨대 청교도혁명과[33] 명예혁명을 거쳐 귀족과 함께 젠트

32) 1955년부터 1961년까지 리즈대학의 교수였던 브릭스는, 1949년에 쓴 캠브리지 역사논문집에서 자조론의 부활을 제시하였고, 1958년에는 『자조론』 100주년 간행기념의 제언(A Centenary Introduction)에서도 역시 자조론의 부활을 재차 강조하였다.

33) 비국교도(19세기 중반 이후부터 Dissenters는 Non-conformists로 변경) 중의 하나인 프로테스탄트 교회의 퓨리턴(Puritan)은, 가혹한 탄압을 피해 일부는 1620년 종교의 자유를 찾아 미국으로 건너갔다. 남은 퓨리턴은 탄압에 저항하다가 1640년대에 이르러 청교도 혁명을 일으켰다. 한편 비국교도란 17세기부터 영국 국교회인 성공회의 교리 · 체제 · 규율에 대해 거부하는 교파의 구성원을 지칭한다. 예컨대 「통일령(Act of Uniformity, 1662)」에 반발해 국교회를 탈퇴한 퓨리탄 ·

리는 인민의 대표기관인 의회의 중추적 역할을 담당하였다. 그러나 절대왕권과 특권계급의 전횡으로부터 자신의 이익을 보호하려는 신흥 산업자본가계급과 노동자계급 간의 갈등이 심화되고, 분배적 정의와 빈곤이 사회문제로 부각되었다. 따라서 휘그당은 이러한 진보적인 산업자본가를 영입하여 자유당으로,[34] 토리당은 귀족과 지주층을 중심으로 한 보수 세력을 흡수하여 보수당으로 정치적인 재편이 이루어졌다.[35]

침례파(Baptists) · 퀘이커파(Quakers) · 감리교파(Methodists) · 유니테리언 · 구세군(Salvation Army) 등을 들 수 있다. 특히 17세기경에 이미 퀘이커교도들은 노예제도를 묵인하는 기존의 기독교에 대항하였다. 또한 영국의 도시나 지방자치체에 비국교도가 관리로 선출될 수 없도록 금지한 법령인 기관법(Corporation Act)이 제정되었으며, 국왕 찰스 2세가 제정하여 모든 관리에게 국교 신봉을 선서시킨 법령인 「심사령(Test Act, 1673 1678)」이 1828년 폐지될 때까지는 비국교도는 공직에 나아갈 수 없었으며, 지방특별법에 의해 오직 빈민 사업에서만 주요 자리가 가능했다. 한편 스코틀랜드의 국교는 성공회가 아니라 장로교이다. 이 교회는 주교가 없고 교회의 지도자는 총회에서 선출된다. 정선영, 1983, 「Victoria 초기 영국의 빈민교육」, 『사학지』 17.

34) 이처럼 영국의 자유당은 뒤늦게 창당되었다. 즉 토리당의 곡물법 폐지 반대론자들은 휘그당의 자유주의자들과 결속하여 자유당(1859)을 창당하였다. 예컨대 벤담주의자들과 필을 지지한 토리당 출신의 윌리엄 에드워드 글래드스턴(William Ewart Gladstone, 1809~98, 수상재임은 1868~1874, 1880~1885, 1886, 1892~1893)처럼 곡물법 폐지를 주장하면서 보수당(Conservative Party, 전신 토리당)에서 빠져나온 세력이 동맹한 것이다. 특히 자유당 내의 벤담주의자들은 노동당(1906)이 생기기 전까지 사회주의적 발상들을 자유당 안으로 도입했고, 길드 사회주의나 페이비안주의에 영감을 제공했다. 이처럼 보수당과 노동당은 1980년대와 1990년대에 각기 자유당의 계승자임을 천명한 바 있으나, 1920년대에는 이미 집권세력으로서의 가능성도 상실해버렸다고 할 정도로 정치세력으로서 빠르게 쇠퇴했다.

35) 1783년 이후 1830년 초까지 휘그당이 간혹 정권을 잡은 적은 있었지만 영국 정치를 주도했던 것은 토리당이었다. 즉 1678년에 결성된 토리당은 곡물법 폐지 등 개혁정책을 추진하며 1834년에는 공식적으로 보수당으로 개칭하였으나, 여전히 대지주와 귀족계급의 이익을 대변해 역사적으로는 300년의 전통을 자랑하는 정당이다. 또한 세계 정치사에서 수많은 정당이 명멸했지만 영국의 보수당은 역사의 격동을 겪고도 지금도 살아남아 세계에서 가장 역사가 오랜 정당이라 할 수 있다.

특히 역사가들의 평가에 의하면 영국의 1840년대는 사회경제적으로는 대량빈곤으로 인한 '굶주린 40년대'이자 '전염병의 시대'였다. 예컨대 독일인 엥겔스는 산업혁명의 주역에 해당하는 면공업의 세계적인 중심지인 맨체스터에 있는 부친의 공장에 1842년부터 1844년까지 머무르면서, 노동자들의 삶을 직접 관찰하고 당시 기록들을 토대로 하여 『영국 노동계급의 상태(Die Lage der arbeitenden Klasse in England)』(1845)를 써서 당시의 상황을 잘 기술하였다.[36] 더욱이 19세기 영국의 대표적인 소설가이자 저널리스트였던 디킨즈는, 영국 하층민인 가난한 사람들의 비참한 삶이 타락이라는 당시의 단정(斷定)을 문학을 통해 깨뜨리고자 하였다. 예컨대 그는 『크리스마스 캐럴(A Christmas Carol)』(1843)에서는 주인공인 스크루지를 통해 중간계급이 빈민에게 강조한 근면과 경쟁의 가치관이 어떻게 인간성을 상실시키는지를 보여주었다.[37] 따라서 마르크스는 '디킨즈야말로 세상을 향해 그 어느

---

36) 이 밖에도 영국에서 망명생활을 경험한 알렉시 토크빌(Alexis Tocqueville, 1805~1859)은 맨체스터에 대해 "가장 발전했으면서 가장 야만적 상태"라고 비판했을 정도이다. 즉 1831년 맨체스터에는 2만 명 이상의 사람들이 지하실에서 세 들어 살고 있었으며, 닭장 집과 같은 합숙소에는 수많은 뜨내기 노동자들이 임시 거처를 마련할 수밖에 없었다. 또한 맨체스터에는 당시 300곳 이상의 공동합숙소가 '천사의 초원(Angel Meadow)'으로 불리는 지역에 대부분 밀집해 있었다. 이곳은 이름과 달리 "가장 비천하고 가장 더럽고 건강에 유해하며 가장 사악한 지역"이었으며, 숙소를 들여다보면 사방 14-12피트 정도의 좁은 방 하나에 20여 명의 부랑자들이 돼지처럼 기숙하고 있었다. 맨체스터 외에도 리즈 · 버밍엄(Birmingham) · 셰필드도 상황은 마찬가지였다. 즉 세계 최초의 산업도시답게 인구 폭증 · 빈민 · 열악한 노동환경 등 사회문제의 압축판이었다. 특히 영국 중부의 버밍엄 등의 대공업지대는 일명 '검은 땅'이라고 불렸다.

37) 디킨즈는 19세기의 급진적인 잡지인 『라이언』에서 극빈 가정의 출신인 소년 소녀 노동자들의 상황을 다음과 같이 기록하였다. "아이들은 꿀꿀이죽을 먹기 위해 여물통에서 돼지들과 함께 뒹굴었다. 그들은 발길질과 주먹질, 성폭력에 시달렸다. 고용주인 앨리스 니덤은 아이들의 귀를 못으로 뚫는 소름 끼치는 버릇을 가졌다…. 아이들은 겨울 추위 속에서도 거의 벌거벗은 상태로 지냈고, 십장(什長)의 가학증에 시달린 듯 모두 이가 부러져 있었다." 이 밖에도 낭만주의 시

정치인이나 사회운동가들보다도 더 많은 정치 사회적인 진실을 외쳤다'고 평가한 바 있다. 이처럼 이들의 눈에 비친 영국은 산업화의 풍요에도 불구하고 내부적으로는 산업화에 의한 심각한 빈곤과 질병 문제를 겪고 있던 엄혹한 시기였다. 따라서 당시 지식층과 정치인들은 대량빈곤이 개인 능력의 문제인가 혹은 국가 체제의 문제에 대해 약 40여 년에 걸쳐 복지논쟁을 벌였다.

한편 영국에서 대량 빈민이 등장하게 된 것은 16세기부터 19세기 초까지 약 3세기에 걸쳐서 발생한 인클로저(Enclosure, 일명 종획운동)

인인 윌리엄 블레이크(William Blake, 1757~1827)는 초기 공장을 '악마의 공장'으로 불렀으며, 역시 시인인 윌리엄 워즈워스(William Wordsworth, 1770~1850)는 산업혁명으로 인한 전원생활의 파괴와 대지 및 하천의 오염을 개탄하였다. 즉 그는 농촌의 빈곤은 개인의 도덕적 타락 때문이 아니라 인클로저와 같은 농촌 경제의 변동이 초래한 생존 방식의 변동으로 야기되었으며, 자립은 근면과 경쟁과도 같은 성공한 중간계급의 경제적 가치관이 아니라 '공동체 내의 다른 구성원들의 상호부조'를 통해서 형성될 수 있었음을 서정시로 노래한 바가 있다. 다시 말하자면 그는 맬더스가 도덕적 타락의 근원이라고 간주하였던 '의존'은 농촌공동체 사회에서는 '자립을 위한 바람직한 도덕적 품성'이라고 하였다. 예컨대 워즈워스는 노예제와 노예무역을 폐지한 훌륭한 영국민이 구빈법(빈민구제법)을 개정한 것은, 무엇보다 신과 동포에 대한 도덕적 책무에 역행하는 행위이자 영국이라는 국가 공동체의 토대를 무너뜨리는 것이라고 비난했다. 왜냐하면 그는 사람들은 "부모의 입장으로"라는 도덕적 원리에 토대를 둔 공동체 속에서 자신의 기본권을 보장해 줄 법적 권리를 충분히 누릴 수 있을 때 더 깊은 동포애와 애국심을 느끼게 된다고 보았기 때문이다. 이처럼 빈곤을 부도덕의 결과로 인식하여 징벌적 구호를 강조했던 벤담과 달리, 워즈워스는 마치 돌아온 탕아를 받아들이듯 가난한 사람들은 누구나 심지어 그들의 도덕심과도 무관하게 국가로부터 기본적인 생계 보호를 받아야 하고, 그럴 생득적 권리가 있다고 보았다. 역시 낭만주의 시인 로버트 사우디(Robert Southey, 1774~1843)는 "부자에 대한 가난한 자들의 봉기로부터 우리를 지켜주는 것은 오직 군대뿐. 정말 그럴까. 노동자들을 강압적으로 누르는 길 외에 다른 방법은 없을까"라고 하였다. 반면에 칼라일은 『차티즘』(1839)이라는 에세이를 통해 기본적으로 노동계급은 자신의 의사를 표현할 수 없는 이들("these wild inarticulate souls")이므로 의회의 대변을 받아야 한다고 보았다. 또한 그는 노동계급의 저항운동, 청원운동도 '벙어리 계급의 고통의 몸부림'이라고 치부하였다("inarticulate uproar, like dumb creatures in pain, unable to speak what is in them"). 김성룡, 2007, 『17-18세기 영국의 국민 통합과 프로테스탄티즘』, 한국학술정보, 135쪽.

로 거슬러 가보아야 한다. 즉 16세기의 1차 인클로저는 목축업을 위해 소규모 토지를 대규모 농장에 합병하는 토지 사유화 운동의 법률적 절차이다. 왜냐하면 농업생산이 목양에 관련한 직물제조로 이동해 감에 따라 농민들은 가축을 방목하거나 땔감과 물을 얻을 수 있었던 공동경작지(open field)에 대한 권리를 빼앗겼기 때문이다. 결국 잉글랜드 인구의 40~50%는 자신의 경작지를 소유하지 못하게 된 것이다. 예컨대 당시 런던 인구가 약 65만 명으로 전체 인구의 11%였다. 이는 전체 인구의 2.5%가 파리에 거주했던 프랑스와 대조를 이루었다. 즉 인클로저에 의해 영국의 도시화가 얼마나 급속히 진행됐는가를 가늠할 수 있는 자료이다.[38] 특히 추방된 농민들은 모직물을 생산하는 지역과 수출하는 항구 주변으로 몰려들어 도시 빈민 노동자가 되었으며, 이들은 빈곤하다는 이유만으로 범죄자로 취급되었다.

그리고 최대의 토지 귀족이던 수도원이 헨리 8세의 종교개혁에 의해 2차례에 걸쳐 해산되고(1536, 1539), 광대한 토지재산은 소지주인 젠트리로 넘어가 이들은 결국 대지주가 되었다. 이러한 생산방식의 변동은 영국의 농촌에 현실적 고통을 가져왔으며, 공교롭게 1594~1597년에 흉작까지 겹쳐 전대미문의 농촌의 변화과정을 촉발시켰다. 다시 말하자면 자급자족의 자연경제체제인장원제도(gradherrschaft)에 큰 충격을 주면서 화폐경제인 시장경제로 근본적인 변화가 왔다. 따라서 농민들이 땅의 울타리를 부수는 등 대규모 반대운동이 일어났다. 대표

38) 18세기 이후부터 영국에서 도시화는 빠르게 진행되었다. 특히 상공업도시들의 팽창이 두드러졌다. 예컨대 17%였던 잉글랜드와 웨일즈의 도시인구 비율은, 1801년 34.8%, 1851년에는 50.2%에 이르렀다. 이 시점에서 도시인구는 전체 인구 1,790만 명 가운데 900만 명을 넘어섰다. 1801년만 하더라도 런던을 제외하면 인구 10만을 넘는 도시는 없었다. 그러나 1851년에는 전체 인구의 절반을 차지하는 도시인구 중에서 $\frac{1}{4}$은 인구 10만 이상의 도시에 거주하고 있었다. 김종현, 2006, 『영국 산업혁명의 재조명』, 서울대학교출판부.

적 사건으로 1549년 케트의 난(Kett's Rebellion), 1607년 중북부에서 일어난 농민반란, 1607년 뉴턴의 난(Newton Rebellion) 등이 있다.

이어서 17세기의 제2차 인클로저운동을 살펴보면, 16세기와 달리 인클로저금지법이 폐지되었기 때문에 기본적으로 이해관계자들의 합의에 의해서 수행되었다. 즉 1660년에 제정되어 시기에 따라 개정되는 가운데 농업을 보호해 온 곡물법(Corn Law) 체제하에서,[39] 토지를 차지농(tenant farmers)에게[40] 장기간 임대해 주는 농업 자본가가 등장하게 되었다. 농민들은 그들에게 고용되었고 곡물가격은 일정한 수준 이상으로 유지되어 곡물생산은 큰 자극을 받았다. 또한 1차 인클로저 이후 지속적으로 발달된 도시의 시장은 대량의 농업 생산물을 요구하게 되고, 이러한 수요를 충족시켜서 큰 수입을 올리는 농업 자본가에 의해 오늘날의 자본주의 형태와 가장 가까운 소유 및 생산구조가 출현하였다.[41]

마지막 단계인 제3차 인클로저는 프랑스혁명과 나폴레옹전쟁(1803~1815)의 시기인 18세기 중엽 이후의 1세기 동안에 이루어졌다. 즉 혁명과 전쟁으로 곡물 수입이 금지되면서 곡물 가격이 등귀하는 가운데, 개방경지뿐만이 아니라 공동지와 황무지도 의회의 법에 의거하여 토

---

39) 당시 영국에서 '콘(corn)'은 곡물(grain)인 밀 · 귀리 · 수수 · 보리 · 콩 · 옥수수 등을 포함하는 의미로 사용되었다.

40) 대토지 귀족의 토지는 일반적으로 차지농에게 임대되었으며, 소지주인 젠트리의 토지도 직영되거나 임대되었다. 차지농은 지주의 땅을 빌려 농사를 짓는다는 점에서 소작농(sharecropper)과 같으나, 소작농처럼 수확의 일부분을 지주에게 제공하는 것이 아니라 지주에게 현금을 주고 땅을 빌려 농사를 지었다.

41) 장원제도는 1촌락 1장원의 구조로, 영주와 농민의 경제적 관계를 의미한다. 농민은 영주의 농노로 영주의 군사력을 유지하는 경제적 기반을 마련하고, 영주로부터 신변보호를 받는 동시에 토지의 이용권을 인정받았다. 장원제도하에서는 촌락에서 필요한 물품들을 자급자족했다. 반면에 자본주의적 생산양식의 특징은 주체적 생산요인인 노동과 객체적 생산요인인 생산수단의 분리이며 두 생산요인은 모두 상품으로서 거래의 대상이 된다는 점이다.

지 소유가 집중적으로 추진되었다. 예컨대 의회는 관계되는 토지 가치의 4분의 3 또는 5분의 4의 소유자가 서명한 청원서가 제출되면, 지주로 하여금 합법적으로 인클로저를 수행할 수 있게 했다. 따라서 1780년부터 1850년 사이에는 5천 건이 넘는 개별적 인클로저법령이 통과되면서 전 국토의 21%가 집중적으로 사유화되었고, 다른 한편으로는 새로운 품종과 장비 · 인력을 투입한 개량 농법이 실행되어 농업 생산력은 배가 되었다. 이처럼 점차 곡식 수요의 90%를 감당할 수 있게 됨에 따라, 1750년 이전까지는 매우 느렸던 영국에서의 인구 성장이 '인구 폭발'로 이어졌다. 예컨대 영국 최초의 인구조사(1801)에 의하면[42] 잉글랜드와 웨일스의 인구는 약 900만 명이고 스코틀랜드는 150만 명, 아일랜드는 800만 명이었다. 이처럼 3차 인클로저는 인구가 증가하여 곡물 및 농작물에 대한 수요가 격증하고, 개량 농법으로 인구 부양력도 높아져서 값싼 노동력을 제공할 수 있게 됨으로써 1차 산업혁명을 꽃피우는 결정적 계기도 만들 수 있었다.[43]

---

42) 영국은 일반적 목적으로 1801년 이래 거의 10년마다 정기적인 인구 조사가 실시되고 있다. 예컨대 18세기 초의 잉글랜드와 웨일즈의 인구 규모는 550만 내지 600만이었으나, 최초로 인구 조사가 실시된 1801년에는 900만, 1831년에는 1,400만, 19세기 말에는 3,250만이었다. 이때의 인구증가는 산업혁명기에 필요한 노동력 공급 확대의 중요한 기본조건이었다. 그러나 19세기 이전 영국의 인구통계는 기본적으로 불완전하였으며, 주로 교구(Perish) 단위의 세례, 결혼 및 매장에 관한 기록이다. 잉글랜드 및 웨일스에 관한 전국적인 인구 조사가 처음으로 실시된 것은 1801년의 공민등록제(Civil Registration)이다. 이후 1837년에는 호적제도가 도입되었다.

43) 인클로저가 산업혁명에 끼친 역할을 다음과 같이 네 가지로 요약할 수 있다. 첫째로 인구증가이다. 18세기 중엽까지만 해도 곡물 수출국이었으며 18세기 후반기에도 식량을 대체적으로 자급자족할 수 있었다. 따라서 공업중심지의 비농업 인구도 부양할 수 있게 하였다. 둘째로 농업소득을 증대시킴으로써 영국의 공업제품에 대한 구매력을 증대시키고 공업생산을 자극하였다. 즉 영국 공업생산의 확대를 뒷받침한 것은 전쟁으로 인해 불안정하였던 외국의 수요보다도 안정적으로 확대한 국내 수요였다. 셋째로 지주와 농업자의 지대 및 농업이윤을 증대시킴으로써 농업에서의 자본축적을 촉진시키고 공업자본에로의 전환을 가능

지금까지 언급한 세 차례의 인클로저와 함께 1차 산업혁명도 영국에 대규모의 빈민을 발생시켰다. 왜냐하면 농촌의 수공업자들은 각종 기계에 의한 공장제(factory system)에 의해[44] 근대적인 화폐 노동자로서 노동시장에 유출되었고, 제조업자들과 광산주들은 이들을 저임금으로 고용함으로써 노동자들의 경제적 지위는 더욱 낮아졌기 때문이다.[45] 예컨대 1750년경 영국에는 인구 70만 명의 런던을 제외하고 10만을 넘는 도시가 하나도 없었지만 맨체스터 · 리즈 · 브래드퍼드(Bradford) · 버밍엄 · 리버플 · 셰필드와 같은 중요한 산업 대도시의 인구는 1821년에서 1831년까지 단 10년 사이에 평균 50%가 증가했다. 즉 1830년에는 인구 10만 명을 넘는 공업도시가 7개로 늘어나, 19세기 말이 되면 인구의 4분의 3이 공업도시에서 살았다. 아울러 주요한 면직물 공업도시의 중의 하나였던 로치데일(Rochdale)[46]에서도 산업혁명으로 인한

케 하였다. 즉 농업자본은 산업혁명기에 철공업, 광업 및 교통부문에 투자되었고 정부의 조세 수입의 대부분을 부담하게 되어 상공업부문의 부담을 덜어주고 이 부문의 발전을 촉진하였다. 넷째로 농업노동자는 공업노동자로 전환할 수 있었다.

44) 공장제란 기존의 가내수공업을 대신하여 노동집약적 형태로 일정한 규율하에 협동적(cooperative)으로 생산업에 종사케 함으로써 대량생산이 가능해지고, 제품도 염가로 판매되어 생산수단과 생산조직에 커다란 변혁을 가져왔던 생산방식의 변화를 지칭하는 광의의 개념이다. 예컨대 1770년대의 방적기 발명가인 리차드 아크라이트(Richard Arkwrightt, 1732~1792; 이하 아크라이트)에 의해 발명된 수력방적기는, 제조업 중심의 산업구조 이행과정을 가능하게 한 기술혁신이기도 하다.

45) 근로조건에 관한 초기 입법은 면방직업에만 적용되었고 광업법(Mines Act)에 적용된 것은 1842년이다.

46) 이곳은 맨체스터 주변에 있는 위건 · 올덤 등과 더불어 인구 20~30만에 이르는 9개 면공업 중심도시 중의 하나였다. 한편 이곳을 지역구로 둔 윌리엄 샤먼 크로포드(William Sharman Crawford, 1781~1861) 의원은 1841년 9월 20일 하원의 토론에서 다음과 같이 증언하였다. 즉 "136명이 1주일에 6펜스, 200명이 10펜스, 508명이 1실링, 855명이 1실링 6펜스, 1,500명이 1실링 10펜스로 생활하고 있다. 담요가 없는 사람이 80%가 넘었고, 85세대는 집에 이불 한 장 없다. 덮을 것 하나 없이 왕겨 침대만으로 생활해야 하는 집이 46세대나 되었다." 이처럼 당시의

생산의 기계화로 인해 일자리와 임금이 줄어드는 가운데 불황기에는 노동자 6명 가운데 5명이 겨울철에 덮을 모포가 없을 정도로 참혹한 추위와 가난에 시달려야 했다.[47] 더욱이 런던 시민의 경우도 1/3이 끼니를 굶는 빈민일 정도였다.[48] 이처럼 산업혁명은 새로운 경제 현실을 통해 봉건경제에서 산업경제로 인류사의 흐름을 바꾸어 놓은 주요한 사건이지만, 이를 계기로 빈부의 양극화와 생계를 위해 절도와 구걸 행위를 일삼은 빈민은 범죄자와 동일시되었다.

노동자 생활은 너무나도 열악한 것이었다. G.D.H.콜, 정광민 옮김, 2015, 『영국 협동조합의 한 세기』, 그물코 출판, 31쪽에서 재인용.

47) 로치데일에 있는 면화공장의 직공들은 비참한 노동조건과 낮은 임금에 직면했고, 높은 식량과 가정용품 가격을 감당할 수 없었다. 따라서 그들은 부족한 자원을 모으고 협력함으로써 더 낮은 가격으로 기본 상품에 접근할 수 있다고 결정하고, 1844년 10월 24일에 〈로치데일 공정 선구자조합(The Rochdale Society of Equitable Pioneers)〉이라는 사업 등기를 내고, 같은 해인 12월 21일에 토트레인(두꺼비 거리)의 낡은 한 창고 1층을 빌려 소박한 협동조합 매장을 개설하였다. 이들은 Rochdale Pioneers라 불리며 최초의 현대 협력 사업인 〈Rochdale Equitable Pioneers Society〉를 설립하여 처음에는 밀가루 · 오트밀 · 설탕 · 버터의 4가지 품목만 판매하였다. 이것을 계기로 협동조합 운동은 번성하여 전 세계로 확장되었다. 조지 제이콥 홀리요크, 정광민 옮김, 2013, 『로치데일 공정선구자 협동조합: 역사와 사람들』, 그물코 출판, 156쪽.

48) 빈곤에 대한 사회적 인식을 변화시키는데 결정적인 역할을 한 대규모적인 두 조사가 영국에 있었다. 이는 찰스 부스(Charles Booth, 1840~1916)의 『런던 시민들의 삶과 노동에 관한 조사』(1886)와 시봄 라운트리(Benjamin Seebhom Rowntree, 1871~1954)의 『요크시 조사』(1901)이다. 두 조사를 통해서 '런던 시민 가운데 빈곤선에 있거나 빈곤선 바로 위에 있거나 빈곤선 아래에 있는 사람이 1/3에 달한다'는 사실이 밝혀져 놀라운 빈곤의 정도를 보여주었을 뿐만 아니라, 빈곤의 근본 원인이 개인의 영역인 나태, 낭비적 지출 등에 있는 것이 아니라 사회경제적 체계 안에 있다는 사실을 보여준 것이기 때문이다. 즉 빈곤 경감에 대한 책임은 개인이 아니라 사회에 있으며, 빈곤 문제는 사회적 행동을 요하는 사회문제라는 것을 보여주었다. 더욱이 이 조사는 국가권력은 시장의 악운과 무관하게 최소한의 생활수준을 설정하고 그 이하로 떨어지지 않도록 시민을 보호하는데 사용되어야 한다는 주장의 근거가 될 수 있었다. 다시 말하자면 정부가 전체적인 복지 증진을 위해서 보다 적극적인 역할 담당자임을 주장하는 유용한 증거가 될 수 있었다.

이상에서 살펴본 인클로저와 1차 산업혁명의 여파에 의한 대량 빈민 발생 외에도, 장기간에 벌어진 나폴레옹전쟁[49]도 영국 역사상 유례없이 전복적이고 파괴적인 시기와 생활고를 직면하도록 만들었다. 즉 전쟁으로 인해 농업생산이 부진하였을 뿐 아니라 나폴레옹의 대륙봉쇄(1806)로 곡물 가격도 상승하였으며, 이러한 생활고로 노동자들은 적개심에 불타 자신들의 전통적인 직업을 고수하기 위해 공장을 급습해 새로운 기계들을 파괴하는 소위 러다이트운동(Luddite Movement, 1811~1812; 일명 기계파괴운동)을[50] 전역에 일으켜 귀족과 중산층에게 두려움을 자아냈다. 이후 웰링턴 장군이 워터루에서 승리함으로써 오랜 나폴레옹전쟁은 끝이 났지만, 기근이 덮쳤고 전쟁에서 돌아온 사람들로 인한 실업 사태는 고질적으로 이어졌다. 즉 통상적인 경기침체와 잉여 전쟁물자로 공장이 문을 닫아 많은 실업자도 생겨났으며, 동원 해제된 30만의 군인은 엄청난 실업 사태에 직면하여 산업예비군이 되었다. 따라서 이 시기는 19세기를 통틀어 실질임금이 가장 낮은 절대 빈곤 상태였다.

---

49) 프랑스 제1 제국 및 그 동맹국과 영국이 재정 및 군사적으로 주도하는 연합군 사이에서 벌어지는 일련의 전쟁을 말한다. 즉 프랑스혁명 이후 혁명을 지키려는 프랑스가 유럽의 여러 다른 나라들과 전쟁을 하게 됐고, 영국에 대해서도 1793년에 선전포고를 하였으며 나폴레옹이 프랑스의 통치권을 장악하면서부터 전쟁은 더욱 격화되었다. 아울러 워털루전투의 패배로 나폴레옹이 완전히 실각하여 세인트헬레나에 유배된 1815년까지 긴 전쟁이 벌어졌다. 더욱이 1809년 스페인에서 나폴레옹에 반대하는 봉기가 일자, 영국은 스페인을 나폴레옹의 지배로부터 해방시킨다는 명분하에 웰링턴 공작을 대장으로 한 군대를 스페인으로 파견하였다.

50) 기아임금과 노동조건에 저항한 것인데 요구에는 최저임금제 보장, 여성 및 연소 노동에 대한 착취 제한 등도 포함되고, 대중적 민주주의운동의 요소도 갖고 있다. 한편 톰슨은 '러다이트운동'에 관하여 "러다이트들은 마지막 길드맨(guild man)이며 '10시간 운동'으로 이어지는 소요를 시작한 최초의 사람들이기도 하다"라고 하며 이 운동의 의의를 복원시켰다.(Edward Palmer Thompson, 1966, *The Making of the English Working Class*, New York: Vintage Books)

그럼에도 불구하고 정부는 기득권 세력을 위해 1815년에 새로운 곡물법을 제정하였다.[51] 이러한 상황에 불만을 품던 노동자들이 1819년 8월에 보통선거를 요구하며 대규모 집회를 벌이자 기마대를 동원해 무자비한 진압을 한 피털루대학살이 일어났다.[52] 또한 1824년에는 맨체스터를 비롯한 랭커셔 · 체셔 지역의 수직공(weaver) 조합들에 의해 일련의 파업투쟁이 일어났으나 실패하였다. 1825년에는 수직공들에 의한 폭동 및 기계파괴운동과 임금 인하 반대 파업도 모두 실패하였다. 1829년부터 32년까지는 심각한 상업의 침체뿐만 아니라, 1829년부터 시작된 자조정신의 흉작이 계속되어[53] 1830년에는 잉글랜드 남동부

---

51) 예를 들어 나폴레옹전쟁 직전까지 46실링 수준이던 밀 1쿼터(약 12.7kg) 가격이 전쟁 중에는 177실링으로 올랐다가 종전 후에는 80실링을 밑도는 60실링으로 떨어지자 외국산 밀의 수입을 금지하였다.

52) 북서부 공업지대의 시민과 노동자들은, 맨체스터의 세인트 피터즈 빌즈 지역에서 귀족 의회를 개혁하고자 군중의 규모가 6만~8만에 이르는 집회를 열었다. 집회자들은 '부랑자들이 프랑스처럼 혼란만 일으킨다'는 어용 언론의 공세에 대비하여 '최대한 많은 인원이 가장 깨끗한 옷을 입고 모이되 최대한 자제한다'는 원칙하에, 누구도 무기를 소지하지 않고 모였으며 지역별로 질서정연하게 입장하는 예행 연습까지도 했다. 아울러 당일 미처 집회장에 들어오지 못한 3만 명은 광장 외곽을 돌았다. 그러나 토리당과 어용 언론은 이를 '군사 연습'이라며 왕립 포병대와 8개 보병 중대, 제15 경기병대와 체서 · 맨체스터 의용기병대 1,500명으로 탄압하였다. 본래 의용기병대란 말을 소유하고 승마에 능한 자영농 이상 계급이었던 '요맨리(Yeomanry)'로 구성된 부대이다. 그리고 이 집회 이름은 워털루(Waterloo) 전투의 용사들이 베드로 광장(Peter's Field)에서 비무장 시민을 학살했음을 비꼰 데서 유래한 것으로, 'loo'를 따와서 'Peterloo'라고 명명하였다. 한편 정부는 재발을 방지하기 위해서 1819년에 급진적인 개혁을 요구하는 집회를 "명백한 반역적 모반행위"로 규정했으며 급진적 신문 탄압, 대규모 집회 방지, 무장 동요의 가능성을 줄이는 것을 목표로 삼았다. 그러나 차티즘의 깃발에 쓰여진 "피털루의 유혈극을 기억하라"는 글씨가 말해주듯이 피털루 사건은 차티즘을 촉발시켰으며, 곡물법의 폐지(1846)도 성사시켜 영국의 정치 경제적 흐름을 크게 변화시켰다.

53) 특히 흉작은 일자리를 빼앗을 뿐만 아니라 사회 전체의 구매력을 저하시키면서 다른 산업의 불황과 그에 따른 노동자의 대량 해고를 가져왔다. 이로 인해 일자리나 먹을 것을 찾아 헤매는 부랑 유민의 숫자가 크게 증가하였고 이러한 사회적 불안은 빈민에 대한 강압적 통제를 유발했다.

윌트셔(Wiltshire)를 비롯한 농촌 지역의 농업노동자들이 탈곡기를 파괴하는 등 최후의 농업노동자 봉기라 불리는 스윙폭동(Swing Riots, 1830~1831)도 일어났다.[54] 아울러 1838년에는 런던의 노동자연합회 본부와 연계되어 있는 콜체스터(Colchester) 노동자연합회 소속의 수공업자들과 소상인들의 대표자들과 시민 3천여 명은, 도시의 중심부에 모여 1차 선거법(1832)의 개정을 요구하고 빈빈구제의 수정법인 신구빈법, 국교회,[55] 곡물법을 비난하는 연설회도 개최하였다. 특히 1839년에는 비단 면직물 · 모직물 산업의 불황으로 높은 실업률과 치솟는 식량 가격으로 거의 모든 도시나 주에서는 생활필수품인 빵 혹은 식량 폭동도 일어났다. 더욱이 지역 인구의 2/3선 이상을 차지했던 노동계층 중에서 대다수는 계절과 날씨에 따라 일거리가 좌우되는 비숙련 임시직이었으며, 1839년부터 41년 사이에 연이어진 겨울 혹한으로 광범위한 실업의 고통과 필절함도 겪게 되었다.

그러나 이러한 엄혹한 상황을 거쳐 가는 과정에서 토리 정부는 프랑스혁명의 공포와 나폴레옹전쟁의 위협하에 있다는 이유로, 드세게 일어나는 많은 개혁 요구에 대해 폭동을 사주하는 언동으로 간주하며 법과 질서를 앞세워 정치적 자유를 통제하였다. 예컨대 1784년에 취임

54) 이 운동은 농업노동자들이 임금 삭감과 탈곡기 도입을 반대하여, 대장 '스윙'의 서명이 있는 협박장을 보내며 지주의 탈곡기를 파괴하였다. 이들은 과거 50년간 노동자들이 점점 가난해지고 박탈당한 상황의 원인으로 십일조개혁법(Tithes Reform Act) · 빈민법 · 부유한 소작인 · 농부를 들었다. 이 운동은 휘그당 정부에게 큰 영향을 주어 1834년에 신구빈법(New Poor Law)을 등장시켰다.

55) 영국 국교회는 16세기 종교개혁 이후 근본적인 가치인 '신앙으로의 회귀'에 바탕하면서 로마 카톨릭 교회의 전통적인 행정과 관습을 유지하였다. 그러나 목회자들의 신앙적 냉담함이 종교적 영감을 불러일으키지 못하였을 뿐만 아니라, 하층민들의 종교적 욕구도 채워주지 못해 비판의 소리가 높았다. 한편 복음주의적 혹은 저교회파(low church), 영국 카톨릭(Anglo-Catholic) 혹은 고교회파(high church), 마지막으로 자유주의교파(liberal wing)로 나뉘었다.

한 토리당의 소피트수상은 페인주의(Painism)로 무장된 급진적 정치조직의 확산이 두려워, 빈곤한 실업자들을 동정하기보다는 도리어 프랑스혁명의 '자코뱅당'적 영향이라고 비난하며 「선동적 문헌에 대한 국왕포고(Royal Proclamation against Seditious Writing and Publication)」(1792.5.21)를 선포했다. 뿐만 아니라 프랑스혁명의 파급을 두려워하여 노동조합 결성을 막기 위해 노동운동 통제법으로서는 가장 가혹하고 적용 범위가 넓었던, 임금 및 근로조건의 향상을 목적으로 하는 노동자의 단결이나 동맹파업을 금지하는 '근로자 단결금지법'도 제정하여 대규모 군중의 집회에 강경책으로 맞섰다. 따라서 이 법이 1824년 철폐되기까지 약 25년 동안 노동조합의 결성은 형벌의 대상이 되었으며, 일체의 노동운동은 법률로 가차 없이 처단하였다.[56] 이뿐만 아니라 토리 정부는 교회와 국왕을 위한 활동이라는 이름으로 각종 정치성 반동 테러도 조장하였으며, 새로운 곡물법도 제정하여 지주의 폭리를 위해 식료품 가격을 앙등시키며 방조하였다. 특히 1816년에 벌어진 곡물법 제정에 반대하는 런던 시민의 저항 집회를 강제로 해산시키고, 1817년에는 국왕 찰스 2세 때에 반포된 법률인 '인신보호법'마저도 정지시켰다.[57]

---

56) 영국에서 노동조합운동이 합법적으로 전개되기 시작한 것은 1799년의 노조결성 자체를 금지시킨 '근로자 단결금지법'이 1824~25년에 걸쳐 철폐되면서부터이다. 따라서 전국적인 노동조합조직이 1830년대부터 시작되는데, 1834년에 로버트 오언(Robert Owen, 1771~1837; 이하 오언)의 지도하에 결성된 '전국노동조합대연합(Grand National Consolidated Trades Union)'은 조합원 수가 50만 명을 넘었다. 당시 전국노조의 요구사항 가운데 가장 중요한 것은 바로 '10시간 노동제'였다. 왜냐하면 산업혁명 당시 영국에서 평균 노동시간은 하루 10~16시간, 휴일은 일주일에 1일뿐이었다. 특히 사상적으로나 실천적으로나 영국 노동조합운동의 가장 중요한 지도자는 오언이다. 그는 1810년에 1일 10시간 노동을 호소하고 자신이 경영하던 뉴라나크(New Lanak) 공장에서 이를 실천에 옮겼다. 한편 1817년에는 1일 8시간 노동을 목표로 "8시간 노동, 8시간 수면, 8시간 휴식"의 구호도 만들어 투쟁하였다.

이러한 공공집회의 금지뿐만 아니라 신체의 자유를 억압하던 토리 정부는 심지어 자유주의적 신문과 문학에도 벌금형을 가했다. 즉 지식인들 사이에서도 이 시대에 대하여 상반되거나 자기 모순적인 견해를 보였는데, 산업혁명으로 인한 사회문제 중에서 빈곤계층의 현실에 주목했던 디킨즈 · 벤자민 디즈레일리(Benjamin Disraeli, 1804~1881; 이하 디즈레일리)[58] · 칼라일 · 존 러스킨(John Ruskin, 1819~1900)[59] 등은

---

57) 이 법은 법원의 영장에 의해서만 신체를 구금할 수 있도록 하는 법이다.

58) 빅토리아여왕이 가장 선호했던 수상이던 디즈레일리는 침체에 빠졌던 보수당을 재기시켰을 뿐만 아니라, 지금도 유효한 영국의 보수주의적 가치를 정립한 인물이다. 즉 그는 "보수당은 엘리트나 어느 특정 계급의 당이 아니라 전 국민의 당이 되어야 한다. 그렇지 않으면 아무것도 아니다"라는 유명한 말과 같이, 2차례(1868, 1874~80) 총리직을 수행하면서 보수당의 이념을 재정립하고 국민의 대중정당으로 발전시켰다. 특히 그는 "오두막이 행복하지 않으면 궁전도 안전하지 않다"라고 한 바와 같이 자유주의 이념에 복지국가와 혼합경제의 이념도 수용했음을 잘 표현하고 있다. 예컨대 그는 세계 최초로 노동조합의 단결권을 보장해준 노동조합법(Trade Union Act, 1871)의 제정에 기여하였다. 이에 못지않게 노동착취를 방지하기 위한 두 차례의 공장법(1874, 1878), '공중 보건법'(18758), '기능공 및 노동자 주거 개선법'을 통해 빈민가를 깨끗이 할 수 있었으며, 공중보건에 관한 복잡한 법도 성문화했다. 이처럼 그가 "내 일생의 꿈을 실현하고 국민적 기반으로서 토리주의를 재정립하는 데 성큼 다가섰다"라고 자평한 바와 같이, 임기 동안에는 '하나의 국민(One-nation)'정책을 통해 사회개혁 적극 추진하면서 토리민주주의(Tory Democracy 1860~1870년대)를 열어 '보수당의 아버지(founder of the party)'로도 불리게 된 것이다. 또한 그는 외교 면에서는 러시아에 대한 군사적 견제, 수에즈 운하 매수 등 여러 국제정세에서 영국의 이권을 확보하였다. 김기순, 2017, 『디즈레일리와 글래드스턴: 국가 경영의 이념, 정책, 스타일』, 소화 참조.

59) 러스킨은 작가이자 비평가로서 건축과 장식미술에서 고딕부흥운동을 주도한 예술가로서, 빅토리아시대의 예술의 영역에서 대중의 취향에 강력한 영향을 미쳤다. 즉 철제 다리나 과도하게 장식된 공공건물, 대량 생산된 실내 설비들, 개울을 따라 줄지어 서있는 보기 흉한 벽돌 공장들은 사회의 질병이 외적으로 드러난 징후이며 그 원인의 일부라고 주장하고, 예술에는 훨씬 더 중요한 다음과 같은 기능이 있다고 말했다. 즉 "현대사회를 구제할 수 있고 세계를 인간이 노동하면서 살아가기에 적합한 곳으로 만들 수 있는 유일한 수단이다"라고 한 바와 같이, 당대인들이 주위의 도덕적 추악성을 각성하고 아름다움이 어떻게 사회를 구원할 수 있는지를 인식할 수 있도록 지적하는 것을 자신의 소명으로 삼았다. 리처드 D. 앨틱, 이미애 옮김, 2011, 『빅토리아 시대의 사람들과 사상』(한

저술과 작품을 통해, 산업혁명이 노동자들에게 초래한 비참한 모습과 급속한 산업주의의 단점을 고발하고 사회개혁을 절실히 요구했다.[60] 더욱이 프랑스나 독일의 지식인들마저도 영국의 산업혁명이 초래한 사회적 비참에 대해 경고한 바 있다. 결국 1824년에는 노동조합을 금지하고 있던 결사금지법이 폐지되고 1828년에는 비국교도에게는 완전한 시민의 자격을 주지 않던 심사령 및 자치권법(Test and Corporation Acts)이 폐기되었으며 1829년에는 카톨릭 교도들에게 부과되었던 종교적 부자유와 시민적 정치적 자격을 부여하였다.

이처럼 영국은 사회갈등을 의회에서의 논쟁과 입법 활동을 통하여 해결한다는 정치적 전통을 쌓아가던 국가였기 때문에, 혁명의 소용돌이에 휘말려 들었던 유럽 대륙의 이웃 나라들에 비하면 비교적 차분하고 세련된 방식을 통해 사회갈등을 치유해 갔다. 예컨대 1830년에 조지 4세가 서거하고 새로운 국왕인 윌리엄 4세가 즉위함에 따라 총선거를 실시한 결과 1783년 이후부터 권력에서 배제되었던 휘그당이 1831년부터 윌리엄 4세 하에 46년 만에 집권하게 되었다.(1830~1834) 이로 인해 1832년 1차 선거법 개정으로 의회로 진출할 수 있게 된 벤담주의자들에[61] 의해 공리주의적 개혁안이 박차를 가할 수 있게 되었다. 즉 빈민도 존엄하며 다양한 욕구를 지닌 동등한 정치적 주체로 인

국연구재단총서 학술명저번역 504), 아카넷, 351쪽 참조.

60) 톰슨은 신구빈법을 '아마도 영국 역사에 있어서 인간 욕구를 무시하고 이데올로기적 도그마를 부여하려는 가장 지속적인 시도였다"라고 신구빈법을 비판적으로 분석하였다. 이에 관하여는 E.P.Thompson, 1971, "The Moral Economy of the English Crowd in the Eighteenth Century," *Past & Present* 50, p.79.

61) 벤담주의자들이란 빅토리아시대의 중간계급이 신봉한 사회-경제-정치 이데올로기와 일련의 가치들을 가리킨다. 동시에 벤담과 제임스 밀의 사상에서 영향을 받아 사회개혁을 추구한 사람들의 신조와 운동을 가리키는 것이기도 하였다.

정하지만, 가난의 원인은 개인의 나태와 태만 등에 의한 도덕적 귀책으로 돌린 빈곤 개인 책임설의 입장을 지닌 공리주의자들의 등장이다. 이들은 빈곤 개인 책임설의 입장에서 신구빈법을 제정하였다. 즉 빈곤은 개인의 노력이나 의지의 문제로 환원될 수 있는 것이므로, 복지에 대한 정부의 개입을 억제하고 개인의 책임 하에 두고자 한 소극적이며 자유방임적인 입장을 견지하는 공리주의적 복지정책이었다. 이처럼 휘그당의 개혁 성과인 선별적 복지정책인 신구빈법은, 산업혁명기 영국의 빈곤 문제에 대한 해결책을 구하려 했던 지배계급들 간의 오랜 갈등을 완화시켰다. 아울러 빈민이 의존해야 할 곳은 더 이상 국가가 아니라, 기독교사상을 실천하려는 중산층 이상의 사람들이 인도주의적인 구호를 제공하는 자선단체(Charity Organization Society)였다.[62]

한편 토리당이 재집권에 실패하여 휘그당에게 정권을 내준 이유를 보면, 비록 의회에 〈빈민법 특별위원회(Select Committee on the Poor Law, 1817)〉를 조직하여 빈민법 통용의 실태와 전국 교구에 대해 구빈방법을 조사하고 다양한 구빈대책을 논의는 했으나 실행에 옮기지 않아 결국 총선에서 패배하였다. 즉 이 위원회는 구빈법폐지론자이자 맬더스의 추종자인 토리당의 윌리엄 스터지 본(Sturges Bourne, 1769~1845; 이하 본)과 윌멋 호튼(Wilmot Horton, 1784~1841)이 조직의 의장을 번갈아 맡았고, 보고서의 결론도 현행의 빈민법은 빈곤에 대한 해

62) 당시 자선단체들의 대부분은 무급 자원봉사자인 여성들과 자발적인 기부금에 의해 운영되었다. 예컨대 1866년에 고아원인 Barnardo's Homes이 건립되었고 1878년의 구세군 창설이다. 구세군운동은 영국 역사상 빈곤과 고통에 신음하는 소외계층을 돕는 가장 대표적인 운동이다. 이처럼 영국에는 현재 15만 개 이상의 등록된 비영리 자선단체가 있으며, 소득세를 납부하지 않는다. 박우룡, 2003, 「영국인의 정체성과 의사 표현 방식」, 『영미연구』 9; 원석조, 2019, 『영국 사회복지의 역사: 빈민법에서 복지국가까지』, 공동체 참조.

결책이 아닐뿐더러 빈민들의 근로의욕을 약화시키고 손쉽게 의식주를 해결하려는 도덕적 타락을 조장한다는 내용이다.[63]

마침내 집권하게 된 휘그당은 과거에는 거의 전적으로 지방기구나 개인의 수중에 맡겨져 왔던 사무들을 개혁의회의 성격으로 통제하고 감독할 수 있는 권한을 부여하였고, 1차 선거법개혁, 공장의 근로조건에 대한 규제인 공장법(The Factory Act, 1833),[64] 노예제 폐지(Emancipation Act, 1833), 공중위생 향상, 신구빈법, 지방자치법(Municipal Corporations

---

63) 하원의원 당시 소피트는 정주법에 관해 다음과 같이 주장하였다. "노동자에게는 보다 유리한 조건에서 자기의 노동을 팔 수 있는 시장으로 이동하는 것을 저해하는 것이었으며, 자본가에게는 투하한 자본에 최고의 보수를 보장해줄 수 있는 유능한 사람을 고용하지 못하게 하는 것이었다"라고 비판하였다. 스미스도 이주와 직업선택의 자유를 제한한다는 이유로 정주법을 비판한 바 있다. 아울러 위원회 보고서의 일부 내용도 "산업발전의 장애물이자 불경스러운 혼인에 대한 보상이고 인구증가의 자극제이자 임금에 대한 영향으로 눈이 먼 (중략) 부지런하고 정직한 사람들이 용인할 수 없는 국가제도이며 게으른 사람들, 불경스러운 사람들 그리고 사악한 사람들을 보호해주는 제도"라고 부정적 평가를 내렸다.

64) 오언을 중심으로 한 노동조합 운동의 여파로 1833년에 새로운 공장법이 제정됐다. 즉 14~18세의 아동은 12시간 이하 9~13세의 아동은 8시간 이하의 노동으로 제한되었으며, 특히 9세 이하의 아동이 섬유산업에서 노동하는 것을 불법으로 규정하고 공장들에 대한 정기적인 감사를 도입하였다. 이와 같은 아동노동 착취 현상은 농업사회에서는 신체의 발달에 따라서 노동에 투입할 수 있는 나이가 제한되는 경향이 있지만, 공업사회에서는 비교적 낮은 연령이라 하더라도 단순 반복적인 업무가 가능하였기 때문에 아동노동을 활용하여 이익을 보고자 한 것이다. 예컨대 1789년에 1150명의 노동자를 고용하고 있던 더비셔(Derbyshire)의 3개 섬유공장은 2/3가 어린아이들이었다. 즉 공장주들은 기계를 가동하기 위해 런던과 에딘버러의 고아들로써 노동력을 충원하였다. 이에 고아들을 돌볼 책임을 가지던 교구는 구호의 책임이 가벼워져 적극 협조하였다. 그러나 다른 한편으로 폭발적으로 증가하는 아동 노동력 활용에 대한 원칙을 수립하지 않을 수 없었다. 왜냐하면 장시간 노동이 어린이의 성장과 발육에 미치는 악영향과 공장에서 자행되는 아동에 대한 성인 노동자(숙련 방적공)의 학대가 큰 사회 문제로 떠올랐기 때문이다. 이처럼 여러 차례 개정된 공장법은 산업자본주의 발전 과정에서 나타난 사회문제를 국가가 규제를 통해 해결하려고 시도한 최초의 사회 입법이었음에도 불구하고, 법을 지키지 않는 공장주들을 제대로 처벌하지 않았던 탓에 효과는 크지 않았다.

Act, 1835)[65] 등과 같은 일련의 진보적인 개혁의 성과를 이루었다. 특히 1차 선거법 개혁은 찰스 그레이 수상(Charles Grey, 1830~1834)을 뒤이은 맬버른(Viscount Melbourne, 1779~1848) 수상에 의해서 현실화되었다.[66] 즉 그동안 누려왔던 왕이나 귀족 등과 같은 특정인 또는 특정 계급의 특권이 과거와 달리 사실상 폐지됨에 따라, 귀속적인 신분제도는 더 이상 개인의 자유를 위협하지 않았으며 정치적 절대주의가 현저히 약화되었다. 바꾸어 말하자면 17세기 스튜어트 왕조 시절에 만들어졌던 선거구가 조정되어 신흥 산업자본가들이 영국 역사상 처음으로 중앙정치의 장에 등장함으로써 하원의 힘이 상원에 비해 증대되었고 시민계급의 정치적 무대도 실현되었다. 또한 개혁의회에서는 새로운 유권자 등록제를 도입했기 때문에 휘그와 토리 모두 전문 인력을 동원하여 등록을 최대화하려는 과정에서 정당구조도 차츰 갖추어짐으로써 의회주의가 확립되었다.

지금까지 언급한 빅토리아시대 전부터 초기에 이르기까지 대량빈곤이 등장하였으며, 이에 대해 스마일스는 빈곤개인책임론의 입장이었다. 예컨대 『자조론』에서 "자네는 자신의 길을 스스로 개척해야 하네. 자네가 굶어 죽느냐 그렇지 않느냐는 전적으로 자네의 노력에 달려있지"라고 한 바와 같이 빈곤의 원인을 개인의 무능이라는 도덕적

---

65) 영국 지방자치의 기원은 "1835년 제정된 도시법인법에 따라 최초로 178개의 선출형 다목적 지방자치단체가 설치된 때"로 보고 있다. 이 법률로 도시에서는 전 주민이 자치에 참가할 수 있게 되었다. 그러나 읍·면은 50년 후인 1888년에 지방자치가 이루어졌다.

66) 상원에서 휘그당의 개혁안은 처음에는 부결되었다. 그러나 도시에서 폭력사태가 발생하는 등 혁명이 발발할 조짐을 보이자, 윌리엄 4세는 휘그당의 손을 들어주어 개혁안이 통과되었다. 이외에도 18세기 중반과 19세 초반에 걸친 산업혁명으로 인한 산업자본가 세력의 탄생과 1830년에 발생한 프랑스 7월 시민혁명의 영향이 크다.

해이로 두어 빈곤의 해소도 개인의 책임으로 보았다.[67] 또한 그는 행복 추구와도 같이 다양한 욕구를 지닌 평등한 인간관을 토대로, 노동자들을 동등한 정치적 주체로 인정하며 정치적 참여를 지지하여 리즈의 귀족적 지방의회의 개혁 및 1차 차티즘에도 참여하였다. 뿐만 아니라 노동자의 행복의 외부적 요건인 물질적 풍요를 더 가져다 줄 수 있는 자유무역의 확산을 위해 보호무역주의에 입각한 곡물법을 폐지하기 위한 청원 운동에도 참여하였다. 이처럼 그의 자조론은 빅토리아 시대 전반기의 대표적인 3가지 사건인 신구빈법, 차티즘, 곡물법 폐지 청원운동 등과 밀접히 관련되어 있다.

반면에 노동자들은 '빈민법의 바스티유(Poor Law Bastille)' '새로운 고통(new system of affliction)에 다름 아니다'라고 하며 반신구빈법운동(The Anti-Poor Law Movement)을 벌였다. 예컨대 신구빈법은 '열등처우의 원칙'(The Principle of Less Eligibility)에 따라[68] 자신의 경제적 무능과 함께 더 이상 손 쓸 방법이 없을 정도로 가난하다는 입증을 해야만 수혜 자격이 주어졌기 때문에, 이 법의 혜택을 받는다는 것은 삶의

67) 아일랜드의 대기근(Great Famine, 1845~1852)에 대해 다루는 문건에서도 "다른 사람에게 의존하는 것은 도덕적 질병이다. 그리고 그것은 근절되어야 한다"라고 한 바와 같이, 가난은 자립의 의지가 없는 나태한 사람들에 대한 신의 형벌이라는 논조였다. 아울러 1840년대 중반에 이르면 매년 1만 5천 명의 아일랜드 이주민들이 '가축처럼' 배에 실려와 영국의 주요 공업도시인 런던(12만 명 거주)과 맨체스터(4만 명 거주), 리버풀(3만 4천 명 거주), 브리스톨(2만 4천 명 거주), 글래스고우(4만 명 거주) 등에 정착하였으며 이들의 자녀들도 아동 노동자로서 전체 노동자의 1/4~1/5을 차지하고 있었다. 모두 열악한 생활환경과 저임금으로 살아갔다.

68) 맬더스의 인구론과 빈곤구제 반대정책에 대한 주요한 이론적 근거인 '열등처우의 원칙'은 리카도로부터 유래하였다. 즉 그에 의하면 무상구호의 구빈법에 의해 식량을 제공받게 되면 노동 가능한 빈민마저도 노동을 기피하게 만들 뿐만 아니라 출산율도 증가시켜 결국에는 노동과 임금의 교환 가치를 조절하는 시장 원리를 교란시키는 문제가 발생한다고 보았다.

새로운 가능성으로의 진입이 아니라 삶이 바닥에 떨어졌다는 일종의 계급적 낙인을 받는 것과 같은 의미였다. 따라서 노동자들을 주축으로 일어난 반신구빈법 운동은[69] 1839년의 1차 차티즘으로까지 이어졌다.

그러나 스마일스는 1차 차티즘에 참여하였으며, 차티즘의 산파 역할을 한 〈런던 노동자연합(The London Working Men's Association; 이하 LWMA)〉(1836.6.16)을 조직한 인물인, 가구 직공 출신의 윌리엄 러벳(William Lovett, 1800~1877; 이하 러벳)과는 『자서전』에서 '오래된 친구(old friend)'라고 불렀던 특별한 관계였다. 러벳은 「헌장」을 직접 작성하여 '차티즘'이란 어휘를 탄생시켰다. 뿐만 아니라 러벳이 차티즘 활동을 하였다는 죄목으로 투옥된 뒤에 형기를 마치고 출옥하자[70] 스마일스는 자신이 근무하고 있던 『리즈타임즈』에 일자리를 제공할 정도로 서로의 우정은 깊었다. 활동 무대가 런던이었던 러벳에게 먼 지역인 요크셔(Yorkshire)의 리즈까지 이주하는 것을 주저하여 성사되지는 못하였다. 그런데 러벳은 아일랜드의 유력한 급진주의 가문 출신이자 아일랜드에서도 파업을 주도한 경험이 있던 과격파(Physical Force Party)인 오코너와는 첨예하게 대립하였다. 즉 러벳은 〈런던 노동자

---

69) 신구빈법의 자세한 내용과 북부 지역에서의 반대운동에 관하여는 N.C. Edsall, 1971, *The Anti-Poor Law Movement, 1834-44*, Manchester: Manchester Univ. Press 참조.

70) 1839년 5월 차티스트대회는 버밍엄으로 옮겨 개최되었으며 이곳에서 발생한 소요로 노동자 수천 명이 투옥되거나 식민지로 추방되었고, 온건파 지도자 러벳과 존 콜린스(John Collins)가 체포되어 재판에 회부되었다. 러벳의 죄목은 경찰의 행동을 비난하고 "피에 굶주린 헌법의 힘"으로 묘사한 현수막 게시였다. 따라서 러벳과 존 콜린스는 유죄 판결을 받고 워윅(Warwick)감옥에서 12개월 투옥된 후 1840년 7월에 석방되었다. 특히 러벳은 재판과정에서 합법적이고 비폭력적인 대중운동에 대한 자신의 신념을 강조하면서, 차티즘은 이제 배타적인 도덕적 개혁 방향으로 나아가야 한다고 역설하였다. 따라서 그는 투옥 중인 1840년 봄에 존 콜린스와 함께 교육적 도덕개혁을 위한 참고서인 "Chartism, a New Organization of the People"를 저술하고 석방된 뒤에는 이를 출판하였다.

협회〉의 회의장에서 퇴장한 이래, 중간계급과 연합한 노동자들이 자영하는 학교 설립 운동인 '뉴무브(New Move)'에만 전념하여 차티즘의 역사에서 퇴장하였다.[71] 반면에 오코너는 전국을 순회하며 헌장 6개 조항에 대해 지지 유세를 펴 전국적인 운동으로 확산시켰다. 이처럼 차티즘 활동에서 보여준 놀라운 업적으로 그를 떠올리지 않고서는 차티즘을 설명할 수 없을 정도로 중요한 인물이 되었다. 그러나 스마일스는 세필드의 철강상인이자 시인이며, 『곡물법의 시(Corn Law Rhymes)』를 썼으며, 애칭도 '곡물법 시인(the Corn Law Rhymer)'인 에벤에셀 엘리엇(Ebenezer Elliott, 1781~1849; 이하 엘리엇)과 런던에서의 1차 챠티즘 집회에서 만나 챠티즘의 폭력적인 방법에 대해 비판적 입장을 나누었다.

그리고 스마일스는 자유무역의 실현을 위한 상징적인 사건인 반곡물법 청원운동에 직접 참여하였다. 이는 『자조론』에서 "개인의 노동의 총합에 의해 국부가 이루어진다"[72]라고 한 바와 같이 시장을 장려하고 옹호하며 노동시장의 자유와 사적 이윤의 추구, 근검절약 및 경제적 독립(자립성)이라는 이른바 스미스를 기점으로 하는 자유방임주의의[73] 경제철학과 일치한다. 그런데 스마일스와 친분을 유지한 엘리엇은 곡물법의 폐지를 요구하는 최초의 단체인 〈세필드 반곡물법 협

---

71) 「헌장」에 서명한 차티스트들의 주당 1페니 회비로 이 운동의 운영자금이 마련되었다. 또한 회원 수는 500명을 넘지 않았고 교육도 주일학교로 제한되었는데, 학교는 1842년에 문을 열었으나 1857년에는 결국 문을 닫았다.

72) 원문을 소개하면 "This vigorous growth of the nation has been mainly the result of the energy of individuals"이다. Smiles, Samuel, 2002, *Self-Help*, Oxford: Oxford Press, p.95.

73) 어원은 1680년경에 프랑스의 중상주의적 재무상관과 실업가들의 대화에서 생겨난 것으로, 1774년에 조지 워틀리와 벤저민 플랭클린의 공저인 『교역의 원리』에서 처음 사용되었다. 경제학에서는 사적인 거래에 있어서 제한적인 규제나 세금·관세·강요된 독점 등을 포함하여 국가의 간섭이 없는 상태를 뜻한다.

회(the Sheffield Mechanics' Anti-Bread Tax Society)〉(1830)를 설립하였으며, 1차 선거법 개혁운동에도 참여하였다.[74] 또한 엘리엇은 런던에서 열린 차티즘 대총회에는 셰필드의 대표자로 참석한 바도 있다. 이후 그는 〈셰필드 반곡물세협회와 기계공강습소(the Sheffield Anti-Corn Law Society and the Sheffield Mechanics' Institute)〉(1834)도 설립하였다.[75] 아울러 스마일스는 곡물법을 철폐하여 자유무역을 촉진하도록 만든 당시의 로버트 필(Sir Robert Peel, 1788~1850; 이하 필) 수상에 대해서 『자조론』에서 언급하였다.[76]

---

74) 영국은 15세기경에 처음 선거법이 마련되었으나, 보통선거가 실시된 것은 5차례에 걸쳐 개정이 이루어진 이후에야 확립과 정착이 가능했다. 이를 도표로 정리하면 다음과 같다.

연도	선거권 부여 범위 및 개혁 내용	유권자 비율
개정 전	귀족, 지주, 대상인, 금융가 등	3%
제1차(1832)	도시의 신흥 상공업자(부패 선거구 폐지)	4.5%
제2차(1876)	도시의 소시민과 노동자	9%
제3차(1884)	농촌 · 광산의 노동자(비자조정신 투표제 확립)	19%
제4차(1918)	21세 이상의 남자(30세 이상의 여자)	46%
제5차(1928)	21세 이상의 남자 · 여자(남녀평등 보통 선거)	62%

75) 〈기계공강습소〉는 18세기 말에 글래스고 대학의 존 앤더슨 교수가 무학의 대중을 위해 자신의 유산을 기부한 것이 씨앗이었다. 이로써 부설된 앤더슨 칼리지에 조지 버크벡(George Birkbeck, 1776~1841) 교수가 노동자를 위한 무료 강좌를 개설한 것이 1800년이었고 이는 최초의 성인 교육으로 알려졌다. 몇 년 뒤에 런던에서 의사로 일하던 그는 1823년에 첫 〈기계공강습소〉를 설립하는 데 크게 기여했다. 즉 창립식에 운집한 인원이 2천 명에 이르렀고, 리버풀에서도 같은 해에 강습소가 개원되었다. 이후로는 런던의 강습소가 본부 역할을 하는 가운데 기계공강습소 설립은 전국 도시로 급속히 확산되었다. 의회 자료에 의하면, 1850년에 잉글랜드와 웨일즈에서 기계공강습소, 교양강습소, 문예과학협회 등 성인 교육단체는 모두 1,057개로 집계되었다. 그러나 1820년대와 30년대에 설립된 수백 개의 기계공강습소 중 다수가 한 세대를 채 넘기지 못 채 1860년대에 소멸하고 말았다. 오늘날 리즈의 메트로폴리탄대학도 기계공강습소가 기원이다. Mabel Phythian Tylecote, 2005, *The Mechanics' Institutes of Lancashire & Yorkshire Before 1851*, Manchester University Press.

76) 필 수상은 면직물 산업으로 부를 축적하며 자수성가한 신흥 공업 가문 출신으로, 전통 귀족이자 전쟁영웅이었던 전임자인 웰링턴 수상과는 출신 배경이 다

이제까지 간략히 언급한 선별적 복지정책인 신구빈법의 등장, 노동자의 참정권을 주장한 차티즘, 개인의 경제적 번영을 위한 경제적 자유를 주장한 반곡물법 청원운동이 스마일스의 자조론 형성에 대해 어떠한 영향을 끼친 것인지에 대해 이제부터 좀 더 구체적으로 알아보고, 이와 관련된 20여 년간의 리즈에서의 그의 행적도 함께 살펴보도록 하겠다.

1) 신구빈법

신구빈법은 산업혁명의 시기에 휘그정부에 의해 구빈법이 오히려 빈민을 양산한다고 비판하고, 어디까지가 구호대상이 될 빈민인가라는

르다. 즉 그는 옥스퍼드대학을 거쳐 토리당의 하원이 되었으며 내무장관을 두 번(1822~1827, 1828~1830)했다. 또한 국왕이 지명하지 않고 선거에서 과반 의석을 차지한 정당의 당수가 수상이 되기 시작한 시기의 첫 수상이었으며 두 번 연임했다. 한편 필은 보수주의자였음에도 카톨릭교도 해방령(Catholic Emancipation, 1829)을 통과시키고, 사형을 감형하고 근대적 경찰 제도를 수립하여 당대의 정치적 사회적 변화를 능동적으로 추진했다. 아울러 1830년대 초부터 '토리' 대신 '보수당'이라는 표현을 사용하면서 당 이름을 바꾸고 조직을 정비했다. 예컨대 조직사업을 담당하는 유급 직원을 채용하여 지구당 조직을 구축하였으며, 원내총무(Chief Whip) 제도를 도입하였다. 이러한 그의 노력으로 보수당이 1841년 총선에서 승리했다. 그런데 필은 평소에 자유무역의 일반적 원칙들을 수용했지만 농업은 예외라고 보아 곡물법 폐지를 반대하였던 것이다. 즉 곡물 시장의 개방은 상업적 이익을 넘어서는 사회적 불안을 창출하며, 곡물법 아래에서도 영국의 제조업은 경쟁력이 있다고 생각했기 때문이었다. 그러나 그는 곡물법 폐지로 선회하였다. 따라서 그는 소속 정당의 당론 및 이해관계를 떠나 '정파의 이익에 휘말리지 않는 정치인의 표상'으로 오늘날까지도 칭송받고 있다. 한편 당시 빅토리아 여왕과 부군 앨버트 공이 "경(卿)이 나라를 살렸다"고 칭송했지만 대가는 컸다. 즉 토리의 보수당 정부는 비록 정권을 되찾았지만 1846년부터 1874년까지는 정권을 잃었다. 아울러 곡물법 폐지에는 성공하였지만 결국 정치적 분열로 이어져 필은 곧 사임하였다. 더욱이 낙마 사고로 사망함으로써 영국 정치사에서 일찍 퇴장하게 되었다.

빈민의 자격 분류 문제와, 구빈원(poorhouse; workhouse; almshouse)을[77] 통해 어떻게 빈곤을 해결할 것인가라는 문제의식으로 제정되었다. 다시 말하자면 빈민층의 도덕적 해이를 바로잡고 그들의 근로의욕과 근면성을 높이고자, 그동안 지원되던 모든 원외구호(outdoor relief)를 폐지하고 구빈원에 입소할 자격을 엄격히 제한하여 구빈원만을 중심으로 한 일원화된 구호체제를 확립하는 복지정책이다.

그런데 원외구호란 본래 튜더 왕조(Tudor Dynasty, 1485~1603) 때부터 내려오던 대표적인 토리적 온정주의(paternalism)의 산물인데, 이는 고전경제학이 지향하는 국가의 간섭을 제한하고 자유시장에 토대를 둔 산업경제체제로 발전하는 데에는 장애물이었다. 따라서 신구빈법의 주요 입안자였던 벤담의 제자인 채드윅(Edwin Chadwick, 1800~1890)과 〈정치경제학 클럽(Political Economy Club)〉을 처음 만든 자유방임주의 경제학자인 윌리엄 시니어(Nassau William Senior, 1790~1864)[78]는 벤담의 영향으로, 노동이 가능한 빈민의 악행을 막고 사회구성원 다수의 행복을 높이기 위해서는 '근면의 집(House of Industry)'에서의 강제노역 외에 다른 모든 구빈 방법을 없애야 한다고 보았다. 또한 이들

---

77) 구빈원은 1576년에 제정된 초기부터 노동능력의 빈민을 강제로 일을 시키기 위한 처벌적이고 강제적인 통제시설이다. 19세기 초기에는 빈곤층에게 제공하는 주거시설로서 거의 소년원(reformatory)과 흡사하게 운영되어, 잘못이 있을 경우 체벌을 받고 한 가족이 함께 입소하는 경우에도 서로 떨어져 살면서 소식도 모르는 채 지냈다. 더욱이 할당된 노동의 대가로 박봉이 주어졌고, 원칙적으로는 극빈 상태를 면할 정도로 돈을 모으면 이곳을 떠나도록 되어 있었으나 실제로는 거의 불가능했다. 그러나 19세기 중반 이후부터는 노동능력 · 연령 · 성별을 불문하고 모든 빈민을 집단 수용하는 혼합시설로 변화되었고 점차 개선되었다.

78) 신구빈법 작성에 참여한 나소 윌리엄 시니어는 정치 · 경제 · 사회문제에 관심이 많았던 변호사이자 옥스퍼드대학교 경제학과 초대 학과장이었다. 즉 그는 구빈법은 "실질적으로 과거의 노예제도를 복원하려는 시도였다"라고 지적하면서, 빈민의 자유를 박탈하고 권리를 제한함으로써 육체적, 도덕적 노예상태로 만들었다고 비판하였다.

이 제출한 보고서에도 빈곤 원인에 대한 사회조사 결과 보고서에도 빈곤 상태·게으름·음주에 대해 노동자들의 도덕성으로 재단하고, 사회적 진보를 위해 이런 구시대 대중문화들은 척결해야 된다고 적시하였다. 이러한 선별적 복지정책인 신구빈법은 향후 약 1세기 동안 영국의 주요 복지정책으로 작동하였으며, 역사가들은 영국이 200여 년 가까운 기간 동안 세계 최강국의 지위를 유지할 수 있었던 비결의 하나로 평가했다. 나아가 오늘날까지도 신구빈법은 복지정책의 표본으로서 전 세계에 확산되고 있다.[79)]

그런데 신구빈법은 복지의존에 대한 억지력(deterrent)을 높이고자 '열등처우의 원칙'·'원내구호의 원칙(The Principl of Workhouse System)'·'전국적 균일처우(the principle of national uniformity)'라는 세 원칙을 적용하였다. 이 가운데 '열등처우의 원칙'은 '신구빈법의 아버지(father of the New Poor Law)'로 알려진 고전경제학자인 맬더스와 신구빈법이 일명 '벤담주의자들(Whig-Benthamites)의 개혁안'이라 불렸던 바와 같이 공리주의의 영향으로 이루어진 원칙이다. 그러나 런던으로 망명하여 활동하던 마르크스는 신구빈법이 너무 가혹하고 억압적인 성격이라는 뜻으로 '피 비린내 나는 법'으로 불렀다.

한편 신구빈법 이전은 중세교회의 구호 방식인 자선 및 박애(philanthropy) 방식과[80)] 복지정책이라고 불릴 수는 없지만 봉건시대의

---

79) 신구빈법에 의해 종래 지방기구나 개인의 수중에 맡겨졌던 업무가 중앙정부의 입법 및 행정 활동으로 전환되어 갔다. 따라서 의회는 의원뿐만 아니라 경제 분야와 행정 분야의 여러 전문가들로 구성된 여러 개의 왕립위원회를 만들지 않으면 안 되었다. 예컨대 공장의 노동조건에 대한 규제·공중위생의 향상·교육시설의 확장·빈민구제법의 운영·경찰기구의 강화 등에 관한 위원회가 결성되었다.

80) 영미권에서는 일찍부터 '자선' 혹은 '박애'와 같은 용어가 서로 별다른 구분 없이 사용되어 왔는데, 다른 용어들에 비해 더 많은 역사적 문화적 의미를 함축하고

교구 구호 체계인(the parish relief system)인 엘리자베스 1세(1558~1603) 시절의 구빈법(Elizabeth Poor Law, the Old Poor Law, 1601~1834)이 있었다.[81] 즉 종교개혁이 이루어지기 이전인 중세시대에는 전지전능한 신이 모든 사람을 부자로 만들 수 있었음에도 불구하고 빈부의 차이를 만든 것은, 부자가 자선을 통해 그들의 죄를 씻기 위함이라고 인식하였다. 이처럼 종교적으로 부자와 빈민이 공존한다는 것을 전제로 하여, 가난한 사람들을 도와서 부자의 영혼이 구원받아야 하는 것이 도덕적인 선임을 강조하며 무상구호의 자선을 벌인 것이다. 더욱이 빈민의 구제는 종교적인 가치로서 개인에게는 교구조직과 교화력을 통해 얻는 종교적 은총의 행위를 의미했다. 예컨대 벤담이 가장 비판한 손쉽게 의식주를 해결하기 위해 구걸하던 걸인마저도, 성경 속에서는 '그리스도의 가난한 자들'이었기 때문에 자선의 대상이었다. 요컨대 중세 기독교 사회에서는 사유재산과 빈부격차를 현실적으로 받아들였기 때문에 자선의 대상은 노동능력 유무와는 무관했다. 따라서 마치 아버지가 아이를 부양하는 것이 부모로서의 도덕적 책무인 것처럼, 국가나 사회는 모든 "빈민에게 부모의 입장으로(in loco parentis to

있다. 예컨대 '자선'은 일반적으로 빈자에 대한 관대함, 주변 사람들에 대한 관용과 동정심과 같이 개인적인 차원의 관심과 자비심에 근거한 행위를 말한다. 이러한 행위는 어떤 인간도 고통을 받아서는 안 되며 도움을 줄 능력을 갖춘 자가 이들을 도와야만 한다는 기독교적 전제에서 출발하였다. 아울러 '박애'란 일반적으로 빈민에 대한 배려와 빈민의 생활양식을 조사하고 지도하고 변화시키는 것을 목적으로 하는 시도를 포괄한다. F. K. Prochaska, 1993. "Philanthropy", in *The Cambridge Social History of Britain, 1750~1950*, vol.3, pp.370~371 참조

81) 엘리자베스 1세 시대에는 임금이 낮은 지역이었던 북서부에서 임금이 높은 지역인 남동부로 빈민(부랑인)들이 대거 이동하여 부랑인 수는 1만 5천 명, 찰스 1세 시대에 2만 5천 명이 추산되었다. 또한 부랑과 걸식에 대한 잔인한 처벌을 내용으로 하여 유혈 입법으로도 불리는 부랑규제법과 결합하여, 1723년에 이르게 되면 빈민을 구빈원에 수용하여 노동과 구제를 통합시키는 방식으로 실시하였다.

the poor)" 돌봄을 제공할 도덕적 의무가 있다고 보았다. 물론 여기서의 돌봄이란 익명의 자선가가 베푸는 변덕스런 자선이 아니라, 기독교정신에 입각하여 선을 행하려는 본능적이고 자발적인 행위를 말한다.

그러나 17세기 튜더왕조 시기에 구빈법이 제정되었다. 이 법이 등장하게 된 역사적 배경은 중세 봉건질서가 붕괴함에 따라, 절대왕정의 치안이 문란해져 걸식자 및 유랑집단이 많아지자 국가 치안을 위한 조치가 불가피했기 때문이다.[82] 그런데 이 법의 등장은 빈민 구제가 종교적 권리로부터 시민적 권리로 변한다는 중요한 의미를 지닌다. 그러나 이는 빈민이 보살핌을 받을 권리가 있다는 의미는 결코 아니었으며, 국가는 여전히 정의의 덕이 아니라 자선의 덕에 호소하여 빈민법을 정당화했다.

그리고 구빈법의 특징은 빈곤의 원인을 개인의 태만과 낭비 등 도덕적 타락이라는 전제하에, 자신의 노동력을 제공하고 대가로 구호를 받는 원내구호 방식과 구빈원에 입소하지 않고 필요에 따라서 식량이나 의복 같은 생필품이나 구빈세(poor rates)를 통한 소득지원을 받는 재가복지인 원외구호 방식이다. 다시 말하자면 빈민을 노동무능력자

---

82) 중세 봉건질서의 붕괴과정에서 영주와 농노간의 기본적 종속 관계를 변화시킴으로써 신분적 해방을 가져다주었다. 그러나 그것은 동시에 농노의 사회적 관계의 이탈을 의미하는 것으로 공동체로부터 유리되어 토지 및 생계수단의 상실을 초래했다. 다시 말하자면 이들 집단의 성격은 사회의 과도기적 변화 속에서 사회적 위치(Social Place)를 상실한 사람들이었다고 볼 수 있다. 이처럼 걸식집단 및 유랑의 무리가 법과 질서의 문제로 대두되자 이에 대한 조치를 취하는 성문법인 구빈법이 제정되었다. 한편 1516~1644년 부랑인의 60%가 독신 남성, 20%가 독신 여성, 40%가 16세 이하 소년, 특히 15세 이하 부랑인이 급속히 증가하였다. 따라서 1536년 제정된 '건강한 부랑인과 걸인 처벌법(Vagrancy Act)'에서는 걸식부랑인이 첫 번째 잡히면 매질하고, 두 번째 잡히면 귀를 자르고, 세 번째 잡히면 사형에 처한다고 규정했다. 또한 1547년 개정된 법에서는 노동력 있는 부랑인이 3일 이상 노동을 거부하면 가슴에 V(vagabonds)라는 낙인을 찍고 도망치면 이마에 S(slave)를 찍어 평생 노예가 되도록 했다. 출처: 미디어오늘(http://www.mediatoday.co.kr).

및 빈곤아동으로 분류하여 노동력이 있는 빈민(the able-bodied poor)은 '교정의 집(House of correction)'에 수감시켜 강제노역을 시키고, 노동능력이 없는 빈민(impotent poor)은 구빈원에 집단거주시키거나, 원외구호의 비용이 덜 들 것으로 판단되면 현 거주지에서 음식·의복·연료 등의 현물급여가 이루어지는 방식이었다. 아울러 부양가족이 없는 아이들(dependent children)은 도제가 되어 24세까지 장인에게 봉사하면서 성장하였다. 이를 위해 행정 단위로서 교구를 지명하고 각 교구마다 치안판사의 감독을 받는 구빈 감독관을 임명하여 구빈 업무와 지방세 징수업무를 관장케 하였다. 이처럼 영국의 지방행정 기초단위는 교구 단위이며, 교구의 목사와 시골 지주(squire)가 중심인물이다. 이들은 지역 행정과 치안을 돌봄은 물론, 부랑자들에게 일할 곳을 찾아주는 역할도 했다.

그런데 빈민이 더 나은 구호를 받기 위해 구호 수준이 더 높은 지역으로 이동하는 폐단이 발생하였다. 예컨대 빈민이 집중되던 런던과 같은 대도시의 지주들에게 구빈 비용이 증가하여 부담이 커진 것이다. 본래 구빈법은 비교적 이동이 활발하지 않은 사회를 전제로 하여 빈민을 농촌에 고착시킴으로써 언제든지 농업 노동의 적당량을 확보할 수 있도록 하는 목적이었다. 그러나 구빈의 대상이 될 수 있다고 판단되는 떠돌이를 그들의 출생 교구로 추방해 버릴 수 있도록 정주 호적(settlement)을 제도화한 정주법(일명 거주지 제한법 The Act of Settlement and Removal, 1662)을 제정하여 대처하였다. 이외에도 이윤추구적인 빈곤 고용론인 중상주의적 입장에서, 빈민에게 유용한 일자리를 제공하기 위한 작업장법(Workhouse Act, 1696), 작업장심사법(Workhouse Test Act, 1722; 일명 Sir Edward Knatchbull's Act, 나블로법),[83] 원외구호를 인정한 길버트법(Gilbert's Act, 1782)[84] 등을 실시하게 되었다.

이 가운데 정주법의 폐단은 시간이 지날수록 심각해져 갔다. 왜냐하면 산업화가 점차 본격적인 궤도에 오르게 되어 도시형 공장의 확산 등 자본주의 발전이 요구하는 필요 노동을 제공 받아야 함에도, 정주법은 노동력이 시급한 지역으로 이동할 시에는 증명서를 요구했기 때문이다. 예컨대 잉글랜드의 동부 및 남부 농업지역에서는 노동력 과잉상태에도 불구하고, 노동력이 부족한 북부 공업지역에로의 충원은 불가능하였던 것이다. 따라서 남부 농업지역의 납세자들을 중심으로 정주법 폐지를 위해 직접적인 정치적 압력을 행사하기 시작하였다. 스미스도 이미 『국부론』에서[85] 중상주의를 비판하며 신체의 자유

83) '작업장심사법'은 빈민의 거주, 취직 및 구조에 관한 법률수정에 관한 법령으로, 내용은 구빈감독관에게 작업장을 건립할 수 있는 권한, 민간업자와 계약을 맺어 작업장 운영을 민간업자에게 맡길 수 있는 권한, 부랑빈민의 일할 의지를 체크하여 작업장에 입소하지 않으려는 빈민에게 구제를 거부할 수 있는 권한을 부여하는 것이었다. 또한 이 법에 의해 종래의 작업장법은 남자에게만 한정된 법이었으나 남자와 여자 모두에게 적용되게 되었으며, 구제를 받으려면 한 가족의 아버지와 어머니, 자녀들은 모두 작업장으로 불렸던 시설에 입소하여 살아야 했다. 이로 인해 1765년에는 서퍼크(Suffolk)에서 소요사태도 일어났다.

84) 하원의원이었던 토마스 길버트(Thomas Gilbert, 1719~1798)가 고안한 법으로, 노동이 가능한 빈민에 대해서는 억압적이고 통제적인 조치를 취한 엘리자베스 빈민법적 전통에서 최초로 일탈한 조치이다. 이 법에 의하면 일할 능력과 의사가 있는 빈민은 입소대상에서 제외시키고, 이들에게는 "각자의 힘과 능력에 맞는 일자리"가 주어지도록 하였다. 따라서 구빈지도관들에게는 근로가 가능한 빈민에게 그러한 일자리가 주어질 때까지 "그들의 생계를 보호하고 구제를 제공할 책임을 부과"하였다. 요컨대 노동은 가능하나 자활능력이 없는 빈민을 작업장에 보내는 대신에 자기 지역 내 적당한 직장에서 취업하도록 알선해 주는 온정주의를 추구한 제도라 볼 수 있다. 그러나 이 법으로 인해 종래의 작업장심사법의 상당부분이 무력화되었다. 즉 구빈원에 들어가지 않더라도 지역에서 먹여 살려주니, 사람들은 일을 열심히 할 필요성을 느끼지 못하는 나태 현상을 초래하고 결국 노동규율의 도덕적 해이라는 문제를 일으키게 되었다.

85) "중상주의체제에 의해 주로 장려되는 것은 부자와 유력자의 편익을 위해 영위되는 산업이다. 가난하거나 궁핍한 사람의 편익을 위해 영위하는 산업은 너무 빈번히 무시되거나 억압되고 있다." 이 밖에도 스미스는 전통사회의 노예제는 행복에 기본적인 자연적 자유의 원리를 위반하였을 뿐만 아니라 경제의 진보와 부의 축적을 억제하는 결과를 수반하였다고 비판하였다. 애덤 스미스, 김수행

를 저해하는 정주법에 대해서 '국가는 국민 생활에 간섭하지 않고 시민의 경제생활은 자유에 맡긴다'라는 자유방임주의적 입장에서 폐지를 주장하였다.[86] 다시 말하자면 스미스는 봉건적 신분적 예속으로부터 해방된 노동자가 자유로운 인격체로서 자신의 노동력을 자신의 상품으로 처분할 배타적 권리를 인정한 것이다. 이처럼 스미스는 정주법의 집행과정에서 발생하는 거짓과 유해성의 문제를 비판하며 인간의 활동력의 해방을 촉구하는 의미에서 폐지를 주장하였다. 결국 산업혁명이 한창이던 1795년 5월에 이르자 부분적으로나마 폐지되어, 임금을 많이 주면 일자리를 찾아 움직일 노동자들을 전국적으로 불러 모을 수 있게 되어 어느 정도는 자유로운 노동시장이 형성되었다.

그러나 스핀햄랜드법(Speenhamland Act, 1795)라는 복병이 등장하여 구빈법은 다시 논쟁의 도마 위에 올랐다. 왜냐하면 이 법이 앞서 시행되고 있던 길버트법보다 더 높은 수준으로 원외구호를 인정하는 성격을 가졌기 때문이다. 본래 이 법은 잉글랜드 남부의 버크셔주(Berkshire county)에서 1796년에 시작되었는데, 일정 임금 이하의 사람에게 구빈세를 사용하여 생활보조금(relief allowance system)을 주기로 한 것이다. 왜냐하면 연이은 자연재해로 기근이 심해지고 나폴레옹전쟁으로 식량 수입이 어려워지자, 농업 중심의 장원경제를 이탈하고자 하는 농민을 방지하기 위한 것이었다. 따라서 생계비 이하의 임금 노동자에게는 가족 수에 연동하여 생활비를 제공하였다. 또한 가장이 없는 가정을 위해서는 아동수당과 가족 수당을 제공하고 노령자 장애인 불

역, 2007, 『국부론』, 비봉출판사, 848쪽.

86) "가난한 노동자가 어느 직업에서 실직하더라도 다른 장소에서 다른 직업을 얻을 수 있도록 해야 한다. 거의 모든 노동자들이 엉터리 같은 정주법에 의해 매우 비참하게 억압당하고 있다." "자연적 자유와 정의를 명백하게 침해한다." 애덤 스미스, 김수행 역, 2007, 『국부론』, 비봉출판사, 848쪽.

구자에 대해서는 원외구호를 확대하였다. 이처럼 극심한 경제 불황이라는 상황에서 최초로 생계비와 가족 수를 고려하여 최저생계수준 이하의 빈민의 최저생활보장과 사회 안정에도 기여한 제도였다.[87]

그러나 이 법은 본래의 선의적이고 온정적인 성격의 취지와 달리 도덕적 해이현상으로 전대미문의 문제를 초래했었다. 즉 빈민과 노동자들은 근면한 노동의 대가인 임금 대신에 임금보조제도에 의존한 무노동의 원조만을 선호하였으며, 보조금을 받기 위해 노동시간을 줄이려는 도덕적 해이라는 문제까지 야기되었다. 고용주 측도 마찬가지의 입장이었다. 즉 고용주들도 임금보조금을 교구가 지불해주기 때문에, 임금수준을 더 낮추어 실질적인 이득을 취하고자 하였다. 따라서 노동계층의 빈곤이 제거되기는커녕 오히려 빈곤의 영속화를 초래했다. 즉 이 제도는 의도와 달리 게으른 빈민과 도덕적으로 해이된 고용주

87) 스핀햄랜드 지역의 한 숙소에서 빈민구제를 담당하는 치안판사와 성직자들이 모여 빈민구제를 위한 임금 문제를 논의하는 가운데, 최저임금 대신에 교구가 노동 소득을 보상해주는 방향으로 의견을 모아 갔다. 예를 들어 "1갤런의 곡식으로 만든 빵의 가격이 1실링이라면 노동자의 소득이 3실링이 되도록 채워주고 가족이 있다면 상응하여 추가로 지원한다. 만약 빵의 가격이 1펜스 이상으로 오르면 노동자 몫은 3펜스, 가족 몫은 1명당 1펜스씩 올려 보충해 준다"는 것이었다. 왜냐하면 당시 농촌은 지주들과 교구 성직자들이 지배하고 있었는데, 정주법이 효력을 발휘하고 있는 상황에서 도시와 농촌의 임금 격차는 그들에게는 부담스러운 것이었다. 또한 노동 생산성을 올리기 위해 정주법의 폐지에 대한 전반적인 합의가 이루어지고 있어 농촌 공동체는 실업자들로 우글거리게 될 위기에 놓이게 된 것이다. 이러한 위기적인 농촌의 사회적 환경을 지켜내는 가운데, 전통적으로 내려온 농촌의 위계질서를 강화하며 농촌 노동자들의 도시 유출을 막고 농업 경영자들에게는 경제적 부담을 주지 않기 위해 스핀햄랜드법을 만든 것이다. 아울러 이 규정은 최초로 생계비와 가족 수를 고려하여 최저생계수준 이하의 빈민에게 진정한 관심을 제공했다는 점에서 의의를 갖는다. 특히 칼 폴라니(Karl Polanyi, 1886~1964)는 『거대한 전환(The Great Transformation)』(1944)을 통해 이 제도의 배경, 전개 과정, 결말에 대해 80여 페이지에 걸쳐 매우 상세하게 기술하였다. 즉 그는 이 법을 경제적 변화가 가장 격렬했던 시기에, 전통적 생산 체제와 사회 질서를 유지하려는 지주계급의 마지막 시도이자 분열을 완화시키고자 하는 일종의 자기방어책으로 분석하였다.

문제를 만들었다.

그런데 스핀햄랜드법의 폐단은 여기에 멈추지 않았다. 즉 이전에는 강제적인 자선기금으로 구빈사업을 하였기 때문에 납세자의 구빈세 부담이 적었으나, 극빈자들이 많아질수록 주택 및 토지 소유자들의 구빈세 부담이 점점 더 커지게 되었다. 결국 구호를 담당하던 이들마저도 구호대상자가 되었다. 이처럼 스핀햄랜드법이라는 임금 보조제도는 개개인의 소득 증대를 위한 적극적 대응력을 상실시켜 '낭비와 태만에 대한 상여금'이 되고, 오히려 일자리를 찾아 떠날 필요성을 느끼지 못하게 만들었던 것이다. 바꾸어 말하자면 원외구호가 확대되어 최저생계비의 보장을 위한 가족수당의 지급 방식은, 정부의 구제 대상자가 증가함에 따라 극빈자 문제는 악화되고 구빈세 부담은 증폭되었다.

더욱이 구빈세를 담당하던 산업자본가들도 피해자였다. 즉 산업혁명 이후 정치 및 경제에서 지배적인 위치를 확립하며 19세기 시대를 그들의 시대로 만들어 가고 있던 자본가들은 사회복지의 공급확대를 위한 증세를 선호하지 않았다. 그들은 토지로부터 추출 당한 농민들을 어떻게 하면 값싸고 충분한 노동력으로 활용하여 자유 시장을 토대로 하는 산업경제 체제로의 발전을 최우선적으로 강구하고 있었기 때문이다. 따라서 공적 구제 방식인 구빈법을 폐지하고 경쟁이 작동하는 시장의 자유에 맡겨야 한다고 보았다. 또한 자신들의 성공 비결이라 할 수 있는 경제적 자주 독립 방식인 '자조'의 방식을 노동윤리로 강조하면서, 건강한 몸을 가지고 일은 하지 않는 빈민들에 대해 의존심이 많고 빈둥대는 게으름뱅이라고 비난하며, 이들이 자질 향상을 위해 자신의 인격적 결함인 도덕적 해이를 극복할 것을 강조했다. 요컨대 이들은 구빈세 삭감을 통해 그들의 자본 축적을 촉진하고자 하였으며, 빈민의 임금 노동자화의 추진으로 노동시장에 있어서 무제한의 자유 거래를 보증 받고자 하였다.

마침내 이들의 주장이 현실화될 수 있었다. 즉 선행적으로 복지를 담당하던 치안판사의 권력이 약화되고[88] 토리정부하에서 〈의회빈민법 특별위원회(Poor Law Commission, 후에 Poor Law Board로 변경됨)〉(1817)의 의장(1818~1819)이었던 본의 이름을 따서 만들어진 '스터지 본법'(1818)도 만들어졌기 때문이다. 또한 경제 분야와 행정 분야의 여러 전문가로 구성된 왕립위원회(Royal Commission) 가운데, 새로이 조직된 〈빈민법 관리와 실제 운영의 조사 위원회〉는 대부분이 벤담주의자들로 구성되어 구빈법폐지를 선도하였다. 대표적 위원이 바로 벤담의 법학 조수 출신이자 구빈법 감독관이며 구빈법 개혁위원회 서기를 지내면서 2년간 조사위원보(assistant commissioner)를 담당한 채드윅이었으며, 제임스 케이 셔틀워어드, 나소 윌리엄 시니어 등이다. 특히 채드윅은 19세기 자유주의를 표방하는 모든 주요 입법에 관여한 인물이다. 예컨대 그는 잉글랜드와 웨일즈 지역의 빈민의 관리개선을 위하여 전국의 빈곤실태 조사 결과 보고서인 「구빈법 조사위원회 보고서(1833)」도 만들었다.

이 보고서의 핵심은 노동 가능한 빈민에게도 임금보조수당을 주는 스핀햄랜드법에 대한 비판이다. 즉 구제의 남용이 일반 노동자의 임금 인상 및 실업률을 유발하며 다시금 구호수당을 필요로 하기에 이르는 악순환을 자초한다는 내용이었다. 이러한 채드윅의 주장의 근거는 자립적으로 일하는 노동자와 구호를 받는 노동자 간의 도덕적 차

---

88) 영국의 치안판사제도는 1327년부터 시작되었고, 시민들이 전문가가 아닌 다른 시민들에 의해 재판을 받는 사법제도의 선례이다. 즉 각 교구의 대지주들이 교구에서 일어난 민사 형사상의 사건을 재판하고 처리하였다.

이를 비교할 때 전자보다 후자에게서 퇴폐성향이 높다는 사실에 있었다. 즉 임금보조 수당은 오히려 노동자의 낭비습관을 조장하고 성실·근면·검소성을 저해함으로 노동자를 도덕적으로 타락시킨다고 보았다. 요컨대 벤담주의자들의 보고서에는 빈곤의 원인이 개인의 인격적 결함이며 궁극적으로는 구빈법체계에 의해 야기된 것으로 지적하였다. 더욱이 "보고서는 과학적 증거를 바탕으로 작성하였다"라는 이들의 주장에 압도되어 야당인 토리당은 변변히 반박도 못하고 통과되었다.

이러한 과정을 거쳐 등장하게 된 신구빈법의 핵심은 첫째 노동이 가능한 자립노동자와 극빈자(indigence)를 구별하고 구제를 받는 자는 자립한 근로자의 최하 계층보다 더 잘살도록 보장해서는 안 된다는 최소 자격 원칙인 '열등처우의 원칙'이다. 이 원칙을 적용한 근본적 이유는 빈민구제의 수준이 노동 수입보다 열등하게 되면 노동자들은 빈민구제에 매달리지 않고 노동을 선택할 것이라 보았기 때문이다. 예컨대 곡물값이 상승하는 시기에 구빈원에 거주하는 빈민들이 오히려 빈민법의 혜택을 받지 못하는 근면한 사람들보다 더 나은 생활을 할 수 없도록 하여 종래 구빈법의 불공정성을 제거하였다. 그런데 이 원칙은 벤담의 구빈원 개혁안인 '근면의 집'과 벤담이 죄수를 교화할 목적으로 고안한 사설 위탁 원형 감옥인 파놉티콘(Panopticon)이라는 교정 이념 원칙에서 유래하였다. 즉 구호를 받는 낙오된 개인들을 생산적 노동이 가능한 시민들로 교화시키기 위한 효율적인 통제 수단으로 활용하고자 하였으며, 죄수는 정직하고 자유로운 상태에 있는 가장 가난한 계급보다 더 좋은 환경에 있어서는 안 된다는 파놉티콘의 교정행정 이념이다.[89]

89) 벤담은 유럽 횡단 여행(1785~1787) 중에 동생 새뮤얼이 일하는 러시아 크리체프 공장을 방문하고 영감을 받아, 독창적인 근대적 감옥의 이상적 모델인 이른바

두 번째는 '원내구호의 원칙(작업장 활용의 원칙)'의 적용이다. 즉 노동능력이 있는 빈민의 구제를 적극적으로 억압했다. 왜냐하면 노동능력이 있는 빈민집단에 대한 원외구호는 오히려 빈민층의 도덕적인 해이를 유발한다고 보았기 때문이었다. 즉 근로의욕과 근면성을 높일 수 있도록 하기 위해서는 반드시 작업장 배치를 의무화하였다. 따라서 재가구호를 폐지하고 구제를 작업장 내에서의 구호로 제한하였다. 이 또한 맬더스의 주장을 반영한 것으로 '작업장심사제'를 엄격하게 실시하여 빈곤의 원인인 도덕적 해이 여부를 밝히고자 하였다. 요컨대 최하위 극빈자라도 노동이 가능한 빈민인 경우에는 구빈원 입소를 금지하고, 자립을 위해 간신히 먹고 살 만큼만 주면 된다고 생각하였

파놉티콘개혁안을 기획한 바가 있다. 파놉티콘의 어원은 '모든' 혹은 '두루'라는 의미의 pan과 '본다'는 뜻의 optic이라는 말의 조합이며, 일어나는 모든 사태를 한눈에 파악할 수 있는 능력을 의미하기도 한다. 당시 동생은 숙련공이 아님에도 자신의 데스크를 중심으로 원형으로 둘러앉아 작업하는 숙련공들을 쉽게 감시하고 있었다. 이것이 가능했던 것은 보이지 않는 곳에서도 감시할 수 있는 감독관의 시선 때문으로, 피감시자는 규율을 벗어나는 행동을 할 수 없도록 만든 것이었기 때문이다. 따라서 벤담은 이에 착안하여 지붕이 유리로 된 원통형에다 중앙 통제탑에 자리한 간수는 독방 속 죄수들을 외부에서 들어오는 햇빛을 통해 한곳에서 항상 감시하고, 반면에 죄수들은 어둠 속에 가려진 간수들을 볼 수가 없도록 한 것이다. 이렇게 되면 죄수들은 자신들이 늘 감시받고 있다는 느낌을 가지게 되고, 결국은 죄수들이 규율과 감시를 내면화해서 스스로를 감시하게 된다는 것이다. 게다가 감시자의 시선을 느끼는 수감자가 더 잘 교화된다는 것이다. 이를 실현하기 위해 벤담은 1786년부터 이 개념을 담은 21통의 편지를 썼고, 나중에는 더블린의 한 출판사에서 『파놉티콘』(1791)으로 간행하였다. 즉 전반부는 파놉티콘의 목적과 건축방식을 설명하고 후반부에서 운영과 관리 방식을 다뤘다. 실제로 영국은 1794년에 그의 파놉티콘 기획이 받아들여져 런던 근교에 감옥 부지를 마련하고 토지를 매입하여 진행되는 듯하였다. 그러나 조지 3세의 사적인 개입 때문에 1813년에 런던 의회로부터 2만 3천 파운드의 보상금만을 받는데 그쳤다. 따라서 적은 보상금으로 벤담은 파산하게 되었다. 그러나 그의 파놉티콘 기획은 실제로 유럽이나 미국의 교도소 건축에 많은 영향을 끼쳤다. 더욱이 오늘날 산업자본주의 체제의 사회통제를 이해함에 있어서 좋은 본보기로 자주 논의에도 등장하고 있다. 이에 관한 상세한 내용은 제러미 벤담, 신건수 옮김, 2007, 『파놉티콘』, 책세상 참조.

다. 이처럼 신구빈법에는 빈곤의 원인을 명확히 분별하고자 하는 점이 더욱 뚜렷해져서 오직 육체적 불구자나 정신장애자 혹은 과부 고아들에게만 공공구호를 제공하도록 하고, 감당할 수 없는 재해나 물질적 곤경에 처했을 경우에는 사회사업 단체로부터 사적인 자선을 받게 하였다. 따라서 이제까지 스핀햄랜드법에 의해 지원받던 노동자나, 그밖에 일부 원외구호를 받던 노인 및 장애인 집단은 더 이상 구호를 받을 수 없게 되었다. 아울러 영국은 복지의 부족분을 보충하기 위한 자선단체가 신구빈법 실시 이래로 더욱 융성하게 되었다. 결국 인구와 빈민이 급속히 증가하는 현실과는 달리 구제의 대상과 폭을 축소하는 방향으로 추진되었던 신빈민법의 문제를 의식하여, 어려운 동료를 원조해야 할 도덕적 의무인 온정주의와 인도주의는 19세기 말에 이르게 되자 모두 자선단체로 넘겨졌다.[90] 따라서 공공구제영역에서 배제시키고자 했던 극빈자층 바로 위의 두터운 중하층 노동계층에게 자선단체는 상당한 정도의 기초적인 복지를 조달하는 역할을 맡게 되었다.

세 번째는 '전국적 균일처우의 원칙'이다. 이는 구빈행정의 합리화로서, 구빈행정을 전국적으로 통일시키려는 것이었다. 즉 종래의 관할기관이었던 교구단위의 지방 정부에서 중앙 정부인 중앙빈민법위원회로 이관하여, 전국적 지휘 감독 하에 통일된 구빈행정 체계를 수립하

90) 우리는 지금의 시대를 흔히 NGO의 시대라고 하지만, 영국은 사회복지 정책과정에서 민간단체의 영향력이 구빈법 시기부터 시작되어 지금까지 이어져 오고 있다. 예를 들어 19세기에 런던의 빈민가에서 기독교적 선교활동을 하기 위해 군대식으로 조직되어 곤궁한 사람들을 돕는 구세군, 19세기에 어려운 아이들을 돌보면서 고아들에게 거처를 제공하는 단체인 Barnado's, 정신장애자를 돕는 단체인 Mencap 등이 잘 알려져 있다. 또한 영국은 맹인보호를 약 600여 년 동안 자선단체가 하였으며 정부기구에 의한 것은 1868년의 왕립맹인협회(The Royal National Institute of the Blind)가 처음이다. 더욱이 맹인보호법(Blind Persons Law)도 1920년에야 만들어졌다.

고자 하였다. 종전까지는 거의 전적으로 지방기구나 개인의 수중에 맡겨져 있었으나, 행정의 능률화에 의해 사무들의 비용의 감축효과로 인한 재정 악화를 지양하기 위함이었다. 또한 전국적으로 균형화된 노동시장 창출이라는 의도이다. 실제로 1830년대에 이르면 벤담주의자들의 공리주의적 개혁의 입장에서 영국은 많은 업무들이 지방에서 중앙정부의 입법 활동과 행정 활동으로 옮겨졌다. 지금까지는 종교적인 영역인 교구와 빈민법의 결합은 노동에 영향을 미치는 가장 중요한 제도적 구조였는데, 이렇게 중앙정부 관할 방식으로 통일되면 더 나은 구호를 받기 위하여 구호수준이 높은 교구로 이동하려는 폐단도 함께 없앨 수 있기 때문이었다.

이러한 세 원칙의 신구빈법의 시행에 대해 빈민에 대한 비인간적인 처우와 운영의 중앙집권적 집행 방식, 처벌적인 작업장의 열악한 처우에 대해서도 많은 비판이 쏟아졌다. 예컨대 디즈레일리는 '신구빈법 시행으로 영국에서는 이제 빈곤이 범죄라는 사실을 전 세계에 알린 입법'이라고 비난하며 폐지를 주장하였다.[91] 다음으로 신구빈법의 사상적 근간을 제공한 맬더스의 빈곤개인책임설과 벤담의 자력갱생론의 사상적 특징을 살펴보도록 하겠다.

---

91) 디킨즈는 『올리버 트위스트(Oliver Twist)』(1837)에서 새로이 등장한 신구빈법이 '빈민구제'란 이름으로 빈민을 억압하는 실상을 사실적으로 묘사하였다. 즉 구제불능의 대상이자 도덕적 타락자로 간주되었던 빈민이, 단지 개인적 결함에 의해서가 아니라 어쩔 수 없는 구조적 상황으로 인해 그렇게 낙인이 찍혔다는 것을 보여 주고자 하였다. 반면에 영국 정부는 오히려 신구빈법이 시행된지 1년 후의 보고서에서 적절하게 시행되어 사회적으로 큰 이득을 보여 주었다고 하였다. 즉 노동 무능력 빈민에 대해서는 시기적절한 구호가 제공되고, 극빈자 아동에 대한 교육도 제대로 시행되고 있으며 노동 능력자의 직업 및 도덕 윤리도 개선된 것으로 자평하였다. 더욱이 농부에게까지도 고용과 고임금의 기회를 제공하여 농촌의 고용주와 노동자의 관계가 개선되었다는 내용이었다.

○ 토머스 맬더스의 빈곤 개인 책임설

고전 경제학자이자 영국 최초의 정치경제학 교수였던 맬더스는 중상주의와 계몽주의 이념으로 성장의 환상에 빠져 있던 유럽사회에, 인구 증가로 인해 미래에 닥쳐올 빈곤이라는 인류의 불행을 방지하기 위해 새로운 패러다임인 신구빈법의 길을 터주었다.[92] 즉 그는 인클로저로 초래된 농촌의 열악한 현실이 장차 펼쳐질 문화적 사회적 위기에 대해 남다르게 공감하여, 저서 『인구론(An Essay on the Principle of Population)』(1798)을 통해[93] 가족부양 능력이 없는 빈민 인구의 증

[92] 1차 산업혁명이 시작된 1760년경의 잉글랜드와 웨일즈의 추정 인구수는 660만 명이었지만 1800년에는 916만 명, 1851년에는 1800만 명으로 크게 늘어났다. 지난 한 세기간에 두 배 이상의 인구 폭발 현상이었다. 이러한 폭발적 증가는 '금·은이 곧 부의 원천이며 외국과의 교역에서 발생하는 거래 차액이 국부의 증식이다'라는 중상의자들에게 있어서는 곧 국부의 증가와 같은 의미였다. 왜냐하면 중상주의자들에 있어 인구팽창이란 임금의 하락을 가져와 수출을 촉진시킬 수 있는 수단 및 강력한 군사력의 원천이며 값싼 노동력을 확보할 수 있는 국부와 같은 의미였기 때문이다.

[93] 『인구론』은 본래 '미래사회의 개선에 영향을 미치는 인구의 원리에 관한 연구－윌리엄 고드윈, 콩도르세, 기타 저술가들의 연구에 관한 논평'이라는 긴 제목의 책이다. 당시에 워낙 충격적이었던 내용 탓에 그는 익명으로 초판을 내놓았으나, 자신의 극단적인 주장을 순화하고 제목도 좀 더 온건하게 바꾸어 실명으로 『인구론』의 개정판을 1803년에 내놓았으며, 이후 여러 차례 개정되었다. 그런데 그의 『인구론』 저술 동기는 당시 확산되고 있던 낙관주의적 세계관에 대한 논리적 및 실증적인 비판이 목적이다. 왜냐하면 당시 유럽 사회에는 방만한 낙관주의가 팽배했기 때문이다. 즉 정치적 개혁인 프랑스혁명의 영향으로 모두가 골고루 행복하고 평등해지는 보편적 풍요와 평화의 세계가 온다는 믿음과 인류는 진보한다는 믿음이 널리 퍼졌다. 예컨대 영국의 고드윈, 프랑스의 콩도르세(Marquis de Condorcet, 1743~1794) 등의 계몽사상가들의 주장들이, 프랑스혁명으로 고무된 진보적 지식인층들에게 많은 지지를 얻고 있었던 것이다. 그러나 맬서스는 몽상이 아닌 과학을 통해 추측이 아닌 사실을 통해 당시 급진주의자들이 꿈꾸던 유토피아는 불가능하다는 것을 알리고 싶었다. 즉 진보에 대한 무조건적인 믿음보다 오히려 그는 인류사회가 진보하기 위한 조건과 그것을 가로막는 장애인 자연법칙과 인간의 이기심(selfishness)에 대한 구체적인 성찰이 필요하다고 생각하였다. 토머스 로버트 맬더스, 이서행 옮김, 2011, 『인구론』,

가로 초래된 과잉 인구와 식량 간의 수적 불균형의 빌미를 제공한 구빈법 폐지를 주장하였다. 이러한 그의 비판적 인식은 복지에 국가개입을 인정한 당시의 지배적인 중상주의적 보호주의로부터 전환을 촉구한 것이다.[94]

즉 맬더스의 개정판 『인구론』의 핵심은 인구와 식량 간 균형에 관한 인구항상성 원칙의 유지에 기여하는, 두 유형의 억제인 '예방적 억제(preventive checks)'와 '적극적 억제(positive checks)' 외에 새로운 인구 억제책으로 노동자들이 스스로 아이를 많이 낳지 않도록 하는 '도덕적 억제(moral restraint)'를 추가하였다.[95] 우선 세 가지 억제책의 전

동서문화사.

94) 맬더스 및 제임스 보너(James Bonar, 1852~1941)뿐만 아니라 1834년 7월 의회에서 사생아 조항을 적극 옹호하던 알토프 경(Lord Althorp, 1783~1834)도 빈곤의 원인은 과잉 인구라고 보았다. 특히 그는 '남성으로 하여금 도덕적 절제를 실천하고 성급한 결혼을 피하게 하는 것은 여자하기에 달려 있다'라며 오히려 여성들에게 책임을 물었다. 이러한 그의 주장은 신구빈법의 사생아 조항에 혼외 임신의 경제적 책임을 여성에게 부가하는 조항으로 반영되었다. 즉 사생아를 낳아 본인과 배우자와 아이를 모두 곤경에 빠뜨리는 것은, 큰 징벌이 필요한 무절제한 비도덕적 행동이라는 것이다. 따라서 만일 사생아를 낳은 여성은 아이를 부양할 수 없다면 구빈원에 들어가도록 하였다. 이러한 점은 종래의 구빈법 조항인 교구 당국에서 사생아의 아버지를 찾아 그에게 양육비를 청구하거나 강제로 결혼하도록 하는 조치에서 후퇴한 것이다. 한편 그는 종족의 보존을 위해 결혼의 욕망을 감소하지 않게 보유하는 것도 역시 의무라고 하였다. 그러나 사람들이 자발적으로 인구와 자원간의 항상성을 유지시키기 위해서는 악덕에 해당하는 혼음·간통·동성애·사생아에 대한 철저한 출산통제를 주장하였다. 즉 자녀를 부양할 수 있는 경제적 역량을 확보할 수 있을 때까지 혼인을 연기하여야 하며, 혼전 성생활도 삼가는 것이 개인이 의무라는 것이다. 김연희, 1985, 「영국 구빈법의 사상적 배경」, 『한국사회복지학』 6, 23~44쪽 재인용.

95) 맬더스는 1788년부터 성직자였으나 38세에 결혼한 뒤 성직을 떠났다. 근대 초기 서유럽에서는 노동자 일반의 임금과 대비해서 목사는 비교적 낮은 보수를 받았다. 그럼에도 불구하고 목사직에 대한 존경심과 명예 때문에 구직자들은 다른 직업보다 성직에 더 관심을 보였다. 아울러 맬더스가 만혼을 한 이유는 결혼 후 경제적으로 독립된 가구를 형성하고 자녀와 가족을 부양할 경제적 역량을 키울 때까지 결혼을 연기하는 행위를 도덕적 품성의 하나로 간주했던 자신의 입장을 몸소 실천하고자 함이었으며, 동시에 결혼은 배우자 선택의 자율성에

제가 되는 인구 항상성원칙이란, 자연신학에 근거한 것으로 다음의 두 가지를 전제한다. 첫째 식량은 인간의 생존에 절대적이다. 둘째 남녀 간 욕정은 필연적이며 미래에도 현재와 유사한 수준으로 지속되어 인구증가 속도는 인간 생존에 필요한 식량증가 속도를 앞지르게 된다고 보았다. 따라서 그는 다음 세 가지 억제책을 작동시켜야 한다고 주장했다.

첫째 인구의 '예방적 억제'책이란 빈곤 · 질병 · 기아 · 전쟁 · 도시화 · 직업병 · 유아살해 등이다. 즉 그는 기근도 인구와 식량 간의 불균형이 생길 경우에 이를 균형 상태로 맞추려는 긍정적인 자연법칙이라고 보았다. 예컨대 전쟁이 대규모 인구 조절에 실패하게 되면 질병 · 역병 등의 전염병이 무서운 기세로 전진하여 수천 혹은 수만 명이 사망하게 된다. 이를 통해서도 충분한 성공을 거두지 못하면 불가항력적인 엄청난 기근이 발생하여 인구와 식량 간의 균형을 이룰 것이라고 했다.[96] 두 번째 '적극적 억제'란 출산을 저하시키는 낙태 · 피임 · 동성애 및 기타의 부도덕한 성행위 등을 포함하는 규제를 의미하며, 이를 통해 인구의 폭발적 증가를 제어할 수 있다고 보았다. 실제로 그는 집집마다 돌아다니면서 산아제한 등을 충고한 바도 있다. 더욱이 산아

있는 것이지 당위적 사안은 아니라는 입장을 몸소 보여주고자 함이었다. 아울러 그는 1801년 처음으로 영국에서 근대적 인구조사가 실시되도록 영향을 미쳤다. 1805년부터는 칼리지의 정치경제학 교수로 부임하여 사망할 때까지 봉직하였으며 영국 왕립학회 회원이기도 하였다.

96) 식량생산은 산술급수적으로 증가한다고 하여 증가속도에 뚜렷한 한계가 있다는 맬더스의 주장은, 19세기 고전학파 경제학자들이 공통적으로 받아들인 수확체감의 법칙이다. 즉 '주어진 면적의 경지에 노동력의 투입을 증가시킬 때 추가적인 노동에 의해 증가되는 산출량은 어느 단계를 지나면 점차 감소한다'는 원칙이다. 이를 토대로 그는 인류의 생산성 진보가 인구증가로 인해 상쇄되는 이른바 맬더스의 덫(trap)을 벗어날 수가 없다고 주장하였다. 토머스 로버트 맬더스, 이서행옮김, 2011, 『인구론』, 동서문화사.

제한을 완곡하게 표현하는 빅토리아시대 용어는 '맬더스주의'였다. 세 번째의 '도덕적 억제'란 맬더스도 실천한 바와 같이 결혼을 자발적으로 늦추는 만혼이다. 이는 가족의 부양이 곤란한 경우로 결혼 전의 생활 수준 혹은 사회적 지위를 유지하기가 어려울 때 발생한다고 설명한다. 앞서 열거한 적극적 규제와 기타의 예방적 규제들이 모두 비참한 상황을 낳거나 혹은 부도덕한 악의 행위임에 반하여 '도덕적 억제'는 인간의 도덕적 삶에 위배되지 않는 유일한 인구 억제의 방법이며 생활수준의 개선을 가져오는 길이라는 것이다. 그렇지만 그는 '도덕적 억제'도 근본적으로는 인구와 식량의 법칙을 근본적으로 해결할 수 있으리라고 생각하지 않았으며, 결국 빈민 인구를 억제하는 것이야말로 인간의 가장 바람직한 삶이라는 결론은 초판과 같다. 이처럼 인구증가 대비 식량 생산량의 불균형을 방지하기 위해 성적 금욕과 기독교적 도덕을 우선적으로 강조한 그의 주장은, 신구빈법에 반영되어 빈민 인구의 증가를 방지하기 위해 구빈원 내에서는 부부가 함께 살지 못하도록 하며 부모의 방탕함이 자녀들에게 더 이상 전해지지 않도록 해야 한다는 이유로 가족도 분리 수용하는 규정으로 나타났다.

그리고 맬더스는 경제학의 주요 과제이자 인구를 유지하기 위한 생산력의 문제인 노동자의 임금이 시장의 수요 · 공급 법칙에 의해 결정되어야 함에도 불구하고, 구빈제도가 시장에 인위적으로 개입하여 빈민들에게 구호 수당을 지급함으로써 빈민들의 거지 근성을 자극하여 근로 의욕을 저하시키고 경제적 의존성만 증대시키며 자유로운 노동시장과 임금 형성을 방해하였다고 주장하였다. 따라서 그는 봉건제적 유산인 구빈법체계를 산업사회의 사회경제 원리에 맞도록 재편성시킬 필요성을 강조했다. 다시 말하자면 그는 인구의 증가와 빈민층의 소비증대는 물가 상승을 발생시키는데, 이는 구빈세를 부담하는 생활능력을 갖춘 근면한 자의 몫을 감소시킴으로써 사회의 일반적 생계 수준이 낮아졌다고 비판하였다. 따라서 그는 빈민에게 "물고기를 잡아주는 것이 아니라 물고기를 잡는 법을 알려주어야 한다"라는 유명한 탈무드의 속담에 빗대어 무상원조의 자선보다 경제적 자립을 강조하였다. 요컨대 이는 자본축적의 촉진과 노동력의 자유로운 이동에 의한 노동시장의 창출과 구빈세 경감이었다. 실제로 1838년까지 신구법에 의해 230만 파운드의 구빈세가 절감되는 성과도 이루었다. 이러한 맬더스의 처방은 게으름과 자기절제의 결여로 인한 빈곤에 대해 국가의 사회적 의무이자 빈민의 권리로 인식하는 것을 배척한 것이다.

그리고 맬더스는 구빈법이 폐지되어야 하는 정치적 이유로는 "모든 자유국가들이 파괴되어지는 진정한 이유가 된다"라고 한 바와 같이 빈민구제가 전제주의(despotism)를 옹립시키므로 폐지하여야 한다는 것이다.[97] 왜냐하면 그는 공적 구제란 결국 가난을 자신의 책임이 아

97) "하층에게 지워진 궁핍의 무게는, 흔히 위정자에게 그 책임을 묻는 습관과 더불어 내게는 마치 전제정치의 방벽 · 성채 · 수호신처럼 보인다. 그것은 폭군에게 필요라고 하는 중대하고 항거할 수 없는 구실을 준다. 세상의 자유 정부들이 끊임없이 전복되고 그 정부의 수호자들이 나날이 권력의 침해에 둔감해지는 이유가 바로 이것이다. 자유의 대의에 바쳐진 그동안의 그 수많은 고귀한 노력들이 모두 실패로 돌아가게 된 이유도, 거의 모든 혁명들이 그토록 길고 고통스러운 희생을 치렀음에도 결국엔 독재로 귀결된 이유도 바로 여기에 있다. 재능이 있으나 사회에 불만을 품은 자들은 모든 빈곤과 불행의 책임이 전적으로 정부에 있다며 하층민들을 선동하고, 이미 실제로 그들이 겪는 고통의 대부분은 그러한 원인과는 관계가 없지만, 이로써 새로운 불만과 혁명의 씨앗이 뿌려지는 것이다. 기존 정부가 전복되고도 가난이 사라지지 않았다는 것을 알게 될 때 그들의 분노는 자연스럽게 권력을 계승한 다음 정부로 향하게 된다. 그런 식으로 그들이 바라는 변화를 이끌어내지 못한 정부가 분노의 희생양이 되어 사라지면 또 다른 희생양이 필요해진다. 그렇게 끝없이 반복된다. 이러한 상황에서라면 선량한 대다수의 국민은 적절한 규제를 받는 정부는 혁명의 움직임에 스스로 지켜낼 수 없음을 깨닫고 끝을 알 수 없는 정국의 혼란에 지치고 염증을 느낀 나머지 자포자기하는 마음으로 더 이상의 투쟁을 포기하고 무정부상태의 공포로부터 자신들을 지켜줄 첫 번째 권력의 품에 안기려든다 할지라도 전혀

니라 지배자의 탓으로 돌림으로써, 개인의 자유와 자립정신 및 경제적 자립을 위한 근면성을 파괴시키고 국가에 대한 의존성만을 키운다고 보았기 때문이다. 따라서 맬더스는 구빈대책은 더 이상 국가에 의해 이루어져서는 안 되며, 자선에 의해 의존해야할 경우에는 기독교의 자선과 종교교육에 의한 것이면 충분하며 이것이야 말로 자연스러운 것이라고 보았다. 나아가 구빈의 책임자는 시민의 자발성(voluntarism) 개념을 도입하여 성직자들에게 있다고 주장했다.

이러한 맬더스의 빈곤개인책임설은 역시 성공회 목사이자 고전경제학자인 조셉 타운센드(Joseph Townsend, 1739~1816; 이하 타운센드)로부터 영향을 받은 것이다. 타운센트는 『빈민법논고(A Dissertation on the Poor Laws)』(1786)에서 개인의 도덕적 결함 때문에 빈곤이 발생한다고 주장한 바 있다. 즉 그는 빈민의 존재는 일종의 자연법칙이며[98] 빈곤은 개인적 준비성이 부족한 결과이므로 "희망과 공포가 근로의 원천이다"라고 하며 기아에 대한 공포만이 근로의욕을 자극할 수 있다고 주장하였다. 다시 말하자면 그는 빈민들이 검약하는 습관을 갖게 하기 위해서는 그들의 한정이 없는 요구를 들어줄 것이 아니라, 그들 스스로 노예보다 더 더러우며 가장 열등한 직무를 수행하도록 압력을 가해야 한다고 주장한다. 그렇게 하는 것이 자연의 법칙이고 공동체의 이익에 기여하는 길이라는 것이다. 결국 빈곤자를 구제하는 것은 자립심을 저해하고 자연적 필요성에 위배되는 것으로 사회

놀라운 일이 아닐 것이다." 토머스 로버트 맬더스, 이서행 옮김, 2011, 『인구론』, 동서문화사.

98) 예컨대 그는 "대서양을 오가던 영국 상인들이 바다 한가운데 무인도에 고기를 얻기 위해 염소를 풀어놓았다. 이를 질투한 스페인 사람들은 염소들을 다 잡아먹으라고 개를 풀어놓는다. 그런데 오랜 시간이 지나도 염소들이 사라지지 않았다. 대신 섬 내의 개와 염소 사이에 일정한 개체 균형이 맞춰졌다"라고 하였다.

과정에 인위적으로 개입하는 것은 자연법칙에 위배된다는 것이다. 나아가 빈민을 스스로 자신을 지킬 수 있도록 자극을 주어야 하며, 법률로 보호하는 것보다 오히려 장기적으로 자연그대로 내버려 두면 자연스럽게 해소되어 빈곤도 감소될 뿐만 아니라 교육의 향상에 의해서 도덕 수준도 높아진다고 하였다. 또한 구빈세 부담을 10분의 1로 줄여야 된다고 주장하면서 아예 강제적 자선제도를 폐지한다면 더 좋은 결과를 맺을 것이라고 하였다. 이같이 타운센트로 부터도 종교 생물학적 관점에서 인구론과 적자생존설을 구빈법 문제에 도입하여 경제적 자유주의를 옹호하며 구빈법 폐지론을 주장하였다.

이처럼 그로 영향을 받은 맬더스의 인구이론은, 여러 분야에서 후학들에게 매우 강한 영향을 주었다. 예컨대 다윈의 자연선택이론에도 영감을 주었다. 즉 그는 『자서전』에서 '생존투쟁에서 적합한 변이는 보존되고 부적합한 변이는 파괴되며, 그 결과 새로운 종이 출현한다'는 것을 알게 되고 적자생존이론의 틀을 갖추게 됐다"고 언급하며, 『인구론』에서 맬더스가 인간사회 현상에 대한 용어로서 사용한 '생존투쟁'을 차용하여 자신의 생물학이론에 적용하였다. 또한 다윈은 맬더스가 만혼을 통해 도덕적 억제에 의한 인구 억제를 몸소 실천한 바와 같은 길을 걸었다. 즉 그 역시 경제적인 독립가구를 형성하고 자녀와 가족을 부양할 경제적 역량을 키울 때까지 자신의 결혼을 연기했다.

그러나 맬더스에 의해 제시된 인구 억제에 관한 억압적 통제 방식은, 노동자들로부터 극심한 저항을 받았으며 19세기의 사회주의자들 및 진보적 지식인들로부터도 부르주아계급의 이론적 토대이자 사회의 발전단계를 무시한 비과학적인 연구라는 강력한 비판을 받았다. 예컨대 엥겔스는 맬더스의 인구론을 "비열하고 수치스러우며 자연과 인류에 대한 반동적 작태다"라고 비판하였다. 또한 맬더스는 빈곤과 결핍은 인간이 어떠한 능력을 가지고 있어도 자연에 의해 이루어진 것이므로 사회제도로 완화할 수 없다고 하였으나, 마르크스는 빈곤의 원인을 가변자본을 제약하는 고정자본의 증가와 노동력에 대한 수요를 통해 설명하였다. 즉 그는 『자본론』에서 "자본주의사회에서의 빈곤은 필연적인 것으로 인구의 과소와는 관계가 없다"고 단언하며 빈민인구의 증가는 신의 섭리를 위반한 개인들의 잘못이 아니라, 자본가가 노동자를 착취하는 분배 문제에 기인한다고 주장했다. 따라서 마르크스는 맬더스가 인구이론을 통해 중상주의와 계몽주의를 비판하였던 것처럼, 자본주의의 모순과 그것의 정당화에 사용되었던 고전정치경제학 이론들을 반박하였다.

○ 벤담의 자력갱생론(Self-Help, Selp-Maintenance)

신구빈법은 앞서 살펴본 맬더스의 고전경제학의 입장 이외에도, 벤담의 공리주의적 '자력갱생론'의 영향에 의해 이루어졌다. 즉 벤담은 빈곤의 원인을 개인의 내적 요인과 사회 경제적인 외적 요인의 두 가지로 나누었다. 특히 그는 빈곤의 원인 가운데 내적 요인인 노동 의지가 박약한 빈민의 무기력 · 나태함 · 알콜 중독 · 근로 의욕 상실 등과 같은 "게으른 손(lazy hands)"인 '구걸'을 가장 경계하였다. 이러한 인식은 중세사회에서 구걸은 빈곤의 표시로서 그리스도인에게는 선행의 기회를 제공하는 바람직한 것으로 받아들이고, 동료 인간에게 천국의 문을 열어주는 문지기 같은 존재로 여긴 것과는 대척점에 있었다. 오히려 벤담은 거리에 있는 거지들을 구빈원으로 몰아넣는다면, 사람들이 더 이상 거리에서 거지와 마주치지 않아도 되니 고통이 줄어들고 거지들도 구걸할 필요가 없으니 거지들의 행복 또한 늘어날 것이라고 주장하였다. 혹자가 벤담을 반박하는 입장에서 거지들은 구빈원에서 일하는 것보다 구걸하며 행복해하는 거지도 있을 것이라고 말하자, 벤담은 구걸하며 행복해하는 거지보다 그들과 마주쳐 불행한 사람의 수가 훨씬 많음을 공리적 측면에서 지적하며 반박하였다.

이처럼 벤담이 구걸에 대해 강력한 비판을 쏟아놓을 수 있었던 것은, 빈곤의 원인을 도덕적 해이에 의한 근로 동기의 훼손으로 보았기 때문이다. 즉 그는 당시 영국의 농촌 지역의 만성적 실업자인 부랑자·거지와 같은 빈곤 계층의 빈곤의 원인에 대해서도 "인간은 자신의 만족감을 극대화 시키는 본능이 있으므로 스핀햄랜드법과 같은 구빈행정은 빈민으로 하여금 일하지 않아도 생계를 보장함으로써 만족감을 극대화 시켰다"라고 하며 공적 구제를 비판하였다. 나아가 그는 이를 막고자 하는 목적에서 그는 도울 가치가 있는 사람과 도울 가치가 없는 사람으로 엄격히 나누었다. 전자에게는 최소한의 원외구호를 허용하지만, 후자에게는 억압적이고 치욕적인 제재 조치를 통해 구빈의 대가에 대한 지불의 책임을 철저히 개인에게 부과하는 방식을 강조했다. 즉 그는 "빈민에게 근면한 노동(industrious labour)을 통해 먹을 것과 실 곳에 대한 욕구를 충족하도록 하려면 노동의 고통보다 목마름의 고통을 더 높여 빈민들로 하여금 독립적인 노동자가 되도록 선택의 환경을 조성해야" 한다고 언급하였다. 그는 이러한 공리주의적 입장에서 구걸 행위를 방조하게 만드는 모든 부도덕한 환경을 제거하고 일을 하는 빈민에게만 시혜가 돌아가도록 하여 최소한의 비용으로 노동자의 나태를 척결하고 자립정신을 길러주기 위한 구빈책인 "다른 사람의 비용에 의존하는 자선보다는 자력갱생이 더 바람직한 것(Charity maintenance, maintenance at the expense of others, should not be made more desirable than self-maintenance)"이라고 하는 이른바 '자력갱생론'을 제시하였다. 이는 종래의 갱생을 위한 빈민 보호기관 및 교육기관의 성격을 띤 구호체계와 다른 것이다. 예컨대 극빈자를 위한 구빈원은 입소자가 자신들의 생활 유지비를 벌기 위해 노동할 경우, 배당금을 지급하는 동인도회사(East India Company)[99]와 유사한 기능을 가진 국영 자선회사(The National Charity Company)의 주식회사 체제인 '근면의 집'으로 특정하였다. 그런데 이 집의 특성은 '짐스런 빈자 전체(whole body of the burdensome poor)에 대한 통합된 권위(undivided authority)'를 가지며 총 50만이 거주할 수 있는 260개의 작업장'이라고 정의하였다. 즉 종래의 구빈세 징수 대신에 회사에 투자하는 형식이며 운영에서 나온 주식배당금을 배당하자고 제안했다. 예를 들어 전국에 걸쳐 동일한 거리에 위치시키고, 각기 영리 사업장처럼 운영되는 이러한 빈민 공동체를 정부가 총괄하는 방식을 주장했다. 또한 강제로 끌려온 빈민은 선불로 지급된 자신의 구금비용을 다 갚을 때까지 구빈원을 나갈 수 없게 하고, 이런 착취에서 발생된 잉여수입은 투자자들에게 배당금으로 돌아갈 수 있도록 구상했다. 이처럼 그는 전국에 걸쳐 빈민 공동체인 '근면의 집' 중심의 원내시설 수용방식을 통한 원내구호의 원칙만을 적용했다. 요컨대 그가 구상한 구빈원은 국부의 향상에 기여할 수 있는 일종의 수익사업장으로 전환시키기 위해 구빈시설

99) 대영제국 초기 주역은 정부가 아니라 기업들이었다. 예컨대 미국에서도 최초 영국인 정착지는 런던사 · 플라이마우스사 · 도체스터사 · 메사추세츠사와 같은 주식회사들에 의해 개척되었다. 또한 인도의 식민지를 개척한 것도 역시 대표적인 주식회사의 하나였던 런던의 레든홀 스트리트에 본부를 두고 약 1백 년 동안 직접 지배했던 동인도회사였다. 동인도회사는 인도 지배를 위해 막대한 군대를 유지했는데, 군인 수만도 많을 대는 35만 명에 이르렀다. 이는 영국 왕이 보유한 군대 규모마저 상회하는 것이었다. 영국은 1858년에 이르러서야 인도를 국영 식민지로 전환했다. 그러나 동인도회사의 재산을 압류한 것은 아니었다. 도리어 국영화를 통해 동인도 회사는 본연의 돈벌이에 더욱 전념할 수 있었다.

내에서 노역을 적극 권장하였다. 이와 같이 벤담은 중상주의자들과 다르게 국부를 달성하기 위해서 거지 내지는 극빈계층과 같은 구빈 대상자를 제도적으로 통제하고 관리하는 문제에 초점을 두었다.

그리고 벤담의 구빈원인 '근면의 집'의 운영방식은 이미 자신이 고안한 바 있는 파놉티콘 원형 감옥 체제와 유사하다. 즉 공리주의적 입장에서는 공포는 궁극적으로 악이고, 빈곤의 원인인 도덕적 해이를 철저하게 방지하는 것이 선이므로 빈민들의 정신을 적극적으로 개조하고자 하였다. 따라서 처벌을 통한 공포심을 학습시켜 범죄를 예방하고자 한 것이다. 나아가 이를 '근면의 집'에 적용시켜 정부는 단지 전면적으로 통제하는 사령탑 역할을 하며, 실질적으로는 절대적인 권위를 가진 각각의 감독관(guardians of the poor)에 의해 공장이나 감옥처럼 감금이라는 엄격한 규율과 처벌 규정을 갖춘 일종의 수익 증진용 교정원 체제로 운영하고자 했다. 또한 어린이에게도 근면 교육을 위해 일찍부터 노동에 동원시켜야 한다며 도제제도를 강화시켰다. 따라서 그는 국민에 대한 보통교육제도가 확립되지 않으면 영국이 진정한 발전을 경험하지 못할 것이라고 주장했다. 왜냐하면 빈곤의 원인이 개인의 성격적 결함인 도덕적 해이에 있으므로, 도덕적 교육강화는 빈민문제 해결에 있어서 필수적인 선행 과제였기 때문이다.[100)]

이러한 그의 구빈법 개혁안은 그의 생전에는 실현되지 못했지만, 법학 조수였던 채드윅 등을 포함한 의회 내의 다수의 급진세력인 이른바 벤담주의자들에 의해 1870년까지 영국의 경제 및 사회제도 전반

100) 채드윅의 보고서에는 "빈민들 사이에 정당한 원칙과 습관을 보급하기 위해서 우리는 어떠한 경제적 조치나 규정에 앞서 종교적 도덕적 교육을 실시하는 것이 필요하다. (중략) 빈민계급의 지적 도덕적 조건을 고양하기 위해 가능한 한 모든 수단을 자유롭게 동원해야 한다."라고 기술하였다. 빈민위원회 보고서(Report of the Poor Law Commisioners), 1834, p.362.

에서 개혁을 이루어 내었다. 특히 채드윅은 〈빈민위원회〉의 보고서를 통해 사회의 범죄는 교육을 받지 못한 이들에게 흔하다는 통계를 제시하며 빈민지역 노동계급의 도덕성 저하, 빈민율 증가, 무정부상태와도 같은 위험성, 심지어 노동계급의 스포츠 · 언어 · 오락 등에서의 저속성 및 미신적 습성들을 구체적으로 지적하며 빈민을 잠재적 범죄자처럼 다루고 이들의 도덕교육을 강조했다. 아울러 신구빈법이 제정된 이후에 법률위원이 된 조지 니콜스(George Nicholls, 1781~1865)는 구빈원을 벤담의 파놉티콘 시스템으로 운영할 것을 주장하였다. 그렇게 하면 작업장 입소자는 작업장을 두려워하고 입소 사실도 부끄러워하여 작업장에 입소하지 않으려고 일자리를 찾고자 한다는 것이다.[101)]

이러한 신구빈법은 1847년 빈민청법이 제정되어 빈민법위원회의 권한이 상실되면서 점차 억압적 성격은 완화되었지만, 이 법에 대한 비난은 1860년의 혹한과 대설로 인해 옥외노동이 전면 중지되어 대량실업이 발생하자 1861년까지 극도의 비판이 계속되었다. 더욱이 면화기근과 1866년 공황으로 대량실업이 발생하여 구호신청자가 급증하였으나, 정부는 원내구호만을 고집하자 이에 대한 비난이 재차 거세져 1860년대 말에 일부의 억압을 완화하지 않으면 안 되었다. 아울러 1867년에 노동자들이 선거권을 갖게 되고 1870년대부터 불황으로 인해, 자본 성장의 그늘에 가려져 온 노동자들의 빈곤과 실업의 실상이 폭로되었다. 이에 대학의 지식인 · 언론인 · 정치인 등을 중심으로 자본주의체제를 유지하면서 체제 내의 개혁을 추구하려는 움직임이 일

---

101) 벤담의 파놉티콘 구상에는 감옥이 일반에게 공개되어야 한다고 하였다. 왜냐하면 비록 고통에 의해 신체가 훼손되는 광경을 볼 수 있는 것은 아니지만, 죄수가 자신의 과오 때문에 비통함에 잠겨 있는 모습을 보게 하여 범죄 예방 효과가 나타날 수 있다는 주장이다. 이처럼 공리주의적 입장에서 아직 범죄를 행하지 않은 개인이 견학을 통해 미래의 범죄를 포기하게 만들기 위함이었다.

어났다. 즉 기독교사회주의, 페비언사회주의(Fabian-Socialism), 변형된 자유주의인 자유사회주의(liberal socialism, 1차 신자유주의) 등 여러 사회운동이 활발하게 진행되고, 자유당이 집권하게 되면서 신구빈법을 개혁하려는 움직임이 본격적으로 시작되었다.

더욱이 1880년대에 이르러 빈곤과 박탈을 나타내는 사회조사 결과가 발표되자, 빈곤의 기저적 원인이 개인적 병리와 개인적 책임이 아니라 외부적 요인에 있음을 인식하게 되었다. 즉 자본주의의 구조적 문제로 실업이 대량으로 발생하여 빈곤의 사회적 책임론이 두드러지기 시작했다. 또한 경제학자들도 명백히 시정이 가능한 경제적 원인에서 빈곤이 기인한다는 사실을 이론적으로 증명해 나가기 시작하였다. 예컨대 페비언사회주의자로 잘 알려진 시드니 웹(Sidney Webb, 1859~1947)은[102] 빈곤의 근본적 원인이 대규모 실업을 가져오는 주기적인 경기침체에 있음을 주장하여, 어떠한 빈곤의 경우도 개인의 통제를 벗어날 수 있다는 것을 제시하였다. 따라서 빈곤에 대한 개인주

---

102) 본래 '페비언(Fabian)'은 '지구(持久)적인', '점진적인'이란 의미이다. 그런데 페비언의 어원은 고대 로마의 파비우스 막시무스 장군이 카르타고의 장군인 한니발의 침략에 맞서, 전면전은 피하는 가운데 성문을 꼭 걸어 잠그며 끈기 있게 버틴 전술에서 유래한다. 오늘날은 '자발적인 가난의 실천을 통해 청빈한 사회로 바꿔 보고자 하는 이상을 끈기 있는 전략(Fabian tactics)으로 이루어낸다'는 뜻으로 사용된다. 즉 사회주의 정신을 분명하게 표방했지만, 혁명적 마르크스주의가 아니라 국가의 중립성 및 민주주의의 가능성을 끈기 있게 낙관한다는 점이 특징이다. 물론 '개량주의'라는 비난도 받았지만, 이 점에 대해 회원이던 버나드 쇼(George Bernard Shaw, 1856~1950)는 "형이상학적 논쟁으로 시간을 허비할 생각이 전혀 없고, 영웅적 패배보다는 지루한 성공을 택하기로 마음먹었다"고 설파하며 자신들의 입장을 옹호하였다. 특히 창립 회원들은 1900년에는 영국 노동당 창당에 관여했으며, 출판과 세미나, 대규모 집회 등을 통해 100여 년 넘게 사회주의 이론과 정책에 관한 논의를 활발하게 펼쳐 왔다. 현재 회원은 7000여 명이며, 토니 블레어 전 총리를 비롯해 영국 노동당 정치지도부 대부분이 이 협회 출신으로 여전히 노동당의 정책에 막대한 영향력을 행사하고 있다. 페이비언 사회주의와 관련해서는 조지 버나드 쇼 외, 고세훈 옮김, 2006, 『페이비언 사회주의』, 아카넷.

의적 자유방임사상은 후퇴하고, 최저생활의 보장은 국가의 책임이므로 국민은 이를 보장받을 권리를 가진다는 것이다. 요컨대 빈곤은 집합주의를 토대로 국가의 책임하에 제거되어야 한다는 페이비언 사회주의 같은 개량주의운동이 힘을 갖게 되었다. 따라서 지금까지는 복지는 교회 자선기관이나 도시의 길드가 빈곤, 실업, 질병에 대한 구호를 제공하였으나, 어려운 국민을 돕는 것이 정부 책임이라는 사실을 받아들임으로써 영국은 복지국가를 구현하려는 최초의 나라가 되었다. 이후 1930년대에 이르게 되면 그동안 약 1세기에 걸쳐 영국의 복지체제를 규정해 온 신구빈법은 근대적인 공적부조제도로 전환되었지만, 실질적으로 폐지된 것은 1948년 노동당정부가 국민부조법(National Assistance Act)을 제정하여 법제상으로도 300여 년 이상의 역사에 종지부를 찍는 것으로 마무리 되었다. 그러나 오늘날에도 여전히 많은 다른 국가들은 신구빈법의 주요 내용들을 각국의 공공 부조의 주요 원리로 원용하고 있다.

2) 차티즘

스마일스는 『리즈타임즈』 주필 시절 합법적인 수단에 의한 차티즘의 추진과 노동자계급의 교육을 주장한 차티즘의 도덕파(Moral Force)에 속했다. 즉 그는 노동자계급의 최초의 보통선거권 쟁취운동인 1차 차티즘(1839)에 대한 지지를 표명하였다. 예컨대 그는 리즈의 외곽 마을이자 공업도시로서 1차 차티즘의 중심 도시였던 브래드포드(Bradford)의[103] 〈연합개혁 클럽〉 연설(1841)에서 '(1차)차티즘은 현대 문명의 진

103) 브래드포드에서 벌어진 1841년 2차 차티즘 때에는 8만 2천 명의 차티스트들이

전 속에서 가장 주목할 만한 성과이자 시대적 희망의 징조 중의 하나이다'라고 지지를 표명한 바 있다. 그러나 그는 물리적 강제력을 사용하는 2차시기부터는 반대로 선회하였다. 나아가 그는 노동자계급의 물리적 투쟁보다는 교육을 통한 자기개선 노력을 더 중시하였다. 즉 노동자계급의 장래는 노동자계급의 지적 도덕적 성숙을 이룰 수 있는 여부에 달려 있다고 믿었다. 따라서 제도의 개혁보다 정신의 개혁인 자조론을 전개한 것이다.

한편 영국은 1차 산업혁명 이후에 생산공장이 대규모화됨에 따라 대량의 임금 노동자들이 출현하고, 이들은 임금과 노동시간 그리고 근로조건의 개선을 위해 단결하여 투쟁하기 시작하였다. 리즈는 맨체스터 · 글래스고우 · 더비 · 올드햄(Oldham)[104] 등과 함께 잉글랜드 북부의 대표적 4대 신흥 산업도시들(Manufacturing Towns) 중의 하나로 노동운동의 중심지였다. 특히 채드윅이 의사인 이노트(1788~1874)와 벤담주의자인 허버트 루터 스미스(Herbert Luther Smith, 1786~1861) 등과 함께 세계 최초로 1848년에 '공중보건법(The Public Health Act)'을 만들고자, 노동자들의 근로 환경과 위생 상태를 파악하기 위해 방문한 표본 도시 중의 하나였다.[105] 그는 『리즈타임즈』에 벤담의 영향

비슷한 수의 경찰, 보병 및 특수한 병사들과 싸웠다.

104) 맨체스터 인근의 올드햄은 정치적 급진주의와 경제이론에 관심이 많은 윌리엄 코벳(William Cobbett, 1763~1835; 이하 코벳) · 존 필든(John Fielden, 1784~1849)과 같은 노동계급 급진 하원의원들을 배출한 노동운동의 중요한 거점 지역이며 오코너의 정치적 출생지로도 불렸다.

105) 이외에도 에딘버러 · 글래스고우 · 맨체스터를 조사지역으로 삼았다. 예컨대 투팅(Tooting) 지역에는 1848년에 노동빈민들을 가혹하게 강제 수용하는 근대적 의미의 사회복지시설인 구빈원의 기관 학교에서는 180명의 아동이 콜레라로 죽었다. 따라서 이러한 상황을 타개하기 위해 공장법(1833) · 신구빈법 · 공중보건법(1848) 등 19세기 자유주의를 표방하는 주요 입법에 모두 관여한 채드윅은, 당시 리즈뿐만 아니라 세계 최대의 인구 밀집 지역인 런던을 비롯한 산업도시들을 표본으로 하여 하층민들이 일하는 공장과 주거환경에 관하여 광범위

하에 권력에 대한 인민의 참여를 위해 노동자들의 선거권과 피선거권과 관련하여 많은 진보적 사설도 실었다. 나아가 그는 이미 이루어진 1차 선거법 개혁에 만족하지 않고 리즈에서 지방의회개혁운동을 위해 귀족의회의 민주적 개혁운동 단체인 〈리즈의회개혁 연합(The Leeds Parliamentary Reform Association)〉(1840.9.18~1842.2)을 조직하여 사무총장으로 활동하였다.

그러나 2차 차티즘이 물리력 사용을 둘러싸고 강경파와 온건파가 대립하게 되고, 급진주의자인 오코너 중심으로 점차 새로운 양상을 띠게 되면서, 스마일스는 오코너를 향해 '물리적 폭력을 변화의 도구로 삼으며 편중된 의견을 가졌다'라고 비판하며 차티즘에 반대의 입장으로 선회하였다. 평소 스마일즈는 "폭도 그것은 언제나 최대의 전제군주이다. 모든 사람이 폭도에 합의한다면 그 결과는 스스로가 받게 된다"라고 한 바와 같이 일생을 통해 과격한 물리적인 노동운동에는 반대하였다.

그런데 차티즘의 출발은 다양한 뿌리에서 시작되었다.[106] 즉 선거

한 조사 뒤에 보고서를 직접 만들어 1842년에 '극빈노동자들의 집단위생문제가 사회의 질병과 오염에 심각한 영향을 준다'는 내용의 보고서를 자비로 만들어 밀, 디킨즈 같은 유명한 동시대의 유명인과 주요 신문 잡지에 보고서를 보냈고 무료로 배부하였다. 즉 비위생적인 생활과 주거 환경이 수명에 지대한 영향을 끼치는 원인임을 밝혀 도시의 위생을 개선할 필요가 있다는 내용이었다. 이러한 채드윅의 위생보고서 출판과 위생개혁 설계는 '공중보건법'을 제정하여, 도로를 포장하고 상하수를 분리하며 각종 쓰레기와 오물 폐기 규제를 시행하였다. 따라서 수년이 지나지 않아 노동자들의 사망률이 격감하고 시민들의 평균 수명도 29세에서 48세로 늘어났다. 이처럼 채드윅은 열악한 도시환경에 처한 빈민들의 주거 환경 개선과 상하수도 개선 사업 등 공중보건 위생을 위해 일생을 바친 인물이기도 하다. 더욱이 그가 만든 '공중보건법'은 1875년에 제정된 '공중보건법'에도 영향을 주었다. 이러한 공중보건 규제의 진전으로 1870년 이후부터는 사망률이 꾸준히 하락했고 의료 수준에서도 급속한 진보가 이루어졌다.

106) D. H. 코울은 『영국노동운동사』에서 "차티즘 운동은 순수하게 정치적 강령을 갖고 있었으나 본질적으로는 경제적인 운동이었다"고 설명한다. G. D. H. 콜

권 획득만을 위한 청원운동이라는 단일한 양상으로 시종일관한 것이 아니며 노동자들만의 전유물도 아니었다. 왜냐하면 산업화 초기의 전형적인 문제들인 심각한 실업이나 빈곤이라는 사회상황은 여러 운동 간에 서로 상호연계하게 만들었기 때문이다. 예컨대 기계화에 따른 노동조건의 변화에 저항한 러다이트 운동,[107] 1820년대 후반부터 북부 공업지역에서 시작된 금주운동(temperance movement),[108] 공장법 입법운동, 반신민법운동, 1839년 이후부터 1841년 봄까지 '완전금주 차티

저자(글), 김철수 번역, 장석준 감수, 2012, 『노동운동의 역사』, 나남, 27쪽 참조.

107) 이 운동은 기계의 도입으로 몰락한 옛 장인들 중심으로 일어났다. 즉 1811년 3월에 러드(Ludd) 전설의 고장인 잉글랜드 중부 노팅험셔(Nottinghamshire)의 아놀드란 소도시의 편물 노동자들은, 노팅험셔의 성장을 이끈 양말과 레이스의 판매도 둔화되어 기업주와 임금삭감을 두고 실랑이를 벌이고 있었다. 즉 지도자들은 저임금을 주는 기업주들을 막기 위해 법률에 호소했으나 당국이 강경대응으로 나오자 이 지역에서는 의회 청원 등의 형태로 맞섰다. 따라서 스스로를 '러드'라고 지칭하던 수직공들이 노팅험셔 · 요크셔 · 랭커셔 등에서 역직기(spinning machine)와 편기(knitting machine)를 파괴하며 자기 요구를 쟁취하기 위해 1812년 1월까지 1,000대 이상의 기계를 파괴했다.

108) 영국에서는 술을 멀리하는 것은 금주라고 하는데, 금주운동은 4단계로 약 백년 동안 진행되었다. 첫 번째 단계는 1830년대 초반 중간계급이 주도하여 벌였던 절주운동이며, 두 번째는 1830년 중엽부터 1840년대 말까지 노동자계급에 의한 완전금주(teetotal)운동이다. 세 번째는 차티즘 이후인 1850년대 말부터 1870년대 중반까지에 도덕적으로 금주를 호소하는 운동이다. 네 번째는 1890년 이후부터 1차 세계대전 직전까지 완전금주를 입법화하려는 것이었다. 이러한 빅토리아 시대에는 이전 세기의 주류(酒類) 중심에서 점차 대중적인 차 문화가 형성되었다. 이와 같이 차 문화가 대중적으로 보편화되는 데에는 영국 왕실의 차 문화에 대한 관심과 노력이 큰 역할을 하였다. 즉 인도와 실론에서의 대량적인 차 생산으로 차 가격이 하락하게 되고 차 소비의 활성화로 이어졌으며, 이러한 현상은 노동자들이 저렴한 가격의 차를 마시는 데 기여하였다. 따라서 이는 영국 차 문화가 확산되는 실질적인 요인이 되었으며, 차 산업은 국가적인 육성정책에 힘입어 크게 발전하였다. 한편 영국의 차 문화는 그 확산에 복음주의라는 사상적 배경이 있었다. 즉 교회를 중심으로 실천되었는데 왕실은 자선과 박애정신의 구체적 실현수단으로 하층민이 차를 마시도록 하였다. 그로 인하여 노동계급은 자연스럽게 당시로서는 고급문화였던 차 문화를 접하게 된 것이다. 요컨대 박애의 일환으로 노동자에게 차를 대접한 일은 당시 사회 전반에 확산된 금주운동과 더불어 영국의 차 문화 정착에 결정적인 역할을 하였다.

즘(teetotal chartism)', 1848년의 3차 차티즘까지 연동되어 있었다. 이처럼 다양한 외연 확장이 이루어졌던 이유는 그들의 주된 공통점이 사회적 배제에 의한 경제적 불평등의 문제였기 때문이다. 즉 과거의 빈곤층은 비록 노동하지 않는 빈곤층이었지만, 당시의 빈곤층은 노동을 함에도 가난과 질병에 시달렸던 근로빈곤층(working poor)이었기 때문이다. 그러나 지배계급은 빈곤의 원인을 노동자 개인의 책임으로 돌렸으며, 노동조건의 개선이나 여타 다른 노동계급의 문제에 대한 사회적 책임을 인정하려 하지 않았다. 오히려 집단적이고 정치적인 집회에 참여하는 노동자들을 도리어 위협적인 존재로만 보고 억압 및 통제하였다. 예컨대 휘그정부는 중간계급은 자신들의 이익과 일치하지만 빈곤계층은 부자들의 재산을 빼앗으려 한다고 판단함으로써 1차 선거법개정운동에 열심히 협조하였던 노동자들에게는 선거권을 주지 않았다. 바꾸어 말하자면 자신들의 부와 특권의 위계질서를 훼손시키지 않는 가운데 재산을 가진 중간계급에게만 선거권을 인정하여, 이른바 재산을 가진 자들만의 자유주의를 누리고자 하였으므로 민주주의는 없는 것과 다름없었다. 따라서 차티스트들은 인식을 달리하여 정치체제의 민주적 개편을 우선 과제로 삼기로 하고, 의회 진출에 있어 가장 기본적인 제약인 자신들의 참정권 쟁취를 통해 자신들이 겪는 사회적 억압과 불행의 가장 근본적인 해결책을 찾고자 했다.

본래 1차 차티즘의 단초는 노동조합운동을 통한 압력 행사였다. 즉 초기 노동조합과 차티즘은 노동환경 개선과 노동시간 단축을 호소했다. 특히 노동자들의 불리한 고용조건과 비위생적인 작업 및 생활환경을 개선하기 위해 의회민주주의의 발전은 부르주아들뿐만 아니라 노동자들의 이익을 위한 것임을 의심하지 않았다. 예컨대 파업이 활발했던 리즈에도 지부가 있던 아일랜드 출신의 존 도티(John Doherty,

1798~1854)의[109] 〈전국노동조합대연합(the Grand National Consolidated Trades Union; 이하 대연합)〉이 1834년에 결성되었는데, 이 조직은 건설노동자 · 방적공 · 도공(陶工) · 재봉사 · 모직공 · 농업노동자의 큰 노조들을 포괄하였으며 분산성을 띤 직인조합(craft union)과 달리 전국 단위의 중앙집권적인 계급 조직이었다. 이 조직의 결성을 주도한 인물은 로버트 오언(Robert Owen, 1771~1837)이며, 그의 주장은 "노동조합이 사회의 지배권을 장악하고 나아가 산업을 운영해야 한다"는 것이었다. 또한 〈대연합〉은 1834년 조합원 50만여 명을 확보했고, 파업을 조직했으며, 오언의 '교환시장' 사상을 실현함과 동시에 노동조합을 생산자 협동조합으로 전환하려 했다. 그러나 〈대연합〉은 지도부의 분열과 지배 세력의 공격, 파업 준비 부족으로 오래가지 못하였다. 더욱이 1835년의 지방자치 개혁안에서 조차도 노동자들이 자유 및 권리를 동등하게 인정받지 못하는 사실에 더욱더 불만 내지 배신감을 느끼게 만들었다.

그리고 1837년 신구빈법의 발효도 차티즘의 주요 동인이 되었다. 즉 노동자들의 신구빈법에 대한 정서적 반응은 '마왕법(Devil King Law)', 구빈원은 '잔인한 새장', '죄 없는 감옥(gaols without guilt)'으로, 자신들은 '사회의 사생아(bastard of society)'라고 부르며 격렬히 저항했다. 왜냐하면 그동안 신체적으로 장애가 없는 빈민과 가족에게 허용되어 온 2년간의 보조금 제도가 폐지되었을 뿐만 아니라, '열등처우의 원칙'에 의해 진짜 빈민을 가려내기 위해 입소 자격은 사회 최하위 계층인 근로 가능한 빈민의 상황보다 실제로 더 나쁜 경우를 입증해

109) 산업혁명의 선도 공업인 면방직 공업의 중심지였던 랭카셔나 요크셔지역의 노조 지도자였던 도티는 노동계급의 근로시간 단축 문제에 관심을 가졌던 '근로시간단축위원회'에서도 중요한 역할을 한 인물이다.

야 하였다. 이러한 가혹한 심사는 낙인효과를 조장하여 악법적 요소로 여겨졌다. 또한 맬더스의 인구 억제책을 반영하여 남녀와 성인과 어린이는 한 가족이라도 분산수용을 원칙으로 하였다. 즉 각기 서로 분리된 공간에서 유니폼을 입고 강제노동을 해야 했다. 게다가 결혼한 남자만을 가정 생계유지의 책임자로 지정함으로써, 결혼한 여성의 경우에는 가장이 있는 한 어떠한 구호도 받을 수 없도록 하여 결혼한 여성을 더욱 더 남성의 종속적인 위치로 전락시켰다. 따라서 노동자들은 구빈원을 죄도 없이 끌려가는 감옥으로 여겼고, 선정되는 것도 오히려 치욕으로 느꼈으며, 차라리 쥐꼬리만한 임금을 받으며 공장에서 버티는 것이 더 났다고 생각할 정도로 불가피한 상황에서나 선택할 수밖에 없는 마지막 보루라고 생각하였다.

더욱이 신구빈법은 농촌지역의 만성적 실업자를 표본으로 하여 만들었기 때문에, 기계제 공업의 확대에 따라 임시적 실업 위협을 받고 있던 북부 노동자들은 크게 저항했다. 동시에 노동자들 사이에는 공장법 입법운동도 번졌으나 이것도 역시 지배계급으로부터 별 반응을 얻지 못했다. 게다가 1837년 말부터 철도 투기의 후유증으로 불황이 발생하여 실업이 치솟자 노동자들은 더욱 더 불안에 휩싸이게 되었다. 이와 같이 노동자들의 신구빈법에 대한 환멸, 노동조합 사업 부진에 대한 좌절, 오언의 계획 실패[110] 등의 연속적인 좌절 속에서 노동

110) 노동자 급진주의자인 시몬 플라드(Simeon Pollard), 제임스 모리슨(James Morrison), 로버트 오언 등은 1차 선거법 개혁에 큰 좌절감을 느끼고 사회 현실의 개선을 위해 1834년 '전국노동총연맹(Grand National Consolidated Trades Union)'을 결성하여 새로운 사회운동을 벌였다. 건설노동자 · 방적공 · 도공(陶工) · 재봉사 · 모직공 · 농업노동자의 큰 노조들을 모두 포괄한 조직의 기본 이념은 "노동조합이 사회의 지배권을 장악하고 나아가 산업을 운영해야 한다"는 것이었다. Cole G.D.H. and A. W. Filson, 1951, *British Working Class Movement : Selected Documents, 1789~1875*, London: Macmillan 특히 오언은 사상가로서 뿐만 아니라 실천가로서 최초로 노동조합을 조직화하고 대중화한 지도자였다. 이들에

자들은 한층 더 절박하게 정치 투쟁의 필요성을 인식하게 되었다.

따라서 1차 차티스트 협약은 1839년 2월 4일 런던에서 열려 만장일치로 러벳을 장관으로 선출하고, 1839년 5월 13일에는 버밍엄으로 옮겨 버밍엄 정치연맹(Birmingham Political Union)의 몇몇 노동자회원들과 함께 〈전국협회(National Association)〉를 창설하였으며 1838년 8월 서명운동을 위한 최초의 집회가 버밍엄에서 열렸다. 이날 20만 명이 모여 서명운동을 지지하였다. 나아가 1839년 2월 런던에서 차티스트대회가 개최되어 청원서를 마련하고 7월에 의회에 제출했으나 의회는 즉각 이를 거부하였다. 같은 해 11월 총파업에 대한 정부의 경고에도 불구하고 이들은 11월 뉴포트(Newport)에서 차티스트들의 횃불 집회가 정부의 강력한 진압에 의해 해산되었다. 주동자들은 오스트레일리아로 추방되었으며, 그 밖에 거의 모든 지도자들이 체포되어 단기간의 구금을 선고받았다.[111] 이처럼 실패하였음에도 불구하고 차티스트

의해 19세기 초 산업혁명에 다른 노동자의 비참한 생활을 개선하고자 하는 사회주의 사상이 영국에 등장하였다. 그러나 이들의 협동계몽을 통하여 생산과 소비를 공동으로 하는 이상사회의 건설 계획은 실패하였다. 예컨대 오언의 '단결과 상호협동의 마을(village of unity and mutual cooperation)' 구상은 1821년 스코틀랜드의 라나크 주에 제출한 「대중의 고통을 제거하기 위한 계획: 라나크주에 보내는 보고서(Report to the County of Lanark)」에 잘 표현되어 있다. 그가 꿈꾸던 것은 인구 1,200명 정도의 농업과 공업이 함께 존립하는 자립공동체였으며, 공동으로 노동하고 소유하는 사회주의 공동체였다. 즉 계급과 착취가 존재하지 않고, 생산물은 필요에 따라 모두에게 분배되는 '유토피아' 사회였다. 이러한 협동공동체가 사방에 생겨날 수 있다고 오언은 생각했다. 로버트 오언 박물관(웨일즈 뉴타운 소재) http;//robert-owen-museum.org.uk/time_line; 윤형근, 2013, 『협동조합의 오래된 미래: 선구자들』, 그물코, 21~56쪽 참조.

111) 1839년 6월 제출된 제1차 청원에서는 128만 명의 서명을 받았는데, 214개 도시에서 열린 5백 회가 넘는 집회를 통해 얻은 숫자다. 그런데 이 숫자는 전체 인구 1,600만 명 중 유권자가 11만 명 남짓한 상황에서, 전국을 돌며 서명을 받아서 하원에 제출했던 것으로 실제 유권자보다 훨씬 많은 수의 국민을 대표하는 것이었다. 한편 청원 내용을 간략히 정리해보면 '영국은 풍요한 토지와 온화한 기후와 풍부한 자원을 가진 나라다. 그러나 국가의 번영을 약속하는 모든 이

들과 금주주의자들은 이러한 어려움을 딛고 완전금주 인민헌정운동을 출범시켰다. 비록 1839년과 1940년 초 혁명적인 형태의 1차는 실패하였지만 1841년 봄 재차 청원운동을 벌여 2차 차티즘이 절정을 이룬 것이다. 이때는 각기 공황 또는 불황국면이 심화되었던 시기와 일치하는 데, 1840년 7월 노동자계급에 의한 최초의 대중적 정치조직인 전국헌장협회(the National Charter Association)가 설립되고 새로운 시도가 시작되었다. 즉 기독교, 지식, 금주, 그리고 지방자치, 「헌장」 운동 등의 다양한 형태로 전개되면서 오히려 이로 말미암아 오코너와 새로운 차티스트들 사이에 대립과 분열이 발생했다.[112] 당시 차티즘의 종교운동이 특히 번창한 곳은 스코틀랜드 지방이었다. 1841년 초까지 약 20개의 차티스트교회가 설립되었으며, 교회들의 적극적인 활동을 통해 3백만 명 이상의 서명을 받을 수 있었다.

마지막인 3차는 1847년에 심각한 흉년이 들고 유럽 대륙에서 혁명이 일어났던 1848년 2월을 계기로, 철강산업체 지역인 요크셔주의 서부지역인 웨스트 라이딩(West Riding)의 노동자들은 무장 훈련을 할 정도로 항거의 중심지가 되었다. 정부는 이들을 물리치기 위하여 2000명

런 요소들에도 불구하고, 우리들 자신은 공적으로나 사적으로 억압당하고 있다. 우리는 그처럼 고통스럽고 오래 계속되는 참상의 원인을 규명하기 위해 신중히 고찰해 왔다. 결국 지배자들의 우매함이 신의 섭리를 무용지물로 만들었다. 이 나라의 모든 에너지가 이기적이고 무지한 자들의 권력을 쌓는 데 소비되었고, 그 자원은 그들의 힘을 강화하는 데 낭비되었다. 소수의 이익을 위해 소수가 지배하고 있다. 다수의 이익이 무시되고, 무지막지하게 짓밟히고 있다'는 것이었다. 남철호, 2003, 「1836년-40년의 차티즘의 전개 양상」, 『계명사학』 14, 110~121쪽 참조.

112) 오코너는 "만약 당신이 차티스트라면 차티스트로 남아라. 여러분 앞에 놓여 있는 새로운 혼란에 빠져들지 않고도 여러분이 할 수 있는 일이 많다. 당신의 헌장을 쟁취하라. 그러면 나는 토지를 매매해서라도 종교 · 절제 · 지식차티즘에 대응할 것이다"라고 언급하였다. 남철호, 2004, 「1840-42년 사이의 차티즘의 전개양상」, 『계명사학』 15, 285~309쪽 참조.

의 노동자와 비슷한 수의 군인 및 경찰을 출동시켜 진압하였으며, 1848년 5월 의회는 오코너가 3백만 명의 서명을 받은 새로운 청원을 또다시 거부하였다. 또한 이 시기에는 오코너를 중심으로 「헌장」에 대한 요구를 잠시 중단하고 대토지를 사들여 이를 세분하여 노동자들을 토지에 정착시키려 했으나 결국 실패하였다. 이처럼 각지에서 대규모집회, 파업, 시위 등의 방법을 통해서 청원서명을 받아 그 청원서를 의회에 제출하면 정부는 청원을 거부하고 탄압했으며 귀족과 중산계급도 차티즘을 저지하기 위해 적극적으로 나섰다. 이처럼 차티스트들은 이들과 함께 노동의 대가와 보상이 노동자들에게 충분히 돌아가지 않는 사실을 최초로 사회적 문제로 제기한 것이다. 그러나 1858년 최후의 차티스트 대표자집회(convention)를 끝으로 소멸되었다. 즉 곡물법이 폐지되고 자본주의에 의해 경기가 호전됨에 따라 노동계급의 전투성도 둔화되어 결국 차티즘은 소멸되었다.

지금까지 살펴본 차티즘은 영국의 역사에 수많은 흔적을 남겼다. 첫째로 영국의 민주주의가 산업혁명을 통해 발흥하였던 신흥 중간계급의 전리품인가, 아니면 세계 최초의 선거권 획득의 노동계급의 대중운동인 차티즘의 선물인가에 대한 논쟁의 시발점을 만들었다. 비록 엥겔스는 "모든 부르주아적 성분들로부터 해방된 순수한 노동자들의 운동"이라고 평가하였지만, 유럽과 달리 노동계급에 의한 혁명은 발생하지 않고 독자적인 노동자 정당이 자유당을 평화적으로 밀어내고 의회 양당 중 하나가 되었다. 실제로 영국의 노동당은 노동자들의 정치참여를 위한 신호탄이었으며 노동조합의 보호와 노동자의 처우 개선을 위해 활동하였다.[113] 더욱이 1874년에는 광산 노동자 출신 2명이 자유

---

113) 영국에서 자유를 이상적 가치로 하여 본격적으로 대두된 정치적 운동과 지적인 전통을 자유주의라 한다. 더욱이 휘그당이 공식 당명으로 자유당이라 정함

당-노동자 연대를 통해 의원으로 당선되었다. 비록 막바지에는 대중적 기반에서는 정치적 열기가 쇠퇴했지만, 역사가들은 차티즘의 결과로 권력 이동이 산업중간계급에서 노동자계급으로 자발적으로 옮겨올 수 있었다는 점을 높이 평가한 바가 있다.[114]

두 번째로 「헌장」의 제 요목은 영국 정치와 노동운동에서 매우 중요한 요소들이었는데 자유당의 글래드스턴보다[115] 보수당의 디즈레

으로써 자유주의는 별다른 거부감 없이 영국에서 일상적 정치 용어로 자리 잡았다. 예컨대 버틀란트 러셀(Bertrand Arthur William Russell, 3rd Earl Russell, 1872~1970일)은 모든 영국인은 자유주의자(liberal)라고 말한 바 있다. 한편 모든 정치이념은 이론적 기초로서 하위사상체계를 가지고 있는 바와 같이, 자유주의는 17세기 이래 19세기에 걸쳐 크게 세 가지 과정을 경과하였다고 볼 수 있다. 즉 제1기는 로크로 대표되는 이성인 자연법시대, 제2기는 공리주의, 제3기는 19세기 말에 토마스 힐 그린(T.H. Green, 1836~1882)의 자유사회주의(liberal socialism, 1차 신자유주의)이다. 한편 '자유민주주의'라는 말은 흔히 '자유주의'와 '민주주의'는 동의어 내지 항상 동반하는 개념인 것처럼 생각되지만, 둘은 실로 별개의 개념이다. 왜냐하면 역사 속에서는 자유주의의 이름으로 민주주의를 억압한 사례가 많기 때문이다. 또한 이 둘은 사회주의와 적대적이라는 선입견도 만연해 있지만, 자유주의가 민주주의에 대한 요구를 거쳐 사회주의로 이어진 경우도 있기 때문이다.

114) 영국 역사가 허버트 조지 웰스(Herbert George Wells, 1866~1946)는 '영국에서 권력이 귀족에서 부르주아로 자발적으로 이동하였다'라고 아였다. 즉 그는 성공적인 자본주의 혁명에도 불구하고 지배계급(ruling class)의 인적 구성을 변화시키는 부르주아 혁명이 아니며, 의회에 자신들의 직접적인 정치적 대표를 굳이 가져야 할 필요성을 인식하지 못하였다는 의미이다. 즉 휘그당의 토지 귀족들에게 자신들의 이익을 대변시킴으로써, 토지귀족들이 지속적으로 영국을 지배할 수 있도록 하였다는 의미이다.

115) 글래드스턴은 경쟁자였던 디즈레일리의 보수당 정부를 실각시키고 1868년에는 집권한 인물이다. 즉 그는 1894년에 이르기까지 4차례나 수상직을 수행하면서 디즈레일리와 정치적으로 대결하며 전형적인 양당 정치를 전개한 인물이다. 또한 그의 업적으로는 아일랜드 국교회의 폐지 · 국민교육법 무기명투표제 · 공무원제 · 군대 · 대학 · 주류 판매 · 노동조합 · 제3차 선거법 같은 여러 분야에서 '반특권' 원리에 입각하여 자유주의적 개혁을 단행함으로써 영국 사회의 근대화에 기여하였다. 뿐만 아니라 1870년 12월 1일에서 1871년 12월 31일까지 빅토리아 여왕을 대리청정하며 자유주의 입장에서 노동자계급의 불만을 해소시키기 위해서 노동조건을 개선하는데 앞장섰다. 예를 들면 재무부 장관으로서 관세개혁과 소득세 인하를 골자로 삼는 최초의 '현대적' 예산안을 제안하였고,

일리 내각이 1867년에 오히려 더 진보적인 선거개정법안을 실시한 것이다. 즉 일정 연령에 달한 시민 모두에게 정치적 권리인 선거권과 공직에 선출될 권리를 부여함으로써 민주주의의 전형 국가라는 영예를 차지하게 되었다. 뿐만 아니라 1871년에 중앙정부의 자치위원회가 창설되고 1871년에는 노동조합법(Trade Union Act)을 제정함으로써 세계 최초로 노동조합의 단결권을 보장하게 되었다. 이어서 1872년에는 비밀투표법에 의한 무기명 투표가 실시되고 광범위한 사회개혁도 단행했다. 나아가 노동착취를 방지하기 위해 공장법(1874, 1878)이 폐지되고, '기능공 및 노동자 주거개선법(the Artisans Dwellings Act, 1875)'을 통해 빈민가를 깨끗이 청소할 수 있었다. 예컨대 1875년의 공중보건법은 위생개혁운동이 전 유럽과 미국으로 빠르게 전파되는 계기를 마련하였다. 더 나아가 노동자단체의 법적 지위를 확립해준 2개의 노동조합법인 자산음모 및 보호법(the Conspiracy and Protection of Property Act, 1875)과 고용주 및 근로자법(the Employers and Workmen Act, 1878)이 제정되었다. 특히 부패방지법 제정의 계기가 되었던 1880년 총선에서는,[116] 42건의 당선 무효소송이 제기돼 16명의 의원이 의석을 잃었

영국·프랑스 통상조약을 주도했으며 자유무역·균형예산·긴축을 국가재정의 핵심으로 삼는 '글래드스턴식 재정' 시대를 열었다. 이런 성과와 더불어 그는 '체통(respectability) 있는 노동자에게 선거권을 부여함이 도덕적으로 정당하다고 주장하였고, 백작 제의를 받았으나 거절하여 노동계급으로부터 '인민의 윌리엄(People's William)'이라는 별명까지 얻게 되었다. 그러나 1893년에 아일랜드 자치법안을 상정하였으나 상원에서 부결되자 정계에서 물러났다(김기순, 2017, 『디즈레일리와 글래드스턴: 국가 경영의 이념, 정책, 스타일』, 소화 참조).

116) 상품을 유통하는 상업자본가와 달리, 자기 자본과 생산수단이 있는 자본가인 신흥 산업자본가 세력은 부패선거구를 폐지하고자 하였다. 예컨대 콘월지구(Cornwall County)는 인구 40만 명에 44개 의석이었던 반면에, 인구 100만이 넘는 런던의 의석은 4개에 불과할 만큼 의석 분포가 지주 중심이었다. 또한 당시 귀족들이 대를 이어가며 당선되는 부패 선거구가 658 의석 가운데 150석을 차지하고 있었다. 따라서 유권자가 극소수인 지역에서 다수의 의원을 선출하도

다. 따라서 1883년에 글래드스턴 내각은 '부패 및 위법행위방지법'을 제정해 선거비용의 제한, 부패행위의 금지와 함께 선거비용의 '공적 지원'이란 개념을 도입하였다.[117] 다시 말하자면 종래의 매수형 선거운동을 일변시켰을 뿐만 아니라, 후보자 주체에서 자원봉사자 동원형(선거구 정당주체)으로 변화시켰다. 이는 현재까지 지속되고 있는 영국의 선거구 중심의 선거운동의 역사의 시발점이었다. 이를 토대로 1883~1885년 제3차 선거법 개정에 의한 의석재배분법(1885)에 의한 선거구의 정리 및 소선거구제의 정착과 엄격한 연좌제의 도입으로 선거운동에서 부패 위법 행위를 배제하는 데에도 성공하였다. 따라서 20세기 들어서는 영국에서 선거부정은 자취를 감췄다.

마지막으로 차티즘은 급진주의에서 과학적 사회주의로[118] 나아갈 논리적 토대를 구축하여 자본주의 체제에 대한 노동자계급의 반란이자 국제 노동운동의 빛나는 서막이라는 평가를 받을 수 있게 되었다.

록 되어 있는 부패선거구를 폐지하여 신흥 공업도시에 배정하고, 선거자격을 완화하여 신흥산업자본가가 의회에 진출할 수 있도록 하는 주요 내용을 담았다. 이처럼 이들은 19세기 이래 사회의 산업경제를 지도하고 더욱이 정치적 지배의 중심에 서고자 오랜 동안 의회진출을 꿈꾸었다. 그러나 인구비례에 의한 선거구 설정까지는 이르지 못했다. 왜냐하면 선거권은 산업자본가에게까지 확대되었으나, 재산이 없던 노동자계급은 참정권에서 소외되어 산업자본가의 지주 귀족에 대한 상대적 승리만을 가져왔기 때문이다.

117) 영국은 15세기부터 유권자 매수 사례가 보고되고 있으며, 부패행위가 본격화된 건 제1차 선거법개정으로 유권자 수가 인구의 약 3%로 늘어난 이후부터였다. 또한 부패는 1868년의 선거법개정으로 유권자 수가 8%로 늘어나면서부터 더욱 극심해졌다.

118) 엥겔스는 생시몽 · 푸리에 · 오언 등에게 공상적(utopian)이라는 이름을 붙여 마르크스와 대비시켰다. 그 까닭은 이들이 자본주의의 가치법칙과 사적 유물론에 입각한 역사의 발전법칙에 대해 아직 충분히 이해하지 못했음을 시사한다. 즉 마르크스에 있어서 사회주의는 역사적 필연성이었다. 생산력 · 생산관계 · 생산양식으로 이어지는 그의 사적 유물론 체계는 변증법이라는 논리학의 무기를 장착한 거대하고 치밀한 기계와 같았다. 그래서 그와 엥겔스는 같은 사회주의라도 오언을 '공상적'이라고 비하하고, 자신의 이론을 '과학적'이라고 말했다.

왜냐하면 1851년에 영국은 사회주의적 혁명의 길로 나아갈 새로운 차티스트 강령을 정식화하였기 때문이다. 즉 런던으로 망명하여 활동 중이던 마르크스는, 오코너가 투옥되자 그의 후계자가 된 사회주의자이자 전(前)『노던스타』 부편집인이였던 조지 줄리언 하니(George Julian Harney, 1817~1897 ; 이하 하니)와[119] 함께 1845년 〈우애민주주의 협회〉를 설립하였다. 더욱이 하니가 이끌고 있던 〈동부 런던 민주주의 협회(East London Democratic Association)〉를 중심으로 한 차티스트들은 급진주의에서 벗어나 사회주의적 혁명을 전략적 목표로 삼았다. 따라서 영국의 노동당은 국제 노동운동의 빛나는 서막이었던 당시의 국제 공산주의 운동에도 참여하였다.

3) 반곡물법 청원운동

반곡물법 청원운동은 영국이 19세기에 자유무역주의를 택하게 되는 과정에서 가장 중요한 단계이며, 개인적 이익 추구의 정당성을 이론적으로 뒷받침해 준 자유방임주의의 상징적 사건이었다. 스마일스는 『리즈타임즈』에서 자유무역에 관한 기사도 다룬 바가 있으며 반곡물

---

119) 오코너가 투옥되었을 때 하니는 1843년에 『노던스타』의 부편집자에 등용되며, 그때 당시에는 리즈에 있었던 이 신문의 편집부를 방문한 엥겔스와 교우를 맺은 것을 비롯해 마치니(Giuseppe Mazzini, 1805~1872) 등과도 교류하였다. 하니는 마르크스와 엥겔스에게 『노던스타』를 위한 기사를 쓰도록 권유한 바도 있다. 1846년에는 〈우애민주주의자협회〉를 결성하는 등 대륙으로부터의 망명 활동가들과 차티스트 운동의 접점이 되었다. 한편 마르크스와 엥겔스는 하니를 만난 지 20년 후가 되는 1864년 9월 28일 런던에서 〈국제노동자협회(제1인터내셔널, International Workingmen's Association)〉를 결성하며 규약 첫머리에 이렇게 썼다. "노동계급의 해방은 노동계급 스스로 쟁취해야 한다." 곧 노동계급의 자조에 의한 해방 원칙을 강조하였다.

법 청원운동에 참여하였다. 즉 그는 『자서전』에서 '리즈에서 최초로 반곡물법 시위 집회가 1838년 12월 29일에 열렸으나 참석자는 그리 많지 않았으며, 2주 후에 열린 1839년 1월 초의 집회는 성황이었다'고 언급하였다. 역시 『자서전』에서 리차드 콥든(Richard Cobden; 이하 콥든)과의 '서신 교류가 1841년에 가끔씩 이루어졌으며, 1842년까지 있었다'라는 언급이 있다. 이처럼 스마일즈가 반곡물 청원운동에 참여하였다는 의미는, 그의 경제사상이 보호무역의[120] 중상주의에서 벗어나 산업혁명이 탄생시킨 자유방임의 시장 경쟁에 적합한 경제적 자유주의임을 나타내는 것이다. 당시 리즈에는 곡물법 폐지를 성사시킨 〈반곡물법동맹(Anti-Corn Law League, 1938)〉의 지방협회 본부와 유럽에서 가장 큰 곡물 시장이 있었다.

본래 곡물법이란 식량공급을 위한 농업보호의 법인데, 1194년 이후 650여 년 이상 지속되어 온 법이다. 예컨대 영국과 식민지 아일랜드는 곡물법에 따라 곡물 가격이 일정 수준 이하로 하락하면 여러 종류의 수입 곡물에 대해 높은 관세를 부과하였다.[121] 그런데 폐지운동의 대상이 된 곡물법은 1815년에 새롭게 제정된 것이다. 이 법의 목적은 나

---

120) 18세기까지 유럽의 여러 나라는 국부를 증진시킨다는 명목으로 관세와 규제 조치를 통해 수입을 억제하고 보조금이나 식민지 건설을 통해 수출을 촉진시켰다.

121) 영국은 1660년 이전에는 소비자의 이익을 보호하는 관점에서 곡물의 수출을 제한하고 곡물의 매점 매석을 제한하였다. 그러나 1660년 이후부터는 농산물 생산자를 보호하는 관점에서 농산물 수출에 보조금을 지급하고 수입 농산물에 높은 관세를 부과하는 정책으로 바뀌었다. 실제로 영국은 1660~1765년까지는 대체로 곡물 수출국이었으며, 17세기와 18세기의 곡물법은 가난한 사람들이 곡물을 사먹을 수 있게 하기 위해 곡물가격이 비싸지는 것을 방지하고, 역으로 곡물이 너무 싸서 농민들이 곡물 재배로 먹고 살 수 없을 것을 방지하는 이중 목적이었다. 예컨대 1815년 제정된 곡물법은 밀 12Kg당 가격이 80실링 아래로 떨어지면 프랑스 · 우크라이나 · 흑해 연안 등지의 저렴한 밀 수입을 금지하였다.

폴레옹전쟁이 끝나 곡물 수입이 가능해졌음에도 불구하고, 지주들의 지대 수취의 이익만을 보호하기 위한 것이었다. 당시 토지는 모두 귀족이나 지주들의 소유였고 의회도 토지에 근거를 둔 자본가들(landed capitalists)에 의해 장악되었던 탓에, 정치적으로 강력한 힘을 지녔던 지주들의 이익을 보호하기 위해 토리당 내각이 수입산 밀에 대해 고율의 관세를 부과하여 지주계급의 이익을 대변해 주었다. 그러나 비싼 값으로 곡물을 소비해야 하는 도시 노동자나 상공인들에게는 1815년 제정된 곡물법은 악법이었다. 왜냐하면 나폴레옹전쟁 전후에는 불황과 흉작으로 잉글랜드 북부를 중심으로 높은 곡물가격, 교역의 부진, 실업 등으로 영국은 19세기를 통틀어 실질임금이 가장 낮았던 시기였으며, 실업 규모도 급증하여 심각한 노동문제에 직면한 불황기였기 때문이다.

리즈의 재래시장 kirkgate market

따라서 빅토리아 여왕이 취임한 직후이며 휘그당의 2차 내각 시기(1835.4.18~1841.8.30)에, 산업혁명 이후 신흥 상공업 도시로 성장한 맨체스터에서 곡물법 폐지만을 목적으로 설립된 영국 최초의 전국적인 정치압력단체인 〈반곡물법동맹〉에 의해 곡물법 폐지 청원운동이 촉발되었다. 이 동맹은 맨체스터에서 새로운 부와 증대된 세력을 갖게 된 비국교도 출신의 제조업자 및 상인들이 주축이었다.[122] 대표적 인

122) 현재에도 세계 최고 수준의 시사주간지로 평가받고 있는 『이코노미스트』는 〈반곡물법동맹〉의 주도자의 한 사람인 제임스 윌슨에 의해 1843년에 창간되었

물로는 콥든과 퀘이커(Quaker) 교도인 존 브라이트(John Bright, 1811~1889),[123] 제임스 윌슨(James Wilson, 1805~1860) 등이다. 그런데 이들은 19세기 초반부터 복음주의운동(Evangelical Movement) 등 여러 개혁운동에도 관여해온 이른바 급진주의적인 비국교도들이었다.[124] 이들은 곡물을 자유롭게 수입하는 자유무역이 보호무역보다 영국경제 발전에 도움이 된다는 주장을 펼쳤다.

그런데 이러한 곡물법 폐지 청원 운동의 사상적 근간은 스미스의 자유방임주의이다. 즉 스미스는 인간의 행복이란 물질적 부의 소유와 그 사용 여하에 달려 있다고 보았다. 따라서 경제적 행복은 인간 행복의 일부분이며 부를 추구하는 경제생활은 인간 생활의 일부라고 하였다. 나아가 자연적 자유의 간단한 시스템을 국제무역에도 적용할 때 강제노동보다는 자유노동이, 보호무역보다는 자유무역이 개인과 사회 모두에게 더 나은 이익을 가져올 것이 분명하다고 보았다.

한편 곡물법 폐지의 역사적 과정을 살펴보면 〈반곡물법동맹〉은

다. 그는 발간사에서 '보호'정책의 어리석음을 밝히고 국제적 거래 자유와 곡물법 폐지를 요구하였다. 예컨대 1846년의 『이코노미스트』 기사에는 "각자의 (처해 있는) 상태에 대해 누가 책임이 있는가"라는 질문에 대해 답은 "바로 개인들 자신"이라는 것이다. 즉 국가에 너무 많이 의존하고 자조와 자기책임을 회피하게 되었다는 것이다.

123) 브라이트는 성서와 주기도문을 인용하는 것을 강력한 정치적 자산으로 삼았다. 수많은 연설과 신문기고문에서 '빈민들이 하루의 양식을 먹을 수 없게 하는 것은 죄악'이라고 말했는데 큰 반향을 일으켰으며 당시는 이를 반박하기 어려운 상황이었다. 이처럼 맨체스터 자유주의자라고 불린 이들은 자유무역을 강력히 지지했다. 즉 '국가 간 무역 확대는 국가 간 평화를 불러일으킬 것'이라는 논리로 "싸우지 말고 장사를 하자(Let's trade, Not War)"라는 슬로건으로 경제상의 모든 법적 제한을 철폐하는 운동을 펼쳤다.

124) 리카도는 「곡가하락이 자본의 이윤에 미치는 영향」(1815)을 발표하여 곡물법 논쟁에 참가하였다. 또한 그는 이를 바탕으로 노동자의 생활수준은 낮았던 19세기 영국 사회의 불균형한 분배 구조를 파헤친 『정치경제학 및 과세의 원리(On the Principles of Political Economy and Taxation)』(1817)를 출간하였다. 대표 서적인 이 책에서 그는 보호무역을 주장했다.

1842년부터 3년 연속으로 의회에 폐지 법안을 제출하였지만, 번번이 실패하여 영국 사회는 심각한 갈등에 빠졌다. 이렇게 통과되지 못한 가장 큰 이유는 당시 농업을 보호해야만 양편의 주장이 팽팽히 맞섰기 때문이다. 당시 필 수상(1841.8.30)을 위시한 지주계급의 보수주의자들은, 이 법이 오랜 역사를 통해 농업을 보호하고 기존 세력을 보호해온 보호주의의 '정서적 상징'으로 간주하였다. 디즈레일리도 의회에서 6시간 동안 반대 연설도 마다하지 않았다.[125] 반면에 산업중간계급은 싼 곡물을 들여와야 임금을 낮추고 제조업을 육성할 수 있다고 주장하여 좀처럼 결론이 나지 않았다.

그러나 〈반곡물법동맹〉은 복음주의자들에 의해 폐지된 노예제 폐지 운동을 모방하여 의회 통과를 위한 대 의회 전략을 폈다. 예컨대 1843년 한 해에만도 곡물에 대한 관세 철폐를 촉구하는 팸플릿 900만 개를 배포하며 보호무역정책의 어리석음을 밝히고, 전국을 돌아다니면서 자유무역의 장점을 역설하였다. 특히 콥던은 정부가 부과하는 관세가 음식 가격을 앙등시켜 부유한 지주들에게 특권을 부여하고 가난한 노동자들을 희생시킨다는 사실을 노골적으로 지적하며, 당시 소

---

125) 면방직업에 종사하던 콥덴은 『영국, 아일랜드, 미국(England, Ireland, and America)』(1835)에서 곡물법이 농부와 노동자들에게 미치는 폐해에 대해 다음과 같이 집중적으로 공격했다. "곡물법 아래서는 농지를 개량해도 지대 인상으로 끝난다. 농지개량이나 투자의욕이 사라져 저생산성과 빈곤이 만연한다. 도시의 노동자들도 높은 곡물가격으로 살기 힘들다. 곡물법 폐지가 임금을 올릴 것이다. 토리당은 봉건적 특권을 포기하라."라고 하였다. 즉 곡물법과 같은 '보호정책'의 어리석음과 자유무역의 필요성을 지속적으로 밝히고, 이런 변화를 요구하기 위한 '정치적' 활동에 전념했다. 예컨대 자신들의 입장에 동의하는 선거후보자를 지지하는 적극적 활동을 벌였으며, 곡물법 수호의 선봉장이자 토리당을 이끌던 필 총리와도 격렬한 논쟁을 이어갔다. 이처럼 경제적 이해관계를 뛰어넘은 그의 태도는 광범위한 정치적 지지와 필 수상까지 설득시킬 수 있었던 중요한 요소가 되었다. 또한 콥덴은 프랑스로 건너가 지금의 자유무역협정에 해당하는 상업협정을 맺어서 양국 간 교역량을 늘리는 데 앞장섰다.

득 불평등 심화의 주범이 정부의 관세 정책임을 지적하였다. 따라서 의회선거에서 지주들을 낙선시키고 자유무역 옹호자들을 의회로 진출시켜 과반수 이상을 차지하고자 전국적인 홍보와 선거 등록 캠페인을 벌였다. 아울러 신문 등을 통해 곡물법 때문에 가난한 노동자들이 굶주리고 있다는 기고문을 올리며 '도덕성에 호소하기' 전략 등을 사용하였다. 이러한 전략 덕분에 콥든은 1841년에 하원의원이 되었고 당시 토리당을 이끌며 고전학파의 임금철칙설에 의해 곡물가격 하락이 임금도 낮출 것이라고 보았던 당시 수상 필과 격렬한 논쟁 끝에 결국 그의 마음을 돌려놓을 수 있었다. 즉 필은 차티즘과 반곡물법이 맞물려 사회 불만 요소로 자리 잡고 있어 순전히 경제적 이유만으로는 곡물법을 철폐할 명분이 약하다고 판단하고, 국내 농산물의 부족으로 인한 사회적 혼란을 강조하여 결국 제조업과 농업의 이해를 서로 조금씩 양보하여 타협하도록 설득하였다. 특히 스코틀랜드와 달리 빈민법도 시행되지 않았던 식민지 아일랜드에서는 1843년 영국과의 병합을 반대하는 저항운동이 거셌으며, 설상가상으로 1845년에는 주식인 감자 돌림병으로 대기근이 발생하여 수십만의 아사자가 발생하였다. 이에 필 수상은 값싼 해외 곡물을 수입하지 않고서는 식민지 아일랜드의 독립운동의 저지와 기근문제를 동시에 해결할 수 없다고 판단했다. 따라서 1842년부터 3년 연속 의회에 폐지 동의안이 상정됐어도 다수 의석을 차지하고 있는 보수당의 벽에 막혀 철옹성 같았던 곡물법이, 결국 1846년 5월 16일에 통과되어[126] 500년 만의 곡물법 폐지를 통

---

126) 1845년부터는 식민지인 아일랜드에 일명 '감자 대기근'이 크게 번져, 약 7년간 인구 약 800만 명 중 110만여 명이 사망했고, 같은 기간 100만 명 이상이 미국 등으로 이주했다. 본래 아일랜드는 1770년대에 영국이 산업혁명으로 공업화되고 1800년대에는 나폴레옹전쟁이 일어나자 엄청나게 많은 감자를 영국으로 수출할 수 있었다. 따라서 이 당시의 아일랜드 사람들은 유럽 대륙보다 영양상

해 경제적 승리도 쟁취할 수 있었다. 그러나 1842년 봄에 오코너를 중심으로 한 차티즘은 〈반곡물법동맹〉에 반대하고 노동자들의 선거권 쟁취에만 몰두하였다. 그 이유는 곡물법 반대 투쟁이 실제로는 임금을 낮추기 위한 것으로 의심하였기 때문이다. 즉 곡물법이 폐기되어 곡가가 떨어지면 자본가들은 이에 따라 임금을 내리게 될 것이어서, 노동자들은 곡물법의 폐기로부터 얻을 게 아무것도 없다고 보았다.

이러한 곡물법 폐지로 영국의 정치와 국제무역의 흐름에 지대한 변화가 생겼다. 먼저 토리당의 필주의자들(Peelite)은 자유당을 창당하였

태가 좋았다. 또한 풍부한 식량으로 인해 1700년대에 200만 명이던 인구는 1800년대에는 500만 명으로 늘어났고, 1821년에는 700만 명이 되었으며 대기근 발생 직전인 1845년에는 850만 명에 이르러 인구밀도가 유럽에서 가장 높았다. 더욱이 곡물 가격이 상승하여 감자 경작지 확장도 계속되었으며, 일손이 필요해짐에 따라 인구가 급속히 증가하였다. 그러나 가뭄과 영국의 가혹한 지배정책의 결과로 순식간에 아일랜드는 폐허가 되었다. 즉 대기근 동안 지원한 구제 사업비는 고작 810만 파운드였다. 이는 몇 년 뒤 영국이 크림전쟁에서 지출한 전비의 20%도 안 되는 액수였다. 그럼에도 불구하고 영국 정부는 식민지 아일랜드 인들이 게으르고 자립심이 없다는 편견에 사로잡혀 원조를 외면하다시피 했다. 예컨대 존 러셀(John Russell, 1792~1878) 수상이 이끄는 새 정부마저도 아일랜드 사태에 효과적으로 대응하지는 못했다. 즉 공공사업 프로젝트도 거의 성과를 내지 못했으며, 구호대를 이끌었던 찰스 트레블리안 경은 자유방임주의 원칙과 '아일랜드 인에게 교훈을 주기 위해 신이 재앙을 내렸다'는 종교적 믿음에 의거해 정부원조를 제한했다. 게다가 의회가 아일랜드 지주들에게 기근구호에 대한 재정적인 책임을 부여하는 법안을 통과시키자, 아일랜드 지주들은 소작인을 내쫓아 비용을 줄이고자 시도하게 되었다. 더욱이 영국은 빈민 구제비용을 줄이고 잉여 노동력을 제거하는 방법으로서, 아일랜드의 해외 이민을 적극적으로 권장하여, 백만 명 이상이 조국을 떠날 수 없게 방조하였다. 그리고 잉글랜드 의회가 1800년 통합법(Act of Union)을 제정함으로써 아일랜드를 완전히 통합하였고, 비록 영국의 하원에 100명의 의원을 선출할 수 있는 권리를 부여받게 되었지만 주민 대다수가 가톨릭계였던 아일랜드인들은 종교적 이유로 하원의원이 될 자격을 상실하였다. 이처럼 본토 아일랜드는 12세기부터 1921년 독립할 때까지 약 800년간 영국의 지배를 받으며 수탈과 가난 속에 살았다. 반면에 미국으로 이민간 아일랜드인들은 대규모 노동자 집단으로 변신해, 미국 공업화와 근대화에 크게 기여하여 당대 최강대국인 영국을 앞지르며 세계 최고 공업국가로 발돋움하는 데 일조하였다.

고, 보수당으로 개칭한 토리당도 정권 재창출을 위해 근대 정당으로 탈바꿈하고자 노력을 하지 않을 수 없게 되었기 때문이다. 이러한 노력의 결과로 보수당은 드디어 1874년 총선에서 승리하여 자유당의 장기집권에 종지부를 찍고, 이후 약 30년 동안 보수당의 집권 시대로 만들었다. 더욱이 곡물법 폐지를 이끌었던 필 수상은 오늘날까지 '정파의 이익에 휘말리지 않는 정치인의 표상'으로 칭송받는다. 또한 영국에 보통선거가 도입되는 계기를 만들어 세계 최초로 의회 민주주의 제도를 확립시켰다는 명예도 얻었다. 아울러 현실 경제에서 영국은 '세계의 공장'이라 불릴 정도로 제조업 육성을 통해 강한 경쟁력을 갖출 수 있게 되었다. 왜냐하면 공산품을 수출해서 얻는 이익이 농가의 소득 감소로 인한 손해보다 크다는 주장이 설득력을 얻어, 제조업 비중이 커지고 제조업 종사자도 그만큼 늘어났기 때문이다.

반면에 마르크스는 구조주의적 관점에서[127] 대량빈곤은 자본주의 경제체제 자체에서 기인한다고 보았기 때문에, 곡물법의 폐지는 자본주의 확산에 따른 착취의 역사적 시발점이라고 주장하였다. 즉 곡물법 논쟁이 한창이던 시절에 런던에 거주하며 대영제국 도서관에서 『자본론』을 집필하고 있던 그는, '곡물법 폐지는 토지 귀족에 대해 산업자본이 거둔 승리의 마침표'라고 주장했다. 이는 맨체스터에서 그에게 통계자료를 제공해주던 친구 엥겔스도 같은 입장이었다. 이처럼

127) 마르크스의 인구론은 맬더스의 절대적 인구 과잉론과 다르다. 마르크스는 자본과 노동의 관계를 통해 상대적 인구과잉의 문제를 파악하여 실업에 초점을 맞추었기 때문이다. 즉 그는 자본주의의 구조적 문제로 인하여 실업자인 노동예비군이 파생되며, 자본주의는 발전 과정에서 빈민과 실업자를 양산해왔다는 인식이다. 이렇게 늘어난 노동자는 산업예비군을 구성하는데 그들은 자본의 축적 요구에 따라 상비군이 되었다가, 자본축적이 정체되면 산업예비군으로 편입된다. 이처럼 그는 실업자의 발생과 이들의 현역으로의 재차 편입을 자본가적 생산 방법에 따른 본질적인 현상으로 파악하였다.

두 사람은 공통적으로 곡물법 폐지를 부르주아 승리의 상징이자 자본주의적 착취로 보았다. 따라서 이들은 사회주의자들이 자본주의를 폐기하고 사회주의를 건설해야 한다고 주장하였다.

그러나 실제로 일어난 일은 두 사람의 예측에서 벗어나 '영국의 부흥은 곡물법 폐지부터이다'라는 역사적 평가를 얻었다. 즉 산업자본이 일방적으로 승리를 거둔 것도 아니며 토리당이 우려했던 잉글랜드 국교회의 붕괴나 토지 귀족의 몰락도 없었다. 더욱이 1852년에 이르게 되자 자유무역이 영국에게 가장 이득이 되는 정책이라는 점이 확실히 증명되어, 진보와 보수 할 것 없이 자유무역을 국가정책으로 지지하였다. 이처럼 영국은 본격적으로 자유무역 체제로 바뀜에 따라서 세계무역의 급증과 함께 노동자계급에 대한 정부와 사용자들의 억압이 줄어들고 임금도 인상되어 생활수준이 전반적으로 향상되었다. 즉 노동계급을 포함한 일반 가정에서 당장 밀가루와 설탕, 버터와 햄, 베이컨 소비 증가로 인해 많은 사회적 불만을 해소함으로써 영국 사회의 안정화에 기여하였다. 따라서 곡물법 폐지는 3차 차티즘마저도 영국 역사에서 뒤안길로 사라지게 하였다.[128)]

---

128) 곡물법 폐지 이후 영국과 프랑스는 오늘날의 FTA와 유사한 상업협정을 맺었고, 이후 25년간 영국은 27개국과 상업협정을 체결했다. 그 결과로 1870년에는 총교역량이 10년 전보다 82% 늘었고, 총수입은 5배, 총수출은 4배 이상 증가했다. 또한 1841년 이후 1970년까지 인구는 17.5% 증가했지만 빈곤율은 25% 이상 감소했다. 이는 자국 산업 보호를 내세워 일부 계층에 특혜를 주던 곡물법을 폐지하고 '자유로운 거래'를 국제무역에 적용한 결과이다.

3. 스마일스의 리즈 시절(1838~1854)

『자조론』의 초판은 1859년 런던에서 출판되었지만, 스마일스의 자조론은 이미 리즈에서 약 20여 년간 활동하는 가운데 구상이 이루어졌으므로 그의 리즈 시절의 활동에 대해 살펴볼 필요가 있다.

스마일스의 고향은 본래 스코틀랜드 에딘버러 근교의 해딩턴(Haddington: 에딘버러에서 동쪽으로 약 30키로미터)[129]이다. 이곳에서 개업의였던 그는 병원의 적자운영을 보완하기 위해 자연과학에 관한 대중강연과 신문 기고를 하였다. 또한 네덜란드 라이든 대학에서 박사학위도 취득하였고 첫 저술인 『신체교육론』도 남겼다. 이후 리즈로 이주하였다. 즉 그는 『자서전』 제9장인 「리즈의 생활」 서두에서 '나는 리즈가 생명력, 근면, 정력(energy)이 넘쳐나는 도시임을 보았다. 경기는 나빠 비참함과 싸워야 했지만 합법적인 방법으로 자립하려 했다. 어떤 이들은 정치가 자신들을 구출하리라 믿거나 혹은 상호부조에 희망을 걸기도 하였다'라고 하였다. 이곳에서 그는 중간계급을 대표하는 급진적 신문인 『리즈타임즈』의 주필(1839~1845)로 리즈생활을

129) 이곳은 스코틀랜드 종교개혁자 존 녹스(John Knox, 1505~1572)와 엄격한 장로파인 캐머론파의 창시자 리차드 캐머론(Richard Cameron, 1548~1580)의 출신지이기도 하다.

시작하였다. 즉 군주와 귀족제를 반대하며 의무교육이나 투표권 확대를 제안하고 노동자 권리 증진을 위해 애쓴 인물인 벤담에 대해 기사를 많이 실었다. 또한 사회활동으로 명예혁명 이후 지속되던 귀족정치(aristocracy)를 반대하여 중간계급과 노동자계급 간의 협력 및 호주(Household)의 선거권 운동을 지도하는 정치단체(Household Suffrage Association)를 조직하여 사무총장이었으며, 1840년 5월부터는 곡물법 폐지를 위해서 투표권을 확대하기 위해 노력하였다. 뿐만 아니라 1841년에서 1842년에 걸쳐 리즈 지역으로 직업을 찾아 이주해오는 많은 스코틀랜드와 아일랜드 출신 노동자들의 빈곤에 주목하여 실업 사태를 파악하고, 이들의 자립을 협력하기 위해 조직된 〈리즈 실업자 조사회(Leeds Unemployment Operatives Enumeration Committee)〉 활동도 하였다.

이러한 그의 진보적인 정치사회 활동은 이미 에딘버러대학 시절부터 시작되었다. 즉 그는 이곳의 선거 과정에 관심이 많았다. 예컨대 진보 성향 매체인 『에딘버러 위클리 크로니클(Edinburgh Weekly Chronicle)』에 스코틀랜드의 의회개혁을 위한 선거법 개정에 관해 기고를 할 정도로 진보적이었다. 또한 『자서전』에서도 스코틀랜드에서 선거권 쟁취 운동과 관련한 목격담을 언급하고 있다.[130)]

그리고 그는 『리즈타임즈』에서 사임한 후에는 잠시 개업의 활동과

130) 당시 잉글랜드의 경우 30명에 1명꼴로 선거권이 있었던 것에 비하여, 스코틀랜드는 600명에 1명에 지나지 않아 선거권 확대에 대한 관심이 높은 지역이었다. 이에 대한 갈등은 당시 지역 신문인 『켈소 메일(Kelso Mai)l』에도 보도되어 있다. 즉 해딩턴의 남쪽 지역인 로더(Lauder)에서는 선거법 개정을 희망하는 개혁파가 투표일에 보수파가 결집한 여관에 무장하여 습격한 사건과, 투표일에 폭동이 일어나 이에 동참하지 않은 집에 돌이 날아드는 사건에 대한 기사가 실려 있다(*Kelso Mail* 1831.5). 아울러 1차 선거권 개혁을 통해 스코틀랜드의 경우도 불과 몇 천 명 정도 존재하던 유권자가 73,000명으로 증가하였으나, 그 이후로는 잉글랜드와 마찬가지로 1867년까지 어떠한 변화도 없었다.

리즈에 있는 스마일스의 기념 명판. Cookridge Street, Leeds 2

『엘리자 쿡 저널(Eliza Cook Journal)』 등에 원고 집필을 하며 적은 수입으로 생활하다가, 오늘날의 최고의 직장인 IT기업에 비유될 수 있는 19세기 최대 산업인 철도회사 〈The Leeds and Thirsk Railway(NTR)〉의 사무직으로 근무하였다. 이때 그는 〈상호개량협회〉에서 노동자들을 향해 자조론을 강연하였다.

그런데 그가 져널리스트에서 철도회사 관리직으로 전직하게 주된 이유는, 자신이 만든 중산계급 급진주의자들 단체인 〈리즈의회개혁연합〉이 진보와 보수 양쪽 진영으로부터 지지를 받지 못해 정치적으로 좌절했기 때문이다. 즉 그는 국가 및 지방 개혁의 캠페인에 참여한 정치사회개혁가로서, 귀족정치 타파를 위해 투표권 확대에 의한 대중민주주의 실현을 통해 노동자의 권리를 증진시키려는 노력이 좌절되는 경험을 하게 되었다. 반면에 그의 철도회사 근무 경력은 성공적이었다. 즉 1858년 조지 스티븐슨의 사후에 그의 자서전인 『스티븐슨전(The Life of Stephenson)』을 출판하여 저술가로서의 명망을 얻을 수 있었으며,[131] 『자조론』 2장인 "Railway System"에서 '기술자에게 물질적 진보의 승리를 가져다준 사회적 영웅'에 관한 이야기의 주인공으로 삼았다.

그런데 스마일스가 철도회사에 취직할 기회를 얻게 된 것은 당시 리즈는 운하뿐만 아니라 철도의 중심도시였기 때문이다. 주지하듯 산업혁명 당시에는 사람의 손을 대신하는 기계를 제작하기 위해서는, 원료와 상품을 빠르게 수송하기 위한 주요 수단인 철도와 운하가 필요했다. 특히 리즈와 가까운 맨체스터와 셰필드에는 산업화에 필요한 주요 원료인 석탄과 철강 등의 천연자원이 풍부하였을 뿐 아니라, 지표면에 얄게 풍부하게 매장되어 있어 쉽게 채광할 수 있는 지역이었다. 따라서 리즈에서는 1842년부터는 증기기관 보급에 다른 매연 문제를 논의하기 위해 대책위원회 모임이 열린 철도의 중심 도시였다.

그리고 리즈는 전통적으로는 수공업 지역이었지만 산업혁명기에는 공장제에 의한 직제공업(매뉴팩쳐, manufacture)과 혼합적인 공업도시였다. 따라서 중간계급인 대상인(大商人) · 전문직 · 도시상점주 · 소매상인 등을 대상으로 하는 1832~1834년의 주요 직업군의 조사에서, 리즈는 글래스고우 · 맨체스터와 함께 표본조사의 대상으로 선정된 도시였다.[132] 즉 리즈는 제조업 인구가 증가하고 있었던 역동적인 도시로 1,289개의 직조기 직공이 거주하였으며, 모직물 거래장에는 1,000명이 넘는 매장주들에 의해 거래가 이루어지던 곳이었다.[133] 게다가 1839년

131) 그는 철도를 상업화하는데 기여한 인물이다. 예컨대 1830년 세계 최초의 장거리 철도라고 할 수 있는 리버플-맨체스터 철도가 개통되었으며, 리즈에서 역시 공장지대인 더비(Derby)에 이르는 철도의 개통식에서는 스마일스를 처음으로 만나 친분을 유지했다. 의사로서 평소 과학에도 관심이 많았던 스마일스는, 풍부한 실제 조사와 스티븐슨과 직접 인터뷰를 하여 그의 기술적 성과와 공헌에 대해 상세히 기술한 것은 매우 주목할 만하다. 김종현, 2006, 『영국 산업혁명의 재조명』, 서울대학교출판부 참조.

132) 1844에 영국에서 독일로 귀국하는 도중에 엥겔스는 파리에서 마르크스를 만나 서로의 확고한 우정과 협력을 이어갔다. 즉 프롤레타리아 혁명정당으로 이어진 '공산주의 동맹'을 조직하는 등 실천적 활동을 함께 수행하였으며, 동맹의 강령으로 신분제에 입각한 경제질서에 의혹을 제기한 『공산당 선언(Manifest der Kommunistischen Partei)』(1848)도 함께 발표하였다.

까지만 해도 리즈에는 10만 명의 직원이 전력 공급 공장에서 일자리를 가지고 있었다. 따라서 리즈에서 스마일스가 세 번의 차티즘을 목도 할 수 있었던 것은 결코 우연한 일이 아니었다.[134)]

특히 리즈는 맨체스터에 이어 노동운동도 두 번째로 활발했던 곳이다. 앞서 언급한 바 있는 노동조합의 전신인 도티의 〈대연합〉의 지부도 1838년 4월에 이미 리즈에 있었으며, 〈대연합〉이 붕괴된 이후인 1838년 4월에는 〈대북부연맹(Great Northern Union; 이하 대연합)〉이 결성되고 회원도 약 5만 명으로 늘어났다. 이때 〈대북부연맹〉의 결성을 주도한 인물은 오코너였다.[135)] 당시 오코너는 자본주의의 발전으로 인한 임금문제, 실업문제, 노동시간 단축문제 등을 이슈화하여 광범한 대중적 지지를 얻었다. 특히 그는 "가능하다면 평화적으로 그러나 어쩔 수 없다면 무력으로"라는 슬로건과 함께 불가능하다면 폭력을 통해서라도 자신의 목적은 관철하겠다며 물리적인 충돌까지 마다않으며 이를 일관되게 강조하던 시기였다. 또한 그는 차티즘 기관지

---

133) 직조업은 옛날부터 중시되던 영국의 전통적인 업종이며, 공장화되기 이전인 1790~1810년의 시기는 '수직공업의 황금시절'이라 표현된다. 영국의 역사학파 경제학자인 루요 브렌타노(Lujo Brentano, 1844~1931)에 따르면 1806년 리즈 교외의 한 농촌지역에는 3,500명 이상의 농촌 수공업자들이 모직물을 생산했다고 한다.

134) 본래 영국의 수입품은 원료(특히 면화)와 식료품이었는데, 면화는 주로 미국과 인도에서 수입되었고 식료품은 중앙아메리카 · 남아메리카 · 아시아 · 유럽에서 수입되었다. 그러나 면화에서 실을 뽑는 수력방적기의 발명으로 영국의 산업화가 이루어지자 제조업의 대표종목이었던 방직 산업이 국내시장에서 인도산 제품을 앞서기 시작했다. 1744년을 기점으로는 유럽 시장에서도 비중이 크게 증가하며 세계 곳곳으로 수출되어, 면제품 무역은 영국이 세계를 정복한 최대의 무기가 되었다. 더욱이 면공업의 급속한 발전은 동력 · 작업기 · 표백 등의 문제를 통해 석탄공업 · 철공업 · 화학공업 등의 발전을 촉진했다. 예컨대 『자조론』에 등장하는 제임스 하그리브스(James Hargreaves, 1720~1778)는 제니 방적기를 개선하여 한꺼번에 많은 방적이 가능하게 만들었다. 또한 아크라이트가 물레의 작동에 의한 수력방적기를 이용하는 기술을 개발하였다.

135) J.F.C. Harrison, "Chartism in Leeds," in A. Briggs, *Chartist Studies*, pp.65~98.

역할을 하고 있던 신문인 『노던스타』를, 1838년 4월에 리즈로 유치하여 당시 불허된 노동조합의 허가를 얻기 위해 노력하였다. 그런데 이 신문은 절정기에는 발행 부수가 수만 부에 달할 정도의 대중적인 신문이었다.[136]

그리고 리즈는 지방에서 「헌장」이 실현되도록 많은 노력을 기울인 지역이었다. 왜냐하면 노동자들은 문자해독 능력 (literacy)의 필요성을 크게 인식하여 자신들뿐만 아니라 자녀들의 보통교육을 적극적으로 요구하였으나 자녀들은 적절한 교육을 받지 못한 상황이었다. 따라서 차티즘이 활발하였던 리즈의 노동자들은 지방 분권에 의해 주민이 직접 선거한 학교 위원회가 경영 관리하여 교권의 독립 및 인민에 의한 교육행정의 학교를 요구하였다. 그러나 빅토리아시대 후기인 1880년에 이르러서야 국비에 의해 시민으로서의 정치적 도덕적 교육이 가능한 비종교적 보통 공립학교의 설립이 실현되었다.[137] 아울러 리즈에

---

136) 1800년대 중반에는 급진주의적 노동자가 저렴한 가격의 신문이나 각종 인쇄물을 직접 노동계급에게 팔았으며, 그 결과 공장지대이든 도시이든 간에 마을 인구의 수가 크던 작던 간에 항상 선동적인 저널이 있었다고 한다. 예컨대 존 베네트(John Burnette)는 "16살 무렵에 나는 신문 읽는 유행에 빠져들었다. 일주일 지난 신문을 1페니에 빌릴 수 있었다. 내가 빌리는 신문은 오코너가 편집장으로 있는 『노던스타』였다. 또한 오코너라는 이름은 당시에 랭카셔와 요크셔에서 매우 유명하였다. 그는 매우 극단적인 급진주의 혹은 차티즘을 지지하고 있었다. 즉 인민헌장을 지지하고 있었던 것이다"라고 회고한 바가 있다. 그런데 『노던스타』는 1844년 11월에 발행지를 리즈에서 런던으로 옮겼다. 이 배경에는 『노던스타』에 활력을 불어 넣었던 홉슨과 하니 등의 차티스트들이 권력에서 밀려났고 2차 차티즘의 거점이 북쪽에서 남쪽으로 이동했기 때문이다.

137) 영국은 초등교육법(1871)에 의해 처음으로 보통교육이 보급되었다. 즉 전국적으로 5~10세 사이의 아동에 대한 무상 초등교육이 처음으로 제공되었다. 한편 영국은 비교적 높은 수업료를 받으면서 독립적으로 운영되는 초중등 교육기관인 사립학교를 누구나 종교 · 직업 · 지역과 관계없이 자녀들을 보낼 수 있다는 의미에서 '공공학교(public school)'라 부른다. 반면에 이보다 나중에 생겼으며 전체 또는 일부를 국가로부터 지원을 받는 초중등 교육기관의 공립학교를 전자와 구분하기 위해 '국가학교(state school)'라 부른다.

서는 전국적인 규모의 2차 차티즘이 종결된 이후인 1843년까지도 차티스트출신의 감독관들이 선출되었다. 즉 위원회 위원(commissioners), 교구위원(churchwardens), 고속도로 감독관(surveyors), 구빈위원(guardians) 직을 독식하였던 이들 관직은 지방 정부 내에서 상당한 권한을 가진 직위였다. 또한 고속도로 감독 위원회에도 진출하였고 구빈위원회(a board of guardians)가 1844년 말 설립되었을 때는 1844년과 1845년에 세 명의 차티스트 후보가 입후보한 바도 있었다. 1846년 선거에는 10명의 입후보 가운데 비록 단 한 명만이 선출되었지만 리즈의 차티스트들은 지방 정부를 민주화하기 위해 개정 법안을 제안하였다.[138)]

뿐만 아니라 리즈에는 1841년 초 버밍엄과 더불어 일반 노동자가 주체가 된 〈완전금주 차티스트협회(teetotal chartist societies)〉가 있었으며, 1847년에 영국에서 처음으로 유소년 금주운동을 위한 단체인 '희망밴드(The Band of Hope)'가 출범한 곳이기도 하였다. 이 단체의 핵심적인 활동은 유소년에게 술 중독의 폐해를 알리고 술을 멀리할 것을 권하는 것이었고 가입한 아동의 수는 전국에 삼백만을 넘었다.[139)]

---

138) 개정 법안의 내용은 첫째 모든 권한이 지방 의회나 관리들에게 주어지는 것이 아니라 개선 위원회에 주어져야만 한다. 둘째 구빈세 혹은 지방세 납부자들은 재정적 자격이 아닌 거주 자격에 결격 사유가 없는 개선 위원들을 선발해야만 한다. 셋째 £500 이상이 넘는 자치 기금의 지출은 구빈세 납부자들의 직접적인 동의 없이는 불가능하다. 그리고 그러한 동의를 얻기 위한 모임은 일하는 낮보다는 저녁 시간에 개최되어야만 한다. 마지막으로 세율은 누진세를 적용하되 £10 이하 소득의 가정은 £50 이상 가정의 세액의 1/3의 비율로 과세 징수한다. 그러나 지방 의회와 관리들이 이 법안에 반대하고 부자들이 미온적인 지지를 함으로써 결국 위원회 위원들의 법률 대표단은 정치적, 재정적, 법적 지지가 없었기에 철회할 수밖에 없었다.

139) 이 단체의 가장 핵심적인 교육 내용 중의 하나는 기독교 교리문답과 유사한 완전금주에 대한 교리문답이었다. 즉 25주를 기준으로 매주 한 가지씩 묻고 답하는 형식인 52개의 질문을 통해, 아동들은 매주 한가지의 질문과 그에 대한 답을 의례적으로 암송하였다. 이러한 과정을 통해 성인이 되어서도 금주할 수 있도록 만들고자 하였다. 이 밖에도 "시간 엄수 욕구를 실현하기 위해 인내하

희망밴드(The Band of Hope)가 출범한 곳(Building on Bridge End, next to Leeds Bridge)

스마일스가 리즈에 세운 〈기계공강습소〉도 금주운동을 위한 템퍼런스홀(temperance hall)과 같은 장소이다.[140)]

그런데 영국의 금주운동은 본래 1820년대 중간계급이 주체가 되어 노동계층의 주류 소비를 감소시키기 위한 운동이었다. 왜냐하면 18세기 이전까지는 음주에 너그러워, 원할 때는 언제든지 마시고 취할 수

는 법, 그 외의 다른 미덕들과 정직 · 진실 · 청결 · 인간과 신에 대한 사랑"을 가르쳤다. The United Kingdom Band of Hope Union 위키피디아.

140) 1840년대에 영국에서 완전금주 운동에 참여한 자는 약 120만 명이었다. 이렇게 음주자가 많은 점에 대해 엥겔스는 『영국 노동계급의 상태』의 「아일랜드 인들의 이주」라는 장(章)에서, 잉글랜드에서도 최하층에 속하는 아일랜드 이주민들의 빈곤에 관하여서 이들만을 비난할 문제는 아니라고 지적한 바 있다. 왜냐하면 산업혁명으로 급성장한 도시들은 과밀하고 불결한 주거환경을 낳고 성적 문란과 각종 질병을 유발했으며 도시화가 진전될수록 범죄와 음주벽도 증가하였기 때문이다. 특히 하층민들이 마신 진(gin)은 불순물이 섞인 독주여서 건강을 해칠 뿐만 아니라 술주정 · 싸움 · 폭행 · 난동 심지어 살인 등 여러 범죄행위를 유발하였다. 그리고 이와 같은 범죄의 증가에 대해 정부 당국은 가혹하게 대처하였다. 당국은 범죄가 증가하면 법집행을 강화하기로 결론을 내렸고 사소한 범죄행위에도 사형을 선고하였다.

있는 것을 당연한 권리로 여겼고 음주자에 대한 사회적 비판이 전혀 없었다. 특히 산업혁명 초기에는 노동 현장에서의 음주는 노동에 따른 갈증을 해소하거나 노동에 필요한 에너지를 얻기 위한 수단이었다. 그러나 산업혁명으로 공장노동을 근간으로 하는 자본주의적 생산방식이 보편화되자 시간에 관한 개념이 보다 엄격해져, 공장주들은 집이 아닌 선술집 등에서 술을 많이 마셔 작업장에 늦게 나타나는 폐해를 근절시키려 하였다. 왜냐하면 음주로 인한 노동자들의 결근이나 술 취한 상태의 근무는 분업화된 공장노동에서는 작업장 전체의 생산성에 영향을 크게 미치기 때문이다. 예컨대 담당한 기계를 단 한시도 방치해서는 안 되기 때문에 매일 아침 근무가 시작되는 시간에 맞춰 출퇴근 시간이 엄격해야 했다. 그러나 다른 위락 시설이 없던 노동자들은 점차 경제적 궁핍과 억압적인 노동규율, 열악한 주거환경 등 산업화의 도시화 과정에서 나타난 절망적 현실을 음주를 통해 위안을 얻고자 하여 이들의 음주는 점점 심각한 사회문제가 되었다.

따라서 중간계급이 주축이 되어 빅토리아시대 이전부터 전개된 도덕 개혁운동인 복음주의운동에서 절주운동이 일어났다. 즉 이들은 음주를 노동자들의 가난의 결과가 아니라 원인으로 해석하며 금주를 설득하기 시작하였다. 나아가 자신들처럼 끊임없이 자신을 절제하고 근면하게 일하면서 물질적 성공을 갈망하고 경건한 신앙생활을 하는 자수성가의 미덕을 노동자들에게도 강조하였다. 예컨대 중간계급은 술을 마시는 일에 돈을 낭비하기보다는 의복이나 음식을 사는데 쓰는 것이 더 바람직하며 가족과 함께 하는 합리적 여가도 강조하였다. 이에 대해 당대의 교회들도 노동계층을 대상으로 벌인 설교와 잡지를 통해 절주운동에 동참하였다. 이처럼 복음주의운동은 대중에게 종교적 희망과 새로운 가치관을 심어준 것 못지않게 산업화의 충격을 완

화시키는데도 크게 기여했다.[141)]

이러한 1820년대의 중간계급의 절주운동은, 1830년대와 1840년대에 이르자 감리교 신자들인 노동자들이 주체가 되어 절주가 아닌 완전 금주(teetotal)운동으로 이어졌다. 예컨대 어린 시절부터 방직공이던 조셉 라이브세이(Joseph Livesey, 1794~1884)가 노동자들의 빈곤의 원인 가운데 음주를 강조하며, 1832년 프레스턴지역(Preston) 지역에서 몇몇 노동자들과 함께 〈프레스턴 금주협회(Preston Temperance Society)〉를 설립하고 완전히 술을 멀리할 것을 서약하는 완전금주운동을 벌였다. 이처럼 중간계급의 절주운동이 아닌 완전 금주라는 의미로 'teetotal'이란 용어가 등장하였으며, 프레스턴 지역에서 범죄율도 감소하기 시작했다.[142)] 또한 노동자들은 앞서 언급한 바 있는 스스로의 삶을 개척해 가는데 적극적이었던 중산층의 가치관인 근면과 절약을 모범으로 하여, 주류 소비를 감소시키고 건전한 생활 습관을 계몽하기 위해 '자조'라는 목표의식을 가지고 가가호호 방문하면서 완전금주운동을 벌였다. 이 가운데 완전금주운동은 차티즘과 결합하여, 1831년 초 잉글랜드 북부와 미들랜드(Midlands), 스코틀랜드지역에서 강세를 보이며 완

141) 20세기 초의 프랑스 역사가인 아레비(Elie Halevy, 1870~1937)는 혁명적 프랑스와 안정된 영국 사이의 중요한 차이점 중의 하나는 복음주의 종교의 존재 유무에 있다고 지적한 바가 있다. 특히 1800년을 전후한 사회격동기에 대중의 불만을 잠재우고 혁명의 발발을 예방하는 데 큰 역할을 했다고 지적했다.

142) 산업혁명 초기 노동 현장에서 음주는 심각한 상황이었다. 예컨대 벤자민 플랭클린(Benjamin Franklin, 1706~1790)은 『자서전』에서 '출판사 내의 인쇄 작업장은 금속 활자의 열에서 방출되는 가스와 종이에서 나오는 먼지들로 인해 열악한 환경이라 술집 배달원이 인쇄소에 거의 상주하는 정도였다'고 언급하였다. 물론 현실 도피적 동기라고 할 수도 있겠으나, 대부분 노동에 필요한 에너지를 얻기 위해 독한 맥주를 마시지 않을 수 없다는 인식을 가졌다. 예컨대 트로브리지(Trowbridge)의 차티스트들은 대중에게 '하루 세 시간 일하는 대가로 맥주'를 약속하였다. 남철호, 2017, 「차티스트 빈센트의 금주운동 도입과 갈등」, 『대구사학』 128(0), 265쪽.

전금주 차티스트협회(Teetotal Chartist)가 결성되었는데, 단체 결성에 주도적 역할을 한 사람은 1836년 이후 완전금주주의자가 된 헨리 빈센트(Henry Vincent, 1813~1878)다.[143] 그는 로버트 라우어리(Robert Lowry, 1826~1899)와 함께 옥스퍼드 · 밴베리 · 레스터 · 노팅엄 · 글로스터 등지에서 '완전 금주 인민헌장 운동'을 진행하였다. 즉 모범적인 시민이 되기 위해 중간계급의 삶의 태도를 본받는 것을 인정하고, 더 나아가서는 성숙한 시민임을 부각시켜 장차 투표권도 얻고자 했다. 예컨대 지도자 헨리 빈센트는, 1841년 4월 말경 성년 남성의 〈완전한 참정권 연합(Complete Suffrage Union)〉에 투신하여 본격적으로 차티스트로 변모하였다. 이러한 '완전금주 인민헌장운동'은 앞서 언급한 중간계급의 경제적 이해와도 맞아 떨어졌다. 그러나 강경론자인 오코너는 '완전금주 인민헌장운동'에 대해 '협잡꾼'이라 부르며 신랄한 공격을 가하였다. 왜냐하면 러벳의 『자서전』에 나타난 바와 같이 오코너는 금주운동 자체에 반대하는 입장이 아니었으나, 노동계급의 음주 문제가 오히려 선거권 확대에 걸림돌이 되어 차티즘이 실패할 것을 염려하였기 때문이다. 다시 말하자면 그는 노동자들에 대한 완전 금주정책은 나름대로 매우 중요한 의미는 있으나, 노동계급의 선거권 쟁취 열망이 종교적 색채에 희석될지 모르며 중간계급의 금주운동 지도자들에게 종속될지 모른다는 두려움도 컸기 때문에 노동자 중심의 완전 금주운동을 반대했다. 또한 일부 차티스트들이 음주를 노동계층의 삶에 있어서 필수적인 한 부분으로 보고 금주를 반대한 점도 작용하였다. 이처럼 오코너와 일부 차티스트들은 종교적 기반을 가진 금주운동에 부

143) 1833년 빈센트는 런던에서 러벳을 만났고 1836년 11월 LWMA에 가입하였다. 그는 감옥에 수감생활을 하면서 금욕생활과 절제 및 금주에 대한 생각을 더욱 더 확고히 하였다. 따라서 출옥 후에는 음주로 인한 빈민들의 가난과 사악함으로 인해 귀족들에 의해 통치됨을 강조하며 선거권 청원운동을 하였다.

정적인 입장을 보이고 특히 오코너가 1841년 봄부터는 금주운동을 신랄하게 비판하기 시작하자, 차티즘 내 금주운동의 영향력은 약해져 2차 차티즘부터는 완전금주운동과 완전히 분리되었다. 그러나 비록 짧게 진행되었지만 '절대 금주 인민헌장운동'은 결코 사라지지 않고, 20세기 말을 거쳐 1차 세계대전 때까지 지속적으로 영국 사회 변화에 커다란 영향력을 행사하였다.

한편 스마일스는 리즈에서 교육계몽가였다. 앞서 언급한 〈상호향상회〉에서 자조론 강연도 하였을 뿐만 아니라, 1850년대에는 동료들과 함께 노동계급에게 읽기와 쓰기를 가르치고 작은 도서관 역할도 겸한[144] 〈기계공강습소〉를 설립하고 교장으로 활동하였다.[145] 이 밖에도 리즈의 우드하우스에도 〈기계공강습소〉가 있었다. 그런데 당시 산업과 무역의 중심지인 도시를 중심으로 하여 전역에 퍼져 있던 〈기계공강습소〉 대부분은 지방 공장주와 중간계급의 재정적 지원으로 운영되어 〈상호개량협회〉보다 규모도 컸으며 재정상태도 양호하였고, 학교기관의 건물을 빌리거나 별도의 건물을 지정하여 설립하였다.[146] 또한 〈기계공강습소〉의 설립 목적은 장인층과 노동자들에게 새로운 과학지식을 전수하고 동시에 도덕적 · 정신적 직업 교육을 병행하는

---

144) 산업화와 도시화의 변동과정에서 경제력과 지위를 향상시켜 온 중간계급은, 자선을 유효적절한 수단으로 사용하였던 상류층과 지역 유지들의 관행에 참여하면서 하층계급으로부터 충성심과 존경심을 이끌어 내어 자신들의 지위를 공고히 하였다.

145) 금주 학교로 사용되었던 것을 알 수 있는 명판(plaque)의 흔적이 희미하게 남아 있다.(사진 참조) 현재는 교회와 외국인을 위한 영어교육 학교로 사용되고 있다.

146) 현재 이곳은 리즈의 시립박물관이다.(사진 참조) 〈기계공강습소〉의 기원과 변천의 과정을 연구한 허드슨(Hudson)에 의하면, 〈기계공강습소〉는 읽기 · 쓰기 · 산술 외에도 기계학 · 화학 · 정수학과 같은 과학 분야와 경제학 · 인문학의 내용까지 총망라하여 가르쳤다. William James Hudson, 1969, *The History of Adult Education*, New York: Augustus M. Kelly Publishers, p.141.

스마일스가 세운 〈기계공강습소〉
Former Temperance Hall And Mechanics Institute, Holborn Approach, Leeds 6

우드하우스 기술강습소
(Woodhouse Mechanics Institute).
현재는 시립 박물관

것이었다.[147] 당시 산업혁명으로 공장제 직제공업이라는 새로운 생산 조직이 출현함에 따라, 엄격한 직원 관리 및 규율 체계를 위한 직업교육이 필요하기 때문이었다. 또한 이러한 이면에는 중간계급이 과격하게 소요되던 노동계급을 진정시켜, 새로운 산업사회에 더 완벽하게 동화하고 그들의 가치들을 받아들이게 하여 사회를 안정시키려는 시도였다는 주장도 있다.

그런데 〈기계공강습소〉 외에도 일요학교(Sunday school), 문법학교 등 여러 유형의 교육기관이 선행적으로 운영되고 있었다. 즉 국교회와 분파인 감리교 등이 주관하는 일요학교는 종교를 보급하기 위한

147) 예컨대 〈리즈 기계공강습소〉의 규정에는 강습소의 목적이 다음과 같다. "본 강습소의 목적은 사회의 여러 계급에게 그들의 여러 직종이나 직업에 적용할만한 다양한 분야의 과학교육의 편의를 저렴한 비용으로 제공하는데 있다. 그런 교육은 기계나 화학 작업장에 고용된 모든 노동자에게 유용하게 사용되리라고 입증할 수 있다. 그 기술들에 대해 좀 더 완벽한 지식을 제공해주는 과학교육은 이 대공업도시의 번영에 아주 필수적인 공헌을 하는 이 계급에 속한 사람들의 숙련기술과 작업 실행을 대단히 향상시킬 것이다." "Rules and Regulation, Leeds Mechanics's Institute", p.3.

창구이자, 성경을 교재로 사용하여 초보적인 수준의 읽기 · 쓰기 · 산술 등을 가르쳤다. 또한 신의 은총을 받기 위한 명분으로 무절제한 생활 대신에 신앙의 덕목인 자조 · 근면 · 절주 · 절제 · 검약 등의 도덕교육도 병행하였다. 예컨대 교회 문법학교 출신의 급진주의자인 사무엘 뱀포드(Samuel Bamford, 1788~1872; 이하 뱀포드)는[148] "자선문법학교에서 읽기 능력이 나아져서 성경과 다른 책을 익숙하게 읽을 수 있었다"라고 하며 기초적인 학습 능력을 쌓을 수 있는 좋은 기회라는 긍정적인 평가를 하였다. 이와 대조적으로 차후에 대표적인 급진적 노동운동의 지도자가 된 코벳은 "도대체 밥조차 배부르게 먹을 수 없는 학생들이 교육이라는 이름으로 이런 종류의 것에다 돈을 지불할 필요가 있는가"라며 선의의 행위(an act of good will)로만 보지 않았다.[149] 그

---

148) 뱀포드는 급진적 개혁가이자 북부 영어 방언의 주제에 대해 글을 쓴 작가였다. 그의 자서전을 보면 '아동기에 일요일마다 운영되는 교회학교에 돈을 내고 목사로부터 단어 읽는 것을 배운 후에 자선문법학교(Grammar School)에 보내졌다. 이 학교의 교육과정이 주로 읽기에 집중되어 있었다고 기억한다'라고 회고하였다. 실제로 잉글랜드에서 최초로 시작된 산업혁명의 초기 기계화와 함께 미숙련 노동 수요에 대한 폭발적 증가로 어린이의 노동공급은 산업 노동력의 상당 부분을 차지하였다. 실제 열 살도 채 안된 수많은 어린이들이 산업현장에 있었다. 이는 성인에 비해 아동은 유순하고 통제하기 쉬웠으며 임금에 대한 부담도 적었던 탓이었다. 예컨대 탄광의 고용 연령은 4살부터이며 다른 업종도 상황은 비슷했다. 모직공장에서는 6살, 면직은 8살부터 아이들이 하루 12~18시간을 일했다. 또한 아동노동자 비율은 면직은 35%, 모직과 레이스, 아마는 40%, 견직은 46%에 이르렀다. 이 가운데 탄광은 아동이 22%로 낮았지만 굴뚝 청소는 대형 공장을 제외하고는 아이들이 도맡았다. 이처럼 말도 배우지 못한 어린 아이들이 굴뚝 청소로 내몰린 이유는 간단하다. 좁은 굴뚝에 드나들기 쉽고 무엇보다 임금이 낮았기 때문이다. 이들은 하루 15시간 노동에 식사시간이라야 고작 10분이었다. 굴뚝에서 잠들어 질식하거나 타죽는 아이들도 많았다. 이런 통계마저 아동 노동이 다소 상황이 나아졌다는 1833~1834년의 자료다. 이에 관하여는 이영석, 2012, 『공장의 역사－근대 영국 사회의 생산, 언어, 정치』, 푸른역사 참조.

149) 정치적 급진주의와 경제이론에 관심이 많았던 재능 있는 작가 코벳은 의회개혁과 곡물법 반대, 카톨릭 해방들을 주장한 영향력 있는 팸플릿을 다수 발표한 인물이다. 특히 신구빈법을 '가증스럽고, 악랄하고, 반종교적인 법'이라며 반대

러나 그의 비판적 인식을 단순한 상대적 박탈감으로 치부해 버릴 수는 없었다. 왜냐하면 산업화 초기에 교육의 사각지대였던 공장 내에서 이루어진 교육을 인도주의적 동기로 해석될 수도 있지만, 공장주들은 새로운 기술인 제철이나 섬유업 분야의 기술혁신과 자본축적을 위해 제도교육을 통해 공장 규율과 작업원리에 익숙한 노동력 확보가 더 큰 목적이었음을 부정할 수 없기 때문이다. 그러나 분명한 것은 스마일스를 비롯한 중간계급에 의해 이루어진 기초적인 학습능력을 위한 교육은 절대적 빈곤에[150] 시달리는 노동자들의 현실을 타개할 수 있도록 하는 정치의 변혁이나 노동계급 전체의 해방을 가르치는 이른바 계급의식에 관한 교육 내용은 아니었다. 따라서 노동자들은 이러한 문제의식을 가지고 「헌장」에 당시에 유치원 단계부터 대학까지 비종교적 공립학교의 설립에 의한 보통교육이 전체 국민에게 이루어질

하였다. 예컨대 코벳은 『농가여행(Rural Rides)』(1830)을 통해서 말을 타고 핼리팩스 지역을 다니면서 이렇게 전하였다. 즉 "이전에 주당 20실링에서 30실링까지를 벌던 수천의 사람들이 지금은 5실링, 4실링, 혹은 그 이하로 먹고 살도록 강요당하고 있는 것을 지켜보는 것은 참으로 가슴 아픈 일이다.… 더욱 슬픈 일은 이러한 상태에 놓인 사람들이 그들이 독립을 누렸던 시기에 형성된 솔직하고 대담한 성격을 여전히 지니고 있다는 사실을 지켜보는 일이다." 이처럼 그는 급진주의적 지적문화를 처음으로 창출한 사람이다. 즉 직조공, 학교교사, 조선공들이 공통 화제를 나눌 수 있게 한 논조와 문체, 여러 주장들을 찾아냈다는 의미에서 그러하다. 한편 벤담은 코벳의 대중적 호소력을 칭찬한 바 있다. 반면 코벳은 벤담을 "혼란스럽고 지루하기가 사람의 인내를 넘어선다"고 혹평한 바 있다. 그리고 코벳은 윌리엄 윌버포스의 도덕개혁에 대해 공격하였기 때문에 그와 협력하여 노동계급을 도울 수 있는 기회를 놓쳤다. 또한 코벳의 「청년에게 고함(Advice to youngman)」이 한국의 『공립신보』(1908.12.2)에 「청년처세법(青年處世法)」으로 번역되었다.(사진 참조) 한편 그는 독립혁명에 큰 기여를 한 대가로 뉴욕 주정부에서 하사한 뉴로셸농장에 묻힌 페인의 유해를 영국으로 옮겼다. 그러나 그는 뒤늦게나마 페인의 장례식을 그의 공로에 걸맞게 치르려 했으나 성공하지 못했다. 결국 페인의 유골마저 분실되어 그의 흔적은 오직 책으로만 남게 되었다.

150) 허구생, 2016, 『빈곤의 역사, 복지의 역사』, 한울아카데미, 146~152쪽 참고.

『공립신보』에 실린 「청년처세법」

수 있도록 하는 항목을 넣어 요구하였다. 이러한 노력 덕분에 장차 Ⅲ장에서 다루게 될 나카무라는 1867년 영국을 방문하여 영국 부강의 원천으로 자선단체나 중간계급에 의해 자발적으로 이루어지던 야학교육 현황에 대해 깊은 인상을 받고, 일본의 부강을 위해서 자신도 사립학교를 설립하여 몸소 실천하였으며 윤치호도 그의 학교에서 수학할 기회를 가졌다.

이후 스마일스는 1859년 런던으로 이주하였다. 왜냐하면 1851년부터 그가 근무하던 철도회사 〈The Leeds and Thirsk Railway〉가 〈The Leeds Northern〉으로 합병되어 새로운 직장을 찾아 떠나야 했던 것이다. 런던에서는 직장과 저술 활동을 병행하였으나, 1871년 퇴직한 이후부터는 오직 저술가로서만 활동하였다. 특히 종래 인명사전에는 등장하지 않던 영국 산업사회의 기초를 구축한 무명의 기술자들에 대한 전기(biography)인 『기술자들의 생애(Lives of the Engineers)』(1862)를 5권의 시리즈로 출판하며 산업혁명 당대의 인물들에 대한 뛰어난 전기 작가로 활동하였다. 또한 『자조론』이 출판된 지 12년 만에 『자조론』의 13장인 「인격(Character)－진정한 재산」을 확대 발전시킨 『인격론(Character)』(1871)도 발표하였다. 그는 이 책의 「서문」에서 『자조론』의 보론(Supplement)임을 밝혔다. 즉 이 책은 『자조론』에 비하면 구체적인 인물들의 삶을 보여주는 예화의 분량은 줄었지만, 중세에서 근대로의 과도기에서 인민이 어떠한 도덕을 구비해야 하는 가에 대한 논의인데 정치사상사에 한 획을 차지할 정도로 의의가 높은 책이다. 아울러 『인격론』의 연작인 『검약론(Thrift)』(1875), 『의무론(Duty)』(1887), 『인생과 노동(Life and Labour)』(1887)도 발표하였다. 특히 『인격론』 「서문」에서 '『자조론』의 속편'이라고 밝힌 바와 같이 『자조론』과 유사한 구성으로서 전기적인 이야기, 우화와 비유, 경구, 격언 등의 형식을 빌려 쓴 담론이다.

4. 『자조론』의 이론적 구조

그러면 13장 318항목으로 구성된 『자조론』의 이론적 구조를 검토해 보자. 즉 스마일스는 각 장에의 본문이 시작되기 전에 각기 주제에 부합하는 인명과 각 장의 본문의 내용을 간명하게 압축한 경구를 적었다. 예를 들면 1장의 경우는 『자유론』의 맨 마지막 문단에서의 한 문장과[151] 디즈레일리의 문장[152]을 배치하여 1장의 내용을 이끌어갈 수 있도록 하였다. 예컨대 밀의 문장은 '국가의 힘은 제도보다 국민의 인격(the sum of industry, energy, and uprightness)에 의존한다'라는 것이다.

그리고 스마일스는 『자조론』의 집필 목적에 대해 '남들의 도움이나 후원에 의지하기보다는 스스로 돕도록(self-help) 북돋는 것이다'[153]라

151) "국가의 가치는 국가를 구성하는 개개인의 가치이다.(The worth of a State in the long run, is the worth of the individuals composing it.)" Mill, John Stuart, 2008, *On Liberty and Other Essays(1859)*, Oxford University Press. p.14.

152) 원문을 소개하면 다음과 같다. "We put too much faith in systems, and look too little to men." Mill, John Stuart, 2008, *On Liberty and Other Essays(1859)*, Oxford University Press. p.25.

153) "어떤 사람들은 이 책의 제목만 보고서는 '자기애'에 대한 찬미 일색일 것을 추측하는데, 이는 실제 내용과 다르다. 아니 최소한 내가 의도한 내용은 전혀 그렇지 않다. 이 책의 목적은 젊은이들이 올바른 일에 몰입하도록 도와주는 것이다. 또한 그 과정에서 고된 수고와 고통을 감수하고 인내할 수 있도록 격려하고 남들의 도움이나 후원에 의지하기보다는 스스로 노력하도록 북돋는 것이

고 한 바와 같이 개인의 성장에 '자조(정신)이 얼마나 중요한지'를 충분히 설명했다. 즉 각 장을 통해 고대 그리스와 로마시대로부터 자신이 활동하던 산업화 시기에 이르기까지, 각기 쉽고도 독립적인 방식의 에피소드를 통해 수많은 성공 신화(sucess story)의 주인공들의 경험적 이야기를 담아 놓았다. 다시 말하자면 스마일스가 찾아낸 성공의 비밀은 성실하며 인내심이 많고 끈기가 있으며 목적을 향해 쉬지 않고 달려가는 불굴의 의지이다. 그런데 이러한 성공 요인은 오로지 성공한 개인의 자질이지, 그 사람이 처한 유리한 사회적 환경은 아니다. 이러한 역사적 경험을 일반화하여 독자들로 하여금 위인들의 성공한 삶에는 우연이란 없음을 전하고자 하였다. 이처럼 신분이 아니라 누구나 '자조(정신)'만 갖추면 성공할 수 있다는 그의 낙관적 메시지는, 당시 이 책이 대중들로부터 열렬한 환영을 받을 수 있었던 열쇠였다고 볼 수 있다.

한편 책의 표제어인 '자조'란 용어는 이미 빅토리아시대의 덕목으로 사용되고 있었다.[154] 예컨대 휘그당의 저명한 웅변가였던 헨리 피터 브로엄(Henry Peter Brougham, 1778~1868)은 자신이 세운 〈실용지식보급회(Society for the Diffusion of Useful Knowledge)〉(1826)에서 출간한 『패니 메거진(Penny Magazine)』(1832)에서 사용된 바가 있다.[155] 나아

다."(개정판 「서문」)

154) Kenneth Fielden, 1968, "Samuel Smiles and Self-Help," *Victorian Studies*, 12(2), p.157; Ann Baltz Rodrick, 2001, "The Importance of Being an Earner's Improver: Class, Caste, and Self-Help in Mid-Victorian England," *Victorian Literature and Culture*, p.39.

155) 이 단체는 주로 광저우(廣州)의 영국 상인들을 후원인으로 하여 1834년에 광저우에 중국 지부를 만들었다. 백광준, 2017, 「19세기 초 서양 근대 지식의 중국 전파－'Society for the Diffusion of Useful Knowledge in China'를 중심으로」, 『중국문학』 91, 113~135쪽.

가 스마일스가 정의한 '스스로를 도우라'라는 의미의 '자조'는, 자신의 육체적 혹은 정신적 노동력을 자신에게 직접 투입하는 활동(힘, energy) 이란 의미로 셀프 서비스(self-service)의 뜻인 동시에 '자기 노력에만 의지하는 정신'인 '자조정신'을 의미하기도 한다. 즉 노동을 존중하는 근면한 태도, 게으름과 시간 낭비에 대한 비판과 함께 검약과 절제 등의 개인의 덕목들이 나열되었다. 이는 후술하는 바와 같이 당시의 중간계급의 가치관이자 자유방임주의자의 구빈이념이기도 하다.

그리고 1장은 총론격으로 자조론의 이론적 구조가 압축되어 있는데, 이러한 점 때문에 동아시아 삼국에 가장 많이 알려졌다. 특히 1장의 첫 문장은 그의 좌우명이었던 '하늘은 스스로 돕는 자를 돕는다는 격언은 경험에서 나온 진리이다'라는 유명한 금언으로 시작한다. 이 격언은 고대 그리스 때부터 이미 비슷한 취지의 속담으로 회자되었으나, 스마일스는 처음으로 책의 주제로 삼아 전 세계적으로 퍼져나가게 되었다. 그런데 그는 '자조(정신)'의 기능에 대해서는 '자기계발(self-empowering)의 진정한 뿌리'로서 자신을 성장시키는 원동력이며 개인의 '성공자격'[156]이 되는 사적 원리인 동시에, '자조적인 국민'은 '정부가 통상 그것을 구성하는 개개인의 반영이므로 국가를 문명에 의한 번영으로 이끌어주는'[157] 공적 정치원리임을 밝혔다.

---

156) 그는 「서문」에서 "사람은 자기마음대로 성공할 수는 없지만 그 이상의 일, 즉 성공할 자격을 갖출 수는 있다"라고 하였는데 이는 조지프 에디슨(1672~1719)의 『카토(Cato)』(1713)에서 인용한 것이다. 참고로 카토에는 대카토(마르쿠스 포르키우스 카토, 기원전 234년~기원전 149년)와 소카토가 있다. 대카토는 제3차 포에니 전쟁을 일으킨 공화정 로마의 정치가이다. 이 가운데 대카토의 증손자인 소카토(마르쿠스 포르키우스 카토, 기원전 95~46년)는 로마 공화정 말기의 율리우스 카이사르와 대적하여 로마 공화정을 수호한 것으로 유명한 스토아학파의 철학자이자 정치가이다.

157) 원문은 다음과 같다. "The solid foundation of liberty must rest upon individual character; which is also the only sure guarantee for social security and national

그렇다면 그가 「서문」에서 '남에게 아무리 많은 지혜와 미덕을 빚질 수 있다 하더라도 근본적으로 스스로를 돕는 자만이 성공한다'라고 한 바와 같이 '자조'만이 개인에게 '성공'을 가져다주는 열쇠라고 주장하는 근거는 무엇인가. 그는 이 점에 대해 '수많은 유익한 성공 신화를 통해 이미 예증된 확연한 경험적 사실'이라고 답하였다. 즉 경험적 사례에 의하면 "위대한 과학자 · 문학가 · 예술가는 배타적인 특권계급에서만 생겨난 것이 아니라 학교 · 직장 · 농장 · 가난한 집 아이나 호화저택에서도 생겨날 수 있다"[158]라고 하여 세습적인 부, 귀족 작위와 같은 기득권, 천부적인 재능,[159] 뛰어난 영웅의 지도력이 아니라, 비록 가난과 역경 속 평범한 하층계급의 개인일지라도 '성실하고 끈기 있게 일하는 사람들은 늘 최고의 성공을 거두게 마련이다'라고 한 바와 같이 '자조(정신)'에 의해 성공과 계급 이동이 가능할 수 있다는 점을 보여주고자 하였다. 그는 대표적 예로 정육점과 목축업을 겸한 비천한 가문 출신의 셰익스피어를 들었다.[160] 또한 부유한 가정 출신임에도 자신의 안락한 처지에 만족하여 나태하지 않고, 자신이 직접 투입한 '근면' '몰입(Application)' '성실' 등의 '자조(정신)'를 통해 공공의 이익에 기여한 귀족과 부자에 관한 예화도 소개하며 부와 지위에 상관없는 진정한 젠틀맨의 예화를 많이 예시하였다.

---

progress." Smiles, Samuel, 2002, *Self-Help*, Oxford: Oxford Press, p.36.

158) Smiles, Samuel, 2002, *Self-Help*, Oxford: Oxford Press, p.36.

159) "그래서 난 근면하게 살기로 결심했다네. 왜냐하면 내가 알기로 내겐 천재성이 없었으니까."(공병호, 35쪽).

160) "어떤 의미에서 셰익스피어는 확실히 배우였다. 인생이라는 무대에서 수많은 배역을 맡으면서 다양한 체험과 관찰을 통해 놀라운 이야기들을 수집할 수 있었다. 어쨌든 그는 철저하게 공부하는 학생이자 열심히 일하는 노동자였음이 분명하며, 덕분에 그의 작품은 오늘날까지 지대한 영향을 미치고 있는 것이다."(공병호, 45쪽).

또한 그는 이론적으로 "나라 사랑과 이웃 사랑의 최선책은 법과 제도를 뜯어고치는 것이 아니라 사람들 스스로 자유롭고 독립적인 행동을 통해 자신을 발전시키는 것이다"[161]라고 하여 개인을 성장시켜 주는 '자조(정신)'에 의해 비롯된다고 설명하였다. 마찬가지로 그는 '가난은 불행이 아니다 그것은 힘찬 자조정신을 통해 축복으로 바뀔 수 있다. 더욱이 세상과의 투쟁정신을 길러준다'[162]라고 하여 '자조정신'이야말로 곤란을 극복하고 승리로 이끌 수 있음을 강조하였다.[163] 이처럼 그는 역사 속의 성공 신화를 열거하며 개인적 성공이나 부의 축적은 결코 우연한 것이 아니며, 운명에 도전하는 개인의 자립적 태도에서 오는 것임을 분명히 하고 있다. 바꾸어 말하자면 가난의 탈출은 결코 국가 · 정부 · 사회의 공적 부조에 의한 것이 아니라 자기 책임을 인식할 줄 아는 자립적 개인에게만 가능하다는 점을 강조하고자 했다. 따라서 그는 '단순한 정치개혁만으로는 오늘날 사회 곳곳에 펼쳐져 있는 악들을 제거하지 못한다고 보았다. 가난의 원인이 개인의 도덕적 해이인 나태나 게으름에 있으므로 독학(Self-Education)을 통해 빈곤에서 벗어나라'라고 한 바와 같이 빈곤 극복방법을 위한 정치적 투쟁이나 사회적 부조(social aid)를 요구하는 대신에 누구나 보통교육을 통해 갖춰지는 개인의 도덕적 향상인 '자조정신'을 함양할 것을 시종 강조하였다. 그러므로 그는 '남의 도움은 사람을 나약하게 만들지만 스

---

161) 이외에도 "아무리 좋은 제도도 우리에게 실제적인 도움을 주지 못한다. 가장 이상적인 제도의 역할은 우리 스스로를 개선하고 발전하도록 가만히 내버려 두는 것일지도 모른다."(공병호, 145쪽).

162) "자기 수양과 통제는 삶의 의무와 노동을 제대로 수행할 수 있도록 우리를 다듬는다. 곤란함은 많은 경우 노동과 인내력을 불러일으키고 그렇지 않으면 잠자고 있는 능력의 활성을 부여하는 절호의 원조이다."(공병호, 120쪽).

163) "책에 등장하는 천재는 선천적인 것이 아니라 하나의 목표를 향해 근면하게 단순한 원리, 보통의 지식, 새로운 목표를 향해 다 쏟아붓는 것이다."(공병호, 38쪽).

스로를 돕는 것은 강력한 힘이 되며 남의 도움을 받으면 자립심이 없어지고 지도와 감독에 길들여져 무력한 존재가 되기 십상이다'라는 귀납적 결론에 자신 있게 도달할 수 있었다.[164)]

그런데 그가 예시한 '성공'적 인물이란 단순한 물질적 성공을 쟁취한 인물에 제한되지 않는다. 앞 절에서 언급한 바와 같이 물질적 성취는 분명히 인간이 더 행복하도록 돕는 생활 개선의 중요한 방편이다. 즉 인간이 생존문제를 해결하고 빈곤을 극복하며 사람의 역량을 더 잘 발휘하도록 도움을 줄 수 있는 주요한 외부적 요건이 물질임을 누구도 부인할 수는 없다. 그러나 그의 '자조정신'에 의한 성공은 그의 자조론이 개인의 사물에 대한 독점적인 소유욕에 의해 나누어 가지지 않는 비관대성, 소유 중심의 물질주의(material value)에 대한 동경심, 타인의 소유에 대한 질투감 등의 이른바 물질주의적 가치관과 거리가 멀다. 왜냐하면 그는 '자조정신'의 본질을 누구나 평등하게 갖출 수 있는 '인격 형성'이라고[165)] 정의한 바에서 알 수 있듯이, 근면 · 검소 · 절약 등의 미덕을 갖춘 근대적 개인으로의 성장이란 의미를 내포한다. 따라서 영국의 자조론 연구자의 한 사람인 팀 트래버스(Tim Travers)는 『새뮤얼 스마일스와 빅토리아 시대의 노동관(Samuel Smiles and the Victorian Work Ethic)』(1987)에서, 스마일스가 『리즈타임즈』에서 "인격은 성공 이상으로 소중한 것이다(Character Counted for More than Success), 인생에 있어 성공의 가장 최고의 진실한 시금석은 인격이다(the Truest Test of Success in Life is Character)"라는 문장을 근거로 하여 스마일스의 자조론은 결코 세속적 성공이나 사회적 입신출세(Getting-on in the

---

164) Smiles, Samuel, 2002, *Self-Help*, Oxford: Oxford Press, p.14.

165) 'Character'는 동양 최초 번역이 이루어진 일본에서는 '품성' '성품'으로 번역되고, 한국 근대에서도 이 용례를 따랐다. 그러나 오늘날에는 '인격'으로 사용된다.

World)를 권장하기 위함이 아니었으며, 인간의 종국적인 목표로서 인격 형성(Character-Formation)을 설명한 것이라고 주장했다.

이러한 팀 트래비스의 주장과도 같이 스마일스가 지향하는 자조적 인간이란 가난을 뛰어넘고자 하는 단순한 욕구의 주체에 그치는 것이 아니라, 13장 '인격론'과 『인격론』에 나타난 바와 같이 세속의 사치를 경계하는 도덕성을 구비한 존재라 할 수 있다. 다시 말하자면 개인이란 '자신의 행복과 덕행'을 위해 각각의 자아들이 현실에 대응하여 살아가면서 자율적으로 결정할 수 있어야 함을 강조하였다. 이를 통해 우리는 스마일스가 단순히 벤담에 의한 양적 공리주의자에 머문 것이 아니라 밀의 질적 공리주의에 더 큰 영향을 받았음을 알 수 있다. 주지하듯 최대다수의 최대행복을 윤리적 이념으로 지향하는 양적 쾌락주의는 초기 산업자본주의 사회에서 개인의 자유와 평등이 보장되고 이와 더불어 과거보다 좀 더 편안하고 풍요로운 의식주 생활을 하고자 하는 일반 대중들의 욕구를 반영한 것으로서 시대적 상황에서 보면 당연한 귀결이었다. 그러나 이 양적 쾌락주의는 사람들로 하여금 양적 쾌락에 치우친 물질적 욕망에 사로잡히게 할 위험성이 있다.

이러한 양적 공리주의의 위험성을 직시한 밀은 이러한 벤담의 공리주의를 수정하려는 움직임을 보인다. 즉 고통과 쾌락이 인간행동의 유일한 동기라는 벤담의 견해를 계승하고 있지만, 쾌락이 양적으로만 계산될 수 있는 것이 아니라 질적인 차이가 있으며 또한 감각적 쾌락보다는 정신적 쾌락이 더 중요하다고 했다. 즉 '인간은 모형대로 찍어내는 기계가 아니다. 생명을 불어넣어 주는 내면의 힘(inward forces)에 따라서 온 사방으로 스스로 자라고 발전하려는 나무와 같은 존재다.' '누구든지 최소한의 상식과 경험만 있다면, 자신의 삶을 자기 방식대로 설정하는 것이 가장 바람직하다. 그 방식이 옳건 그르건, 손해를 보거나 실패를 할 때가 있을지라도 자기 방식대로 사는 것 이상 중요한 것이 없다'라고 한 바와 같이, 개별성·발전적 존재로서의 능력·사회적 감정 등을 인간의 본질로 보았던 것이다. 따라서 밀은 이러한 자신의 행복과 타인의 행복을 동일시하는 윤리적 기준을 사회의 행복으로 받아들여 한층 고양된 질적 공리주의를 확립한 것이다.

이러한 밀을 지적 권위로 한 스마일스의 '자조(정신)'의 강조는 종래의 영웅주의 및 영웅사관을 불식시킬 수 있게 만든다. 왜냐하면 개인에 대한 '자조'의 강조는 사적인 영역에 한정된 도덕원리에 머무르지 않고 국가의 자질을 구성하는 공적인 정치적 원리이기 때문이다. 따라서 그는 '자조가 영웅보다 강하다'라고 주장할 뿐 아니라 다음과 같이 영웅주의를 비판하였다. "인류의 발전을 위해서 영웅, 국가, 법률 따위가 필요하다는 그릇된 주장들이 끊임없이 제기되어 왔다. (중략) 나폴레옹 3세가 『카이사르의 생애』라는 책에서 '우리는 황제를 기다려야 하며 일단 그가 나타났을 때 그를 알아보고 따르는 사람은 행복하다'라는 구절을 인용한 것은 분명 영웅주의이다. (중략) 영웅주의는 최악의 인간 숭배이자 단순한 힘에 의한 숭배로 이는 황금숭배만큼 저급하다. 사람들에게 전파해야 할 건강한 이념은 자조여야 한다."[166]

그러면 '자조(정신)'에 의한 개인의 성공은 궁극적으로 문명의 진보에 의한 국가의 번영으로 이어지므로, 이는 국력의 원천이자 척도가 된다는 주장의 근거는 무엇인가.[167] 그는 '정부는 그 나라를 구성하는 개인을 반영한다' '국가는 국민 개개인의 상태가 모인 것에 불과하다.

---

166) Smiles, Samuel, 2002, *Self-Help*, Oxford: Oxford Press, p.205.

167) 이 밖에도 "한 국가의 모습은 다양한 계층과 신분에 속해있는 일꾼들이 위대한 국가를 만들어 냈다. 이름 없는 평범한 사람·무명용사·근면·절약·정직의 표본으로 살아간 이들의 자조정신에 의한 것이다"라고 하였다(공병호, 134쪽).

문명의 발전 역시 그 사회를 구성하는 남녀노소의 개인적 진보에 달려있다'라고 한 바와도 같이 개인을 사회적 실체로 규정하며 개인의 가치를 충분히 실현한 후에야 비로소 인류·국가·사회·민족을 위하는 이른바 사회적 공헌이 조화를 이룬다는 개인주의적 입장이기 때문이다.

주지하듯 공동체에 대한 개인의 우위성 관념인 개인주의는 자유주의의 본질적 부분이다. 그런데 영국의 개인주의의 기원은 종교개혁 당시의 개인위주의 신앙에서 시작되었다. 즉 전통적인 로마 카톨릭 교회의 권위와 교회 중심의 교리에 반발하여 개인이 신앙의 주체이며 성서를 통하여 직접 신과 소통할 수 있다는 것이 종교개혁주의자들의 주장이었다. 이러한 종교원리의 변화는 비단 종교적 영역에만 국한되지 않고 정치적으로도 중요한 의미를 갖는 것이었다. 실제로 로마 카톨릭 교회는 신앙 영역에서 뿐만 아니라 세속적인 영역에서도 절대적 권위를 행사하고 있었기 때문에 교회 중심적 교리에 대한 반발은 곧 로마 카톨릭 교회의 세속적 권위에 대한 도전으로 여겨졌다. 나아가 개인은 종교영역에서 뿐만 아니라 정치영역에 있어서도 전통적인 권위에 해당하는 하나의 대항 주체로 대두되었다. 이러한 개인에 대한 새로운 개념화가 고전적 자유주의자들에게 있어서는 자연권으로 부각되었다. 그러나 벤담은 자연권·자연법·사회계약과 같은 고전적 자유주의자들의 일반적인 개념들을 거부하였다. 왜냐하면 그는 사회계약이론에서 나타나는 공동체란 구성원 간의 어떠한 내적 유대도 존재하지 않는 외적인 것으로 인식하였기 때문이다. 즉 그에 의하면 고전적 자유주의자들에 있어 공동체의 가치란 사실상 명시적으로 존재하는 것이 아닌 반면에, 자신의 최대다수의 최대의 행복은 공동체가치를 명시한 것이었다.

그리고 『자유론』에서도 개인주의가 잘 나타나 있는데, 밀은 사회의 존재와 발달은 개인의 발전과 존재를 전제로 한다는 입장이었다. 즉 그는 시민의 사회적 자유를 논하면서 "국가의 가치는 결국 그 국가를 구성하는 개인의 가치에 있으며, 개인을 경시하는 국가는 존립하지 못한다"라고 주장했다. 따라서 국가나 사회는 확실한 근거가 없는 경우 개인의 자유를 절대 침해해서는 안 된다는 주장이었다. 왜냐하면 밀은 개인의 보편적 성질에 기반한 사회의 내재적 운동법칙을 인정하여 사회의 발전하는 원동력은 개인에 있다고 보았기 때문이다. 다시 말하자면 사회란 내적 성장을 가진 유기체로서 유기적으로 인간 본성의 산물로 성장하며, 몇백 년의 전통의 살아 있는 결정체로서 명확히 규정된 사회계층으로 구성되어 있어서 거의 신비스러운 속성이 내재되어 있는 것이다. 따라서 사회와 국가를 인위적인 수단과 혁신으로 방해해서는 안 되며, 사회질서의 유지는 목적의식적으로 만들어진 인위적 질서에 의한 정치적인 지속적인 기획을 필요로 하는 것이 아니었다. 이와 같이 정치의 목표를 도덕성의 진보에 두고, 공동체와 개인을 연결하는 내적 유대를 설정한 밀은 적극적인 자유 개념을 제시한 것이다.

따라서 스마일스의 개인주의는 타인과의 상호도움이나 협조를 전제로 한다. 즉 「서문」에서 "이 책에 실린 기술자 · 과학자 · 예술가 · 발명가 · 교육자 · 선교사 · 순교자 등의 사례를 보면 알 수 있듯이 이른바 자조는 혼자만 잘 살자는 게 아니다. 자조의 뜻이 자기 돕기라는 점에서 그것은 반드시 이웃돕기와 짝을 이루지 않으면 안 된다는 점을 분명히 해두고 싶다"[168] "내게는 두 가지 인생의 대원칙이 있다. 끈

168) Smiles, Samuel, 2002, *Self-Help*, Oxford: Oxford Press, p.205.

기 있게 부지런히 일한다. 남이 나에게 베풀어준 만큼 나 역시 남에게 베푼다. 이것이 성공의 비결이다"라 하여 상부상조의 원칙을 분명히 하고 있다.169) 예컨대 성공적인 삶의 다채로운 인물로서 이웃을 돕는 사회운동가로 성공한 요나스 한웨이(Jonas Hanway, 1712~1786)와 노예무역 폐지를 위한 최초의 영국 운동가인 그랜빌 샤프(Granville Sharp, 1735~1813; 이하 샤프), 수직적 사회이동을 보여준 윌리엄 잭슨(William Jackson, 1759~1828)을 소개했다. 이 가운데 샤프의 경우 원래는 영국의 토지측량부에서 근무하는 사무원이었으나 틈틈이 그리스어 · 히브리어를 공부해 성서 주석에 대한 여러 편의 논문을 발표했으며, 영국 및 식민지 전역에서 노예무역 제도를 폐지하기 위하여 평생을 두고 투쟁한 끝에 드디어 성공하게 된 인물 중의 한 사람이다.170) 이처럼 스마일스의 개인주의는 '이웃을 돕는' 도덕심과 함께 '스스로 노력하는

---

169) "에드먼드 버크는 말했다. 자신이 속해 있는 작은 집단을 사랑하는 것이야말로 모든 사랑의 출발점이다."(공병호, 201쪽).

170) 샤프에 대한 『자조론』의 내용을 보면 다음과 같다. "마지막 순간까지 그는 생애를 위대한 목표, 즉, 노예제도의 폐지를 고수했다. 이러한 사명을 완수하는 동시에 점점 수가 늘어가는 동지들을 조직화하기 위하여 노예제도 폐지 협회를 창설하니, 샤프의 모범과 열섬에 감동된 사람들이 궐기하여 이에 참여했다. 그의 정력이 그들의 정력이 되고, 그가 그토록 오랫동안 혼자서 애쓰면서 보여준 희생적인 열성이 마침내 온 국민의 열성으로 변했다. 그를 이어서 클락슨, 윌리엄 윌버포스, 브루엄, 그리고 벅스턴 같은 사람들이 그의 감화를 받아 같은 정력과 굳은 의지로 노력을 기울인 결과 온 영국 영토 내에서 노예제도가 폐지되기에 이르렀다. 그러나 비록 이런 사람들의 노력으로 이 위대한 명분이 마침내 승리를 보게 된 것이라고 흔히들 말하고 있지만 그 원천이 되는 공적은 말할 것도 없이 샤프에게 돌려야 한다. 그가 처음 이 일을 시작했을 때는 누구 하나 만세를 외치며 격려해 주는 사람이 없었다. 가장 유능한 변호사들과 당시의 뿌리 깊은 편견이 반대하는 가운데 그는 완전한 외톨이였으며, 자기 자신의 돈을 써가면서 혼자 분투하여 끝까지 싸워 이겼다. 이것이야말로 이 나라의 국체 보존과 영국민의 자유를 위해 매우 중요했던 투쟁으로 현대역사에 기록될 만한 일이다. 이후의 성과는 오직 그가 꾸준히 노력한 결과에 지나지 않았다. 횃불로 해서 많은 사람들의 마음에 불이 붙었고, 그것이 전파되어 온 국민이 밝은 빛을 보게 되었다."

자세'인 곧 사회공동체가 지향하는 목적이나 이익을 가치 기준으로 삼는다. 이는 궁극적으로 가족이나 사회의 이익으로 이어진다는 관념이어서 고전적 자유주의에서의 원자론적인 개인과 사회에 대한 관계와 다르며 개인의 이익을 극대화하는 이기주의 혹은 개인을 억압하는 집단주의와는 다르다.

이상에서 살펴본 바와 같이 스마일스에 있어 국가 번영의 원동력은 오로지 개인이며, 더 나아가 사회의 번영을 가져올 수 있는 추동력(推動力)은 국민의 '인격(Character)'과 생산력인 '노동'에 있다. 즉 1장에서 그는 "나라(Nation)의 개념이란 개개의 국민이 모여서 이룬 총합이기에 '우열강약(the Worth and Strength)'에 대한 판단은 '국정(Institutions)'보다는 '국민의 인격(the Character of its Men)'인 '개개인의 근면, 정력, 고결감의 총합'에 의해 크게 좌우된다고 하였다. 또한 한 나라의 '문명'이란 구성원인 인민이 각자의 '인격'을 올바르게 하며 맡은 직분(duty)을 다하고자 노력하고 기예를 갈고 닦는 것(Personal Improvement)에서 비롯된다.'라고 하였다. 아울러 그는 "한 나라의 정부는 국민 개개인의 수준을 반영하는 것에 지나지 않으며, 국민보다 앞서가는 정부는 국민의 수준에 맞게 끌어내려지고, 국민의 수준에 미치지 못하는 정부는 세월이 흐르면서 차츰 국민의 수준에 걸맞게 끌어 올려진다"[171] 라고 했다. 이처럼 그는 각자의 '인격'의 향상에 의한 문명의 진보를 통해 국가 번영이 이루어진다고 보았다.[172] 이 외에도 그는 "한나라의

---

171) 공병호, 114쪽.

172) 원문은 "Indeed all experience serves to prove that the worth and strength of a State depend far less upon the form of its institutions than upon the character of its men. For the nation is the only an aggregate of individual conditions, and civilization itself is but a question of the personal improvement of the men, women, and children of whom society is composed… The solid foundations of liberty must rest upon individual character; which is also the only sure guarantee

흥망이 제도보다는 국민 개개인의 인격에 달려있다는 것은 인류의 경험이 입증해준다"라고 말하였다. 이처럼 국가의 번영(flourishing) 및 품격(체통, respectability)은 국민 개개인의 인격의 총합에 의한 결실인 것이다.[173] 따라서 그는 '자조정신'에 의해 내면화되어 자기 변혁을 이루어야 한다는 과제를 제시하였다. 이를 경험적인 방법으로 입증하기 위해 그는 다음을 예시하고 있다. 즉 "네덜란드나 덴마크같이 작은 나라들은 국민의 자조정신이 강하여 국가가 부강해지는 반면 인구도 많고 국토도 넓은 대국인 인도가 섬나라인 영국의 식민지가 된 모두 국민의 자조정신이 부족했기 때문이다."[174] 또한 그는 "위대한 사람들 특히 선량한 사람들의 전기는 타인에 대한 원조 및 지도에 대한 자극으로서 최고로 유익하다"라고 하며 '자조정신'을 촉진시키는 방법으로 전기를 숙독할 것을 강조하였다.[175]

이러한 개인의 '인격'의 본질에 대해 마지막 장인 제13장 「인격(Character)-the True Gentleman)」에서는 "인격은 인간 본성의 최선의 형태(Character is Human Nature in its Best)"라고 한 바와 같이 '스스로 주인이 되는 것'이라는 자립적 인간으로서의 성품과 관계가 있는 것이다. 즉 그에게 '인격'은 사회적 책임성을 다른 곳에서 찾지 않고 먼저 스스로를 돌아보는 '자조정신'의 소유자이자 문명화에 대한 기여자이다. 따라서 "아무리 좋은 제도도 우리에게 실제적인 도움을 주지 못한다. 가장 이상적인 제도의 역할은 우리 스스로를 개선하고 발전하도록 가만히 내버려 두는 것일지도 모른다"[176]라고 하는 자유방임적 입장을

---

for social security and national progress"이다. Smiles, Samuel, 2002, *Self-Help*, Oxford: Oxford Press, p.205.

173) 공병호, 9쪽.

174) 공병호, 130쪽.

175) 공병호, 98쪽.

취했다. 이러한 13장의 「인격」은 런던으로 이주한 후 본격적인 저술 활동을 하는 동안 『인격론』으로 발표되었다. 이 책은 『자조론』에 비하면 구체적인 인물들의 삶을 보여주는 예화의 분량은 축소되었지만, 중세로부터 근대로의 과도기에서 인민이 어떠한 도덕을 구비해야 하는 가에 대한 논의로서 정치사상사에서 중요한 의의가 있다.

그리고 이러한 관점의 연장선상에서 스마일스는 제2장의 서두에서 영국민의 현저한 특징인 근면의 정신(sprit of active industry)을 강조하였다. 즉 '국가의 산업적 자립도 개인의 손에 달려있다. 국가 발전은 국민 개개인의 근면, 에너지, 고결함의 총합이며 국가 쇠퇴는 국민 개개인의 게으름, 사심, 악덕의 산물'이라고 파악했다. 따라서 스마일스는 "영국의 번영을 가져온 것은 넓은 의미의 노동이다. 영국의 진보는 위대한 특정의 계급에서 유래한 것이 아니라 눈에 띄지 않고, 알려지지 않는 대중에 의존한다"[177]라 하여 남녀노소를 포함한 일반 국민의 신체적, 정신적 노력인 '근면한 노동성과'가 국가의 번영을 가져왔다고 보았다. 또 다른 표현을 소개하면 "발명가들은 세계 최대의 산업을 일으켰다. 도구들은 노동과 창의력이 빚어낸 산물이다. 이러한 발명품 때문에 인류는 더욱 행복해졌고 대중적인 향락과 개인의 복리도 증진되었다"[178]라고 하여 도구나 기계를 연구한 발명가들뿐만 아니라

---

176) 원문은 다음과 같다. "It may be of comparatively little consequence how a man is governed from without, whilst everything depends upon how he governed himself from within." Smiles, Samuel, 2002, *Self-Help*, Oxford: Oxford Press, p.105. 아울러 "인격자들은 사회의 양심일 뿐만 아니라 통치가 잘 이루어지는 나라에서는 국가의 원동력이 된다. 왜냐하면 세상을 다스리는 것은 대체로 정신적 자질이기 때문이다. 나폴레옹은 전쟁에서 조차 10대 1의 비율로 정신적 요소가 물질적 요소보다 더 많은 영향을 끼친다고 말했다. 개인의 인격은 나라의 국력, 산업, 문명을 좌우하는 사회 안전의 토대이다."(공병호, 104쪽).

177) 공병호, 103쪽.

178) "인간은 노동을 통해 땅을 개간하고 미개한 생활에서 구원받았다. 노동은 의무

토지경작자, 유용한 재화의 생산자 · 저술가들 · 예술가들에 의해 이루어진 문명의 발전을 격찬했다. 즉 그는 증기기관을 발명한 와트, 증기기관차 발명가인 스티븐슨 등에서 볼 수 있는 바와 같이 인간은 '노동하는 존재(Homo Laborans)'이며 근대 문명을 일으킨 위대한 발명가들의 '노동을 통한 근면과 기술의 결합에 의한 성공'임을 강조하였다. 나아가 스마일스는 국부의 증대뿐만 아니라 국가의 법률, 헌정을 개선하는 정치적 개혁도 가져다준다고 강조하였다.[179]

그런데 이러한 그의 '근면한 노동'관은 산업혁명 이후에 제기된 새로운 자본주의적 노동관의 결실이다. 즉 종교개혁 이전까지의 기독교적 노동관은 신성한 것으로 당연히 감내해야 할 본분으로 간주되어 왔다. 다시 말하자면 주어진 신분이나 직업은 세습적으로 주어진 것이기 때문에 개인에게는 직업 선택의 자유가 제한되어 있어, 개성의 발휘라는 측면은 외면된 채 사회전체의 역할 분담과 봉사를 위한 강제된 노동이 주를 이루었다. 그러나 종교개혁을 거친 청교도들은 근

일 뿐 아니라 축복이다. 게으른 자만이 노동을 저주라고 생각한다. 노동의 의무는 팔다리 근육, 손의 구조, 두뇌의 신경과 주름 구석구석에 새겨져 있다." (공병호, 115쪽). 특히 캘빈은 절약과 검소한 생활을 강조하였다. 즉 하나님은 우리에게 검소한 생활과 절제를 요구하며 사치와 무절제한 생활을 금한다고 하였다. 또한 부의 개인적 사용에서 사치와 허영을 피하고 근검절약해야 한다고 강조하였다. 부지런히 일하는 것을 높이 평가하고 게으름에 대해여 매우 비판적이었다. 이처럼 그는 근면하고 검소하고 절약하는 인간형과 일을 통해 자본이 축적되는 직업관을 형성하였다. 노동을 존중하고, 검약과 절제를 강조함으로써 직업은 하나님의 소명임을 강조하며 직업을 통해서 우리가 하나님의 부르심의 목적을 이룰 수 있다고 주장하였다. 직업을 통해서 일을 한다는 것은 생계의 필요를 충족시키는 수단일 뿐만 아니라 하나님의 뜻을 실현하는 영적 행위이다. 상공업도 하나님이 정한 천부직으로 상인들의 매매활동이 건전한 사회생활에 귀중한 역할을 하고 있음을 인정하였다.

179) 원문을 소개하면 "And while this sprit of active industry has been the vital principle of the nation, it has also been its saving and remedial one, counteracting from time the effects of errors in, our laws and imperfections in our constitution", Smiles, Samuel, 2002, *Self-Help*, Oxford: Oxford Press, p.73.

면과 시간 엄수를 강조하며 경제적 자립을 노동윤리로 삼았다. 이후 19세기 복음주의자들에 의해서도 노동을 통한 자존과 자립이 중시되었다. 즉 현존의 사회질서를 하느님이 부여한 것이라고 믿는 가운데, 근검절약 · 진지함(sobriety) · 자기희생의 적극적인 태도로서의 노동이란 천국의 보상을 받는 자격을 갖추기 위한 수단이라는 새로운 근로윤리를 가졌다. 예컨대 1830년대에는 광부와 농장 노동자들 사이에도 복음주의가 적극적으로 전파되어 감리교 신자의 숫자는 1770년에 고작 25,000명에서 1800년에는 94,000명으로, 1830년에는 286,000명으로 증가했다. 이들은 자신들이 성취한 부는 하늘이 내린 하나의 축복이라고 믿었다. 또한 스마일스의 고향인 스코틀랜드 지역은 비국교도지역으로 감리교가 융성한 지역은 아니었지만, 복음주의운동에는 동참하여 건전한 생활윤리와 사회개혁의 가치관을 강조하였다.[180]

한편 당시 중간계급의 일부는 자신들을 빅토리아 사회의 중추라는 확신에 노동자들을 위한 교육 계몽에 참여하였다. 이들은 새로이 형성되기 시작한 시민사회를 위해 노동자들의 도덕적 개선을 통해 시민으로서의 자질을 향상시켜야 한다고 보았다.[181] 따라서 빅토리아시대

---

180) 스코틀랜드교회와 로마 카톨릭 교회는 1534년 헨리 8세(1509~1547)의 수장령에 의한 종교개혁 이후 300년 동안 박해와 추방을 경험하였다. 즉 스코틀랜드인은 잉글랜드 국왕 찰스 2세의 심사령(Test Act 1673)으로 잉글랜드의 국교도가 아니면 중앙 관료가 될 수 없고, 지방특별법에 의해 단지 빈민사업에서만 주요 자리를 차지하는 것이 가능했다. 정희라, 2005,「차별에서 평등으로: 종교적 불평등 폐지를 위한 19세기 영국의 개혁」,『영국연구』 13.

181) 산업혁명기 리즈 · 에딘버러 · 뉴캐슬의 중간계급의 각종 단체의 활동을 연구한 모리스(Morris)는, 당시 중간계급은 사회질서가 위협을 받고 있던 와중에서 노동계급의 소요에 대한 불안감 때문에 기부금을 냈었다고 하였다. 즉 자신들이 설립하고 자금을 댄 각양각색의 시민협회를 통해 빈곤이 야기하는 도시 특유의 위기와 노동계층의 급진주의의 위협에 대응코자 하였다. 예컨대 영국의 박애주의 자선가인 토마스 크랜필드(Thomas Cranfield, 1852~1870)는 극한적 가난으로 교회의 주일학교도 참석하기 힘든 극빈가족 자녀에게 무상교육을 제공하

이전에 시작되어 1830년대와 40년대에 절정을 이루었던 복음주의운동을[182] 중심으로 하여 근검 · 절약 · 경제적 자립 · 자율성 등으로 자신의 정체성과 자부심을 유지하고 품위가 있는 삶을 영유하도록 빈민들을 도덕적으로 개조시키고 하였다.[183] 이처럼 영국 전역에 걸쳐 퍼진

는 자선교육기관인 빈민학교(ragged school, 1788)를 설립하였다. 이처럼 많은 사람들이 자신의 여가시간의 일부를 할애해서 다양한 방식으로 남을 돕는 봉사활동을 하였다. 또한 디킨즈는 1843년부터 이 빈민학교에 대한 후원을 시작하였으며, 이 경험을 본문에서 언급한 바 있는 『크리스마스캐롤』에 반영하였다. 이처럼 사회의 지도적 위치에 있는 사람들일수록 자신의 신분에 따르는 도덕상의 의무를 다해야 한다는 노블리스 오블리주(noblesse oblige)적 사고방식과 관행이 전통으로 자리 잡았다. Michael D. S. Morris and Alexander Vekker, 2001, "An alternative look at temporary workers, their choices, and the growth in temporary employment," *Journal of Labor Research* 22(2).

182) 감리교 창시자인 존 웨슬리(John Wesley, 1703~1791)는 윌리엄 윌버포스(William Wilberforce, 1690~1776)와 함께 19세기 영국의 복음주의운동을 이끈 인물이다. 본래 복음주의운동이란 1790년대에 쇠퇴한 국교회를 부흥시킨다는 취지로 시작된 초기 감리교운동(Primitive Methodists)이다. 즉 존 웨슬리는 생전에는 새로운 교파나 종파를 만들려는 의도가 없는 분명한 국교도였으며, 감리교 설립은 그의 사후에 이루어졌고 1791년부터는 국교회 테두리를 벗어나 국교회에서 가장 큰 경쟁 종파가 되었으며 이후에는 여러 분파로 더 나뉘었다. 한편 1780년부터 1825년까지 하원의원을 지낸 윌리엄 윌버포스의 중심적 활동은 노예무역 반대운동(1759~1808) 및 도덕개혁 운동이다. 즉 그는 런던 교외에서 '클래펌 공동체(Clapham Sect)'를 조직하여, 자신의 목표를 노예무역 폐지와 도덕적 개혁을 이루는 것이라고 하여 1807년부터 노예무역제의 폐지를 이끌었다. 이처럼 그가 노예무역을 반대한 이유는 악한 제도일 뿐만 아니라, 자유로운 인간들만이 새로운 영적 체험과 개종을 할 수 있다고 믿었기 때문이다. 결국 그가 세상을 떠나기 며칠 전 1833년에 노예제도는 폐지되었다. 또한 그는 공장 지역 어린이들의 정신적, 도덕적 그리고 사회적 상태를 돌보기 위한 목적으로 1833년에 국가법에 의해서 공장학교들을 운영하여 극빈자학교 연합도 결성하고 교도소 개혁도 시도하였다. 더욱이 YMCA도 그가 산업화 과정에서 도시로 몰려든 시골청년들을 복음화하고 돌보는 목적을 가지고 런던에서 12명의 청년들과 시작한 모임이다. 따라서 케임브리지 역사가 브라운(Ford K. Braun)은 빅토리아시대가 출범하기 전 50년간을 '윌버포스의 시대'라고 평가하였다. Garth Lean, 송준인 옮김, 1987, 『신념으로 세상을 바꾼 사람 윌버포스』, 꽃삽.

183) "물고기 한 마리를 잡아주면 하루를 살 수 있지만 물고기 잡는 방법을 가르쳐 주면 일생 동안 먹고 살 수 있다"라는 유태인들이 스스로 생계를 책임질 능력을 갖추는 것이 중요함을 후손들에게 전하고자 한 탈무드 속담에서 유래한 것이다.

중간계급과 노동자들은 복음주의운동을 매개로 하여, 인간의 속세의 운명을 이행하는 최고의 수단이 노동이라는 윤리에 똑같이 동의했고, 근면한 노동은 천국의 보상을 받기 위한 자격조건이라고 여겼다. 이들의 이러한 새로운 노동윤리는 영국의 산업발전에 적지 않은 기여를 한 것으로 인정된다.[184]

그리고 스마일스는 '자조정신'은 전제정치를 불식시켜 민주사회로 나아갈 수 있게 하는 원동력이라고 주장하였다. 즉 그는 "전제정치체제란 국민을 위해 이루어지지만 국민의 손에 의해 이루어져서는 안되는 정치체제이므로 국민 사이에 함양해야 할 건전한 이론은 자조의 이론이며 이 이론을 완전히 이해하든 못하든 전제주의는 흔적이 없어지는 것이다."[185] 그는 이러한 주장을 당시의 역사적 사실로서 뒷받침하였는데 '자조정신'을 갖춘 영국과 갖추지 못한 프랑스 제2 제정인 나폴레옹 3세의 보나파티즘을 직접적으로 대비하였다. 즉 그는 당시 제도화된 프랑스의 전제주의를 거론하며 "공동사회의 자유로운 양심을 파괴하고 어떠한 형태의 전제의 길을 급속히 준비하고 인간을 최악의 형태로 우상화하는 것이며, 결과적으로 단순한 부의 숭배와 같이 타락적인 단순한 힘의 숭배이다"[186]라고 격렬히 비판하였다. 반면 영국의 경우는 이와 대조적으로 '개인의 정력적인(energetic) 활동 가운데 나타난 자조정신의 현저한 특징을 국가의 기준'임과 동시에 민주주의의 표상으로 내세워 프랑스의 보나파르티즘(Bonapartism)과 대비시켰다.

184) 산업혁명을 계기로 실질적인 노동을 기계가 담당하게 되는 현상이 발생하면서, 노동력에 관한 규범의 역할이 신분에 근거한 규범을 통하여 노동을 강제하는 방식에서 노동력의 이용 원칙 수립이라는 관점으로 옮겨가게 됨으로써 현대적 의미에서의 노동법의 효시가 되었다. M. R. Watts, 1978, *The Dissents* 1, Oxford University Press, p.270.

185) 공병호, 23쪽.

186) 공병호, 32쪽.

그러면 '자조정신'이 민주주의를 가능하게 한다는 그의 주장의 근거는 무엇인가? 그는 "자유의 견고한 기초는 개인의 인격에 기초하지 않으면 안 된다. 이것이야말로 사회의 안전과 국가진보의 유일하고 확실한 보장이 된다. 국가는 자조적인 국민으로 구성되어야 하며, 개성이 존재하는 한 최악의 결과를 가져오지 않을 수 있기 때문이다"[187]라고 하여 '자기계발의 자유' 혹은 '개별성'을 통한 다양성을 보장해 주는 가운데 '자조적인 인격의 달성'이 궁극적으로 민주주의를 향해 나아갈 수 있게 한다고 보았다. 더욱이 그는 다음과 같이 언급했다. "권력의 독점이 전제가 아니라 개별성을 억누르는 것은 그것이 어떠한 이름을 부른다 하더라도 모두 전제주의(Caesarism)인 것이다. "[188]

이는 스마일스가 밀의 『자유론』의 영향을 강하게 받았다는 증거다. 즉 밀에 있어 개별성이란 개성을 의미하며, 자기 자신의 욕구와 충동을 가진 사람을 개성있는 사람이라 하였다. 따라서 밀은 개별성이 발달할수록 인간의 생활은 풍부해지고 다양해지며 생동감이 넘치게 된다. 이와 같이 밀은 개별성은 인간성의 완성에 이르게 한다는 점에서 그 자체가 가치가 있을 뿐 아니라 개별성이 계발된 사람들이 사회에 미치는 영향력을 통해서 사회의 효용을 증가시킨다. 반면에 개별성이

---

187) 공병호, 14쪽.

188) "그러나 인간 존재로서의 비교적인 가치는 무엇인가? 진정으로 중요한 것은 사람이 무엇을 하는가에 달려있는 것이 아니라 그 일을 어떤 방법으로 하는 가이다. 설령 집을 짓고 곡식을 재배하고 전투를 치르고 재판을 하고 심지어는 교회를 건립하고 기도하는 것조차도 기계에 의해서 -사람의 형태를 한 자동기계에 의해-행해질 수 있다고 하더라도 현재 문명세계에 거주하는 사람들 중에서 자연적인 재능이 적은 사람들일지라고 그러한 자동기계로 대체된다면 그 손실은 상당할 것이다. 이처럼 인간 본성은 주어진 일을 정확하게 해내도록 모형에 따라 설계된 기계가 아니라 자신을 생명체로 만드는 내면적인 힘의 성향에 따라서 모든 방향으로 성장하고 발달하기를 요구하는 나무와 같다." 존 스튜어트 밀 저, 서병훈 역, 2018, 『자유론』, 책세상, 124쪽.

억압될 때 문명도 정체하거나 쇠퇴하게 된다고 밀은 주장한다. 요컨대 사회의 발전은 개별성이 조장되어 다양한 사고방식과 생활 방식이 상호 영향을 미치고 그 가운데에서 새로운 경향들이 창조될 때 일어난다는 것이다. 아울러 밀은 "육체적 힘과 마찬가지로 정신적 도덕적 힘은 사용할 때만 향상된다. 단순히 다른 사람들이 하기 때문에 따라서 하는 것은 다른 사람이 믿기 때문에 따라서 믿는 것과 마찬가지로 재능의 작동을 요청하지 않는다"라고 한 바와 같이 개인적 욕구와 충동이 강렬할 때 사람은 내면적 힘의 성향에 따라 자연스럽게 성장한다는 것이다. 반면에 이러한 충동을 억제하는 강제력에 순종하면 "자신의 본성을 잃게 되고 그들의 인간적 능력은 쇠퇴하고 고사하게 되며 강렬한 소망이나 타고난 쾌락을 읽게 되고 일반적으로 자신의 고유한 의견이나 감정을 갖지 못하게 된다"라고 하였다. 요컨대 밀은 느낌, 사고 행위의 방식을 관습에 따라 받아들인 사람은 개성을 갖지 못한 것이므로, 자신의 삶의 방향을 자신의 판단에 따라 선택하는 자율적인 삶에 의해서만 인간의 정신적 도덕적 능력이 발전하게 된다는 것이다. 이처럼 자율적인 삶 그 자체가 인간을 가치 있게 한다는 것이다.

한편 밀에 의하면 개별성의 발전을 가장 저해하는 것은 억압적인 정치권력이 아니라 사회적 압제이다.[189] 사회적 압제는 다수의 횡포에 의한 법적 물리적 강제일 수도 있고 사회적 관습이나 공공여론일 수도 있다. 나아가 대중압력이 어떻게 인간을 위축시키고 관습의 노예로 만드는지에 대해서도 쓰고 있다. 이처럼 그는 민주주의가 확립된 사회에서 정치적 탄압은 사라진다 하더라도 사회적 압제에 의한

189) "사회적 압제는 보통 정치적 탄압처럼 그렇게 극심한 처벌을 동반하지는 않지만, 도피할 여지를 남겨두지 않고 일상생활의 구체적인 세부까지 훨씬 깊숙이 개입하여 인간의 영혼 그 자체를 노예화한다." 존 스튜어트 밀 저, 서병훈 역, 2018, 『자유론』, 책세상, 127쪽.

강제가 개별성을 억압할 것을 경계하였다.[190] 또한 자신의 개별성을 계발할 권리를 갖고 있다면 사적인 행동영역(privacy)을 보장해 주어야 하며 개인의 행동에 대해 최대한 관용해야 한다는 것이다.

따라서 스마일스가 중시한 '자기계발의 자유' '개별성'이란 '자유'의 본질이다. 따라서 자유란 자신의 삶을 자신의 본성에 따라 자신이 원하는 대로 자율적이고 자발적으로 영위하는 상태를 말한다. 다시 말하자면 다른 사람의 강제로부터의 면제 즉 외부적 강제(restraint)의 부재를 통한 소극적 자유론에서 벗어난 것이다. 왜냐하면 소극적 자유는 간섭받지 않고 스스로 행동을 선택할 수 있는 가능성, 방해 없이 자신의 삶의 방향을 선택할 수 있는 가능성이다. 더 나아가 내면의 목소리에 따라 스스로의 주인으로서 자신이 어떻게 하느냐에 달려 있다는 적극적 자유론임을 알 수 있다. 스마일스는 이러한 적극적 자유론에 기초한 국력의 원천은 '법과 제도가 아닌 개인의 자조정신'이며 정부의 규제와 법률에 대한 의존성에서 개인을 해방시킬 필요가 있다는 이론적 토대가 되었다.

그러면 그의 이러한 주장을 좀 더 분명하게 입증해보자. 즉 "국가개혁도, 국가와 법률의 힘도 세상에 널리 퍼져 있는 미신이다. 법이 아무리 공평해도 게으름뱅이를 부지런하게, 사치꾼을 검소하게, 주정뱅이가 술을 끊게 만들 수는 없다. 그런 개혁은 오로지 개인의 실천, 절약, 극기를 통해서만 가능하다. 이는 개혁은 개인의 더 많은 권리가 아니라 더 나은 습관을 통해서만 이루지기 때문이다."[191] "한나라의

---

190) "대중은 가장 무책임한 태도로 그들이 혹평하는 행위를 하는 사람의 쾌락이나 편의를 무시한 채 자기 자신들의 기호만을 고려한다. 따라서 많은 사람들이 자신을 혐오하는 행위를 자신에 대한 해악으로 간주하고 자신들의 감정에 대한 모욕으로 여기고 분개한다." 존 스튜어트 밀 저, 서병훈 역, 2018, 『자유론』, 책세상, 127쪽.

흥망은 제도보다는 국민 한 사람 한사람의 품성에 달려 있다는 것은 인류의 경험이 입증해 준다"[192]고 한 바와 같이 법률과 제도와 같은 외부규제가 아니라 '스스로에 의한 자조활동 방식에 의한 자기책임의 원칙'이 중요함을 강조하였다.[193] 따라서 그는 '자조정신'과 같은 입장에서 개인의 삶에 미치는 관료주의적 간섭에 대해 혐오감을 드러낼 뿐 아니라, 지나친 보호와 권력이 강한 정부에 반대하며, 정부의 기능은 적극적, 능동적인 것이 아니라 소극적이고 한정된 '작은 정부'여야 한다고 주장했다. 그리고 이러한 주장의 근거로서 "사람들이나 계급 때문에 하는 것은 자신의 필요성과 자극을 제거하게 되고, 지도력과 정부 권력에 의해 복종하는 것은 약체가 되는 것이다"[194]라고 하였다. 이는 그가 『리즈타임즈』 등에 게재한 권력 남용의 귀족, 상원의원의 전횡과 독점에 대한 비판 및 의회개혁의 기사들과 같은 맥락이다.

---

191) 공병호, 8쪽.

192) 공병호, 9쪽.

193) 이외에도 "내면이 노예화된 국민은 단순히 정부나 제도를 바꾼다고 해서 노예상태로 부터 해방이 될 수 없다. 개인의 자유가 정부의 국성에 달려 있다는 망상이 널리 퍼져 있다. 정부를 바꾸기 위해 아무리 많은 비용을 들인다 해도 그것은 비현실적이고 일시적인 처방에 불과하다. 한 사람 한사람의 인격일야말로 자유의 실질적인 토대이며 사회 안정과 국가 번영의 유일한 보증수표이다." "품성이 고결한 국민은 고결하게 대우받지만, 무지하고 부도덕한 국민은 천하게 취급당할 것이다. 경험에 비추어볼 때 한 나라의 국력은 그 나라의 제도에 의해 좌우되는 것이 아니라, 국민의 인격에 의해 훨씬 많이 좌우된다. 국가는 단지 개개인의 생활여건을 전반적으로 반영하는 집합체일 뿐이며, 문명도 그 사회를 구성하고 있는 남녀노소 구성원이 각자 얼마만큼 개선의 노력을 기울이는가에 달려 있다."(공병호, 6~7쪽).

194) 공병호, 5쪽.

5. 스마일스 자조론의 정치사상사적 의의

지금까지 살펴본 바와 같이 스마일스의 자조론은 빅토리아 시대에 전개된 노동자들의 빈곤의 원인에 대한 정의 및 해소의 방법과 밀접히 관련된 이론이다. 즉 노동자들의 빈곤의 원인은 사회구조가 아닌 개인의 나태에 있으므로, 이를 타개할 수 있는 성숙한 인격인 '자조정신'을 통해 국가로부터 어떠한 지원을 기대하지 말고 자립하라는 것이다. 이러한 그의 자조론은 『리즈타임즈』 시절의 그의 급진주의적 성격과 연속성을 가지고 있다. 즉 빈곤의 원인을 개인적 도덕적 해이에 따른 귀책으로 돌리는 빈곤의 개인 책임설, 개인의 번영의 총체가 국가 부강의 원천으로 본 자유방임의 고전경제학, 벤담의 최대다수 최대 행복의 실현을 위한 평등과 보통 선거권에 의한 대중민주주의의 확립, 밀에 의해 주장된 진정한 행복을 위한 '스스로 할 수 있는 자유(freedom to)'인 질적 공리주의인 도덕적 자유론이다. 따라서 이러한 19세기 자유주의로서의 그의 자조론의 정치사상사적 의의를 좀 더 구체적으로 살펴보자.

1) 빈곤개인책임론

스마일스의 자조론은 빈곤의 원인을 개인의 도덕적 나태에 두었으며, 개인주의의 영향으로 개인의 권리와 의무가 강조되면서 빈곤의 책임도 빈곤한 개인의 책임으로 돌아갔다.

이러한 빈곤개인책임론은 그가 처음 주창한 것은 아니다. 이미 봉건시대인 튜더왕조 시기에도 빈곤의 원인을 게으름뱅이의 구제 불능의 도덕적 결함으로 보았다. 즉 빈곤의 원인은 개인에게 있지만 교구 조직을 통해 종교적 은총의 행위인 자선과 박애를 통해 구제해야 한다고 보았다. 아울러 16세기에서 18세기 중반에 걸쳐 유럽사회를 지배한 정치경제사상인 중상주의에서도, 게으른 생활 태도가 가난의 이유라고 보아 빈민을 도덕적 결함을 가진 경멸의 대상으로 보았다. 그러나 중상주의자들은 19세기 자유주의자들과 다르게 빈민 구제에 대해서는 국가의 책임 하에 두었다. 즉 '하층민은 잔인하고 무지하며 이틀 일해서 먹고 살 수 있다면 삼일은 일하지 않을 사람이다', '빈민들이 사치와 낭비하는 경향이 있다'라고 비난하며 빈민의 악습과 결함을 지도하는 가운데 보호하였다. 왜냐하면 이들은 절대적인 인구 증가책을 지지하는 인구 성장주의와 빈민을 국부에 기여할 수 있는 잠재적 자원(potential resource)－노동력의 원천－으로 간주하여 노동인구의 효율적 관리라는 측면에서 빈민정책을 실시하였기 때문이다.[195]

그러나 18세기 후반에 이르러 등장한 경제사상인 자유방임주의는, 천부인권론과 중상주의의 빈곤효용론을 강하게 반박하였다. 즉 스미

195) 영국에서 시민혁명이 성공하기 이전인 대략 16세기에서 18세기에 일어난 중상주의와 계몽주의에서는 빈민을 포함한 인구증가에 대해 긍정적이었다. 그러나 맬더스는 반대 입장에서 윌리엄 고드윈(William Godwin, 1756~1836)과 이에 관해 오랫동안 논쟁을 벌인 것으로 유명하다.

스의 고전적 정치경제학의 원칙을 추종한 맬더스는 빈곤의 원인은 개인의 도덕적 나태임에도 불구하고, 늘어만 가는 반사회적인 빈민 인구를 국가 책임하에 구제하고 있는 구빈법이 비효율적이고 낭비가 많다는 점을 비판하였다. 그는 자신의 주장의 근거로 '일반적으로 인간은 생존권을 소유한다고 생각되어진다. 그러나 단연코 인간은 생존권을 소유하지 못할 뿐 아니라 소유할 수도 없다고 확신한다. 사회는 시장에서 고용과 식량을 구하지 못하는 사람들에게 고용과 구호 물을 제공해서는 안 된다'라고 하며 인간의 생존권은 자연권이 아니라 노동을 통해서만 획득되는 권리이므로, 빈민이 보호받을 권리를 당연히 갖게 되는 것이라는 주장은 부당하다고 보았다. 따라서 맬더스는 모든 일은 개인의 책임이므로 노동능력이 있는 빈민은 '열등처우의 원칙'과 '원내구호의 원칙'에 따라 엄격한 규율과 노역에 가혹하게 다루고자 하였다.

그리고 벤담 역시 빈곤의 원인에 대해 인간의 성격적인 결함인 도덕적 해이에서 비롯되었다고 보았다. 특히 그는 노동능력이 있음에도 불구하고 게으르고 방탕하기 때문에 구걸로 살아가는 부류에 주목하였다. 즉 "근면은 그것이 받는 장려에 비례해서 증대된다. 노동자는 임금이 낮은 곳에서보다 임금이 높은 곳에서 더욱 적극적이고 더욱 부지런하고 더욱 빨리 움직이는 것을 항상 보게 된다"라고 한 바와 같이, 근면한 노동에 대한 합리적 보상을 통해 하층계급의 상태가 개선되는 것이 사회에 유익하다고 보았다. 따라서 그는 나태를 척결할 도덕교육을 통해 빈민의 노동력을 산업화의 예비 노동력으로 활용함으로써 산업화를 촉진하는 '자력갱생론'을 펼쳤다. 예컨대 그의 문하생인 벤담주의자들은 자신들이 작성한 빈곤 원인에 대한 사회조사 결과 보고서는 빈곤상태 · 게으름 · 음주를 도덕성으로 재단하였다. 나아가 빅토리아시대 선별적 복지정책으로 실현되었다.

그리고 빈곤개인책임론에는 개인주의가 바탕이다. 개인주의적 전통은 17세기에 시민사회가 성립되고 자유주의가 점차 발전하면서 확고한 정치적 전통으로 자리 잡아온 영국 자유주의의 기본 철학이기도 하다. 예컨대 홉스의 경우는 철저한 개인주의적 입장이었다. 즉 그는 세습적 정치권력을 부정하고 개인의 자기보존 욕구에 기초한 정치권력의 필요성을 주장했다는 점에서 철저한 개인주의적 입장이다. 이처럼 개인의 자기보존 욕구가 모든 정의와 도덕의 기초가 되는 것이며, 국가권력은 이러한 자기보존을 보장하는 한에서만 정당하게 되기 때문이다.

아울러 로크의 시민적 자유는 개인의 재산권을 의미했다. 즉 사회는 공동체 구성원들에 의해 형성되는 가상체(fictitious body)에 불과한 것이며 궁극적으로 자기의 생존 · 만족 · 성공 혹은 다른 개인적인 목적을 위한 것이다. 따라서 이것이 다른 사람의 자유와 권리를 침해하지 않는 한 사회는 그것을 보장하여야 한다는 것이다. 이러한 기본적으로 부여된 개인의 법적 정치적 권리를 타인들에게도 똑같이 인정하는 것 외에, 국가는 시민에게 어떤 사회적 의무도 갖지 않기 때문에 이웃이나 국가는 빈민을 도울 의무가 없다. 더욱이 세금과 같은 강제적 방법을 통해 공동체의 장애인이나 가난한 사람과 같은 사회적 약자를 구휼하는 정책에 대해서는 관심 밖이었다. 예컨대 누군가 선천적 장애나 사고로 인해 어려운 상황에 처해있다고 할 때 그들을 도울 의무는 없는 것이다. 이러한 경우에는 개인적 차원에서 자발적으로 그들을 돕는 것은 좋은 일이지만, 자신이 원하지 않는 상황에서 다른 사람들을 돕는다는 명목으로 국가가 세금을 거두려 한다면 강요된 노동이자 자유의 침해라는 점에 방점을 두었다. 이처럼 원칙적으로 모두를 위한 기본적 복지보다는 개인의 사유재산권, 응분의 몫 혹은 절차상의 공정성을 강조하며, 가난한 이들을 위한 분배적 정의와도 무관한 것으로 보았다. 요컨대 로크는 국가를 공리주의자들과 달리 행복의 수단으로 본 것이 아니라, 소유의 개념을 중시하는 소유적 개인주의를 토대로 한 국가관이다. 따라서 국가란 이미 확립된 사적 소유권을 보호하는 장치일 뿐이며, 국가가 관심을 가져야 하는 정의란 시장에서 게임의 규칙을 확보하기 위한 소극적 혹은 절차적 정의였다.

그리고 스미스는 방법론적인 개인주의(methodological individualism)에 기초하고 있다. 즉 인간은 사적인 행동뿐 아니라 집단행동에 있어서도 유일한 의사결정자로 인식된다. 또한 그는 사회는 원자적 개인들의 집합체로서, 모든 사회적 현상은 개인들의 행동의 상호작용으로 설명되어 질 수 있다고 주장하였기 때문이다. 다시 말하자면 그는 자신의 이익을 추구하는 개인들이 서로 경쟁하고 협력하는 과정에서 질서가 형성되고 제도가 창출되므로 경제체제나 제도 등은 개인들의 상호과정으로 설명될 수 있는 것이다. 따라서 산업화에 수반되는 여러 문제들이 신분적인 구조 차원의 문제가 아니라 개인의 자유 · 권리 · 독립을 의미하는 개인주의를 토대로 자신의 능력으로 인정받을 수 있는 사적 원리에 초점이 맞추어져 있는 것이다.

이러한 스미스의 개인주의는 벤담과 차이점을 가진다. 즉 벤담은 개인의 행복의 합계가 사회의 행복의 크기와 비례한다고 보는 개인주의적 입장이다. 또한 로크와 달리 벤담은 사회전체의 행복의 합을 증가시키기 위해 공동체에 개입할 수 있는 정부의 권위를 인정하였다. 따라서 그가 자신의 희생이 타인에게 더 큰 유용성을 산출할 경우 개인의 희생을 요구한다는 점에서 고전적 자유주의자들의 개인주의와도 다르다. 반면에 스미스는 경제 질서인 시장은 개인의 의도와는 상관

없이 의도되지 않는 방향으로 형성되는 자생적 질서로 보았다. 즉 시장은 복합한 거대체계로서 시장에 참여하는 개인은 부분적인 정보밖에 갖고 있지 못하기 때문에 정부라고 하더라도 시장 기구에 간섭하여 직접 자원 배분에 간섭하게 되면 왜곡을 가져오게 된다는 점이다.

2) 자유방임주의

스마일스는 보호무역의 중상주의에서 벗어나 18세기 말경부터 19세기 중반까지의 산업혁명이 탄생시킨 자유방임의 시장 경쟁에 적합한 경제적 자유주의자이다.[196] 예컨대 그가 참여한 반곡물법청원 운동은 자유무역의 실현을 위한 상징적인 사건이다.

그런데 비록 스미스는 자유방임주의란 용어를 직접 사용한 바는 없지만, 자유방임주의의 시조는 18세기 고전경제학자인 스미스이다. 본래 스미스가 활동하던 시대는 중상주의가 지배하였으므로 근본적으로 자유무역이 아니라 보호무역주의였다. 그러나 그는 '자본주의 경제가 상공업을 발전시켜서 모든 사람들에게 생업을 갖게 하여 빈곤을 소멸시킬 수 있다'라고 하여 중세 유럽사회를 지배했던 중상주의를 타파하고 자유시장경제와 자유무역주의를 확립시켰다. 즉 그는 『도덕적 감정론』에서 공감의 논리로 제한된 개인의 경제적 자기 이익 추구로 인해 빚어지는 의도치 않았던 경제적 조직화의 효과를 묘사하기 위하여 "보이지 않는 손(시장, invisible hand)"이라는 비유를 사용하였다. 이는 개인의 경제적 자기 이익 추구로 인해 빚어지는 의도치 않았던 경제

196) 버나드 맨더빌 저, 최윤재 역, 2010, 『꿀벌의 우화-개인의 악덕, 사회의 이익』, 문예출판사, 170쪽.

적 조직화의 효과를 의미하였다.[197] 그런데 이러한 '보이지 않는 손'은 밀이 『정치경제학 원리』에서 국가의 역할에 대해 논하면서 대중적 경제용어가 되었다. 요컨대 스미스는 경제와 정치를 독립된 것으로 인식하고 경제의 운영을 자연적 질서에 의존하고자 하였다. 즉 노동생산력의 증진과 자본의 축적은 인간 본성 그 자체의 이기심에 기인하기 때문에 인위적인 통제와 간섭을 제거하면 국가의 부는 자연적으로 달성된다고 보았다. 이는 당시 경제상의 특권적 지위를 향유하면서 정부 기능의 확대를 요구했던 상업자본가들에게는 부적합한 것이었으나 새로운 경제 질서를 추구했던 산업자본가에게는 바람직한 경제 논리였다.

그런데 스미스의 자유방임주의는 자연권을 토대로 한 고전적 자유방임주의자들의 입장과 다르다. 즉 로크는 '소유권 및 경제적 자유 보장 이외에는 어떠한 국가의 간섭도 배제한다'는 정지주의, 정적주의로 불리는 일종의 자유방임적 야경 국가적 입장이다. 곧 최소의 정부가 최선의 정치이다. 다시 말하자면 로크는 기존의 자연권 이론을 통해 인간의 평등한 자유를 주장하였으며 인류가 진보할수록 사회적 상태에 적합하게 되어, 정부의 유일한 순기능은 생명과 재산을 확보하는 것이라는 최소국가이론을 옹호했다. 따라서 국가 또는 정치권력으로부터의 자유로운 경제활동을 보장하는 일은 당연히 경제 영역의 자유방임주의를 넘어서 국가의 역할을 치안과 질서 유지에 국한시켰다.

---

197) 스미스는 1500페이지 분량의 『국부론』에서 '보이지 않는 손'이란 표현을 단 한 번 사용했다. 즉 '외국 제품 수입을 규제해 본국 제품을 보호하는 것은 본국 이익을 위해서다. 이 경우 '보이지 않는 손'에 이끌려 의도하지 않은 목적을 달성하게 된다. 본국 기업이 노동자를 더 많이 고용해 일자리가 늘어난다'는 내용으로, 국내에서 생산하는 제품을 보호하기 위해 수입을 규제하는 것을 비판하기 위해서였다.

이처럼 로크의 사상적 핵심은 자연법에 의거한 인민주권이라는 정치적 이념이라기보다는, 자본주의적 질서의 근거인 사적 재산권과 시장에서의 교환 가치를 중심으로 하는 자본축적이라는 경제적 이념이며, 자유주의의 정당성은 도덕적 정초에 의거한 것이 아니라 사적 소유권과 시장에 의해 이루어진 성과가 이의 정당성을 확보하는 것임을 알 수 있다. 따라서 로크에 있어서는 응분의 몫 혹은 절차상의 공정성을 강조하는 분배의 정의에 대해서는 소극적이었듯이, 경제 논리가 정치 논리의 선행조건이자 경제적 자유주의를 위한 필요조건이기 때문에 정치적 자유주의와 경제적 자유주의는 분리하지 않았다. 또한 정치적 질서는 경제적 자유를 유지하기 위한 수단으로 보는 측면이 강하였다. 따라서 이러한 로크의 사상적 특징에 대해 C.B. 맥퍼슨(MacPherson)은 개인이 자기 신체와 재능, 재산을 소유하고 이것을 추구하는 자유라는 의미로 배타적인 '소유욕이 강한 개인주의(possessive individualism)'로 명명하였다.[198)]

---

198) 로크는 개인이 사회에 의해 영향을 받고 구성된다는 것을 부인한 것은 아니다. 즉 사회에서 완전히 고립된 독립인 존재라는 의미가 아니며, 공동협력으로 인한 상호의존성이 개인의 자유를 제한한다고 보지 않는다는 의미다. 바꾸어 말하자면 고립된 개인들의 자유도 결국 고립된 개인의 자유를 보존하는 것을 넘어 공동체의 삶의 질서와 이상을 수립하는 것이 될 수밖에 없다는 것을 의미한다. 따라서 그는 재산의 사회성을 인정하면서 재산의 창출에 기여한 사회적 가치에 대해서는 국가 혹은 사회가 정당하게 그 몫을 가질 권리가 있다는 것을 인정한다. 예컨대 『인간지성론(An Essay Concerning Human Understanding)』(1689)에서 "모든 사람은 자신의 인격을 재산으로 갖는다. 더욱이 자기 자신을 제외하고는 누구도 이것에 대한 권리는 갖지 않는다. 즉 자신의 신체의 노동과 자신의 손의 노동은 마땅히 그 사람의 것이라 말할 수 있다"고 말했다. 따라서 그는 사람에게 가장 중요한 소유물은 자신의 몸이며, 이를 사용해 얻은 노동의 대가는 자신의 것이다. 그는 이러한 노동과 재산권의 개념을 발전시켜 자본주의의 발전에 기여했다. 뿐만 아니라 그는 생명과 재산에 대한 권리는 국가가 도덕적 정당성을 획득하기 위해서는 반드시 보장해야할 양도 불가능한 자연권이라고 주장했다. 이러한 측면은 그의 사상적 핵심이 자본주의적 질서의 근거인 사적 재산권과 시장에서의 교환 가치를 중심으로 하는 자본축적이라는 경

반면에 스미스는 사유재산과 자유로운 거래를 바탕으로 한 시장기구가 어떻게 경제문제를 해결해 가는 가에 대한 관찰을 한 끝에 시장의 자동조절기능을 발견해 내고 그것을 기초로 한 새로운 사회원리를 주장하였다. 다시 말하자면 그는 인간 행위의 원동력인 개인의 자기애와 자유에 기초한 경제 세계가 다수 노동자의 번영 및 행복의 도모와 사회공동체 및 국가에 미치는 이익으로 연결되므로 개인이 부유하면 국가도 부강해질 수 있다는 것이다.

즉 영국은 18세기에 이르면 봉건 특권계급의 저항에도 불구하고 생산력의 발전은 봉건사회의 해체를 위한 물질적 기초를 확립하였고, 사회적 기반은 기존의 질서에 불만을 가지고 있었던 농노들과 도시의 하층민을 중심으로 확대되어 상품경제의 원리에 부합하는 사유재산권과 신체의 자유를 핵심으로 하는 정치적, 법적 구조가 형성되었다. 그러나 스미스는 경제적 자유의 정당성을 로크처럼 자연권에서 찾지 않고, 공리주의적 근거에서 도출해 냈다. 즉 고전적 자유방임주의자들과 달리 정부의 간섭 대신에 자유롭게 방임하는 것만이 사회의 이상 실현에 있어 최상의 방법이라는 것이다.

이러한 스미스의 자유방임주의는 1820년대 관세개혁 및 1840년대 전반의 관세개혁, 1846년의 곡물법 폐지, 1849년 항해조례 폐지라는 일련의 정치적 과정을 통해 실현되었다. 특히 자유무역의 절정은 하원에서 국내 농산물 보호를 위해 수입 농산물에 높은 관세를 부과하던 곡물법을 철폐하는 법안이 통과된 시기였다(1846.5.16). 그런데 반곡물법

제적 이념임을 알게 해주는 결정적 단서가 된다. 다시 말하자면 로크의 경제원리는 자연법에 의거한 인민주권이라는 정치적 이념의 선행조건이라는 것이다. 따라서 로크는 자유주의이념을 실천하는데 있어서 생산수단의 사적 소유라는 기초위에 개개인의 자유로운 선택을 보장해주는 사회질서의 필요성을 역설하였다고 볼 수 있다.

청원운동의 주체 세력은 빅토리아시대 초기의 경제력을 바탕으로 19세기 영국의 경제성장을 주도한 산업자본가들이다. 즉 이들은 정치적 평등 못지않게 자유로운 활동을 통한 경제적 자유도 갈망하여, 자유시장과 고전경제학의 논리를 통해 보호관세를 비판하고 자유방임주의와 자유무역을 지지하였다. 이와 달리 봉건사회는 지주들의 권력이 토지에 기초해 있었기 때문에 자신 외에는 토지로부터 얻을 수 있는 경제적 이익의 원천들을 철저히 억압하였다. 예컨대 농노들은 그들이 소속된 토지로부터 이탈할 수 없었으며, 길드의 규모와 활동도 엄격한 규제를 받았다. 이는 수공업을 봉건적인 자급자족적 경제의 한계 내에 두어서 토지 의존성을 약화시키지 않으려는 장치였다. 그러나 산업혁명이 진행되며 인류사회가 농업사회에서 공업사회로 급속히 재편되고 산업자본가와 임금 노동자가 생산관계를 형성하며 생산과 소비가 시장에 의해 결정되는 (산업)자본주의가 형성되었다. 따라서 신흥자본가계급의 입장에서 볼 때 봉건적인 정치적 법적 구조는 상품경제의 요구와 부합하지 않았다. 왜냐하면 상품생산의 확대에 따라 더욱 넓은 상품시장이 필요하였으나, 여전히 높은 관세의 장벽은 상품유통이 봉건적 영지의 경계를 초월하는 것은 어려웠고, 증대되는 노동력에 대한 수요는 여전히 토지에 예속된 농노들의 정치적 법적 지위로 인하여 합당한 공급량을 확보하기가 어려웠기 때문이다. 특히 소극적 자유인 신체적 자유를 보장하는 것은 생산요소인 노동력에 대해 배타적 처분권을 인정하고 노동력의 상품으로서 자유로운 매매를 보장하고 노동력 상품에 대한 소유권이 자신에게 귀속됨을 의미하므로, 신체의 자유가 없이는 어떠한 경제활동도 자유로이 이루어질 수 없었기 때문이다. 그러므로 생산수단과 노동력의 결합이 실현되기 위하여 필수적인 정치적 및 법적 장치인 사유재산권의 보장과 신체적 자유의 보장은 천부인권론의 핵심이 된다.

한편 자유무역체제는 자유무역의 또 다른 최대의 장애인 항해조례(Navigation Acts)가 폐지되면서 더욱 굳건해졌다. 본래 이 조례는 전 세계를 상대로 하는 무역에서 영국산 제품은 영국 배만 사용해야 한다는 것인데, 영국이 식민지에서의 중상주의를 강화하기 위해 1651년부터 1673년까지 아홉 차례 개정하고 보강하여 만든 조례이다. 그러나 남아프리카와 인도에서의 성공으로 고무된 존 러셀 수상(1846~1852, 1865~1866)은 항해조례의 남은 규정들을 1849년과 1854년에 과감하게 폐지해 버렸다. 즉 무역의 상대국을 가리지 않고, 선박을 이용할 수 있도록 하였으며 국적에 상관없이 선원들도 고용할 수 있게 하였다. 따라서 항해조례 폐지 이후로 동인도회사 등이 누리던 무역독점권뿐 아니라 거의 모든 관세가 폐지되었다. 이러한 자유무역주의도 자본주의 경제의 자기조절적 균형 작용에 대한 신뢰를 기초로 한 스미스의 시장조화론과 리카도의 비교우위론이 이론적 토대이다. 이러한 스미스의 자유방임사상은 맬더스, 리카도,[199] 벤담, 밀 등의 지지를 받았다. 예컨대 밀의 『정치경제학원리』는 고전경제학파의 기본원리를 충실하게 재현하는 것이다. 그는 사유재산권을 부정하지 않았으며 자유경쟁의 가치를 인정하였고 자유로운 경제활동에 대한 정부의 간섭을 배제하는 자유방임의 기본원칙을 고수하였다.

한편 18세기의 스미스를 비롯한 스코틀랜드의 계몽의 주역들은 사회적 인간으로서 행복을 추구하는 인간 본성에 합치하는 행복을 위해 근면한 노동을 통해 물질적 부를 추구하기 시작하였다. 예컨대 스미

199) 예컨대 리카도는 곡물법 논쟁에 참가하여 논문 「곡가하락이 자본의 이윤에 미치는 영향」(1815)을 발표했으며, 이를 바탕으로 『정치경제학 및 과세의 원리』(1817)도 출간하였다. 그러나 칼라일은 자유방임주의에 기초한 고전경제학을 "음울한 과학"이라 평가하였다.

스는 인간의 본능인 '생활 개선의 욕구'는 개인의 행복을 가져오기 때문에, 행복의 원천인 기본적 외부수단은 "재산과 자유"인 만큼 미래의 후생과 삶의 질을 향상시키기 위해 부단히 더 노력하도록 자극하는 경향이 있다고 보았다. 요컨대 그는 경제 진보는 국민 다수인 노동자에게 활력과 즐거움을 주고 행복을 수반한다고 보았다. 따라서 그가 언급한 다양한 정부 정책은 당시 초기 자본주의의 문제점을 개선하고, 더 행복한 사회를 위한 제안이라고 볼 수 있다. 그러나 더 좋은 사회와 진정한 행복은 물질적 풍요에 대한 과도한 탐닉이 아니라 사회적 관계 속의 즐거움의 확장에 있으므로 공공의 복지라는 목적을 향해 서로 힘을 합해 나아가야 한다고 보았다. 예컨대 사회적 인간의 관계 개선을 위해서는 교육에 의한 시민의 덕성을 육성하는 것이 중요했다. 또한 자신의 경제적 이익을 위해 경쟁하며 최적의 경제적 생활을 실현할 수 있도록 시장을 가장 중요한 배분의 도구로 하여 사적 소유(所有)에 바탕을 둔 자연적 경제질서로서 자유방임주의 경제체제를 주장하였다.

이러한 자유방임의 주목적은 노동자들의 복지를 포함한 국부 증대로서, 결국 사회 내의 모든 구성원에게 풍요를 가져다주는 것이다. 예컨대 스미스의 『국부론』에서 이 점에 대해 다음과 같이 밝히고 있다. 즉 '문명화되고 번영된 상업사회에서 개인들은 자기 자본으로 노동을 고용할 때 오로지 자신의 안전과 이익을 고려하지만 보이지 않는 손에 이끌려 사회의 이익을 증진시킨다.' 또한 '불평등을 증대하고 심지어 노동을 하지 않고서도 더 많은 소비를 누리는 사람들이 나타나겠지만 사회전체의 생산물이 매우 크기 때문에 빈곤한 노동자라도 절약하고 근면하다면 어떤 시대에서보다 풍족하게 살 수 있다'라고 하였다. 이처럼 그는 합리적 개인들에 의한 사적 소유를 문명 진화의 출발점으로 삼으며, 독점과 혼란이 아니라 조화와 자유로운 경쟁이 있는 경제활동의 자유를 강조하였다.

이러한 스미스의 자유방임사상은 자연권 사상이 아니라 국가와 사회에 대한 유기체론적 사상에 근거를 두고 있다. 즉 사회는 몇백 년 동안 유지해온 전통의 살아 있는 결정체로서 내적 성장을 가진 유기체이자, 명확히 규정된 사회계층으로 구성되어 있는 거의 신비스러운 속성을 가지고 있다는 것이다. 따라서 사회와 국가를 인위적인 수단과 혁신으로 방해해서는 안 되며, 사회질서의 유지는 인간 본성의 유기적 산물로서 성장할 것이므로 정치의 지속적인 기획과 목적의식으로 만들어지는 인위적 질서를 만드는 것이 아니라는 점이다. 즉 스미스는 대다수의 사회구성원은 유기적 본성에 부합하는 자생적 질서를 선택하고 준수하며, 개인이 자신의 목적을 추구하는 것이야말로 그가 속한 사회를 위해 최선의 결과를 낳는다는 것이다. 특히 시장경제도 인간의 유기적 본성에 부합하여 스스로 형성된 질서인 자생적 질서로 보아, 외부에서 강요되어 자격이 주어지는 그런 질서와는 확연히 다르며 외부의 간섭 없이도 자생적으로 개인들의 계획과 행동들이 스스로 조정되는 시스템이라고 보았다. 또한 스미스는 개인의 자유 교역을 간섭하지 않을수록 더 낫다고 여김으로써 국제적인 차원의 무역과 경제 와 관련하여 처음으로 국제정치도 정치적 관념이 아닌 경제적 분업 체계로서 이해할 수 있다는 새로운 관점을 제시하였다.

한편 스미스가 반대하던 보호무역주의를 옹호하는 중상주의의 특징은 첫째로 경제활동의 목적은 부국이며 이는 노동력을 제공하는 인구의 크기에 비례한다는 것이다. 왜냐하면 노동이라는 경제활동은 인간 생존을 위해 필수적일뿐더러 많은 노동자들이 일을 할수록 국가적 이익을 가져다주며, 부국강병을 위해서는 보호무역이 효과적이라고 보았기 때문이다. 이처럼 중상주의자들은 국가를 부유하게 하고 강대하게 만들기 위한 목표로서 개인의 성실한 노동력인 근면을 강조하였다. 따라서 노동 능력이 있는 빈민에게 유용한 일자리를 제공하여 국가의 부를 증대시키려는 목적으로 당시 작업장법(1696)을[200] 시행하였지만 성공을 거두지 못했다. 즉 부랑자들을 억제하고 노동능력이 있는 빈민에게 시혜를 베푸는 대신에, 그들을 산업현장에 고용시켜 노동력을 최대한 활용함으로써 국부의 증대와 구빈세 부담의 감소를 도모하고자 하였다. 아울러 중상주의자들은 국가가 자국의 힘을 강화하기 위한 첫 단계인 경제성장을 이루기 위해서는, 무엇보다 자국 상품의 경쟁력을 보장하는 저임금을 유지해야만 했다. 그런데 저임금제도는 소비자들의 이익을 희생하면서 생산자의 이익을 추구하는 것이었으므로, 노동이 가능한 빈민을 포함한 인구에 대한 효과적 관리와 가난효용론은 국부증진을 위한 중상주의 정책의 핵심이었다. 예컨대 각종 결혼 유인책을 포함한 인구증가책을 실시하였다. 이에 대해 오스발트 슈펭글러(Oswald Spengler, 1880~1936)는 "중상주의란 평민에 대한 지배계급의 경멸이, 평민은 노동을 통해서 생존하고 국가를 위

200) 대표적인 예가 브리스톨(Bristol)을 비롯한 몇몇 도시에서 시행된 작업장법이다. 그러나 작업장법은 기대했던 만큼 결과를 얻지 못했다. 왜냐하면 작업장에 고용된 빈민들은 생산기술이 없어 숙련된 노동자들과 경쟁상대가 될 수 없었기 때문이었다. 또한 1731년 10월 2일에 발표된 당시의 가장 근대적인 작업장으로 알려진 브리스톨 작업장의 성과에 대한 보고서에 나와 있듯이, 빈민들이 작업장에 고용되어 숙련된 노동자가 되어 아동과 숙련이 덜 된 빈민들을 도울 정도가 되면 높은 임금을 주는 일자리를 찾아 도시로 떠나 버렸기 때문이다. 반면에 작업장은 그동안 빈민들을 교육시키는 데 든 비용과 그들에게 일을 시키는 데 든 작업도구와 원료에 소요된 비용만을 지불해야 했다. 즉 작업장은 자체의 연간 수입 전액을 모두 사용하였을 뿐만 아니라 그것도 모자라 그들이 모금한 모든 기부금을 소모하고 거기에 더하여 시로부터 수천 파운드의 자금을 차입하지 않으면 안 되었다. 결과적으로 빈민의 고용을 통해 영국이 번영에 이를 수 있다는 믿음 아래 시작된 작업장 제도는 결국 실패로 끝이 나게 된 것이다.

해서 양육된다는 교리로 변형된 것"이라고 비난하였다. 즉 그에 의하면 중상주의는 단지 전통주의 구조에 잔재한 온정주의적 태도와 빈민에 대한 효용가치로서의 생산적 이념이 결합된 것이었다.[201]

두 번째로 정치가와 관료가 특권 상인과 거대 제조업자와 유착관계를 맺어 그들에게 독점권과 기타 배타적 특권을 부여한다는 것이다. 예컨대 규제정책은 정부의 비호를 받는 대상공인에게만 유리하였다. 즉 유착관계를 통해 사적 이익을 추구한 대상공인 외에 그렇지 못한 중소 상공인에게는 불리하였다. 더욱이 자국의 경제적 군사적 우위를 유지하려는 정치적 야심에서 산업과 무역에 대해 다양한 규제를 만들기 시작했다. 반면에 자유방임주의자들은 관습과 중상주의적 생산양식의 틀을 걷어내고 누구나 자유롭게 상업과 산업 활동의 자유, 자유무역의 자유방임의 경제활동을 할 수 있는 제반 권리와 자유로운 경제활동을 보장하는 법률체계를 유지해야 한다고 주장하였다.

지금까지 살펴본 빅토리아시대 중간계급의 열망과 분위기를 대변하는 19세기 자유주의의 특징인 자유방임주의는 경제이론인 동시에 정치이론이었다. 왜냐하면 경제적 자유는 순전히 기업인의 자유 또는 생산자의 자유에만 국한할 수 없기 때문이다. 즉 경제활동에 대한 정부의 개입이나 규제에 대한 강화하거나 확대는 권력 남용이라 보았다. 따라서 19세기 자유방임주의는 후술하는 공리주의와 분리할 수 없었으며, 실제로 공리주의와 동의어로 종종 부정확하게 사용되지만 고전경제학파와 벤담주의자들은 1830년경에 의해 하나로 융합되었다. 예컨대 벤담이 제시한 정부의 성격은 당시의 자유방임주의와 밀접한 관련을 지니고 있었기 때문이다. 즉 정부의 목적은 행복을 극대화하고

201) J. J. Spengler, 1945, "The Physiocrats and Say's Law of Markets I," *Journal of Political Economy* 53(3), September, p.193.

고통을 극소화하는 것이었고, 정부의 정당성은 개인의 욕망을 만족시키고 그러한 권리를 보호함으로써 확보될 수 있었기 때문이다. 더욱이 벤담은 정부가 그들에게 평등을 부여해 줄 수 있는 능력을 소유하는 것보다, 그 권한을 축소시켜 이익을 보장해 주는 것이 더 중요했다. 바꾸어 말하자면 벤담은 정치적 측면에서는 인위적 통제를 통해 평등을 실현하고, 경제적인 측면에서는 경제적 이윤 추구를 보호하고 정당화해주는 필수적인 요소인 자유를 실현하고자 하였다. 또한 그는 경제적 자유와 시민적 자유는 똑같이 중요하며, 경제적 자유가 제한되면 오히려 시민적 자유도 제한되므로 분리될 수 없는 하나의 자유라고 여겼다. 이와 같이 밀의 『자유론』은 시민적 자를 옹호하는 웅변적 선언이다.

3) 19세기 자유주의: 공리주의

스마일스는 19세기 자유주의인 공리주의로부터 큰 영향을 받았다. 그러나 그는 벤담의 고통으로부터의 자유를 의미하는 소극적 자유인 정치적 자유에만 머무르지 않고,[202] 밀에 의한 도덕적 자유론인 적극적 자유론이 내포되어 있다.

본래 자유주의는 지구상 최초로 자본주의 체제를 건설하고 산업혁명

202) 홉스는 자유를 시민들이 정치에 참여하는 특권이라는 개념을 거부하고, 이를 설명함에 있어 “자유는 저항의 부재(absence of opposition)를 의미하며 저항이란 동작의 외부장애물이다”라고 한 바와 같이 이성적 동물과 비이성적 무생물을 막론하고 움직임에 있어 방해가 없는 상태이다. 또한 그는 질서와 평화를 위해 절대국가를 주장하였지만 국가가 개입하지 않은 영역에서는 개인은 자유롭다고 하였으므로, 벌린의 유형에 따른 소극적 자유의 개념을 제시한 공로를 인정하지 않을 수 없다.

을 완수해 세계 최강대국으로 부상한 영국에서 배태되어 성장했다.[203] 당시 영국은 국가와 타인으로부터 속박을 받지 않으면서 자신의 사상에 따라 스스로 정치적 결정하는 정치적 자유는 어느 정도 확보가 되어 있었다. 다시 말하자면 명예혁명에 의한 봉건제적 구조와 특권에 대한 비판과 함께 왕이나 귀족 등 특정인 또는 특정 계급의 폭정이 문제가 되던 시기는 아니었다. 그러나 여전히 권력의 중심은 토지 귀족이었으며 귀족의 의회 장악으로 자신들의 의사를 의회에 반영시키기는 어려웠다. 또한 당시 법체계는 의회를 장악하고 있던 귀족들이 그들의 특권 유지를 위한 수단에 불과했다. 대표적 예가 1815년의 곡물법이다. 당시 법은 신의 섭리에 일치하는 자연적인 산물로 칭송되고 있었으며, 옥스퍼드대학에서 사회계약설의 권위자인 법률가인 윌리엄 블랙스턴 경(Sir William Blackstone, 1723~1780; 이하 블랙스턴)이 대표적 인물이었다.

그러나 중간계급은 공리주의를 통해 자신들의 가치를 전파하고, 산업사회에 적합한 노동자를 양산하는 데에 크게 기여할 수 있었다. 예컨대 벤담은 블랙스턴을 비판하면서 『정부론 단편(A Fragment on Government)』(1776)을 통해 '의제의 계절(season of fiction)은 끝났다'라고 하여 자연법의 원칙이나 추상적인 이성의 지배 때문이 아니며, 인간이 약속을 지키고 법률에 복종하는 것은 최대다수의 최대행복이 보

203) 로크는 자연법 사상가였지만, 부분적으로 공리주의적인 사고를 보였다. 즉 행복은 자연법에 순응함으로써 얻어진다고 하는 바와 같이 자연법과 공리주의적 사고를 조화시키려고 함으로써 벤담과 차이점을 가지는 것이다. 예컨대 그는 "행복과 비참은 인간 행동의 두 가지 커다란 원천이다. 이 세상에서 사람들이 서로 다른 방식으로 바쁘게 움직이지만 그들은 모두 행복을 추구하고 비참을 피하려고 한다"라고 하였다. 아울러 그는 인간의 관심사가 생명·건강·안락 및 쾌락을 주는 자연물을 향유하고 피안의 삶을 향유함으로써 이 세상에서 행복하게 되는 것이라고 했다.

장되기 때문이라고 부언하였다. 따라서 이 원리를 인간과 정치사회의 모든 영역에 적용시키고자 하는 정치의 방향과 목적을 강조하였다. 특히 벤담은 당시 영국의 국민이 행복하지 못한 이유를 법률에서 찾았다. 이러한 벤담의 사상은 중간계급으로부터 강력한 지지를 받게 되었다. 즉 이들은 초기의 자연권 사상가들에 의해 전개되어 온 고전적 자유주의를 대체할 만한 사상이며, 자신들의 이익을 대변해 줄 수 있는 실용적 대안으로 인식하였다. 더욱이 이들이 최종적으로 1832년 1차 선거법개정을 성취하고 다수 의석을 차지함으로써, 공리주의는 마침내 영국의 정치사상사에서 중요한 역할을 할 수 있게 되었다.

그러면 정치사상으로서의 공리주의는 어떠한 특징을 갖는 것인가? 먼저 벤담은 막연한 어귀 또는 추상적인 원리에 대해서는 관심이 없었다. 즉 그에게는 경험론의 입장에서 쾌락만이 인간의 궁극적인 가치임과 동시에 본래적 가치였다. 또한 행복에 관한 최선의 판정자는 개인이며, 개개인이 갖는 쾌락과 행복의 합이 사회전체의 쾌락과 행복의 총 가치를 결정함으로써 양적 측정(felicific calculus)이 가능하다는 가설을 제시했다. 예컨대 우리가 그동안 높게 평가했던 것들, 예를 들면 독서 · 예술 · 미덕이라는 것도 다 그것이 쾌락의 느낌을 준다는 전제하에 의미가 있는 것이므로 쾌락이 모든 도덕 판단의 유일한 기준이 되었다. 나아가 쾌락주의적 인간관을 토대로 입법은 과학적이며 공리의 원리에 의해 이루어져야 한다고 하였다. 즉 정부와 법의 존재의 의의는 모든 국민에게 최대의 행복을 제공하는 것이며, 정부는 인간의 행복을 추구하기 위한 하나의 수단에 불과하다. 그러나 입법의 기능을 행복을 감소시키는 행위의 방지와 처벌이라는 소극적 기능에 한정하고, 이러한 발상에 따라 제재이론까지 창출해 놓았다. 즉 개개인의 행복 증진을 위한 입법에 직접적으로 개입하는 것에 대해서는 비판적인 입장이었다. 예컨대 정치적 제재란 입법자에 의한 제재로서 입법자는 인위적인 방법인 형벌 혹은 정치적 제재를 동원함으로써 최대다수의 최대의 행복에 반하는 행위를 저지할 수 있음을 의미한다. 다만 정부가 제제를 가하는 형벌은 범법으로 얻어지는 쾌락을 초과해야 하지만, 범죄로 인해 생기는 악은 가능한 최소한으로 초과해야 한다. 이처럼 행복의 추구와 행복을 저해하는 것들에 대한 제재가 정부의 유일한 의무이다. 이외의 것에 대해 정부는 잠자코 있어야 한다는 최소정부론이다. 아울러 벤담은 사람들이 자신의 무식이나 좁은 소견으로 인해 자기의 참 이익이 무엇인지를 잘 모르기 때문에 개인의 이익과 사회의 이익이 상충하는 것으로 여기지만, 실상은 사회의 이익 즉 공중의 이익을 도모하는 것이 곧 개인의 이익에 이바지 한다는 사실을 일깨워주어야 한다고 보았다. 벤담은 이를 위해 두 가지 제도를 제안한다. 하나는 사회적 교육으로서 개인의 최대 행복이 궁극적으로는 전체 사회의 최대 행복과 일치한다는 것을 학교나 교회 등에서 가르쳐야 한다는 것이다. 다른 하나는 개인의 이익과 전체의 이익이 서로 일치하도록 인위적 수단으로 강제하는 것이다. 이 두 번째 수단이 바로 제재다. 즉 벤담은 개인의 이기적인 행위가 사회전체의 공익을 해칠 수 있다는 점에서 물리적 제재, 정치적 제재, 도덕적 또는 대중적 제재, 종교적 제재를 제안한다. 물리적 제재는 인간의 의지가 생명과 건강을 보존하기 위해 저절로 인간을 절제 있게 하는 구속력이며, 정치적 제재는 정부가 형벌로서 공공의 이익에 위반되는 행위를 금지하는 것이며, 도덕적 제재는 사회적 여론으로 인해 나타나는 제재이고, 마지막으로 종교적 제재는 신의 벌이 두려워서 행동을 근신하게 되는 제재이다.

그리고 공리주의는 인간은 누구나 쾌락에 있어 평등하므로 이를 법적으로 제도화하기 위한 평등주의 정치사상이다. 이는 그의 평등선거와 보통선거제에 대한 주장에서 가장 잘 나타난다. 벤담이 보통선거를 지지한 것도 정부의 가장 중요한 역할이 최대다수의 최대행복을 구현하는데 있으므로, 통치자가 자기 이익만을 추구하려는 행위를 막으려면 가능한 많은 투표권자의 의사가 반영되는 양적인 민주주의가 중요하다고 보았기 때문이다. 그러나 19세기 초까지 영국은 정치적 과두제가 그대로 유지되고 있었으므로 돈과 여가를 가진 지주층만이 정치에 참여할 수 있었다. 이렇게 투표권이 소수에 한정돼 있던 시기에 벤담은 보통선거권 확대에 의한 대중민주주의의 확산보통선거를 통해 구성된 의회를 통해 자율권을 가지고 입법 및 통치를 해야 한다고 주장했다.[204] 아울러 벤담은 입법의 목적으로 생존 · 풍요 · 평등 · 안전이라는 4가지를 제시하였다. 특히 평등에 대해 많은 부분을 할애하여 기술하고 있다. 아울러 그는 인간은 자리적(自利的) 존재로 누구나 자기이익과 행복을 우선적으로 고려하며 또한 추구하는 경향이 있으며, 전제군주제에서는 대체로 군주가 일반 국민의 이익보다 자기 이익을 우선적으로 고려하기 때문에 최대다수의 최대의 행복을 원하지 않는다고 보았다. 그러나 그에게는 개인에게 행복이란 즐거운 삶을 누리는 것이므로 최대다수의 최대의 행복을 위해 가능한 많은 투표권자의 의사가 반영되는 보통선거에 의한 양적인 민주주의가 중요하다고 했다. 즉 "누구나 한 사람으로 계산되어야 하며 한 사람 이상으로 계산되어서는 안 된다(Everybody to count for one, nobody for more than one)"라는 그의 주장은, 이른바 보편주의(universalism)라 불

---

204) 프랑스 노동계급은 영국보다 앞서 1848년 2월에 마르크스와 엥겔스의 『공산당 선언(Manifest der Kommunistischen Partei)』의 영향과 프랑스의 경제 불황으로 혁명에 의해 1848년 2월에 보통 선거권을 얻을 수 있었다. 반면에 영국은 1871년에야 비로소 획득하였다.

리는 동시에 오늘날 민주주의의 4대 원리인 평등 · 비밀 · 직접 · 보통 선거의 철학적 기초를 만들었다. 이처럼 벤담은 민주사회는 국민이 정치의 주체가 되고 국민을 위하는 체제이기 때문에 국민의 최대 행복을 지향함으로서 실제로 그것의 구현이 가능하게 된다는 것이다. 그러나 그가 살던 시대 상황은 현실적 측면에서 최대다수의 최대행복을 구현하기 어려웠으므로 벤담은 그것의 실현을 위한 개혁이 불가피하다고 보았다. 따라서 입법의 목적은 행복인데 이는 '생존 · 풍요 · 평등 · 안전이라는 4개의 하위목적과 연관된다'는 정치이론을 주장하였다. 따라서 공리주의의 실현을 위한 제도적 인프라 구축과 관련한 의회정치개혁론을 전개하였다. 예컨대 모든 선거구의 유권자수를 동등하게 조정할 것, 비밀선거를 실시할 것, 일정한 재산을 소유한 시민들에게 선거권을 부여할 것 등의 개혁안을 제시하였다. 특히 그는 미성년자와 여성 등 전통적으로 선거권이 배제되었던 집단에 대해서도 일일이 정당성 여부를 점검하는 급진적 개혁을 주장했다. 한편 벤담은 통상의 사회생활에서 보이는 사적 이기심(self-interest)과[205] 공공선을 조화시킬 수 있는 방안으로 교육이 첫째였다. 즉 교육을 통해 정신의 발달을 도모하고자 하였다. 예컨대 타인을 위한 선의 · 동정 · 자선을 포함한 자기의 행복을 교육을 통해 파악할 수 있다고 보았다. 또한 인

205) 이기심은 세 가지 단어로 구분할 수 있다. 즉 사심(selfishness) · 이기심(self interest) · 자애(self love)이다. 먼저 사심은 자기중심적 행동이며 탐욕을 바탕으로 하며 이웃과 사회에 해를 끼친다. 또한 자애는 스토아 사상의 자기보존을 말한다. 이기심은 자애와 유사한 개념으로 기독교적 측면에서 이기심은 이웃사랑의 기초가 된다. 왜냐하면 이기심의 발휘는 자기가 속한 사회에 대한 고려를 전제로 하고 있다. 예컨대 스미스가 이해하는 이기심은 스토아학파가 주장하는 인간의 자기 목적을 넘어서는 자연적 성품으로, 이웃 사회에 대한 사랑을 바탕으로 한 윤리적 행위를 가져온다. 즉 인간은 사회의 한 구성원으로 그 역할이 주어져 있으며 이기심은 인간이 사회의 한 부분임을 알고 주어진 사회의 역할을 온전하게 수행하게 만든다.

간의 이적 충동을 사회에 유용한 것으로 전환시킬 수 있는 제도의 개선이었다.

지금까지 살펴본 바와 같이 벤담은 기존의 정치체제에 대한 중간계급의 불만을 반영한 것으로 새로운 정치 질서에 대한 요구이자 인간의 행복에 대한 요구가 적절히 수용되는 사회, 인간중심의 정치사회를 구현하고자 했던 급진주의적 정치사상가였다. 이후에 산업혁명을 거치면서 새로운 세력으로 부상한 시민계급은 벤담의 사상을 사회변혁의 중요한 동인으로 지지하였다. 이러한 그의 구상은 1832년 의회개혁에 의해 드디어 결실을 맺게 되었다. 따라서 산업자본가들은 지배계급인 지주귀족들로부터 정치적 권리를 분배받게 되었으며, 이는 산업시민들의 정치 사회적 위상이 강화되었음을 의미하였다.

그리고 벤담과 60여 년 차이를 둔 밀은 벤담의 인간관의 불완전함을 지적하고 보다 높은 가치를 추구하며 자기계발에 관심을 갖는 존재로서의 고양된 인간관을 상정하였다. 즉 "인간은 동물적 본능보다는 고차적인 기능을 갖고 있으며, 일단 그것을 자각한 후에는 그 기능을 충족시키지 않는 것은 행복으로 간주하지 않는다"라고 하며 단순한 감각의 충족보다는 지능, 감정, 상상력, 그리고 도덕감정의 충족이 보다 높은 가치를 갖는다고 하였다. 바꾸어 말하자면 어떤 종류의 쾌락은 양의 많고 적음에 관계없이 다른 쾌락보다 더 우월하고 바람직하며 가치 있는 것이 될 수 있다. 이처럼 그는 개인적 쾌락주의로부터 윤리적 쾌락주의를 도출해 내었다. 특별히 그는 인간의 개성의 개발과 자기발전에 높은 가치를 부여하였다. 예컨대 『자유론』 제3장에서 개별성의 개발이야말로 자기발전의 핵심요소로서 인간의 인간됨과 진정한 행복의 필요조건임을 역설하고 있다. 즉 자신의 삶의 방향을 자신의 판단에 의해 선택하는 자율적인 삶에 의해서만 인간의 정신적 도덕적 능력이 발전한다고 주장한다. “육체적 힘과 마찬가지로 정신적 도덕적 힘은 사용할 때만 향상된다. 단순히 다른 사람들이 하기 때문에 따라서 하는 것은, 다른 사람이 믿기 때문에 따라서 믿는 것과 마찬가지로 재능의 작동을 요청하지 않는다.” 따라서 개별성이 발달할수록 인간의 생활은 풍부해지고 다양해지며 생동감이 넘치게 된다는 것이다. 또한 자율적인 삶 그 자체가 인간을 가치 있게 한다는 것이다.

그리고 밀은 개개인의 자기 자신의 행복 추구와 모든 사람의 최대다수의 최대행복이 서로 일치할 수 있는 근거를 인간의 이타성에서 찾았다. 그에 따르면 이타심이란 정신적 쾌락의 일종이며, 남의 행복을 즐기는 쾌락은 질 높은 쾌락이라는 점에서 정신적 쾌락 중에서도 질적으로 가장 높은 쾌락이었다. 경험주의자인 밀에 있어 인간의 이타심은 결코 선천적인 것이 아니다. 그러나 인간의 이타심이 비록 선천적인 것이 아니라 할지라도 그로 인해 자연스럽지 않았다고 말할 수는 없다. 예를 들어, 인간이 언어를 사용하고, 도시를 건설하고, 땅을 경작하는 것 등은 분명 후천적으로 습득한 능력이지만 자연스럽게 보이는 것 또한 사실이다. 이처럼 훈육에 의해 높은 수준으로 발전할 수 있는 인간의 도덕적 능력인 이타심 역시 자연스럽다고 할 수 있다. 요컨대 밀은 처음 태어날 때에는 인간은 이기적 감정이 강하므로 이러한 인간에게 이기적 감정을 이타심으로 제어하고, 최대다수의 최대행복이라는 공리주의의 이념을 실현하는 것은 이타심 즉 양심의 교육에 달려 있다고 보았다.

그리고 밀이 활동하던 당시는 소수의 특권계급이나 군주의 전제에 저항하는 정치적 자유 이후에 나타난 새로운 사태인, 사회라는 이름의 다수자가 개인에게 가하는 압력에 대한 자유의 문제에 대해 질적 공리주의로 답하였다. 이는 토크빌이 대중민주주의의 약점으로 다수의 폭정, 다수의 횡포(Tyranny of majority)를 이야기한 바가 있으며 칼라일도 19세기 말의 민주주의는 "당대의 가장 큰 정치적 미신이 되어버렸다"고 주장하며 종래의 '신성한 왕의 권리'라는 낡은 개념에 대해 "의회의 신성한 권리"라는 새롭긴 하지만 똑같이 비난받아야 할 개념이라고 지적한 바가 있다.

나아가 밀은 공리주의적 개혁을 통해 점차 대중민주주의의 발전과 함께 개인의 자유가 확장되고 있다고 생각한 많은 사람들과 인식을 달리하였다. 다시 말하자면 그는 '획일화된 정치적 변화는 사람들을 동화시키려 교육의 확장, 교통기관의 진보, 상공업의 증진, 여론의 우위의 확립 등 이러한 사항이 결합되어 개별성에 대적하는 대단히 큰 세력을 형성하고 있다'라고 한 바와 같이 개인과 개성을 억누르는 사회적 압력에 대해 우려를 표명하였다. 따라서 자유에 대한 위협을 소수의 개성을 압박하는 다수파에 의한 사회적 압력인 '다수자의 전제'에 대해 경고하였다. 개인의 자유는 비단 정치적 전제뿐만 아니라 관습의 전제를 통해서도 제약받을 수 있다고 지적하면서 자유의 문제를 개인의 문제에서 사회적 문제로 확대하였다. 즉 그는 널리 유포된 주장과 정서의 독재 곧 다른 의견을 가진 사람들에게 자신의 사상과 관행을 강요하며 개인의 독자적인 발전과 형성을 억누르고 모든 사람을 일정한 틀에 꿰맞추고자 하는 사회의 독재적 풍조에 반대하였다. 이처럼 밀은 『자유론』을 통해 시민들이 점차 획일화되어가는 현실을 직시하고 다수의 뜻을 내세워 소수를 억압하면 그것은 민주주의가 아니라 민주주의로 포장된 독재일 뿐이라는 점을 우리에게 엄중 경고하였다.

그리고 밀은 1820년대에는 "효용을 떠난 어떤 주장도 받아들일 수 없다. 공리주의야 말로 모든 윤리적 문제를 해결하는 궁극적 근거가 된다"라고 주장했다. 스승 벤담에게서 쾌락의 계량 가능성을 분석하는 법을 배운 공리주의자였던 그는 프랑스에서 돌아온 후 아버지 제임스 밀,[206] 리카도 등과 함께 본격적인 토론을 거쳐 자신만의 이른바 질적인 공리주의를 확립하게 되었다. 즉 그는 1829년 〈런던토론클럽(London Debating Club)〉을 탈퇴한 후에 '벤담은 인간의 본성에서 행동과 동기에서 양심과 책임감을 간과하고 도덕성 전반을 왜곡시키는 해악을 끼쳤다. 따라서 그를 매우 높게 평가하지 않는다'라는 익명의 비평을 통해, 칼라일도 벤담의 공리주의를 '돼지 철학(pig philosophy)'이라고 비난하면서 벤담의 학문체계를 개인적인 측면과 사회적인 측면에서 모두 수정하고 보완할 필요가 있음을 주장하였다.[207]

즉 밀은 '현재 인간의 불완전함을 인식하면서 인간이 자신의 입장만 고려하도록 내버려둔다면 자신의 이익을 위해서 동료들을 이용할 가능성이 있음'을 의식하면 '인간이 자기 이익과 사회 이익이 동일하다는 인식을 자연스럽게 혹은 직관적으로 갖게 된다'고 주장하였다. 바꾸어 말하자면 벤담은 여러 쾌락의 다양한 질적 차이를 인정하지 않고 모든 취향을 동등하게 계산하였지만, 밀은 어떤 쾌락이 더 낫다고 판단하는 행위에 대해 논의함으로써 차이점을 보여주었다. 즉 밀

---

206) 비국교도이자 철학적 급진주의자였던 제임스 밀은 스코틀랜드 제화공의 아들로 태어나 열성적인 모친 덕분에 계몽주의적 교육을 받았고, 런던으로 건너가 벤담과 교유하면서 그의 제자이자 동료가 되었다. 동시에 그는 19세기 가장 영향력 있는 잡지 중 하나였던 『에딘버러평론(Edinburgh Review)』(1802~1929)지 동인의 한 사람이었다. 이 계간지는 문학 정치평론지인데 휘그당의 정책과 자유방임주의를 지지했고 정치개혁을 요구했다.

207) 스코틀랜드 출신의 역사가 및 비평가로서 빅토리아시대의 선도적 인물이었던 칼라일은 에세이 『차티즘』(1839)을 통해서 '배부른 것만 찾는 돼지의 학설'이라고 공리주의를 혹평하였다. 또한 그는 1834년에 런던으로 이주하여 3권의 역사서인 『프랑스 혁명(The French Revolution: A History)』(1837)으로 명성을 얻었다. 이 책은 그가 프랑스혁명을 지배계급의 악정에 대한 천벌이라고 지적하며 영웅적 지도자의 필요성을 제창한 내용이다.

에 있어 인간은 도덕적 행위자로서 자기 자신에 대해 자의식을 지닌 주체이며 자신의 힘과 능력을 발전시킬 수 있는 자아실현적 존재이다. 즉 그는 무엇이 인간을 행복하게 하는가를 알기 위해서는 인간이 어떠한 존재인가를 알아야 한다고 주장하였다. 특히 『자유론』의 제3장인 '웰빙의 한 요소로서 개별성(an individuality as one of the elements of well-being)'에서, 인간은 결코 자연의 법칙에 의해 필연적으로 지배하는 존재가 아니라 목적을 의식적으로 취사선택하는 존재이며, 인간에 가치 있는 것은 독립과 자주성이며 개인의 독창적인 능력의 발전인 자아실현이라는 것이다. 이를 전제로 벤담식 쾌락이 아닌 개별성과 덕에 기초한 고차원의 행복 혹은 품격 있는 행복을 '궁극적 선(최고선, summum bonum)' 또는 최고의 덕목으로 설정하였다. 따라서 밀의 자유론은 벤담의 고통으로부터의 자유를 의미하는 소극적 자유인 정치적 자유 이상을 의미한다. 예컨대 "인간은 아무리 외부로부터 규제를 받아도 별로 달라지지 않는다. 내면적으로 자기 자신을 규제할 수 있을 때에 비로소 모든 것이 달라진다." '진짜 노예는 폭군에게 지배되는 자가 아니라 자기 자신의 도덕적 무지와 사심 및 악덕의 노예가 되는 사람'이라고 한 바와 같이 자율적 존재로서 개인은 자신에게 유익한 것은 스스로 잘 알고 있다는 적극적 자유론을 전개하였다.

앞서 언급한 바와도 같이 홉스를 비롯한 고전적 자유주의에 이르기까지 자유란 욕망을 만족시키는 충분한 힘을 가지는 것으로, 이것의 실현을 위해 개인이 자기 마음대로 방해 없이 행동할 수 있다는 자연권을 의미한다. 아울러 자유의 주된 방해요소는 자신의 노예성이 아니라 개인의 욕망 실현을 방해하는 군주의 자의적 권력이다. 따라서 국민의 자유가 부당하게 국가의 권력으로부터 침해될 경우 그 침해에 저항할 수 있는 국가로부터의 정치적 자유가 강조되었다.

그러나 밀의 자유론은 벌린의 유형에 따르면 외적인 억압으로부터의 해방이라는 소극적 자유론에서 벗어나, 개인은 간섭의 원인이 자신의 내부에 있을 경우에만 자유로우며 자신이 온전한 주인이 되어 스스로의 본래적 의지를 실현할 수 있는 '~로의 자유(freedom to)론'이다. 즉 도덕적 자유론이자 윤리적 자유론인 적극적 자유론이 사회의 주도적 이념이 되는 데 큰 기여를 하였다.[208] 이처럼 밀의 관점에서 자유가 다양하고 조화로운 개성의 계발, 나아가 인격의 완성을 의미하는 특징을 갖지만 경제에 대한 국가의 계획과 간섭의 문제는 의미하지 않았다.

이러한 밀의 자유론은 적극적인 자유개념으로 국가가 국민의 사회생활과 경제생활에 적극적으로 개입할 것을 주장하는 1차 신자유주의의 기초를 닦았다. 즉 19세기 말에 토마스 힐 그린으로 하여금 자유주의와 사회주의를 결합하는 길을 모색하게 함으로써, 변형된 자유주의인 자유사회주의에 의한 근대 복지국가이념이 시작되었다. 즉 이들은 밀과도 같이 자유를 개인이 가능성과 잠재력을 발휘할 수 있는 조건으로 이해하여, 진정한 자유는 도덕적 목표를 지향한다는 것이다. 나아가 개인과 국가, 개인과 사회의 대립을 전제로 하지 않고, 국가의 좀 더 적극적인 역할 수행은 개인의 자유에 대한 위협이 아니라 오히려 이를 신장하는 것이라는 인식이다. 바꾸어 말하자면 자유의 크기는 정부에 의해서 행사되는 힘이 감소될수록 자동적으로 커지지 않는다는 입장이다. 즉 끊임없이 노동해도 궁핍함을 면치 못하는 노동계

208) 적극적 자유에 대해서 개념의 범주가 너무 넓다는 비판 아래, 실질적 자유와 형식적 자유로 나누는 경우가 있다. 전자는 생명 · 신체 · 신앙 · 경제 · 거주 이전 · 단결의 자유 등 자유주의가 실현하려고 하는 내용이다. 후자는 전자를 실현하기 위하여 요구되는 수단 및 방법으로서 사상 · 언론 · 정치적 자유를 가리킨다.

급의 존재, 노동하지 않고서도 모든 사회적 이익을 향유하는 소수 유산계급의 존재, 대자본에 의해서만 경영될 수 있는 비경쟁적 사업 등을 근거로 정부가 개입할 것을 주장하였다. 바꾸어 말하자면 민주화된 정치가 시장의 실패를 예방하고 해결해야 한다는 사상에 기초해 민주주의적 국가는 빈곤에 처한 사람들에게 보상의 기회를 제공하여야 한다는 복지국가론을 탄생시켰다. 그러나 그린이 상정하는 복지국가가 개인의 자유를 과연 신장시킬 수 있느냐의 문제가 제기될 수 있다. 왜냐하면 소극적 자유의 측면에서는 근대 복지국가는 자유방임국가에 비하면 강제적임을 부정할 수 없기 때문이다. 왜냐하면 복지국가의 사회입법은 사회의 모든 구성원들에게 세금 납부를 통하여 복지의 집단적 제공에 기여하는 것을 강제한다. 그럼에도 불구하고 그린은 사람들에게 교육, 건강, 쾌적한 삶의 조건을 제공함으로써 복지국가가 구성원의 자유를 고양시키는 것을 도와준다고 주장한다.[209] 이러한 전통은 20세기에는 존 메이너드 케인스(John Maynard Keynes, 1883~1946), 윌리엄 헨리 베버리지(William Henry Beveridge, 1st Baron Beveridge, 1879~1963) 등 영국의 경제학자로 이어진다.

그리고 Ⅲ장에서 다룰 동아시아 최초의 자조론의 수용자인 나카무라도, 스마일스의 도덕적 자유론(Moral Liberty)에 착안하여 서양의 부강의 원인이 종래의 군사력이나 유덕자 군주론이 아니라 국민 개개인의 도덕적 향상에 있음을 지목하며 서양의 도덕적 자유와 주자학적인 도덕적 자유와의 합치점을 발견하려 하였다.

---

209) 그린의 적극적 자유론은 20세기에 들어와 벌린에 의해 전체주의로 흐를 수 있는 가능성을 내포한 것으로 폄하되었다.

6. 자조론의 쇠퇴와 부활

스마일스가 1904년에 92세를 일기로 사망했을 당시 추모 분위기나 장례 행렬은 1901년에 있었던 빅토리아 여왕의 장례식에 버금갔다. 하지만 그의 신작 『행위(Conduct)』는 이제껏 그의 책을 출판해주던 곳에서조차도 거절당하였으며, 저술 노트였던 「인종과 결혼」은 결국 간행되지도 못했다. 이렇게 그의 자조론의 인기가 쇠퇴하게 된 가장 주된 이유는, 1880년대에 자유주의와 자유방임국가론을 비판하며 등장한 사회민주주의인 페비언주의가 등장하였기 때문이다. 주지하듯 영국은 19세기 말까지 개인의 자유를 중시하고 최소한의 중앙정부와 자유로운 시장을 기반으로 하는 자유주의를 원칙으로 받아들였고, 당시 양당체제이던 보수당과 자유당도 자유주의가 정당이념이었다. 그러나 1880년대 영국은 산업의 성장, 기술의 혁신, 제국의 확대에도 불구하고 농업침체와 이른바 대불황(Great Depression, 1873~1896) 때문에 사회경제적 상황이 크게 변모하였다. 따라서 정당에 관계없이 국가가 나서서 개인의 선택권을 줄이고 국가의 효율성을 높이는 것이 무엇보다 시급한 과제라고 생각하며, 강력하고 능률적인 행정이념을 지향하게 되었다. 예컨대 보수당의 디즈레일리 수상마저도 '하나의 국민'이라는 '뉴토리즘(New Toryism)'의 기치 아래 체제안정과 집권유지를 위해 정부의 적극적 사회복지에 관한 역할을 역설하기 시작하였다. 또한 자유당의 하코트 경(Sir William Harcourt, 1827~1904)도 1888년 하원에서 "이제 우리는 모두 사회주의자이다(We are all socialists now)"라고 천명한 유명한 연설과도 같이, 빈곤을 더 이상 개인의 도덕적 해이가 아니라 자본주의 체제가 만들어내는 '참을 수 없는 사회악(Intolerable Social Evil)'으로 인식하는 사회민주주의가 등장하게 되었다. 비록 이들이 사회나 경제문제에 국유화를 주장한 것은 아니나, 모든 정당이 사유재산권이나 경제적 자유보다는 국가권력이 경제부문에 깊숙이 개입하는 적극적 복지 활동을 지향하는 복지국가 개념을 수용하게 되었다. 다시 말하자면 재산의 사회성과 사회와 공공의 이익에 초점을 맞춘 페이비언주의가 출현하고 노동당(1893)의 성장도 복지국가의 등장을 재촉하였다.

이에 부응하여 노동자들의 정치 참여도 신호탄이 되었다. 1874년에는 광산 노동자 출신 2명이 자유당–노동자 연대를 통해 의원으로 당선되었을 뿐만 아니라 노동계급을 대변하며 정치결사로서 경제적 자유를 경시하는 노동당도 출현하였다. 또한 1906년 총선에서는 진보진영이 유례없는 압승을 하여 의회 의석이 170여 석에서 400석으로 늘어났다. 반면에 보수당은 400여 석에서 150여 석으로 참패하였다. 따라서 진보 진영은 교육과 복지를 자유주의의 틀 안으로 끌어들여 학교 급식보조(1906), 학생의료 검진(1907) 등에 정부가 적극적으로 직접 관여(state intervention)하게 되었다. 이처럼 국가가 독점적인 서비스를 제공하는 존재 방식인 복지국가로 변모하게 되었다.

이상에서 살펴본 바와 같이 자조론의 쇠퇴 요인은 공리주의적 자유주의 이론의 몰락을 재촉한 페이비언주의의 등장이라는 사상사적 원인 외에도, 급진적 사회주의자들에 의한 자조론에 대한 부정적 평가도 하나의 원인으로 볼 수 있다. 예컨대 이들은 스마일스가 자유의 주강과 무관한 개인의 출세와 성공을 위한 성공주의 담론을 펼쳤다고 비판하였다.[210] 이러한 부정적인 평가는 시간이 얼마 지나지 않아서 스마일스가 지향하는 자조적 인간이란 가난을 뛰어넘고자 하는 단순한 욕구의 주체에 그치는 것이 아니라, 그의 '인격론'에 나타난 바와 같이 세속의 사치를 경계하는 도덕성을 구비한 존재라는 해석이 재등장하면서부터 과거의 명성을 되찾을 수 있었다. 또한 손녀인 에일린 사무엘(Aileen Samuel)은 자신이 쓴 *Samuel Smiles and His Surrounding* (London, 1958, 89쪽)에서 '자조론의 내부는 들여다보지 않고 스마일스의 자조를 경멸하는 풍조에 대해 유감으로 생각한다'라고 반박한 바가 있다.

그리고 2차 세계 대전으로 경제가 후퇴하자 복지국가의 진전에 대해 의문을 품고, 이를 수정하려는 정치 상황이 전개되면서 자조론은 반전을 꾀할 수 있게 되었다. 그동안의 복지국가체제는 사회에 대한 의존성을 만들어 사적 노력과 노동의욕을 감소시키며, 개인의 결정이나 책임은 축소되고 제약되고 활력을 없애는 체제로 후퇴시켰다는 비판적 인식이 등장하였다. 실제로 복지급부(employee benefit fund)에 대한 의존자의 증가, 이에 동반한 국가지출의 증가, 의존정신의 침투, 근로의욕의 저하로 영국에도 이른바 '빈곤의 덫'으로 불리는 시대가 도래 하였다. 따라서 케인스학파의 이론은 계속해서 공격을 받게 되고, 국가가 모든 것을 해결해주는 '유모 국가(nanny state)'에 의존하면서 그 나름대로 편하게 살 것인지, 아니면 자유 의지와 창의성을 발휘하

---

210) 『메리 잉글랜드(Merrie England)』의 편집과 출판을 담당한 로버트 블래치포드(Robert Blatchford, 1851~1943)는 스마일스를 속물이라고 비판한 동료사회주의자들과 달리, 『자조론』을 활기찬 책으로 칭송하며 노동계급에게 오히려 정독을 권유하였다.

여 자신의 삶을 적극적으로 영위할 것인지를 개개인이 선택하지 않으면 안 되었다.

더욱이 1973년의 1차 오일쇼크 이래 장기침체에 빠지게 된 영국은 1978~1979년에 2차 오일쇼크를 겪으면서 경제 불황에 이어 물가가 동시에 상승하는 상태인 스태그플레이션으로 재차 파국으로 치닫자, 다시금 복지국가의 재편성과 부흥이 중요 과제로 떠오르게 되었다. 즉 1970년대 전국적으로 제조업이 위축되고 탈공업 현상 및 심각한 노사관계가 악화되면서 파운드화의 가치가 급격하게 떨어졌으며, 1973~1977년간 연평균 물가상승률은 16%에 이르렀다. 따라서 1970년대 중기 이후에는 뉴라이트(신보수)라 불리는 일부 사람들이 노동시장을 유연화(flexibilization)하고 시장원리에 충실한 노사정책으로 집권에 성공하였다. 즉 '대안은 없다(There Is No Alternative)'의 첫 글자를 딴 약어인 티나(TINA)라는 별명으로 불리던 대처의 보수당의 이른바 3차 신자유주의가 등장하게 되었다.

그런데 정부의 역할 축소와 시장 경쟁 확대를 표방하는 3차 신자유주의 복지정책의 상당 부분은 『자조론』의 주장과 유사했다. 왜냐하면 당시 대처수상은 1983년 선거 기간 중 한 신문과의 인터뷰에서 근면·자존·검약·이웃과의 친교·조국에 대한 긍지 등을 열거하면서 '그 모든 것은 빅토리아적 가치이자 아울러 영속적 가치이다'라고 규정하였기 때문이다.[211] 여기서 빅토리아적 가치의 핵심이란 바로 스마일스의 '자조정신'에 걸맞는 복고적인 분위기에 호소하는 것을 의미했다. 따라서 스마일스의 자조론의 가치가 재평가되기 시작하였다. 즉 정부가 개인에게 과도한 복지를 제공함으로써 세금이 증가하는 한편,

211) R. Samuel, "Margaret Thatcher's Return to Victorian Values," *Evening Standard*, 1983.4.15 참조.

개인의 자조를 돕지 못하고 도덕적 해이만을 불러왔으므로 복지를 삭감하고, 정부부문에 '신공공관리주의(New-Public-Management)'로 대변되는 시장원리를 도입할 것을 주장하였다. 이처럼 대처는 가난한 사람은 국가의 복지서비스에 의존하는 대신에 노동시장에서 스스로 소득을 얻어야 한다는 이념하에, 흔히 '복지에서 노동으로(from welfare to workfare)'라고 불리는 정책 방안을 내놓았다. 다시 말하자면 일할 수 없는 이들과 일할 수 있는 이들을 구분하여 노동 능력이 있는 사람은 취업하여 소득을 창출해야 하며, 이들은 공공구제 대상에서 제외된다는 신구빈법의 '원내구호의 원칙'을 재현하였다. 또한 신구빈법의 '열등처우의 원칙'이 신자유주의적 정책의 특징인 잔여적 제도의 철저한 자산조사와 선별주의의 급여 제한 규정에 의해 되살아나게 되었다. 특히 대처는 사회주의나 사회민주주의, 그리고 케인즈학파 등에서 보여주는 모든 국가개입의 논리를 반박하고, 당면한 경제 불황과 고실업의 문제를 해결하기 위해 경제주체를 좀 더 시장 원리에 맡김으로써 생산성과 효율성을 높이려고 했다. 이러한 3차 신자유주의 이론은 세계화의 흐름 속에서 유행처럼 번져나갔다.

이렇게 대처 정권에 의해 자조론이 부활하는 데 가장 큰 역할을 한 인물은 조세프 경(Sir Keith Joseph, 1918~1994)이다.[212] 그는 대처와 함께 복지국가를 수정 내지 해체할 것을 주장하며 경제적 현실주의의 입장에서 스마일스의 자조론을 재평가할 것을 주장하였다. 본래 그는

---

212) 그는 1987년 귀족 작위(Lord Joseph of Portsoken)를 부여받았다. 이 밖에도 앞서 언급한 역사가인 브릭스 및 1950년대 말에서 60년대에 걸쳐서 산업혁명 시기의 산업고고학 전공자들도 스마일스의 생애를 책으로 출간하여 일반인들에게 인생철학으로서 도덕적으로 교훈을 제시하고자 했다. 아울러 리즈에서 태어난 제레미 딕슨 팩스 맨(Jeremy Dickson Paxman, 1950~)은 1990년에 케임브리지에서 「새무엘 스마일스의 예기치 않은 복귀」라는 제목의 1장을, 1997년에는 야비쉬(Javish)가 신작을 내었다.

1955년 총선거에서 보수당 후보로서 리즈시의 하원으로 당선한 이래 점차 당의 요직을 두루 거치며 경력을 쌓아 유력한 당수 후보가 되었다. 하지만 저소득층 피임에 관한 발언으로 물의를 일으키게 되어 낙마하고, 오히려 대처가 당수가 되었다. 아울러 '그의 기쁨은 그가 결코 스스로 이룰 수 없었던 높은 곳까지 출세하는 제자를 보는 교사와 같았다', '대처리즘은 조세프가 발견한 것이다'라는 평가처럼, 조세프는 교육부 장관으로서 대처와 협력하며 배후에서 영향력을 행사하였다. 대처 자신도 조세프의 영향력에 대해 '자신의 키드(kid) 조세프라는 이름은 1980년대 보수당 정권을 위해 준비한 보수당의 원칙, 정책 재고(再考)와 항상 긴밀히 관련되어 있다'고 표명하였다. 즉 조세프는 '과거의 보수당을 구해내는 것을 목적으로 한다'라고 주장하며 스스로 목적을 달성하기 위해 대처와 함께 독립적인 정책연구센터(CPS: Center for Policy Studies)도 설립하였다. 아울러 조세프는 1986년판 『자조론』의 권두언 마지막 부분에서 '지금까지 쓰여진 모든 경제사 가운데 기업가를 현재의 지위로 향상시킨 여러 가지 덕은 바로 스마일스의 『자조론』에 기인한다'라고 표현하였다. 이외에도 그는 '『자조론』은 우리 시대의 책이기도 하다. 이 책은 정부 · 국민 · 고용주 · 종업원 · 실업자 모두가 마음에 깊이 새길 필요가 있는 이미지를 담고 있다.' '스마일스 시대는 영국이 세계에서 가장 생산성이 높은 시대, 번영의 시대였으나 오늘날의 영국에는 선진국들 중 최하가 되고 생활 수준도 낮고 실업자도 많다. 공적 사회서비스의 수준도 낮게 되었다. 생산성도 낮고 임금 수준도 낮다. 실업자도 많다. 우리들은 스마일스가 바라던 성공도 관대함도 향유하고 있지 않다'라고 말하며 '복지의 추(Pendulum of Welfare)가 본래의 의도대로 움직이지 않고 비생산적이 되었다'라고 주장하였다. 이처럼 조세프는 『자조론』의 문맥을 인용하며 복지국가는 의존성을 만들어 사적 노력과 노동의 의욕을 상실하게 만들었으며, 개인의 결정이나 책임을 오히려 국가가 지면서 이제는 기업가들이 소비자의 이해와 고용을 결정하게 됨에 따라 개인의 활력을 없앴다고 보았다. 따라서 그는 자유로운 기업활동 및 기업가정신을 회복할 수 있는 자조론이 영국의 부흥을 위한 확실한 길이라고 강조하였다.

이러한 조세프 외에도 직접적으로 스마일스를 언급한 랄프 헤리스(Ralph Harris, Lord Harris of High Cross, 1924~1979)도 중심인물이었다. 그는 1955년 경제문제연구소(IEA: Institute of Economic Affairs)의 설립에 참가하여 핵심 구성원으로 활동을 계속해 왔다. IEA는 뉴라이트 싱크탱크 역할을 위해 설립되었는데, 국가가 독점적 서비스를 제공하는 복지국가 존재 방식을 비판하고, 자유로운 경제나 시장 메카니즘의 회복을 활동의 근본으로 하였다. 대처는 1988년 연설에서 "우리들이 이룬 것은 IEA의 리더십이 아니었으면 결코 이룰 수 없었다"라고 말함으로써 자신의 정책은 본질적으로 IEA가 중심이었음을 인정하였다. 나아가 헤리스는 복지국가 정부의 교체기(1975~)에는 스마일스가 제시한 가치들에 주목해야 한다고 강조하였다. 1996년 IEA의 건강복지그룹(Group)이 간행한 『자조론』에 자신이 쓴 권두언인 '새로운 세기를 위한 합의'라는 제목하에 스마일스의 자조론은 '새로운 세기에 나아가야만하는 방침'이라고 말하였다. 먼저 그는 '자조론'이 지금까지 풍자되고 무시되어온 점을 다음과 같이 말한다. "이 책은 많은 분야에서 무엇보다도 근본적으로 풍부한 교훈이 있다. 즉 이기심을 단순히 통속적으로 추천할 뿐 아니라 인간성(Human Nature)이라는 최고의 특질을 감수성 풍부하게 축복하는 것이다." "실제로 경제인이 천박하다는 설명을 하는 것이 아니고 무수한 사례를 통해 개개인의 도덕성을 고양하는 연구이다"라고 말했다. 이어서 해리스는 신보수(대처리즘 뉴라이트)에 대한 비판과 결점을 옹호하기 위해 『자조론』의 내용과 문체에 대해 언급하였다. 『자조론』 가운데 나타난 근면 · 예의바름 · 고난의 극복 · 인내 · 헌신 · 결단 · 노력 · 실패 등의 학습 및 기타의 덕을 언급하며 '인생 전시장(Packed Gallery of Lives)'이라 표현하였으며, 『자조론』은 '사막과 같은 섬에서 살아가는 세상에서 버려진 사람들을 고무시키는 한권의 책이 아니다'라고 특별한 의미를 부여하였다. 또한 헤리스는 '다가오는 세기의 보편적 리더십을 위한 원리로서 19세기의 팬더북'으로 『자조론』을 자리매김 시켰다. 나아가 그는 '만약 내가 우리나라의 결함을 가진 공립학교 중등 교육과정에서 책을 지정하라고 한다면 『자조론』이다'라고 말하였다. 이와 같이 헤리스는 변화와 역경에 도전하는 인간 정신의 승리를 강조한 자조론을 심지어 신성시하였다.

Ⅲ

동아시아 삼국의 자조론의 전개

일본 · 중국 · 한국

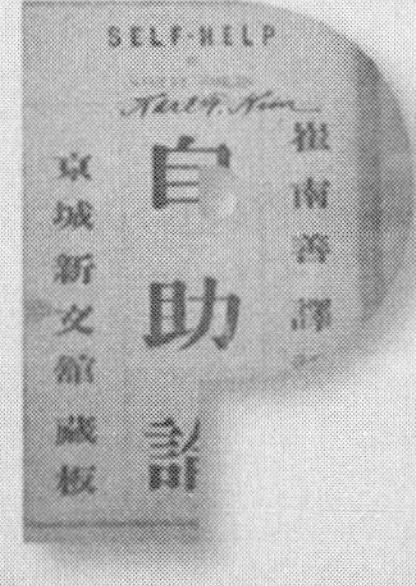

Ⅲ장에서는 영국을 출발한 스마일스의 자조론이 어떠한 역사적 경로를 통해 동아시아 삼국으로 전파되고, 각기 독자의 자조론으로 정착되어 가는지를 살펴보고자 한다. 당시 후발사회이던 동아시아 삼국은 무력정복 · 불평등조약 · 영토분할 · 정치경제적 외압과 같은 서구열강의 압력에 대응하기 위해 과학기술 · 군사학 · 의회민주주의 · 자본주의 등을 수용해 국가의 자주독립과 부국강병을 이루고자 했다. 예컨대 자조론은 일본의 부국강병의 묘책을 발견하기 위해 영국으로 파견되어 문명의 핵을 찾던 나카무라에 의해 소개되고, 이를 매개로 중국 · 한국에까지 퍼져 나갔다. 그런데 자조론을 접한 각국은 각기 고유의 역사적 정치적 조건에 따라 서로 다른 해석의 틀과 방식을 상정하며 토착화해 나갔다. 그러면 각국은 어떠한 역사적 과정을 거쳐 수용하여 토착해 갔으며, 이는 각기 어떠한 수용양식과 정치사상사적 위상을 보여주는 가를 수용한 순서에 따라 밟아가 보고자 한다.

1. 『자조론』의 역사적 수용

『서국입지편』(개정판)
(사진: 일본 국문학연구자료관)

일본이 동아시아 최초로 자조론을 수용하게 된 역사적 배경은 나카무라가 에도막부의 첫 공식 영국 유학생들의 감독으로 체제한 후, 귀국 선물로 『자조론』을 받게 되고 깊은 감명을 받아 『서국입지편』으로 펴냈기 때문이다.

이를 좀 더 설명하자면 그가 영국으로 파견된 이유는, 막부의 유학정책이 '네덜란드(阿蘭陀)의 학'이라는 의미의 '난학(난가쿠, 蘭學)'에서 '영학(英學)'으로 전환되었기 때문이다. 본래 막부의 3대 쇼군인 이에미쯔(家光, 1604~1651) 시대 이래로 일본은 외래문화의 유입을 인위적으로 차단하는 쇄국정책(1639~1854)을 폈다. 예컨대 1639년부터는 엄격하게 외국행을 금지하였으며 위반할 경우 사형에 처하는 경우도 있었다. 이는 기독교 포교에 대한 예방과 대외무역의 통제를 통한 막부의 이윤 독점을 노린 점이 요인으로 작용하였다. 그러나 8대 쇼군인 도쿠가와 요시무네(吉宗,

1684~1751)부터는 쇄국정책을 완화하고 서양 문물을 적극적으로 받아들였다. 서구 열강의 아시아진출에 대한 위기감으로 더 이상 쇄국체제를 유지할 수 없었기 때문이다. 따라서 막부는 직할지인 나가사키 앞의 인공섬 데지마(出島)에[1] 상관(商館)을 설치하고, 철저한 감독하에 포교가 아닌 교역만을 요구하는 네덜란드에게만 소규모 무역을 허락하였다.[2] 아울러 자연과학과 기술 중심의 난학이 본격적으로 수용되었다.[3]

그러나 서양 지식을 대변한 난학은 19세기 후반에 이르면 영학으로 점차 대체되었다. 왜냐하면 아편전쟁이[4] 일본을 일깨웠기 때문이다.

---

1) 나가사키가 일본의 근대화에 큰 영향을 줄 수 있었던 것은 외국과의 교류 창구인 데지마가 있었기 때문이다.

2) 일본과 네덜란드의 교류는 1600년 네덜란드의 선박 De Liede호가 오이타(大分)현에 표착한 것이 계기였다. 네덜란드는 이후 1609년 막부로부터 무역 허가를 받아 히라도(平戶)에 상관을 개설하였고, 1641년에 히라도에서 데지마로 옮겼다. 그 후 데지마는 일본이 개국한 1859년까지 약 218년간 너넬란드와의 무역을 통해 일본의 근대화에 중요한 역할을 하였다.

3) 당시 일본은 에도(江戶 · 현 도쿄)에 있는 막부 중앙 정부와 각 번 정부로 나뉘어 있었으며, 포르투칼인의 내항은 금지하였지만 1641년부터 히라도에 상관을 개설한 네덜란드 동인도회사를 데지마로 옮기게 하여 1854년까지 운영되도록 하였다. 상인들은 1859년까지 데지마에 머물면서 100회 넘게 일본인 통역사와 함께 막부를 찾아가 서양의 정세를 보고했으며, 서양 해부학이나 식물학 등 다양한 서양 지식을 전했다.사가번(佐賀藩)은 이곳의 경비를 맡았으며, 1851년 번립(藩立)의 난가쿠 교육기관인 난가쿠료(蘭學寮)를 설치하여 유학 교육기관인 고도칸(弘道館) 학생들을 대거 자퇴시키고, 네덜란드 서적으로 서양학문을 가르친 난가쿠료에 모두 전학시켰다. 또한 막부는 네덜란드로부터 서양식 포술을 배워 위기에 대처했다. 예컨대 막부는 1855~1859년 네덜란드 해군 교관을 초빙해 서양식 해군교육을 받게 하였다. 막부 최초의 국비 유학생으로 네덜란드에 1862년에서 1865년까지 유학한 인물로는 니시무라 시게키(西村茂樹, 1828~1902)가 있다. 平川祐弘, 2006, 『和魂洋才の系譜』, 勉誠出版, 97~100쪽.

4) 1차 아편전쟁(1840~1842)과 더불어 일명 애로우호(Arrow)전쟁인 2차 아편전쟁(1856~1860)이다. 영국은 제1차 아편전쟁 이후에 원하는 만큼의 개방이 이루어지지 않자, 애로호사건을 구실로 프랑스와 연합하여 2차로 청나라를 공격하여 청나라가 완패하였다. 마침내 만주족 치하에서의 중화질서는 붕괴하였고 본격적으로 서세동점의 시대가 개막되었다. 이러한 아편전쟁의 전황이나 전후 처리

예컨대 막부의 노중(老中, 지금의 수상)이였던 미즈노 다다쿠니(水野忠邦, 1794~1851)는 충격을 받아 "이국(異國)의 일이라도 곧 우리 경계가 될 일이다"라고 하며 '천보(天保)의 개혁(1830~1843)'에 힘을 쏟았다. 즉 구미 열강의 군사적 외압으로부터 국가의 자주독립을 유지하기 위해 서양식 포격 연습을 시켰고, 외국 배가 근접하면 종래와 달리 발포하지 않고 연료나 물을 주도록 지시하는 등 전쟁을 회피하고자 유화정책을 실시하였다. 또한 막부는 나가사키에 영어 전습소(傳習所)를 설치하고 영어교사도 초빙하여 통역관들에게도 네덜란드어 대신에 영어 학습을 명했다.[5] 더욱이 1853년 7월에 미 해군 페리제독(Perry, Matthew C., 1794~1858)의 '흑선내항'으로 미일화친조약(1854)을 맺고, 4년 뒤에는 2차 아편전쟁을 교훈 삼아 미일수호조약(1858)을 맺어 강제적으로 개항하였다.[6] 즉 도쿠가와 이에야쓰 때부터 200년 이상 이어져 온 쇄국정책이 끝난 것이다. 이에 자극을 받은 영국 · 네덜란드 · 러시아 · 프랑스 등의 요구로 일본은 이들 국가와 굴욕적인 불평등 통상조약을

에 관한 저작 · 번각 · 사본이 일본에 확산되었다.

5) 네덜란드어 통역관들에 의해 어학이 보급되고 난학서가 번역되었다. 즉 막부는 나가사키 부교(봉행, 奉行) 소속으로 통역사를 고용하고 급료를 지급했다. 통역사는 모든 행사에 네덜란드인과 동행하였으며, 점차 난학 연구에도 중요한 역할을 하기 시작했습니다.

6) 일본에서는'흑선내항' 미국에서는 '페리원정(Perry Expedition)'이라 부른다. 페리제독은 밀러드 필모어(Millard Fillmore, 1800~1874) 대통령의 친서를 가지고 왔다. 그런데 막부는 데지마의 네덜란드인들이 제공한 정보를 통해 미국함대가 국교수립을 요구하러 올 거라는 사실을 이미 1년 전부터 알고 있었다. 또한 이 조약을 맺기 위한 협상을 중개한 사람은 네덜란드 사람이었으며, 이 조약에는 통상에 대한 규정은 없으며, 막부는 조약체결 후에도 대외관계의 확대 가운데 통상의 개시는 극력 회피하였다. 그러나 바람없이 운행하는 증기선을 본 무사들은, 부국강병주의에 의한 외교 · 군사면의 충실을 꾀하기 위하여 메이지시대의 관립(官立) 양학교육 기관인 반쇼시라베소(蕃所調所)를 세웠다. 1863년에는 이를 가이세이죠(開成所)로 개칭하고, 1864년에는 사쓰마번(薩摩藩: 현재의 가고시마현)에도 군사학 및 영 · 난학 교육기관으로 이를 세웠다.

맺고 요코하마 · 나가사키 · 하코네를 국제무역항으로 개항하였다. 이에 전국은 외국 세력을 배척하는 존왕양이사상으로 들끓었지만, 막부는 군사적 근대화를 위해 공식 유학생을 해외에 파견하였다. 따라서 이 시기의 유학생들의 유학 목적은 나라의 운명을 개척하기 위함이었다.[7)]

나카무라의 경우도 35세에 시험으로 선발된 10대 후반에서 20세 전반의 젊은 12명을 이끌고, 카와자 칸도오(川路太郎, 1845~1927)와 함께 1868년 6월 25일에 영국으로 출발하였다.[8)] 이들은 기항지인 상하이에서 서양인 한학자들과도 만나고(인수불명) 중국 고전의 영역본도 구입하여 런던에 도착하였다. 유학생들은 서양문명을 배우기 위해 런던대학(UCL)에 입학하였고[9)] 두 명의 감독은 일본에서부터 동행한 목사 겸 해군인 로이드(W.V.Lloyd)에게서 영어와 기독교 · 정치 · 법률 · 경제를 배웠다. 또한 이들은 체제하는 동안 영국인 정치가 · 한학자와도 교류하며 선진 문물을 견학하였다. 그러나 막부의 몰락으로 지원금이 끊겨 당초 5년 예정과 달리 1년 반 만에 귀국하게 되었다.

7) 熊田忠雄, 2016, 『明治を作った密航者たち』, 祥伝社.

8) 일본의 서양 최초의 공식 유학생은 1862년 네덜란드 유학생 파견이며 1865년에는 러시아에 6명의 유학생을, 1866년에는 영국으로 12명을 보냈다. 이전은 정부가 도항을 금지하였기에 밀항에 의한 유학이었다. 예컨대 약 260여 개 번 중 하나인 사쓰마번에서는 1856년부터 막부의 명을 어기고 거액의 돈을 들여 총 19명의 유학생을 영국으로 보냈다. 이러한 사쓰마번의 영국 유학생 파견은 영국으로 하여금 대일본정책의 변화를 가져왔으며, 영국의 지원을 받은 반막부세력에 의해 막부가 붕괴되어 천왕제를 중심으로 하는 메이지정부 수립이라는 역사적 전환을 이룰 수 있는 계기가 되었다. 宮永孝, 1990, 「幕府イギリス留学生[下]」, 『社會勞働研究』 36(4), 法政大学社会学部学会.

9) 당시 런던대학(UCL) 외에도 옥스퍼드 · 캠브리지 · 더햄(Durham) · 맨체스터 대학이 있었다. 그러나 옥스퍼드와 캠브리지는 영국 국교인 성공회(Church of England) 교도만으로 자격이 제한되어 있었기 때문에, 신앙이나 인종의 차이를 뛰어넘어 모든 학도에게 문호를 개방하던 런던대학에 입학하였다.

나카무라가 1869년 6월 21일에 귀국하였을 때는 메이지유신이 일어난 지 약 1년이 채 지나지 않은 시기였다.[10] 따라서 그는 9월경에 몰락한 도쿠가와 당주(當主)의 행보대로 무연고의 시즈오카(靜岡)로 이주하여, 10월에 개교한 막부 교육기관인 부중학문소(府中學問所, 이하 학문소)에 부임하였다. 5년 후에는 메이지 정부로부터 초빙되어 도쿄의 번역국[11]에 취직하여 이주하기까지 교수 생활을 하였다. 즉 그는 강의하면서 『자조론』의 번역도 착수하여 전체 13편 중 제3편의 번역을 1870년 5월에 시작하였고, 마지막 편을 같은 해 11월 9일에 마무리하고 적어도 1871년 4월에는 간행이 시작되었다고 기록하였다. 그는 제3편을 먼저 번역한 후에 후배에게 보여주었고[12] 출판을 권유받자 단행하였다.

그런데 그가 『자조론』을 번역하던 시기는 메이지 정부가 해외 유학생들의 귀국을 종용하여 근대국가를 형성하는 기초적인 사회제도의 정비에 전력하던 때였다. 즉 문명개화(civilization) · 식산흥업 · 부국강

10) 주지하듯 메이지유신이란 정치적으로 소외되었던 혼슈(本州)의 가장 서쪽 지역인 야마구치(山口)현에 위치한 조슈(長州)와 사쓰마의 수뇌부들이 '삿초(薩長) 동맹'으로 메이지 천황을 내세워 260년간의 에도 막부 봉건체제를 무너뜨리고 중앙집권적 통일 국가와 자본주의 체제의 정권을 수립한 것이다. 본래 조슈는 동 · 서군이 크게 싸운 세키가하라(関ケ原)전투(1600)에서 서군의 주력부대인데 도쿠가와 이에야스(德川家康)의 동군에 패해 영지를 축소 당하여, 혼슈 서쪽 끝인 하기(萩)지역까지 밀려났던 것이다. 또한 이들의 주요 임무는 서구로부터 선진기술과 근대제도를 도입하여 일본을 만국과 대치할 수 있는 근대 자주독립 국가로 만드는 것이었다. 한편 메이지 유신의 종료 시기에 관하여는 폐번치현(廢藩置縣, 1871), 지조개정(地租改正, 1871~73), 세이난 전쟁(西南戰爭, 1877), 대일본제국헌법(일명 메이지헌법, 1899.2) 등 여러 설이 있어 정설은 확립되지 않았다. 이 가운데 폐번치현이란 메이지정부가 1871년에 지방 통치를 정비하기 위해 종래의 번을 폐지하고 부와 현으로 일원화하여 중앙의 관할 아래 두는 행정 개혁이다. 그 목적은 봉건적 신분제도를 해체하고 '국민'을 창출하는데 있었다. 따라서 사족들의 대량 실직했다.

11) 번역 인재를 양성하기 위해 설립된 관립기관이다.

12) 그는 나카무라가 훈맹원(1876)을 설립하였을 때도 협력한 인물이다.

병 등의 국책 전개에 필요한 교과서가 아직 정비되지 않은 상태였기 때문에, 정부는 이들에게 번역서의 출판을 독촉하였다. 따라서 오늘날 사용하는 많은 역어(譯語)어와 번역서가 이 시기에 탄생하였다.[13] 이 가운데 일부의 책은 1872년에 설치된 교부성(敎部省) 주도하에 승려와 신관(神官)을 통한 서민 교화용 구두(口頭) 도서의 대본으로 사용되었다. 예컨대 『서국입지편』은 주당 2시간으로 도덕에 해당하는 '수신(修身) 구수'[14] 과목에서 '소학교에 말로 전하는 용도에 한함'이라는 제한적 허가를 받으며 교재로 채택되었다.[15] 또한 『서국입지편』은 나카무라와 메이로쿠샤(明六社)[16] 동인 활동을 하던 인물인 가토 히로유키

13) 1871년 문부성을 설치하고 1872년 근대 학제를 반포하였다. 즉 대학·중학·소학이라는 근대적 학제의 보통교육을 실시하였는데, 소학교의 입학률은 28.13%였다. 수업료가 유상이라는 이유가 컸다. 특히 서양의 남녀동등론을 모방하여 "남녀 구별이 없이 소학에 종사케 한다"는 점을 명시하며 여성에게도 교육의 기회를 열었으나 여전히 여성에게는 학문이 불필요하다는 의식으로 인해 여성취학률은 극히 낮았다.

14) 수신서 대부분은 주희에 의하여 편찬된 『소학』이다. 그러나 근대적 학제의 도입 이후 채택된 교과목의 구분체제에서 소학교의 선두 교과로 설정된 수신 교육이란 유교적 수신이 아니라 새로운 의미이다. 즉 존왕·애국·신민으로서 국가에 봉사하는 국민의 양성에 목적을 두고 있다.

15) 이러한 서양번역서에 의존하는 교육정책은 변화되었다. 따라서 나카무라의 1876년 3월 3일자 일기를 보면 『서국입지편』, 『품행론』이 1875년 12월 18일 문부성의 문교정책에 의해 더 이상 우수한 계몽서로 사용할 수 없게 되고, 내용도 대폭 삭제되었다는 기록이 있다.

16) 메이로쿠샤는 메이지 육(六)년에 창립된 것을 기념하기 위해 붙여진 이름으로, 초대 미국 공사직을 마치고 귀국한 모리 아리노리(森有礼, 1847~1889)의 제창으로, 창립회원은 니시무라 시게키·후쿠자와·니시 아마네(西周, 1829~1897)·가토 히로유키·쓰다 마미치치(津田眞道, 1829~1903) 등 당대의 양학자들이다. 이들은 난학·영학 등을 배운 경험이 있고, 막부의 양학기관과 양서조서(洋書調所)에서 일하고 메이지 정부가 들어선 이후에도 관료로서 정부에 관여한 인물이다. 이들은 월 2회 정례회를 통해 연설 활동을 벌이고, 1874년 4월 2일에 『메이로쿠자시(明六雜紙)』(1873.3~1875.11)도 창간하여 지면을 통한 계몽활동을 하였다. 그러나 1875년 정부의 태정관이 중상 및 비방 금지법과 신문조례를 포고하며 언론을 탄압하자, 1875년 11월 14일에 총 43호로 폐간하였다. 이후 메이로쿠샤는 메이로쿠카이(明六会)로 이름을 바꾸고 후쿠자와를 초대 회장으로 선임

(加藤弘之, 1836~1916; 이하 히로유키)가 1874년 1월 7일에는 천황과 황후의 진강(進講)의 교재로 사용하였으며, 황후가 도쿄여자학교의 우등생에게 준 선물도 『서국입지편』이었다.[17] 특히 『서국입지편』의 일부 내용은 가부끼로 만들어져 대중에게 문화적으로 전파되었다. 즉 스마일스가 자신과도 친분이 있던 영국의 증기기관차 발명가인 스티븐슨이 강연에서 자주 강조했던 '인내하라(Preserve, Preserve, Preserve!)'를 상기하면서 쓴 장인인 도공(陶工)에 관한 전기인 제3장 「위대한 도공」이 가부키로 만들어졌다. 뿐만 아니라 일본 초기 자유민권운동을 주도한 정치결사 〈릿지샤(立志社)〉(1874)[18]는 『서국입지편』의 '입지'에서 유래한 정치결사이며, 이 단체가 세운 학교 〈릿지학사(立志學舍)〉(1875.2)의 「취지서」를 보면 자조론이 개교 동기이다.[19] 이처럼

하여, 도쿄 학사회원과 제국학사원에서 강의를 열었고 이는 훗날 일본학사원의 기반이 되었다. 김성근, 2011, 「메이지 일본에서 "철학"이라는 용어의 탄생과 정착－니시 아마네의 "유학"과 "philosophy"를 중심으로」, 『동서철학연구』 59, 한국동서철학회.

17) 히로유키는 후쿠자와와 동시대의 인물이다. 즉 그는 막부 말기에 『인초(隣草)』를 써서 서양의 입헌정치를 소개하고 이를 채용할 것을 주장하였다. 또한 메이지 유신 이후에는 『입헌정체략(立憲政體略)』(1868) 『국체신론(國體新論)』(1875) 등을 저술하여 입헌정치의 지식을 전파하고 천부인권론을 소개했다. 그러나 1880년대에는 사회진화론(Social Darwinism)의 영향으로 국가주의자로 전향하여 천부인권론을 부정하였다. 또한 그는 정부에서 일본의 교육과 혁신에 일조하였으나, 후쿠자와는 민간의 대표적 교육자였다.

18) 애초에는 수신인은 재산이 없는 빈궁한 사족과 삼민(사·농·공)을 모두 포함하는 인민 일반으로 되어 있으며, 이전의 「민선의원설립건백서」(1874.1.17)의 재확인이었다. 또한 고지는 1882년 11월 자유당(1800)의 총재가 된 이타가키 다이스케(板垣退助, 1837~1919)의 고향이며, 그가 이곳에서 자객의 칼에 찔렸을 때 "이타가키는 죽어도 자유는 죽지 않는다"라는 말을 남겼다. 이 말로 인해 민권운동은 활기를 띠었고 여성의 참여도 늘었다. 따라서 이곳은 일본의 자유민권의 발상지로 불린다. 平尾道雄, 1970, 『自由民権の系譜』, 高知新聞社.

19) 서양의 부강이 '자수(自修) 자치(自治) 자립(自立)의 정신을 가진 인민에 의해 기초되어 있다'는 경험적 사례와 물질적으로 자립해야만 하므로 '분려(奮勵) 근면(勤勉)의 정신인 '자조정신'을 덕목으로 가르치며, 이를 통해 경제적 자립(自労

사회체제 및 가치관 등에 의한 환경의 격변에 처한 많은 이들에게 인생의 지침과 자신감을 부여한 계몽서였다.

이러한 『서국입지편』의 전파력은 메이지시대(1868~1912)를 거쳐 다이쇼시대(大正時代, 1912~1926)에 이르기까지 사그라지지 않았다. 즉 책의 판매된 숫자를 통해서 보면 초판인 목판본은 10만 부가 팔렸으며 1921년 초까지의 기록을 보면 활판, 이본(異本, 해적판)을 합해 당시 일본의 인구수와 오늘날의 숫자로 보아도 엄청난 100만 부 이상이 팔렸다. 이는 『서국입지편』과 함께 '메이지 삼서의 하나'로 함께 꼽혔던 후쿠자의 『학문의 권장(學問のすすめ)』(1866)[20]이 세월과 더불어 점차 독자들로부터 잊혀져 갔던 것과는 대조적이다. 특히 『개정서국입지편(改正西国立志編)』(1878)을 인쇄한 막부 출신인 사쿠마 테이이치(佐久間貞一, 1846~1898)는 자신의 출판사를 주식회사인 슈에이샤(秀英社)로 확장할 만큼 큰 부를 얻었다.

自食)이 가능하게 하는 교육'을 목적으로 하고 있음을 밝힌 것이다.

20) 이 책은 초판에서 17판까지 출판되었는데 1880년까지 약 70만 부가 인쇄되는 경이적인 베스트셀러가 되었다. 즉 "하늘은 사람 위에 사람을 만들지 않고 사람 밑에 사람을 만들지 않는다"는 유명한 천부인권 구절로 시작하는 『학문의 권장』은 신분에 따른 차별이 아닌 개개인의 능력과 노력에 따른 차이만이 존재하는 시대에 접어들었음을 널리 알렸다. 또한 『문명론의 개략(文明論之概略)』(1875)은 '문명'은 '지'의 진보를 원동력으로 하여 '야만'의 단계를 탈각하여 진보하는 과정이라는 주장이 담겨있다. 나아가 그는 『복옹자전(福翁自傳)』(1899)에서 "동양의 유교주의와 서양의 문명주의를 비교하여 보면 동양에 없는 것에는 유형으로는 수리학과 무형으로는 독립심 두 가지이다"라고 하였다. 이처럼 그의 문명 개념은 서양을 목표로 근대국가 수립을 추진해가고 있던 일본의 근대화 과정을 뒷받침하고 있다.

2. 일본의 자조론

이 절에서는 최초의 수용자인 나카무라와 메이지 후기의 인물인 오오가키를 중심으로 일본의 자조론의 수용양식을 살펴본다. 나카무라가 자조론의 수용을 촉구한 시기는, 일본은 메이지 정부 주도하에 근대국가체제 정비에 총력을 기울이며 서구 근대국가와 같은 부강을 이루려는 근대화 작업이 진행되고 있었던 때였다. 이러한 가운데 그는 양이파(攘夷派)의 군사력 양성의 입장이 아니라, 서양 도덕인 '자조'에 의한 인민의 양성을 위한 덕육을 강조하였다. 한편 『서국입지편』에 의한 교육을 받고 성장한 오오가키는, 나카무라의 개인의 인격 향상의 입장과 달리 국가주도에 의한 국가에 충성하는 국민인 청년수양론의 양식을 보여주고 있다. 따라서 스마일스의 자조론이 어떠한 과정을 통해 일본에 최초로 전해진 것인지를 알기 위해 『서국입지편』의 출판에 관한 역사적 배경을 우선 살펴보고, 두 사람을 통해 일본의 메이지 초기의 토착화 과정과 후기인 대일본제국헌법시행 시기의 자조론의 수용양식의 변화된 특징을 살펴보고자 한다.

1868년 첫 공식영국 유학생 일행 사진

1) 나카무라 마사나오의 자조론

(1) 『서국입지편』의 출판

초판 『서국입지편』은 화지(和紙)가 사용되었으며, 1870년에 1~8책을 시작으로 1871년에 5회에 걸쳐 시즈오카에서 출판되었다. 이후에는 나카무라가 도쿄에 설립한 가숙(家塾)이며 메이지 3대 사숙(私塾)으로 불렸던 중등교육 과정의 도진샤에서도[21] 출판되었는데 이는 도진샤판으로 불린다.

그리고 초판의 구성은 11책 3편으로 책 제목의 다음 장에는 책을 선물로 준 영국 하원의원인 프리랜드(Humply W. Freeland 또는 弗理

---

21) 후쿠자와의 게이오기주쿠(慶應義塾)과 달리 도진샤는 1891년 나카무라의 사후에 도쿄 영어학교에 통합되었다.

蘭德, 1819~1892)[22)]에 대한 감사의 표시로, 그의 서명과 헌사가 모각되어 있고 이를 나카무라가 한문으로 설명하였다. 이어서 스마일스의 「서문」 번역문 · 목차 · 본문 · 판권명(板權名) 1, 2, 4, 8, 9,11편의 한문 서문으로 되어 있다. 개정판에는 5편 및 스마일스이 초판 서문이 소개되어 있다. 예컨대 제1편의 「서문」은 두 개인데, 산다 가네미츠(三田葆光, 18245~1907)의 화문(和文) 「서문」과 말미에는 발문(跋文)에 해당하는 나카무라의 「논(論)」이 있다. 또한 제11편 「서문」은 에도시대 막부의 직할 학교인 쇼헤이코(昌平學, 일명 昌平坂學問所)[23)] 선배이자 나카무라와 같은 최고 유학자의 칭호를 지녔으며 서양 학문에도 조예가 깊었던 고가 사케이(古賀茶渓, 1816~1884)가 썼다. 그러나 초판 이후에 나온 판본이나 『경우문집(敬宇文集)』(吉川 弘文館, 1903)에는 「서문」의 내용이 상이한 부분들이 있다. 예를 들면 좀 더 쉬운 한문 투인 『개정서국입지편』에는 초판에서 생략된 부분을 보충하고,[24)] 5편과 11편에 「서문」을 새로이 추가하여 총 8편의 「서문」이다. 그런데 나카무라는 기본적인 문단의 흐름과 구분은 스마일스를 따랐지만, 본문에도 목차 및 제목과 동일한 소제에는 한자로 번호를 붙인 고유의 형식도 갖추었다. 또한 글쓰기 방식은 스마일스의 방식과 유사한 연역적이며 경험적 방식이다. 즉 총론격인 「서문」에서 밝힌 중심 주장을 각 장을 통해 각론으로 설명해가고, 자신이 전달하고자 하는 동일한 주

22) 그는 정통 젠트리 계급 출신이며, 체스터(Chichester) 지역의 자유당 소속의 하원의원(1859~1861)이었다.

23) 막부시대는 조선의 성균관과 같은 쇼헤이코(1630~1871)와 전국의 영주의 근거지에는 조선의 향교와도 같은 번교(藩校)가 있었다.

24) 나카무라의 개정판의 경우에도 제2편 10장의 방적기 발명가인 리차드 아크라이트편과 제11장의 존 히스코트(John Heathcoat, 1783~ 1861)에 집중되어 있으며, 주인공들의 성공하기까지의 긴 역경이나 앞서 나온 주인공과 유사한 내용은 생략되어 있다.

제를 경험적으로 반복적 예증을 통해 강조해 가는 방식이다.

한편 18세기~19세기 동아시아는 서양의 신문명과 마주하면서 그들의 근대화된 문화와 지식을 학습하기 위해 새로운 개념어를 대량 생산하였다. 예컨대 나카무라는 『자조론』 번역과정에서 서구의 새로운 개념을 적절히 번역할 일본어가 없어서 고민하였다. 달리 말하자면 출발어(source language)를 해석과 적용과정을 거쳐 마땅한 도착어(target language)로 전환하기가 어려웠다. 이에 나카무라는 우선 한자어를 차용하였다. 예컨대 'Character'는 '품행(品行)' 혹은 '성품(性品)'으로, 'duty'는 '직분(職分)'으로 번역했다.[25] 아울러 중국 고문을 인용해 창의적으로 새롭게 만들어진 단어도 많다. 예컨대 책의 표제어인 '입지'란 유학에서는 '사람이 살면서 자신의 길을 찾아 그 길에 뜻을 두고 매진한다'는 뜻의 한자어였다. 그러나 나카무라는 자조적 인물을 '입지적 인물'로 번역하고, '입지'의 목적은 '독립자치(獨立自治)'로서 자주 자립적 인격을 갖추는 것이라고 밝혔다. 이 밖에도 그는 'Culture', 'Cultivate', 'Cultivation', 'Mental Culture'를 번역하기 위해 중국 고전에서 사용되던 '수양'을 새로운 의미 부여를 위해 소환하였다. 즉 '수양'이란 용어는 언제 처음 성립되었는가에 대해서는 정확하지 않으나, 도교의 『근사록』 제2권 「수양지소이인연(修養之所以引年)」에 등장한 예만 있을 뿐이다. 따라서 차후 국가주의 주창자가 된 니시무라 시게키는 만년의 대작인 『덕학강의(德學講義)』에서 '수양'이라는 언어가 일본에서 사용되어 왔는데, 나카무라가 'Self-Culture'를 '수양'으로 번역하였음을 밝혔다.[26] 그러나 나카무라의 '수양'과 전통적 '수양'은 심신을 갉고 닦아

25) 나카무라는 스마일스의 『의무론(Duty)』을 1904년 『직분론』으로 번역하였다.

26) 문부성은 1880년 4월 니시무라 시게키가 유교경전을 기반으로 삼아 편집한 『小學修身訓(소학수신훈)』을 간행하여 이를 수신교과서의 본보기로 삼았다. 평소

인격을 향상시키는 것이라는 공통점은 존재할 수 있으나, 나카무라는 국가의 번영은 평등한 인민의 수양에 의한 인격의 향상으로 보았기 때문에 모두에게 개방된 '수양'이였다. 이 밖에도 나카무라는 '자유'가 고전에서 사용되던 부정적인 의미가 적지 않다고 보아, 'freedom' 'liberty'를 관홍(寬弘)'으로 사용하거나 원어 그대로 '리버티'를 사용하기도 하였다. 하지만 후에 후쿠자와는 자유에는 제멋대로 방탕하게 행동한다는 의미가 없음을 표명하여 번역어로 '자유'가 보급되었다. 이처럼 나카무라는 낯선 서양 용어들을 익숙한 유학이나 도교의 유사한 개념을 빌어 이해시켰다.[27] 혹은 그는 신조어를 만들었는데 대표적 예가 '자조'이다.[28] 이는 일본에서 생산된 다른 신조어와 함께 청일전쟁 패전으로 일본에 유학 온 중국 유학생들을 통해 중국 · 한국에 역수출되었다.[29]

그는 서양의 학술 · 정치 · 법률은 우수하다고 보면서도 도덕 · 풍속 · 습관 등은 동양이 서양을 능가하는 것도 많다고 하여 일본의 장점은 양성하고 서양인의 우수한 것은 취해야 한다고 주장했다. 즉 '화혼양재'의 실천을 주창한 인물이다. 西村茂樹, 1899, 『德學講義 第六冊』, 哲學書院, 1~5쪽 참조. 眞邊將之, 1999, 「明治啓蒙期の西村茂樹－民權と仁政」, 『日本歷史』 617, 58쪽 참조.

27) 이 밖에도 나카무라는 『자유론』(1870) 런던판을 『자유지리(自由之理)』(1872.2)로 번역하였다. 이 책에서 "무엇을 일러 자애(benebolence)라 하는가. 그것은 정심과 성의이다"라고 한 바와 같이 서양의 '자애'를 유학의 개념으로 설명하였다. 또한 후쿠자와의 경우도 벤자민 플랭클린의 민권 사상에 대한 명언을 동양의 '인내천'사상에서 빌어 왔다. 나아가 1880년대 자유민권운동의 이론적 지도자였던 나카에 죠민(中江兆民, 1847~1901)도 루소의 주요 개념을 맹자를 원용해 '호연지기'라고 결론지었다.

28) 니시 아마네는 자주(自主), 히로유키는 자재(自在)라고 하였다. 특히 니시 아마네는 'philosophy'를 '철학(哲學)과 같은 신조 화제한자(和制漢字)를 만들었다. 이 밖에도 오늘날 일반적으로 사용되고 있는 민족 · 국가 · 혁명 · 계급 · 정치 · 예술 · 문화 · 문명 · 권리 · 개인 등 헤아릴 수 없을 만큼 많은 개념어들이 이때 탄생되었다. 이렇게 근대 일본에서 번역된 일본어는 일본에서만 사용된 것이 아니라 중국과 한국에도 전파되었다. 근대 역어의 생산과 수용 및 교류에 대한 연구는, 야나부 아키라 지음, 서혜영 옮김, 2003, 「나카무라 마사나오의 다양한 번역어」, 『번역어 성립과정』, 일빛, 24~25쪽 참조.

그리고 나카무라는 유학에 빗대어 서양 서적을 번역하는 방식인 격의(格義) 방식을 택하였다.[30] 일찍이 일본은 중국 고전을 국가 체제 확립에 필요한 지식의 원천으로 삼아 중국 고전의 번역 출판이 활발하게 이루어졌다. 나카무라도 낯선 영국 이야기를 쉽게 이해할 수 있도록, 중국의 익숙한 고사로 대체하여 풀이하였다. 그런데 그는 이러한 격의 방식이 자조론의 이해에 가져올 오해를 미리 간파하였다. 즉 그는 「서문」을 통해 '서양을 가본 적도 없고 서양서적을 읽어 본 적도 없는 이들에 의해 혹여 유학서적 이라 오해될 수 있음'을 경계하였다. 이 같은 그의 예상과도 같이 『서국입지편』은 '서양논어'로 불렸다.

지금까지 언급한 나카무라의 번역 방식은 장구한 시간의 흐름 속에서 완성된 서양 사회의 문화와 사상에 대응할 만한 적절한 대응어를 찾지 못하여 고심한 흔적이라 할 수 있다. 이러한 어려움과 여러 가지 파열음을 만들었음에도 불구하고 『서국입지편』이 메이지시대에 끼친 영향은 매우 컸다. 즉 '자조'는 메이지 초기의 시대정신이 되어 일본인의 근대 의식 형성에 크게 기여하였다. 또한 스마일스에게도 직접 책이 전해졌으며, 먼 일본에서 번역되어 베스트셀러로 널리 읽혔음도 알려졌다. 즉 그의 사후에 쓰여진 『자서전』에 나타난 언급을 요약해 보면 '1873년 빈 만국박람회에 파견된 일본 위원으로부터 일본 상류계급은 모두 『서국입지편』을 알고 있다는 편지와 함께 전해 받았다. 또한 『검약론』에 대해 은행가 친구에게 의견을 구할 때 은행가 친구의

29) 청나라는 청일전쟁의 패전이 각성의 계기가 되었다. 즉 전쟁 직후인 1896년에 패배 원인을 국가 차원에서 알기 위해 승전국 일본에 유학생을 파견하기 시작하여 1905년에는 수가 약 1만 명에 달했다.

30) 본래 '격의'란 위진(魏晉) 시기 이후에 중국이 인도 불교의 개념어를 이해하기 위하여 채택한 해석학적인 방법이다. 일본은 이를 서양의 사회와 문화를 이해하기 위해 적용하였다. 양세욱, 2017, 「근대 중국의 개념어 번역과 '格義'에 대한 비교 연구」, 『중국문학』 91, 151~174쪽 참조.

답장에 은행 손님인 일본 정치인이 자신이 『서국입지편』을 천황에게 헌상했다는 사실도 알게 되었다. 이 책은 페이지 수는 2천 페이지 정도였으며 읽는 방식은 왼쪽에서 오른쪽이었다. 한자는 마치 영국 박물관의 곤충 표본을 보는 것 같았다'라는 내용이 담겨 있다

이러한 『서국입지편』 이외에도 와세다철학과 학생이자 같은 기독교인이었던 아제카미 켄죠(畔上賢造, 1884~1938; 이하 켄죠)의 완역본인 『자조론 상 · 중 · 하(自助論 上 · 中 · 下)』(1906)가 있다. 켄죠는 간행 취지를 '나카무라의 글이 한문투라 당대 청년들이 읽기 매우 힘들고 스마일스의 원문 뜻을 간략하게 한 부분이 많아 새로 번역하게 되었다'고 밝혔다. 실제로 초기와 달리 메이지 후기(1890~1911)에는 서구에서 유입된 개념에 대한 사회적 이해와 합의가 어느 정도 이루어졌기 때문에, 그의 번역은 상대적으로 훨씬 원문에 충실해질 수 있었다. 일례로 'invention'은 나카무라는 '생각해내다'는 서술어였으나, 10년 뒤의 켄죠는 명사인 '발명'으로 번역하였다. 또한 그는 'individual'을 '개인'으로[31] life를 '생활'로 번역하는 등 오늘날 사용되고 있는 말에 가깝게 번역했다. 따라서 그는 나카무라에 비해 독자층을 더 넓혀갈 수 있었으며 '상대적으로 현대어를 사용하여 이해하기 쉬워 더 적절한 번역서'라는 평가를 받을 수 있었다. 아울러 내용상으로는 나카무라는 국가의 번영의 비결이 담겨있는 책으로의 성격을 부각시켰다면, 겐죠는 자조적 인물에 대한 예화 중심의 원본에 충실하였다. 이러한 차이점에도 불구하고 두 책 모두 잘 팔려 나갔다.

31) 'Individual'이라는 단어는 고대 그리스어와 라틴어에서 '나눌 수 없다'라는 뜻으로 사용되었다. 그러나 16세기 이후에는 서양에서 개인을 지칭하는 말로 사용되었다. 특히 사회계약론의 등장으로 각각 독립적으로 사유하는 존재인 개인의 등장으로 분할할 수 있는 개념으로 정착되었다. 이를 토대로 개인들의 총합이 사회라고 정의하였다.

그리고 켄쵸 이후로는 야마카다 테이지부로(山縣悌三郎, 1912), 『신역서국입지편(古城栗原元吉)』(일명 『自助論講話』), 나가이 히조무(永井潛, 1955) 등이 있다. 더욱이 『자조론』의 유사 서적들까지도 『입지』란 표제를 달고 속속 출간되었다. 예를 들어 1900년대 이후 일본의 청년들은 『자조론』이 아니라 100만 이상 팔린 『입지론(立志論)』(1909)을 통해 '자조정신'을 배웠다.[32] 즉 이 책의 저자는 미국의 오리슨 스웨트 마든(Orison Swett Marden, 1848~1924; 이하 마든)으로, 『Pushing to the front』(1894)에서 '『자조론』의 열렬한 독자였으며 이 책이 자신의 인생의 전환점이 되었다'고 밝힌 바가 있다. 그런데 자본주의시대 일본 청년들에게 직업적 성공이라는 성공주의의 방향을 제시한 책이며, 책의 인기는 러일전쟁 이후 수십 년간 지속되었다. 이 밖에도 '○○입지(편)' 혹은 '입지귀감○○'으로서 '입지', '입지편' 혹은 '입지귀감', '군인입지편', '일본입지편', '동양입지편' 등과 같이 유사한 이름을 단 책이 속속 등장하였다. 즉 동아시아 위인들을 편제하여 서구의 위인과 어깨를 견주는 세계 위인의 반열에 올린 수신서 · 처세훈(處世訓) · 전기소설류에 입지 단어를 포함하는 입지본(立志本) 형식의 서적이 대량으로 출판된 것이다. 따라서 이러한 유사 서적까지도 중국 및 한국의 지식인에게 중역되어 큰 영향을 미치게 된 것이다.

(2) 나카무라 마사나오의 자조론의 수용양식

그렇다면 나카무라의 자조론의 수용양식은 어떠한 것인가? 『서국입

32) 일본 도서관에는 미국 도서관보다 마든의 저서가 더 많이 소장되었으며, 그의 문장을 인용하거나 그의 저작을 흉내 낸 출판물이 다수 간행되었다. 齋井輝子, 1987, 「日米兩國の成功雜誌に關する一考察」, 『アメリカ研究』 21.

지편』은 원서가 존재한다는 점에서 번역서임에 분명하지만, 그는 자신의 취사선택을 분명히 하였다. 즉 과감한 첨삭과 「서문」을 통해 내용의 대폭 삭제 · 가감 · 의역 등과도 같은 일종의 편집행위를 하며 적극 개입한 것이다.[33] 예컨대 나카무라는 제3편을 번역에서 제외하고 제7편은 원본과 달리 전체의 4%로 줄였으며, 제13장 「품행론」은 원본은 6%의 분량이었으나 자신의 편역서에는 10%로 늘여 80% 분량으로 늘여놓았다. 이러한 특징에 대해 일본학 연구자인 미국인 키몬교수(Earl H. Kinmonth)도 『서국입지편』은 분량은 20% 축소되었으나 전체적으로 윤리 도덕적 요소를 더 부각시킨 책이라고 평가하였다.[34] 바꾸어 말하자면 스마일스는 노동자들을 향해 '근면'이라는 근대적인 자본주의적 노동윤리가 빅토리아시대의 산업사회의 도래를 가능하게 하였음을 강조하였으나, 나카무라는 산업과 기술에 대해서는 다소 불투명하게 이해하였을 뿐만 아니라 상대적으로 비중도 적게 두어 축소시켰다. 오히려 도덕과 윤리에 관한 내용에 더 집중한 것이다. 이러한 그의 선택적 수용은 『서국입지편』의 「서문」에 있는 다음의 언급을 통해 선명하다.

내가 이 책을 번역하자 지나가며 묻는 손님이 있었다. 그가 말하길 "그대는 어째서 병서를 번역하지 않는가?"라고 하였다. 내가 말하기를 "당신은 강한 병력이 있으면 나라가 여기에 의지해 치안을 이룬다고 생각하는가? 서양의 강력함이 병력에 의한 것이라고 생각하는가. 이는 크게 그렇지 않다. 대저 서국의 힘은 인민이 독실하게 천도(인용자 주; 기독교의 God의

33) 김남이, 2011, 「20세기 초 한국 문명전환과 번역: 重譯과 譯術의 문제를 중심으로」, 『어문논집』 63(0), 142쪽.

34) Earl H. Kinmonth, 1982, *The Self-Made Man in Meji Japanese Thought*, University of California Press.

역어)에 대한 믿음에 유래하며 인민이 자주지권을 갖고 있기 때문이며 정사는 관대하게 법은 공정하게 이루어지기 때문이다."

즉 그는 이 책을 통해 이질 문명인 영국을 접촉하고 서양 부강의 원인이 군사력에 있는 것이 아니라 기독교에 근원한 자주 자립의 인민이며, 이를 가능하게 한 자유로운 정치체제인 의회민주주의에 있음을 알 수 있었다는 것이다. 그러나 병학 대신에 서양의 도덕을 수용하자는 나카무라의 자조론 강조는 큰 지지를 받지 못했다. 왜냐하면 일본은 도쿠가와 쇼군이 평정한 17세기 이래 260여 년간을 압도적인 군사력 위력을 기초로 하여 정치와 경제 질서를 장악하는 지배체제였기 때문이다. 더욱이 아편전쟁 · 시모노세키 전쟁(下関戦争, 1863, 1864) · 사쓰에이전쟁(薩 · 英戰爭, 1863.8)[35] 등을 직간접으로 경험하면서, 국제사회에서 군사력의 중요성에 대해 체험하였다. 즉 일본의 자주독립과 서양문명의 섭취는 양립할 수 없다며 개국을 거부한 다양한 양이파, '영국의 식민지 인도와 같이 되지는 않아야 한다'는 다양한 개국파 사이에서[36] 개국화친(開國和親)을 표방하며 서양의 병기(兵器)에 치중한 '화혼양재(和魂良材)'의 목소리가 더 강했기 때문이다.

---

35) 사쓰마번과 영국 간의 전쟁이다. 이 전쟁에서 패한 사쓰마번은 영국의 선진적인 군사력을 알고 강화 협상에서 영국에 유학생 파견을 제안했다. 영국 측은 적으로부터 배우려는 자세에 놀라면서도 이를 높게 평가하며 요청을 수락했고, 사쓰마번은 4명의 시찰원과 15명의 유학생을 파견하였다. 이들 유학생은 메이지유신 이후 정치 · 교육사업 등 사회적으로 큰 영향력을 가진 인재들이 되었다. 대표적 인물이 메이로쿠샤 동인인 모리 아리노리가 있다. 그는 1885년에 초대 문부대신이 되어 일본 근대 교육 제도의 기반을 닦았는데, 그의 교육관은 국가 번영에 최종목표를 둔 국가주의 교육이었다.

36) 두 파 모두 정도의 차이는 있지만 서양의 문명의 우월한 측면을 인정하고 있다. 즉 격물치지로서의 서양과학의 뛰어남과 통상의 이익을 위해서는 약국을 속국화하려는 서양의 침략성에 대한 인식에서는 공통적이었다. 따라서 이러한 점은 한국의 위정척사파와 차이가 있다고 볼 수 있다.

본래 '화혼양재'란 헤이안(平安) 시대(794~1185) 중기에 등장하였는데, '화'란 중국으로부터 들어온 선진 중국문물에 대비되는 일본인의 심성, 삶을 영위해 나가는 데 있어서의 지혜, 능력 등을 의미한다. 이는 유교적 이념과 사회체제를 중체나 동도로 보는 중국과 한국과는 차이가 있다. 이러한 입장은 막부 중기에 이르면 한학(漢學: 청대에 송학을 비판하여 성립시킨 학문)[37]이 통상적인 교육과정으로 자리 잡고, 이를 일본 고유의 정신에 입각하여 소화한다는 '화혼한재(和魂漢才)'의 입장이었다.[38] 즉 중국문화를 일방통행적으로 모방하고 수용하는 것에서 벗어나 자국의 경제 사회 및 정치질서를 유지하기 위해 중국문화를 취사선택하고 변용하여 수용하려는 경향이 나타났다. 예컨대 병학의 대가이자 주자학의 신봉자인 사쿠마 쇼잔(佐久間象山, 1811~1864)은 시대적 상황에 맞추어 '동양도덕(東洋道德) 서양예술(西洋藝術)'이란 동도서기론으로 정착시켰다. 즉 그는 '화혼'은 '양재'와 모순되지 않으므로, 서양 문명 중 형이하학적 요소만 도입하고 정신상의 가치는 도덕적인 측면에서 우월한 일본의 고유의 것을 유지하고자 하였다. 아울러 그의 제자 요시다 쇼인(吉田松陰, 1830~1859)은[39] 천황이

37) 한학은 국학 혹은 양학과 대치하는 용어이나, 본고에서는 유학과 동일한 뜻으로 사용하였다. 왜냐하면 일본에서는 유교에도 각각 견해의 차이가 있었음에도 불구하고 중국에서 전래된 학문이라는 의미에서 통틀어 한학으로 불렀기 때문이다. 특히 일본에서 유학이 융성한 시기는 에도시대의 주자학이다. 이러한 학풍은 메이지유신 전후까지 지속되었다. 그러나 메이지 정부가 서양문명의 적극적 도입정책을 선택하여 양학이 유행하게 되면서부터는, 학문은 한학 · 국학 · 양학으로 세분화되었다. 일본에서의 양학은 주로 난학 · 영학 · 불학을 의미하며, 학문적 범주는 군사학 · 의학 · 자연과학 · 인문과학 순으로 점차 발전했다. 양일모, 2018, 「한학에서 철학으로－20세기 전환기 일본의 유교 연구－」, 『한국학연구』 49, 41쪽.

38) 이 말이 처음 문헌에 등장한 것은 10세기 즈음인 헤이안 시대의 『간케카이(菅家遺誡)』라는 책이다. 한예원, 2017, 「일본 외래문화 수용의 두 자세－'화혼한재'와 '화혼양재'」, 『일본사상』 33, 264쪽.

'화혼'의 핵심이었다. 이러한 그의 화혼양재론은 차후 근대 일본의 군국주의 체제를 가능하게 한 사상으로 운용되었다.

반면에 나카무라는 그동안 양학에 접근하지 않았던 사족들에게 까지도 서양의 문명과 정신을 강조하였다. 즉 그는 『자조론』 1장인 'Selp-Help: National and Individual'을 '邦國及び人民の自ら助る(방국과 인민이 스스로 돕는 것을 논함)'에서 'Nation'을 천하가 아닌 '방국(국가)'으로, 'Individual'을 '인민'으로 번역하였다. 또한 '자조'를 '자주지권', '스스로 돕는 정신'인 '자조정신'은 '자주 자립하여 타인의 힘에 의지하지 않는 것'이며 '살아가는 바의 근원'이라 번역하였다. 아울러 제1장의 두 번째 「서문」인 「논」에서 "나라에 자주지권이 있는 까닭은 인민에게 자주지권이 있기 때문"이며, "인민에게 자주지권이 있는 까닭은 그들에게 자주의 의지와 행동이 있기 때문"이라는 문장으로 시작하여 스마일스의 1장의 문장을 재차 자신이 쓴 「서문」에서 강조하였다.[40] 즉 '독자일기(獨自一己)'라는 개인의 독립적이고 주체적인 인간상을 성취할 수 있는 서양 도덕의 원형을 나카무라는 서양의 기독교 정신인 자립(independent) · 근면(work hard) · 검소(thrift) · 정직 등에서 유래한 것으로 인식하였다. 이처럼 그는 도덕을 근간으로 한 문명사회

39) 사쿠마 쇼잔의 화혼양재론으로부터 영향을 받은 요시다 쇼인은, 서양의 과학기술 가운데 특히 무기와 군대조직의 수용을 주장하였다. 다른 한편으로 그는 옹호해야 할 대상으로 신도사상을 핵심으로 하여 존왕심(尊王心)을 확립하고 막부 타도의 행로를 열어갔다. 그의 제자로는 네 차례 총리(1885~1886, 1892~1896, 1898~1898, 1900~1901)를 지낸 이토 히로부미(伊藤博文, 1841~1909; 이하 이토), 초대 총독 데라우치 마사타케(寺內正毅, 1852~1919), 한 · 일 병합 당시의 총리인 가쓰라 다로(桂 太郎, 1848~1913) 등이 있다. 한편 요시다 쇼인의 교육은 일본의 부국강병에는 기여했지만, '일본이 열강의 침략에서 살아남으려면 반드시 조선을 식민지로 삼아야 한다'는 조선 침략 이데올로기의 원형을 제공하였다.

40) 「논」, 『서국입지편』 제1장 "論曰. 國所以有自主之權者. 由于人民有自主之權. 人民所以有自主之權者. 由于其有自主之志行."

를 달성하고자 하였다. 따라서 그는 힘의 논리를 비판하고 군사력을 배경으로 하는 외교정책을 반대하고 도덕의 달성을 정치의 목표로 삼았다.

그런데 그는 영국 체험 이전부터 서양에 대한 지적 흥미나 주체적 관심을 가지고 있었다. 예컨대 애초 영국 유학생 신분을 지원하고 유학의 목적을 쓴 지원서(1866)에, 자신의 유학자로서 지닌 학문적 보편성이 본격적으로 양학을 수용할 때 장점이 될 수 있음을 강조하고 자신을 선발해 줄 것을 부탁하는 내용이었다.[41] 또한 19세 쓴 『자명종설(自鳴鐘說)』(1850)에서도 물건을 제조하는 사람을 비천하게 여기지 않았으며 인내력을 가지고 끊임없이 노력하는 인물들을 높이 평가하였으며[42] 기술을 중시하고 기술자를 우대하는 서양문화와 문명을 받아들여야 한다는 데에는 의심이 없었다. 요컨대 그는 장점은 취하고 단점은 보완함을 의미하는 '채장보단(採長補短)'의 입장에서 양학을 배우며 일본의 개국도 주장하였다. 따라서 결코 서구 숭배주의적 입장은 아니다. 다시 말하자면 그는 보편적인 가치로서 문명을 인식하였기 때문에, 유학과 양학이 결코 단절된 것이 아니라 오히려 보편화될 수 있으며 양자를 함께 연속시킬 수 있다는 절충주의적 문명관과 학문관을 가졌기 때문이다. 따라서 『서국입지편』의 「서문」에서도 오해가 없는 열린 자세로 적극적으로 서양 학문을 학습해 줄 것을 다음과 같이

---

41) 나카무라가 유학의 학문적 보편성을 다음과 같이 강조한 내용이다. '천지인에 통달하는 것이 유학자의 역할이며 유학자의 직분은 동양의 학문은 물론이고 서양의 정치학문풍속을 널리 학습하며 받아들이는 것이 자신과 같은 유자가 해야 할 일이며, 성령의 학문의 형이상학 및 물질의 학문인 형이하학으로 구분된 서양의 학문 가운데 서양의 성령의 학문을 제대로 강구할 수 있는 적격자이다'라고 하였다.

42) 여기서 나카무라의 글은 특별한 경우를 제외하고는 大久保利謙, 2007, 『明六社』, 講談社学術文庫에서 발췌한 것이다.

당부하였다.

> 애초 학문이란 삼라만상에 대한 이해이므로, 한 권의 책이나 한 사람의 견해로 "천하의 사리"를 바로 잡기란 불가능한 법이다. 붉은 색안경을 통해 세상을 본다면 삼라만상이 모두 붉게 보이는 것과 같은 결과를 가져올 뿐이다. 결국 학문이란 "중이(重異)를 모아 그로써 생각에 대비하고 낡은 견해를 씻어 내고 새로이 얻기를 귀히 여기는" 것을 말하는 것이다. 그렇기 때문에 만일 공자가 메이지 초기 일본에 살았다면 기꺼이 이 모든 신견이설을 배웠을 것이라는 것이다.(서국입지편 7편 「서문」)

또한 그는 영국을 다녀온 뒤 쓴 「송갈서사간서(送葛西士幹序)」(1870)와 메이지 후반부인 1889년에 행한 「고금동서일치도덕의 설(古今東西一致道德說)」이란 강연에서도 서양 도덕의 수용을 강조하는 일관성을 보여주었다.

이러한 나카무라의 절충주의적 학문관은 스마일스와 밀의 학문관과 다르지 않다. 즉 스마일스는 『자유론』의 '어느 의견이 진리의 전체인 것은 절대 아니며 많은 경우 거기에 포함된 진리는 부분에 지나지 않는다'라는 문장을 『자조론』의 본문에 삽입한 바가 있다. 또한 나카무라는 1870년 12월부터 1872년 초에 걸쳐 일본 최초로 번역한 『자유론』의 2장 「사상과 토론의 자유(Of the Liberty Of Thought and Discussion)」을 '이설(異說)에 대한 효용에 관한 논의'로 번역하고, "다양한 중이(重異)는 자유에서 나오고 진리는 다양함에서 비롯된다"[43]라고 하였다.[44]

---

43) "衆異由自由, 而生眞理由衆異而見"(弥爾, 中村敬太郎 譯, 1872, 『自由之理』 第二卷, 同人社藏版, 六丁). 시즈오카의 학문소에서 교수생활을 함께 하며 평생 친구가 되었던, 선교사 에드워드 B. 클라크(Edward Bramwell Clarke, 1874~1934)의 「서문」도 붙어있다.

44) 원문은 "As mankind improve, the number of doctrines which are no longer

이처럼 나카무라는 절충주의적 학문관을 토대로, 국가부강의 열쇠는 독립적이고 주체적 인간과 성숙한 인격의 근간이 되는 기독교의 수용, 인민의 자주적 인격을 보장해 줄 수 있는 민주적인 정치제도인 의회주의를 주장하였다. 따라서 먼저 그의 생애를 간략히 정리하고 인민에 대해 요구하는 도덕론인 품행론 및 기독교 수용론, 서양의 정치제도 수용론인 의회주의론을 중심으로 그의 자조론의 수용양식을 살펴보고자 한다.

○ 나카무라의 생애

나카무라는 한학을 배운 뒤 난학, 영학 등의 서양 학문을 수용하였다. 즉 그는 1832년에 가난한 하급 무사 집안에서 태어났지만, 막부가 시행한 어린이 대상의 유학경서 암송 시험에 우수한 성적으로 통과할 정도로 수재였다. 또한 그는 1846년에 막부의 시의(侍醫) 가문인 이베코 오잔(井部香山, 1794~1853)의 사숙에서 한학을 배웠다. 1847년에는

---

disputed or doubted will be constantly on the increase ; are the well-being of mankind may almost be measured by the number and gravity of the truths which have reached the point of being uncontested"(Mill, John Stuart, 2008, *On Liberty and Other Essays(1859)*, Oxford University Press, p.49). 眞理之數愈增, 福祥之氣, 斯愈增"(弥爾, 中村敬太郎 譯, 1872, 『自由之理』 第二卷, 同人社藏版, 四十二丁). Mill, John Stuart, 2008, *On Liberty and Other Essays*, Oxford University Press, pp.41~43. 즉 나카무라는 『자유지리』에서 해당 장을 다음과 같이 번역하였다. "널리 지구상의 이설을 듣고 논박을 받고 난 뒤에 내 주장이 그릇되었다면 옳은 의견을 따르고 내 주장이 옳다면 세상 사람들의 의견이 그릇되었음을 알고 나의 사고 판단이 옳다"고 생각할 수 있어야 한다. 그 과정을 반복하는 속에서만 인간은 자신 이외의 사람의 판단에 의존하지 않고 휩쓸리지도 않는 '자주'적인 삶을 살 수 있는 것이다. 그리고 이러한 방식의 독자적인(獨一)인 것을 서로 겨루어 나아가는 과정을 통해 한 사회를 진리로 축적하여 더 높은 것으로 나아가게(上進) 만들 수 있다. 더 나은 곳으로 나아감은 결국 인간의 행복의 증대에 기여한다'는 것이다.

의사이자 번역가이던 카츠라가와 호슈(桂川甫周, 1751~1809)에게서 난학을 배웠다. 1848년에는 쇼헤이코 기숙사에 들어가 사토 잇사이(佐藤一斎, 1772~1859) 문하에서 주자학과 미츠쿠리 케이고(箕作奎吾, 1852~1871)에게서 영어를 배웠다. 아울러 영국인 로버트 모리슨(Robert Morrison, 1782~1834)의 『중영사전』(Dictionary of Chinese Language) 6권(1815~1823)에 네덜란드어가 수록된 영국－네덜란드－중국(英蘭漢) 대조 사전을 친구인 가쓰 가이슈(勝海舟, 1823~1899)에게서 빌어 네덜란드어를 필사하며 영어 학습에 매진하였다. 이처럼 그는 적극적으로 서양 학문을 수용하였다.

그리고 나카무라는 쇼헤이코에서 학업을 마친 7년 뒤인 1855년부터는 유관(儒官)으로[45] 취임하여 한학을 가르쳤다. 이때 교수나 학생에게 양학 학습을 금하는 규칙의 해제를 요구하는 개혁안을 건의한 바가 있다. 그러나 막부 말기의 혼란한 정국에는 쇼헤이코의 규정인 소속 교수나 학생은 정치적인 문제에 의견을 제시하는 것이 금지되어 있었기 때문에, 그는 현실정치에 대한 글은 전혀 남기지 않았다.

그는 영국에서 귀국한 뒤에는 시즈오카에 새로이 설립된 막부 교육기관인 부중학문소(府中學問所; 이하 학문소)에서 한학부장이 되어 가르쳤다. 더욱이 통상 50~60세에 임명되던 관행과 달리 예외적으로 38세의 이른 나이에 최고 유학자의 직함인 오쥬사(御儒子: 최고 지위의 학자, 1862)를 얻어 주자학 스승인 잇사이의 뒤를 이었다. 그러나 1872년부터는 시즈오카를 떠나 도쿄로 이주하게 되었다. 왜냐하면 서양의 역사와 군사·학술·산업과 관련된 문헌을 번역하기 위해 설립된 번역국에 1872년 6월부터 재택근무자가 되었기 때문이었다.[46] 1873년

[45] 정원은 총 2명으로 종신직이자 명예직이었다.

[46] 메이지 정부는 번역국을 설치해 조직적으로 서양 서적들의 번역을 추진했다.

3월에 번역국을 퇴임한 그는, 사숙인 도진샤를 개설해 영어학과 영국학을 가르쳤다. 특히 이 학교는 윤치호가 최초 일본 유학생으로 약 1년간 수학하였으며, 교내잡지인 『문학잡지(文學雜誌)』에 그가 소개되었다.[47]

그리고 나카무라는 여성 교육에도 선봉에 선 인물이다. 즉 시즈오카 시절에서 1874년 가을부터는 도진샤 시절에 이르기까지 여성의 새로운 사회적 역할을 강조하였다.[48] 예컨대 1879년에는 오늘날 여자대학의 전신인 도진샤 여학교도 개교하였다.[49] 이때 여성을 대상으로 정치적 계몽에 힘썼다. 즉 밀의 『남녀동권론(the Subjection of Women)』, 『대의정체론(Considerations on Representative Government)』 등의 원서를 교재로 썼다. 더욱이 그는 도쿄여자사범학교 설립에도 기여하고 교장으로서 5년간 교편을 잡았으며,[50] 일본의 장래를 책임질 교양 있

그 결과 19세기에 이미 서양의 주요 고전들이 대부분 번역됐다.

47) 김홍집의 주장으로 1881년(고종 18년) 5월 7일(음력 4월 10일)부터 8월 26일(음력 윤7월 2일)까지 일본에 파견되었다. 당시 조선 내에서 외래 문물 수용에 부정적인 목소리가 높아 이를 숨기기 위하여 〈신사 유람단〉으로 불렸으나, 최근 한국사 용어 수정안에 따라 〈조사 시찰단〉으로 바뀌었다. 이때 어윤중의 수행원으로 간 윤치호가 입학하였다. 본래 윤치호가 유학하고자 했던 곳은 도진샤가 아니라 저명한 기독교 교육가인 니시마 조(新島襄, 1843~1890)가 1875년 설립한 교토의 도시샤(同志社)였으나 불합격했다.(윤치호, 송병기 옮김, 2001, 『윤치호 일기』, 연세대학교 출판부, 1883년 11월 4일 양력)

48) 그동안 부친의 역할이었던 교육담당자는 국민 육성을 위한 모친으로 전환되었다. 왜냐하면 가족은 국가의 기초이며 좋은 어머니의 육성은 국가 만들기의 기초이기 때문이다. 따라서 그는 자식을 교육할 수 있는 문명적인 현모의 육성이 국가발전에 필요하다고 주장하였다. 나카무라, 「선량한 모(母)를 만드는 설」(1875), 山室信一 · 中野目徹 校注, 1999, 『明六雜誌』 上, 岩波書店.

49) 이 여학교의 규칙을 보면 지적 교육(영어 · 국어 · 수학 · 역사 · 정체(政體)과목)과 현모양처(賢母良妻)를 위한 가정 운용의 교과(가사 · 재봉 · 수공예 등의 실과)를 개설하였다.

50) 1874년 설립된 관립학교인데, 미국의 교육가 데이빗 머레이(David Murray)가 일본 문부성의 고문을 담당하며 교사로서의 여성의 능력을 높이 평가하자, 이에 영향을 받은 문부소보(文部少輔) 다나카 후지마로(田中不二麿)의 제안으로 설립

는 어머니가 자녀를 양육해야 한다는 현모양처론을 주장하였다.[51] 즉 신조어인 '현모양처'를 만들고 '똑똑하고 좋은 어머니가 되기 위한 여성 교육의 필요성을 강조하였다. 또한 그는 유아교육에도 앞장섰다. 즉 유아교육 이론인 프레벨 이론을 일본에 최초로 소개하고, 자신이 1874년부터 1875년까지 섭리(교장)를 5년간 겸임하는 동안 최초로 부속 유치원(1876)이 설립되도록 기여하였다. 나아가 일본 복지사업가로서도 기여하였는데, 맹인을 위한 훈맹원을 설립하여 맹인 교육의 기틀도 마련하였다.

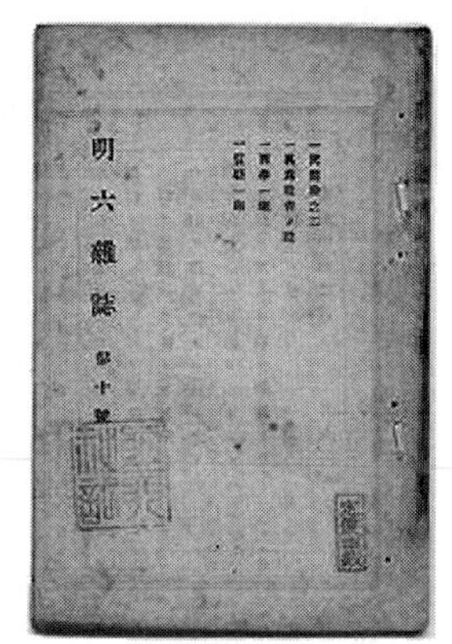
메이로쿠잣시

이러한 다양한 교육 계몽활동과 함께 그는 일본 최초의 학술 결사 메이로큐샤 동인으로서도 활동하며, 서양 철학자와 문학자들의 저술을 번역 게재하여 명성이 높았다.[52] 예컨대 스마일스의 『서양품행론(西洋品行論, Character)』(1878), 『서양절용론(西洋節用論, Thrift)』(1886)도 역술하였다.[53] 이러한 활발한 계몽활동 경

되었다. 1876년 제1차 수신사 김기수가 파견되었을 때 교장은 나카무라였으며, 수신사 일행은 문부성 방문 후 돌아오는 길에 가이세이학교(開成學校)와 함께 도쿄여자사범학교를 시찰하였다. 世界大百科事典 第2版(http://kotobank.jp/dictionary/sekaidaihyakka/) 참조.

51) 이에 관하여는 여성운동가인 야마카와 기쿠에(山川菊栄, 1890~1980)의 『おんな二代の記』에 비교적 잘 기록되어 있다.

52) 『자유지리』를 출판한 지 2년 후에 『메이로쿠잣시』 15호(1874)에 게재된 「서학일반(西學一斑)」이 있다. 山室信一 · 中野目徹 校注, 1999, 『明六雑誌』 上, 岩波書店.

53) 스마일스가 70세에 출간된 『의무론』(1880)은 『자조론』 『인격론』 『검약론』에 과 함께 스마일스의 4대 복음서라 불린다. 특히 그는 『의무론』에서 '의무'에 대해 '더불어 사는 삶'으로 정의하고 다음과 같이 말했다. 즉 "인간은 혼자 사는 존재가 아니다. 인간은 자신뿐만 아니라 남을 위해서도 좋은 일을 하며 살아가는 존재다. 사람은 부자든 가난한 사람이든 각자 해야 할 일들이 있다. 삶을 이끄는 가장 강한 원동력은 좋은 일에 일조하기를 바라는 마음이다. 이것이 바로 의무감이다"라고 하였다. 또한 『자조론』을 출간한 지 12년이 지난 후에, 『자조

력으로 유키치가 창설한 『지지신보(時事新報)』(산케이신문의 전신)의 각계 명사에 대한 명성에 대한 투표에서 1885년에는 '일본의 십걸(日本の十傑)' 가운데 4 위로 선발되었다.

한편 나카무라는 유학자로서의 명성도 높았다. 즉 1877년부터는 도쿄대학 한문학과에 촉탁되어 한학과 중국철학을 가르쳤으며 방대한 한시(漢詩)도 남겼으며,[54] 평생 소장한 장서 3만 권도 한학에 한 것이었다. 아울러 메이지시대의 계몽사상가들 가운데 드물게 종교의 필요성을 강조하였으며, 종교심이 두터운 기독교인으로 평생 살아갔다. 즉 그는 스마일스와 마찬가지로 미국의 개혁자 랄프 에머슨(Ralph W. Emerson, 1803~1882)의 영향으로 초월신론을 버리고 범신론으로, 예수는 인간이며 신으로 숭배하는 것은 우상숭배라고 비판하였다. 또한 랄프 에머슨의 『보상(Compensation)』을 자신의 시와 문장을 첨가한 번역서도 출판하여 일본의 랄프 에머슨이라는 애칭도 생겼다. 그리고 『자서천자문(自敍千字文)』[55]에는 영국에 관한 언급이 많으며, 본인은

론』의 13장 '인격론'을 토대로 세상을 움직이는 진정한 동력은 인격이라는 내용의 『인격론』을 발표했다. 즉 목표를 잃고 방황할 때 세상을 움직이는 진정한 힘이 인격에서 나오는 것임을 알려주고, 중세에서 근대에 이르는 수많은 철학자와 영웅들의 경험을 바탕으로 인격을 소중하게 가꾸는 방법을 설명하였다.

54) 도쿄대학이 설립된 것은 1878년이다. 문과대학은 제1과와 제2과가 있었으며, 전자에는 사학 · 철학 · 정치학, 후자에는 일본문학 · 한문학과인 화한문학과가 설치되었다. 도쿄대학 설립 당시 법 · 문 · 이 3과의 총장을 맡았던 가토 히로유키는 1877년 9월 3일에 화한문학과를 설치해야 하는 이유에 관해 보고서를 남긴 바가 있다. 비인기학과로 간주되는 화한문학과와는 별도로, 1882년에 문학부 부설로 임시로 고전강습과를 개설하여 일본의 고문과 중국의 고전을 중심으로 한문 원전 교육을 실시하였다. 이때 고전강습과 중국의 고문을 담당한 이가 나카무라 마사나오, 시마다 고손(島田篁村, 1838~1898), 미시마 다케시(三島毅, 1831~1919) 등의 한학자들이었다. 이러한 문과대학을 제외하고는 모두 서양의 학문을 가르쳤다. 양일모, 2018, 「한학에서 철학으로-20세기 전환기 일본의 유교 연구-」, 『한국학연구』 49, 41쪽.

55) 『官報』 第2182号, 大空社, 1887, 16~20쪽.

양명학 · 주자학 · 한학을 중시하였다고 밝혔다. 따라서 그가 서거한 후 제자이자 도쿄대학 철학과 교수였던 이노우에 데쓰지로(井上哲次郎, 1857~1944)는 수십 페이지로 그의 사상을 소개하였는데, '공자의 인격을 흠모하고 유교적 윤리를 철저히 실행한 일본 주자학파의 최후의 한 사람이었다'는 평을 남겼다. 지금까지 살펴본 나카무라의 생애에 이어 『서국입지편』에 나타난 그의 자조론의 수용양식을 살펴보도록 하겠다.

○ '품행(인격)'론과 기독교

나카무라는 자조론의 수용을 통해 서양의 정신인 종교와 도덕에 의한 국민형성론으로 탄생시켰다. 즉 그는 『서국입지편』 제1편 「서문」에서 '스마일스가 말하기를 국가의 강약은 인민의 품행에 달려 있으며 또 말하기를 진실양선(眞實良善)이 품행의 본이 된다'라고 쓰고, '품행'을 "인성이 발현하여 좋은 현상을 갖춘 것이다"라고 두주를 달았다.[56] 또한 '품행'에 "중국인은 이 말을 번역하여 '예의(禮儀)로 나아간다'라고 하고, 우리나라의 표현으로 풀이한다면 '사람의 성품(人柄)이 좋아진다'라는 말이다"라는 두주를 달았다. 아울러 "나라의 힘이나, 나라의 농공업이 번창하는 것이나, 그 나라의 문화창명(文化昌名)이라는 것은 모두 인민 개인의 품행과 관계된 것이기에 법률이나 제도 같은 것은, 특히 인민의 품행이 점점 생장하여 형태를 갖추는 것에 다름 아니다"[57]라고 하여, 서양의 부강은 제도가 아니라 인민의 자주성, '풍속'

---

56) 원문은 "Character is Human Nature in its Best Form"이다. Smiles, Samuel, 2002, *Self-Help*, Oxford: Oxford Press, p.78.

57) 원문은 "The strength, the industrialism, and the civilization of nations-all depend

'품행'과 관련이 있다는 것이다. 이처럼 그는 서구 문명의 외형적 모방을 중시한 것이 아니라, 도덕의 주체인 피치자인 인민의 성질을 '지행선량(志行端良)'에 이르게 하면 '복조창성(福祚昌盛)'한 국가에 이르게 된다는 것이다.

그런데 그는 'Civilization'을 '문명창명'으로 번역하였는데, 이미 번역어로서 정착된 '문명(文明)', '개화문명(開化文明)', '문명개화(文明開化)'[58] 등과 같은 의미이다. 그런데 나카무라의 '문명창명'은 물질문명의 진보를 의미하는 것이 아니다. 즉 '도(道)에 의해서 나라 안이 잘 다스려진 상황(內治)이야말로 당연히 그래야만 하는 이치로서의 국체(國體)를 의미한다'라고 한 바와 같이, 국가 통합의 견고함이 '품행의 향상'에 의한 것임을 강조한 것이다.[59] 따라서 그는 '품행 향상에 의한 문명개화'에 대한 구체적인 내용인 『서국입지편』 8편에서이며 서양문학 특히

---

upon individual character; and the very foundations of civil security rest upon it. Laws and institutions are but its outgrowth"이다. Smiles, Samuel, 2002, *Self-Help*, Oxford: Oxford Press, p.140.

58) 후쿠자와 유키치(福澤諭吉, 1835~1901 이하 후쿠자와)는 'civilization'을 '문명개화'로 최초의 번역하였다. 즉 그는 『서양사정(西洋事情)』 외편(1867)에서 '세상의 문명개화'라는 표제어로 번역한 것이다. 그런데 오래된 한어에 '문명'이 있다. 즉 무로마치(室町) 시대에 '문명'이 연호(1469~1487)로 사용된 바 있다. 따라서 이는 고한어(古漢語) '문명'이 종래 갖고 있던 '훌륭함'이라는 의미가 작용한 것으로 추측된다. 이후 니시무라 시게키는 나카무라보다 빠르게 "문명개화란 영어로 시빌라이제이션이라는 말의 역어이다"라고 정의하였다. 이처럼 'civilization'은 서구를 모델로 급속히 근대국가로의 개혁을 추진하는 메이지 정부와 양학자들에 의해 적극적으로 민간에 유포되어 일본 근대 초기의 한 시대를 표상하는 시대적 유행어로 자리 잡았다. 한편 '개화'는 한자어이나 일본에서도 근대 이전에 별로 사용되지 않아 그리 익숙한 단어가 아니다. 그러나 메이지 시대에는 서양문명의 방향으로 나아가는 것을 함의하며, 인류 역사가 바람직한 방향으로 불가역적으로 나아간다는 의미이다.

59) "국가의 강하고 약함은 국민의 품행(charter)과 관계된다. 또 진실과 선(善)만이 품행을 형성한다. 국가는 인간의 집합체. 고로 인간의 품행이 올바르면 그 틈에서 아름다운 국민성이 태어나고, 국가는 그 아름다운 국민성을 흡수하여 훌륭한 국가로 태어나게 마련이다. 이는 지극히 당연한 논리이다."(공병호, 135쪽).

영국문학에 대한 지식 기예(Art Science) 및 학술에 관한 것을 담았다.[60)]

한편 나카무라는 「서문」에서 '서국의 힘은 인민이 독실하게 천도를 믿음에 유래하며 인민이 자주지권을 갖고 있기 때문이다'라고 하며 '품행'의 표준을 기독교에 두었다. 즉 그는 기독교는 인격을 도야하여 도덕적으로 더 나은 삶을 살고자 하는 의지를 가능케 하는 근원이며, 통치에 대한 안정인 '내치(內治)'를 이룰 수 있는 원인은 신의 초월적 섭리가 그들의 내면에 전면적으로 미치고 있기 때문이라고 하였던 것이다.[61)] 따라서 그는 종교의 자유를 논하는 것이 아니라 기독교를 국교로 정하여야 하며 천황도 기독교 세례를 받아야 한다고 주장하였다. 이러한 그의 주장은 『서국입지편』 이후에 쓰여진 상소문 형태의 「의태서인상서(擬泰西人上書)」(1872년)에[62)] 더욱 선명하게 드러나 있다.

"왜 외국 종교의 금지가 철회되지 않습니까? (중략) 폐하께서는 서방국가의 부와 권력의 비밀을 알고 계십니까? 그것(비밀)은 그들 중 자비롭고 용감한 수 많은 사람들에 있으며, 그것은 전적으로 그들의 종교에서 가르쳐지는 믿음, 소망, 사랑에 기인하는 것입니다. 종교는 본질적으로 이것(서방국가의 부와 권력)의 원인입니다. 그것(종교)은 선한 정부와 그곳에 널리 퍼진 인기가 있는 미덕들의 원인입니다. 그들의 예술, 발명품 및 기계장치에서 나타나는 근면성, 인내와 끈기는 모두 그들의 종교의 믿음, 소망,

---

60) 이 밖에 「인민의 성질을 개조하려는 주장(人民ノ性質ヲ改造スル說)」(1875)에서도 같은 입장이다. 즉 그는 '정체'는 '그릇'이고 '인민'은 '물'의 관계인데, 메이지 유신에 의해 일본은 단지 그릇 모양이 변했을 뿐 내용물은 원래대로라는 것이다. 바꾸어 말하자면 현실의 일본은 '정체'의 신구 교대가 행해진 것에 불과하며 '정체'를 구성하는 '인민' 자체가 새롭게 거듭난 것은 아니므로 이를 두고 '일신'이라고 부를 수는 없다는 것이다. 따라서 그는 성질을 개조하는 방법으로 '교법'(도덕, 종교, 예절)과 '예술'(아트, 사이언스)을 제시하였다.

61) 山室信一・中野目徹 校注, 1999, 『明六雜誌』 上, 岩波書店, 231쪽.

62) 마치 익명의 외국인이 천황에게 세례를 받을 것과 기독교를 인정할 것을 권하는 형식이다.

자선에 그 기원을 두고 있습니다."[63]

나카무라는 '천'을 공경한다는 것은 '천'이 창조한 평등한 인간을 사랑하는 것이므로, 인간의 믿음 · 소망 · 자선이라는 기독교적 미덕이 국가를 부강하게 해 줄 수 있다는 것이다. 이처럼 그는 영국에서의 체험을 통해 '기독교라는 훌륭한 가르침 덕분에 문명개화가 가능할 수 있었다'라고 하며 고상한 인격의 근원을 기독교에 두었다. 실제로 그가 방문한 시기는 대영제국의 최전성기로 높은 신앙심 · 근면함 · 검약 · 저축 등의 가치관이 지배하던 시기였다.

그러나 스마일스는 『자조론』 12장에서 평소 모친으로부터 물려받은 스코틀랜드 캘비니즘(Calvinism)의 종교심과 가치관은 드러낸 바 있으나, 밀과 마찬가지로 기독교의 교리 혹은 신의 존재에 기초한 선험적이고 추상적인 가치를 인정하지 않은 인물이다. 따라서 그는 '자조정신'의 연원을 기독교에 두어 강조한 바는 없다. 그러나 나카무라는 『자유론』의 번역서 「서문」에서 신을 믿지 않는 인민의 결점에 대해서도 쓴 바 있다.[64] 즉 "밀씨는 정치학을 잘 하는 사람이기 때문에 상제(上帝)의 도학에는 깊지 않다. 이 단락과 같은 부분에 나는 동의할 수 없다"라고 두주를 달고, 밀의 무신론에 대한 비판적 입장까지 표명하였기 때문이다.

물론 나카무라와 밀은 종교관에 있어 공통점도 가지고 있다. 즉 종교의 본질을 개인의 기복만을 추구하는 종교의 보상주의가 아님을 분명히 한 것이다. 먼저 밀의 경우를 보면 고도의 자기 규율을 중시하며

---

63) 이 논설은 영어로 번역되어 *The Weekly Mail*에 "Memorial Addressed to Tenno" (1872.5.18.)로 실렸다.

64) 弥爾, 中村敬太郎 譯, 1872, 「自由之理序」, 『自由之理』 第二卷, 同人社藏版.

스스로 자신의 주인이 되기 위한 노력을 강조하여 도덕적 자유론을 주장하였기 때문에, 보상 심리에 의존하는 불교나 기독교의 교리는 용납하지 못했다. 예컨대 기독교의 도덕은 천국에 갈 수 있다는 희망과 지옥에 떨어질 수 있다는 협박으로 사람들을 도덕적 삶으로 이끄는 데에 적합한 동기가 되었고, 이것이 인간의 도덕심에 본질적으로 이기적 성격을 부여한다는 것이다. 한편 유학에서의 도덕적 가치는 그 자체로서 당위성을 갖는 것이다. 즉 선은 선이기 때문에 행하는 것이지 거기에 대한 보상을 기대했기 때문이라는 동기는 인정하지 않는다. 따라서 유학의 관점에서는 불교나 기독교가 신앙의 대가로 극락이나 영생을 보장함으로써 보상을 바라는 것은 그릇된 가르침인 것이다. 이처럼 응보를 계산한 행위는 동기가 불순하여 사후세계의 응보를 기대하는 것이라는 점에 밀과 나카무라는 일치할 수 있었다.

이상에서 살펴본 바와 같이 서양 도덕의 원천을 기독교라 인식한 나카무라는, 기독교 금교령이 해제되기 이전인 1871년부터 종교의 자유와 기독교의 전파를 허용해야 한다는 주장을 폈다. 이후 『서국입지편』의 「서문」과 두주, 이후의 논설 등을 통해서도 종교에 관한 원리론적인 논의를 병행하며 기독교의 수용을 강력히 주장한 것이다. 실제로 그는 1874년에는 요코하마에 있는 영국 감리교의 유니온 교회에서 세례를 받았으며 평생 기독교인으로 살았다.[65] 또한 1875년에는 기독교와 유교가 원리적으로 일치한다는 내용의 『천도소원(天道溯原)』(1854)[66]

[65] 나카무라는 1874년 요코하마의 유니온 교회에서 선교사인 조지 코크란의 설교를 듣고 그를 자신의 사숙에 교사로 초빙했다. 이후에 그는 조지 코크란으로부터 세례를 받아 감리교인이 되었다. 또한 그의 묘비에는 십자가가 새겨 있다.

[66] 이 책은 미국 장로교 선교사인 윌리암 마틴(Rev. W.A.P. Martin, D.D., LL.D., 1827~1916, 중국명 丁韙良)이 썼다. 그는 1862년 베이징에 설립된 최초 관립외국어 학교인 동문관(同文館)의 교사와 교장(1865~1894), 베이징대학의 전신인 경

을 훈점하여 출판하였다.

그러나 나카무라는 영국에서 처음으로 기독교를 접한 것은 아니다. 왜냐하면 일본에 일찍부터 기독교가 전파되었으나 뿌리 깊은 기독교 사교(邪教)관으로 탄압이 여러 차례 자행되었다. 예컨대 1637년 대탄압 이후에는 주요 네거리에 '악마 같은 종교'인 기독교를 금지시킨다는 표지판을 세웠고, 1873년에 비로소 제거되었다. 더욱이 메이지정부마저도 막부의 기독교 금지정책을 계승했다. 예컨대 '기독교 사교는 철저히 금지할 것'을 전국에 알리도록 하라는 태정관(太政官)의 포고(1868.3.15)가 있었으며, 1869년 나가사키의 우라카미(浦上)에서 약 3,000명의 기독교인을 처형하였다. 그러나 기독교 탄압이 서양과 맺은 불평등 조약의 개정을 위한 외교적 노력에서 큰 걸림돌로 작용하자, 1873년 2월 24일 태정관포고 제68호에 의거 해 공식적으로 기독교 금지령을 해제하였다. 나아가 대일본제국헌법 제28조의 '신교의 자유' 조항을 통해 법적 근거가 마련되었다.

이러한 배타적 상황임에도 나카무라가 앞장서서 기독교 수용을 주장한 이유는, 앞서 언급한 바와 같이 영국 번영의 근본 원인이 복음주의운동의 결과와도 같이 군사력이 아니라 개인의 기독교 윤리의 체화에 의한 결과라고 보았기 때문이다. 특히 『서국입지편』에서 그가 언급한 영국의 복음주의운동은 '인민의 풍속(俗)은 상제를 섬기며 예배를 중시하고 도리를 지키는 것을 높이 사며 기꺼이 가난하고 병든 자를 구제하는 것을 가능하게 한 '셀 수 없을 정도의 인선(仁善)의 규법(規法)'의 토대가 되었다'고 한 바와 같이 사회적 책임감으로 사회적 약자에 대해 교육 및 빈곤자에 대한 자선 사업과 병든 자에 대한 구제

사대학당(京師大學堂)의 교장(1897~1902)으로 기독교 교리를 고전 한문으로 설명하였다.

의료 등을 책임지는 시민사회의 힘을 보았던 것이다.[67] 따라서 나카무라는 귀국한 이후에 신과 이웃에 대한 사랑을 실천하는 기독교에 공명하여 맹아원을 설립하였다. 당시에 '눈을 떠도 글을 읽지도 못하는 많은 사람 시절에 눈을 감은 이에게 글을 가르친다'라는 많은 비난이 있었으나, 그는 '선덕재지(善德才智)를 발달시켜 공예기술을 가르쳐 자영 자립할 수 있는 사람으로 만드는 곳'이라 답변하며 장애인의 경제적 자립을 가능하게 할 수 있는 직업 교육의 중요성을 강조하였다.[68]

이처럼 한 나라의 문명의 척도는 인민의 품행에 비례하므로, 나카무라는 이를 위한 교육론을 전개하였다. 즉 그의 생애를 통해 이미 살펴본 바와 같이, 당시 사회적 약자의 입장에 있던 여성에 대해 기독교 신앙에 의한 '부덕(婦德)'을 강조하였다. 예컨대 그는 『여학잡지(女學雜誌)』(1885)와의 인터뷰에서 다음과 같은 발언을 하였다. "다음으로 법교(法教)에 대해 내(기자)가 물으니, (나카무라)선생님께서 말씀하시길 '교법(教法)에는 불교도 있고 유교도 있지만 그 중에서 기독교가 가장 폐해가 없다고 생각한다. 또한 기독교는 사람의 마음을 안락하게하기 때문에 기독교를 믿는 부인으로 하여금 한 집안의 주부가 된다면, 자연히 그 집안도 안락하게 될 것이다. 그러므로 여자의 덕육에는 기독교가 마땅할 것이다'라고 하셨다."

---

67) "晝間有職務者所往學之學院. 名夜學院者. 二千有餘所. 學徒八萬人. 凡此係民人公同捐銀而設者. 官府不與焉. 凡百之事. 官府之所為. 十居其一. 人民之所為. 十居其九. 然而其所謂官府者. 亦唯為民人之利便而設之會所耳. 如貪權勢擅威刑之事無有也"

68) 예컨대 영국은 약 600여 년 전부터 자선단체(philanthropic association)에 의해 맹아원이 처음 생겼으며, 정부기구에 의한 왕립맹인협회(The Royal National Institute Of The Blind)는 1868년에 처음 생겼고, 맹인보호법(Blind Persons Law)은 1920년에 이르러서야 만들어졌다.

그러나 나카무라의 덕육의 모델인 영국의 복음주의는 본래 무신론과 사악함의 상징으로 보였던 프랑스혁명이 영국 사회에 불러온 위기의식 때문에 촉발된 것이었다. 즉 프랑스 자코뱅주의에 연원한 과격한 급진주의 이념과 폭력적 행위들이 사회에 몰고 올 파급효과에 대해 영국의 지배계급은 크게 우려하여, 국교인 성공회는 종교개혁이라는 온건한 방법으로 건전한 생활윤리와 사회개혁의 가치관을 심어주는 종교적 정화운동을 벌였다. 요컨대 성공회의 신앙생활의 핵심은 구원에 관한 믿음이며 이러한 믿음을 갖는 신앙인은 근면·검소·진지함·자기희생의 적극적인 태도를 가져야 한다는 메시지를 전파한 것이다.

더욱이 중간계급에 속한 복음주의자들은 현존의 사회질서를 하느님이 부여한 것이라고 믿고, 사회적 혼란이 가중된 시기에 축적된 자신들의 부를 하늘이 내린 하나의 축복이며 믿었다. 따라서 복음주의 운동가들 가운데 도덕적인 기업가정신으로 자유무역을 위해 〈반곡물법 동맹〉과 같은 압력단체의 주역으로 활동하며 보호무역 철폐에도 선봉에 서서 영국의 경제적 성장의 발판을 이루었다. 이러한 영국의 복음주의운동은 사회계층이나 경제 수준에 관계없이 안식일 지키기 엄수, 책임감의 강조, 박애정신의 진작, 가정에서의 엄격한 훈육, 규제된 남녀관계, 금주운동 등으로 엄격하게 사회의 기강을 세우며 빅토리아사회를 유지해 갔다.[69)]

따라서 나카무라는 일본의 기독교 사교관을 뛰어넘어, 기독교와 유교를 원리론적으로 접근하여 두 체계를 접합시켜 장애를 뛰어넘으려

---

69) 영국 감리교내에서의 쇄신운동이랄 수 있는 구세군운동도 복음주의운동의 한 예이다. 박우룡, 2000, 「근대 영국 그리스도교의 복음주의운동－영국인의 가치관과 사회개혁에 끼친 영향을 중심으로」, 『역사문화연구』 12, 760~761쪽.

하였다. 바꾸어 말하자면 기독교의 창조주의 존재와 유학에서의 만물의 근본인 천(天)의 실재가 일치함을 확신하고, 두 종교를 아우르는 통일적인 세계관을 갖추면서 가치나 윤리에 있어서 동서 문명의 공통점을 확립하려 하였다. 예컨대 기독교의 본질을 다룬 「경천애인(敬天愛人)」(1868)에서 '천(天)을 공경한다는 것은 천을 창조한 인간을 사랑하는 것'이라고 밝혔다. 또한 「송갈서사간서」에서도 "중국에서 말하는 하늘을 가르침의 근기(根基)로 삼는 것과 같은 차원의 가르침이라는 설명으로, 중국에서 하늘을 가르침의 근본으로 삼듯이 서양에서는 신(神)을 근본으로 삼는 것이다"라고 하여 스마일스가 말한 기독교의 창조주인 신(God)을 '상제'라고 번역하며 '만물의 근본인 천의 실재'로서도 확신한 것이다. 이처럼 그는 일관되게 만물의 근원이자 도덕의 근원인 유학의 하늘과 초월신이자 만물의 창조주인 기독교 신이 일치한다는 확고한 믿음을 가졌다.

아울러 그의 「상제가 반드시 있다는 것을 믿는다」(1878)는 로크의 『인간오성론』 제4권 제10장의 「신이라는 존재의 우리들의 진정한 암에 대하여」의 영향으로 쓰여졌다. 또한 알렉산더 윌리엄슨(Alexander Williamson, 1829~1890)의 자연신학의 체계적 소개서인 『격물탐원서(格物探源序)』(1879)에서도, '공자 · 증자 · 자사 · 맹자의 이른바 하늘이라는 것은 곧 상제이다'라고 한 바와 같이 나카무라는 일관되게 창조주인 기독교 신과 유학의 천도가 일치한다는 확고한 믿음을 가졌다. 또한 그의 후기의 글인 「나는 조물주가 있는 것을 믿는다」(1888)의 1절에서도 이를 확실히 전제하고 논의를 전개해 갔으며, 「고금동서일치도덕의 설」이란 강연에서 기독교의 황금률인 '내가 바라는 바를 타자에게 해하라'라는 가르침이 『논어』의 '자기가 원하지 않는 것을 타인에게 행하지 말라'라는 유교의 황금률과 일치한다고 말했다. 이처럼 동서의 사상이 휴머니즘과 인도(人道)라는 점에서 일치한다는 것이다. 이처럼 나카무라가 유학에서의 하늘과 그리스도와는 동일한 것으로 파악하여 동서양의 신이 일치한다는 사고가 용이했던 것은, 기독교의 성선설과 유학의 성선설을 일치하는 것으로 보았기 때문이다. 다시 말하자면 유학에서도 천이란 만물을 생성하고 존재하게끔 하며, 기독교의 경우도 인간의 선한 본성 역시 하늘(天)로부터 받은 것이라고 하였으므로 양쪽은 이런 점에서 일치한다는 것이다.

본래 유학은 인간의 간단(間斷) 없는 노력을 통한 인간의 본성의 최선의 형태를 상정하고 있기 때문에, 하늘로부터 부여받은 인간의 선한 본성을 회복하자는 인간관이다. 또한 기독교적 인간관은 신(神)이 세계를 창조하고 인간의 본성을 선하게 만든 도덕의 근원이라고 하고, 인간은 선을 선택할 수 있는 자유 의지를 갖고 있는 존재로 그리고 있다. 그러나 나카무라가 보기에 기독교에서의 선(善)은 유학에서의 선과 근본적으로 합치했으며, 각 가르침이 전제하고 있는 천이나 신의 존재는 동일할 수밖에 없다고 본 것이었다. 이처럼 천이나 신이나 그 보편성을 스스로 전제하고 있기 때문에 동양과 서양에서 결국은 같은 대상을 다른 이름으로 부르고 있는 상황에 지나지 않는 것이고 생각했다. 다만 구체적인 가르침의 내용에 있어서 때때로 그 효율성에 있어서 우위를 달리하는 차이점만 있다는 것이다.

이러한 나카무라의 기독교 수용을 사유 방식의 측면에서 보면, 상대주의적 인식이 아닌 유교적인 사유 양식인 보편주의의 영향이라 볼 수 있다. 즉 인간과 자연의 일체라는 공생 사상과 인류 전체를 규율하는 보편의 도덕이 실재한다는 믿음인 유학의 보편주의적 입장이었기 때문이다.[70] 일례로 그는 '인'과 박애는 같은 것이라고 인식하였다. 이처럼 나카무라는 유교가 보편주의적인 성격인 것으로 생각했고 서양

문화가 가지는 보편적인 요소를 명확하게 하여 동일한 성격인 보편주의적 요소를 도입하려 한 것이다. 역설적으로 표현하자면 그는 주자학적인 이(理)의 보편성을 깊이 몸에 지녔기 때문에 어느 의미에서 대담하게 근대 서양의 기독교 사상을 접수하는 것이 가능했다고 말할 수 있는 것이다. 이처럼 그에게 중요한 것은 유학과 기독교의 미세한 차이가 아니라 양자의 근본원리가 합치한다는 사실이었다. 이와 같은 인식은 나카무라가 『자유지리』를 번역할 때도 같은 입장이었다.[71] 이처럼 보편 전제를 상실한 종교나 가르침에 대해서 나카무라는 철저하게 비판했으며, 기독교에 대해 어떻게 대응할 것인가를 놓고, 종교에 대해 다양한 논의를 메이로쿠샤 동인들과 논쟁을 거듭했다.

이상에서 논의한 바와 같이 나카무라는 자신이 가지고 있던 하늘(天)로부터 부여받은 인간의 선한 본성을 회복하자는 유교적 인간관과 스마일스의 품행론의 보편성을 다음과 같이 일치함을 확인하였다.

> "생각컨대 사람이 뜻을 세우고 행동을 제어하는 일은 그 자신의 천양시비(天良是非)의 마음에 따르게 되는 것으로 타인으로부터 강압과 구속을 받을 이유란 없다. 시험 삼아 생각해 보라. 일신(一身)의 언행, 일가(一家)의 규제, 교제(交際)의 차례질서, 일국(一國)의 정법(政法), 이 모든 것은 모

---

70) "상제로부터 태어난 사람들이 양지의 마음이 있는 것은 마치 상제의 손으로 그 명령이 사람들의 심중에 깊이 새겨져 있는 것과 같으며 총명한 학사가 상제로부터 부여받은 시비의 마음을 바탕으로 가르침을 세우는 것 이것이 곧 상제의 명령이다." 이는 마틴 루터의 협력자 피립 멜란히턴(Philipp Melanchthon)의 말을 번역하여 실은 것으로 하나님을 상제로 등치시킨 것에 주목해야 한다. 山室信一·中野目徹 校注, 1999, 「고금동서일치도덕의 설」(1874), 『明六雜誌』 上, 岩波書店.

71) 즉 원서와 달리 인간의 본성이나 도덕과 관련된 어휘에 반드시 '천(天)', '천량(天良)', '천부(天賦)', 혹은 '도의(道義)' 등의 글자를 붙임으로써 그것이 반드시 하늘(天)과 연결된 인간의 좋은 성질인 선성(善性)을 전제하도록 했다. 弥爾, 中村敬太郎 譯, 1872, 「自由之理序」, 『自由之理』 第二卷, 同人社藏版, 47쪽 참조.

두 무엇에 의해서 완전한 선(善)을 이루겠는가. 사람들이 스스로의 주인이 되어 선악을 선택하기 때문이다. 인간의 본성은 선(善)하다는 전제가 있기에 내면의 목소리(天良是非의 마음)에 귀 기울이는 행위가 올바른 방향으로 나아감을 의미하는 것이다."

그런데 이는 인간 본성의 최선의 형태로서 올바른 인격을 갖자는 밀과 스마일스의 인간관과도 위화감이 없었다. 밀은 앞서 언급한 바와 같이 '하늘로부터 부여된 인간의 본성이 선하다는 것은 인류보편의 사실이며 도덕의 대전제'라고 하고, 인간의 욕망을 긍정하지만 인간의 궁극적 목표는 물질적 성공이 아니라 자립적 인격의 성장이라 주장한 질적 공리주의자이다.

그러나 나카무라는 천황에게 직접 세례를 받고, 교회의 수장으로서 나라를 이끌 것을 제안하는 부분에서 정교일치를 보여주는 카톨릭국가와 달리 영국식의 정교분리 시스템을 염두에 두고 정교일치(政教一致)에 대하여는 반대하였다. 이렇게 반대한 이론적 근거는 정교일치의 국가가 되는 이유는 인민이 우매하여 인지(人知)가 미발달함에 따른 것으로, 오늘날과 같이 민도가 향상하여 종교의 본질을 분별할 수 있게 된 지금은 정교분리가 필요하지 않다는 것이다. 이러한 나카무라의 정교분리의 종교관은 당시 신도를 국교화하고 천왕을 신격화하려는 입장과 다르다. 예컨대 일본은 1880년 국가를 위태롭게 하고 풍속을 어지럽힌다는 이유로 교과서 선택권을 금지시켰다. 동시에 이는 자유민권운동을 억압하기 위함이었다. 더욱이 대일본제국헌법이 1889년 2월 11일에 공포된 데 이어, 1890년 10월 30일에는 '충군애국'의 도덕을 설파한 교육칙어(教育勅語, 1890~1946)를 제정하여 국가주의적인 덕육의 기초를 확립하였다. 다시 말하자면 유교의 충효 윤리를 중핵으로 하여, 군의 최고 통수권자로서의 절대적 권위와 만세일계의 황통보(皇統譜)인 천황의 신성 불가침성을 강조하였다.[72] 이로써 천황제를 구가를 위한 완성도를 높여 국가주의 군국주의로 나아갔으며 자유민권운동은 억압되었다.

반면에 인민의 인격 향상이 최우선 과제였던 나카무라는 스마일스가 『자조론』에서 언급한 적이 없는 '품행'론에 의한 국제평화주의를 전개하여 고유한 영역을 개척하였다. 즉 그는 「고국본(固國本)」(1858)에서도 '국가의 방위를 위해서는 단순히 군사력을 강화시키는 것이 아니며 인민이 취할 태도가 중요하다'라고 역설한 바와 같이 국력이 쇠약한 국가를 무력으로 제압하고 혹은 약소국을 경멸하는 약육강식의 국제관계를 인정하지 않았다. 또한 『자조론』 제1편 서문에서 '병기는 흉기이며 전쟁은 위험한 일'이라고 하여 전쟁에 대한 분명한 인식을 드러내었다. 따라서 그는 1874년부터 정한론을[73] 비판하였으며, 『자

---

72) 1890년 이노우에 코와시(井上毅, 1843~1895) 안으로 제정되었으며 패전 후인 1946년 10월 8일 문부성에 의해 폐지되었다. 그런데 교육칙어는 정치적 지배를 보강하고 관철시키려는 정치적 산술의 소산이었기 때문에 많은 지식인들에게 교육에 대한 큰 상실감을 안겨주었다. 일례로 무교회주의자인 우치무라 간조(内村鑑三, 1861~1930)는 1891년 교육칙어 봉독식 때 예를 갖춰 인사를 하지 않았다. 즉 제국 헌법이 '신성불가침'이라고 규정한 일왕에 대해, 한 개인이 현세를 초월하는 보편적 존재(하나님)를 근거로 일왕의 신성을 부정한 것이다. 이에 존황파(尊皇派)들로부터 미움을 받아서 보복 테러의 표적이 되어 아내 · 자식 · 직장을 잃었다. 아울러 교육칙어의 내용과 원문, 작성 과정에 대해서는 이권희, 2018, 「근대 일본의 도덕 교육에 관한 일고찰－메이지 전기 교육사상의 변용을 중심으로」, 『日本硏究』 78, 한국 외국어대학교 일본연구소 참조.

73) "한반도를 차지하지 않으면 일본도 서구의 식민지가 될 터이니 하루빨리 조선을 정벌해야 한다"는 정한론은 메이지유신과 마찬가지로 사쓰마번과 조슈번 출신을 중심으로 이루어졌다. 그러나 1871년 11월에 메이지유신을 주도했던 핵심 실세 오쿠보 도시미치(大久保利通, 1830~1878), 이와쿠라 토모미(岩倉具視), 기도 다카요시(木戸孝允), 히로부미 등으로 구성된 유럽 단체 시찰단인 이와쿠라 사절단이 13개국의 군수공장 등을 을 시찰하고 1년 반 만에 귀국한 뒤에 산업국가로서의 '식산흥업'정책의 필연성을 강조하자 정한론은 실천되지는 못했다.

서천자문』(1887)에서는 '무엇 때문에 정한을 부르짖는가. 이는 미친 짓이다'라고 격한 어조를 비판하고 한중일 '합맹(合盟)'을 주장하였다. 예컨대 그는 삼국이 신의를 가지고 결합하면 굶주린 호랑이인 서구 열강의 두려워할 것은 아니라는 것이다.

> "군사적인 일은 전쟁을 불러일으키며 하늘의 길에 어긋나는 일이며, 모든 사람이 평안과 행복을 누리기를 바라며 국가의 부강은 사회적 이익과 평화의 덕을 아는 것이다. 진정한 마음으로 개인 가족 국가 세계가 나아갈 길이다."

이처럼 그는 군비경쟁은 결국 전쟁으로 치닫게 하므로 남의 나라를 내 나라처럼 사랑하는 평화를 강조하여 평화의 덕에 의한 국제평화가 가능할 수 있다는 것이다. 즉 그는 국가의 사명을 무엇보다도 도덕의 실천에 두고, 이를 통해 자국의 부강뿐만 아니라 세계 평화를 구축하여 국가 간의 호혜를 미친다는 것이다. 따라서 그는 일본의 아시아 주도권을 인정하는 힘의 국제정치론인 순치보거론(脣齒輔車論)에[74] 기초한 대아시아주의자들의 맹주론을 비판하였다. 즉 그는 세계 모든

'식산흥업'이란 메이지 정부가 서양 제국에 맞서 산업 및 자본주의를 육성하여 국가의 근대화를 추진한 여러 정책을 가리키는데, 관영사업 중심의 단계(1868~1880)와 민영중심 단계(1880~1885)로 나뉜다. 1870년 10월에 공부성(工部省, 1870~1885)에 이토 히로부미를, 1873년에 내무성을 신설하고 오쿠보 도시미치를 장관으로 임명하였다. 공부성에서는 외국인 고용자를 채용하고 유학생을 파견하여 산업기술의 이식에 주력하였다. 또한 오쿠보 도시미치는 영국의 산업화에 가장 관심을 가졌으며, 1874년에 '식산흥업 백서'를 발간하여 관이 주도하는 자본주의 발전을 도모했다. 그러나 메이지 후기에 이르면 민이 주도하는 식산흥업책이 전개된다. 두 단계가 지난 후에 식산흥업정책의 효과가 현저하게 드러났다.

74) 순치보거론은 입술과 이, 수레의 덧방나무와 바퀴가 서로 의지하고 돕는 것처럼 동아시아 국가들이 서로 단결하고 연대해서 공영의 길을 닦아 나가자는 논리이다.

사람과 국가는 무력 투쟁을 그만두어야 한다고 한 것이다. 예컨대 그는 「래이견지서(來利堅志序)」(1884)에서 '도의'에 근거하여 국수주의적인 '정한론'을 비판하였으며, '만국공법하에 하나의 대국회가 설립되고 세계연방이 형성되는 날이 언젠가 올 것'이라며 세계연방 구상을 하였다. 특히 후쿠자와의[75] '탈아' 달리 '흥아'를 제창하는 〈흥아회〉(창립 1881)에[76] 참여하여 한·중·일의 공적(公敵) 공해(公害)를 방지하고자 하였다. 예컨대 러시아의 남진정책에 저항하기 위해서는 삼국이 대등하게 연대하는 아시아연대론을 제창한 〈흥아회〉에서는 1880년대부터 인종, 문화의 동일성과 역사의 상호성에 기반하여 '순치보거의 특수한 관계'를 전제로 아시아 연대론을 주장한 것이다. 즉 근대적인 힘을 갖춘 서양에 대해 그렇지 못한 동양 각국이 개별적으로 대응해서는 불가능하고 동양 삼국이 '일치단결'해야만 대응할 수 있다는 것이다. 이는 '조선과 중국 멸시'와 정한론을 비판하는 가운데 이루어진 것이다.[77] 또한 나카무라는 갑신정변(1884)에 강한 우려를 표명한 바 있으며, 일청강화조약이 체결된 것을 기뻐하였다. 즉 그는 일본이 강

---

75) 그는 1854년 나가사키에서 난학을 배웠으며 1856년에는 도쿄에 난학숙을 개원하여 서양의 지식과 사상을 체계적으로 도입하였다. 이 난학숙은 영학숙으로 전환하여 게이오기주쿠로 개명하여 지금에 이르고 있다.

76) 〈흥아회〉의 일본 측 회원은 배경은 다양하지만 당시 유력자들이었다. 창립 당시 받은 천황의 하사금이 운영 경비로 쓰였다. 1880년 2차 수신사인 김홍집일행이 1880년 9월 5일 모임에 참석하였다. 1881년 6월 23일에는 조사시찰단으로 건너간 인사들이 참석하였다. 이들은 동양삼국이 연대하여 서구 열강의 멸시와 침략을 막아내고 '동문동종'의 아시아가 공존공영하는 아시아연대론을 주장하였다. 1883년 1월 20일 〈흥아회〉 이름이 일본 중심의 아시아연대라는 중국 측의 입장을 받아들여 〈아세아협회〉로 개칭하였다. 1900년에는 일본 제국주의 첨병이라는 평가를 받은 〈동아동문회〉로 흡수되었다. 이 단체의 교육사업은 러시아 대응책이었고, 친일파 육성과 조선식민지화의 길을 닦는 것이었다.

77) 1880년대에는 일본은 중국에 대해 멸시하며 중국은 일본에 대해 멸시하며 서로 의심하는 상황이었다. 中村正直, 1873, 『書感』(敬宇詩集) 全集 四劵.

화도사건 이래 대륙으로 진출하면서 표방한 동양 평화와 한국 독립의 선언은 어떤 경우에도 지켜져야 한다는 입장을 표명했다.[78]

그리고 나카무라는 「한학불가폐론(漢學不可廢論)」(1885)에서 세간의 중국 조선 멸시의 풍조를 비판하였다. 또한 나카무라는 「애경가(愛敬歌)」(1886)에서 당시 국가 간의 '병력에 의한 경쟁' 상태와 세상사람 간의 '온정이 결여'된 현상을 '요기(妖氣)'라고 비판하고, "그때가 되면 인갑풍병(仁甲風兵) 사해합권(四海合圈) 자운화기(慈雲和氣) 육합동성(六合同姓)하여 갑병총포(甲兵銃砲)가 필요할 일 조차 없을 것이다" 라고 하여 '애경을 배우고 애경을 실행하라'고 하였다. 나아가 그는 '인간은 애와 경의 덕을 가지고 있다면 전쟁도 종식되고 국가 간의 관계도 양호하다'라고 하였다. 이처럼 그에 있어 '애경'은 인간의 도덕을 높이는 수단이며 모든 덕을 지키는 것에서 세계평화가 나타난다고 하였다. 요컨대 그는 전통적 문명 가운데 존재하는 보편적 요소와 기독교에 기초한 서양 문명의 공통성을 발견하는 가운데 일본 문명의 근대적 발전을 지향하였다. 이러한 측면은 후쿠자와가 서구 문명과 일본 문명의 차이점을 인식하고 열등감과 초조감으로 제국주의적 강국의 문명사회의 길을 탐구하였던 것과는 차별화된 것이다. 따라서 일본 의회 민주정치의 선구자이자 민본주의를 주장한 인물로 유명한 요시노 사쿠조(吉野作造, 1878~1933)는 그를 '유신 전후의 국제협조주의자'라 평가하는 근거이기도 하다.

---

78) 「日本이 將何以爲之」, 『대한매일신보』 1905.09.26; 「請議保護」, 『대한매일신보』 1905.09.30; 「日本對韓政策」, 『대한매일신보』 1905.10.07; 「保護權之實質」, 『대한매일신보』 1905.10.18; 「論保護國性質」, 『대한매일신보』 1905.10.25~27; 「伊藤候」, 『대한매일신보』 1905.11.11.

○ 의회제도

나카무라는 영국의 성공적인 의회민주주의 체제를 목도한 경험 외에도, 자주적 인격으로 성장하기 위해서는 자유로운 의사 개진이 가능한 민주정치체제가 뒷받침되어야 함을 강조하였다. 즉 그는 「서문」에서 서양부강의 원인이 "서구 국가들이 강성한 이유는 그 나라 인민들이 하늘의 뜻을 따라 자치의 권리를 가졌으며 자애로운 정부를 가졌기 때문이었다"고 언급한 바와 같이 근대의 서양정치사상의 성과인 종교의 자유, 법과 제도에 의한 지배, 대의민주정체, 민선의원의 설립을 희망하였다. 특히 나카무라는 어떻게 하면 '자주지국의 위세를 떨칠 수 있을까'라는 질문을 던지며 일본이 자주독립국을 유지하기 위해서는 의회제도의 도입을 주장하였다. 즉 '정사는 관대하게 법은 공정하게 이루어지기 때문'에 안정된 '내치'가 가능해지는 입헌군주제와 의회제도를 부강의 원인으로 꼽고 이를 구체적으로 언급하였다.

먼저 나카무라가 체험한 영국의 의회제도를 살펴보면, 본래 영국은 시민혁명 이래로 주권이 왕에게도 인민에게도 있는 것이 아닌 의회주권(Parliament sovereignty)이다. 즉 군주도 의회 내에서의 군주(Monarchy in Parliament)이다. 한때 프랑스혁명의 발발과 나폴레옹전쟁으로 민주주의 발전이 정체된 시기가 있었으나, 1830년 프랑스 7월 혁명의 영향과 벤담이 지지한 휘그당이 집권하게 되자 대중 민주주의는 더욱 도약할 수 있는 계기를 맞이하였다.[79] 특히 나카무라가 체재하던 시기

79) 선거법 개혁안의 통과 과정을 살펴보면 휘그당 출신의 수상인 그레이는 선거법 개혁안을 하원에 제출했으나 겨우 한 표 차로 통과되자 국민의 의사를 묻기 위해 다시 하원선거를 실시하였다. 그 결과 더 많은 휘그당 의원이 당선되었고 그는 두 번째 선거법 개혁안을 제출하였다. 그러나 하원에서 통과되었으나(1831) 상원에서 거부되었다. 이에 1832년에 다시 하원은 제3차의 선거법개혁안을 통

인 1867년 2월부터 1868년 4월까지는, 디즈레일리 수상에 의해 도시 노동자에게 선거권이 부여되어 유권자의 수가 두 배로 확대된 1867년의 제2차 선거법 개정안 이루어졌다.[80] 따라서 선거권이 도시의 소시민과 대다수의 도시 노동자 계층에까지 확대되었으며, 일부 농촌 노동자들에까지 확대되어 유권자 비율이 14.2%였다. 또한 도시 거주 남성에게 보통선거권이 주어지면서 노동자의 정치 참여가 보장되어 선거인 수가 총인구의 7%인 200만 명으로 증가하였다. 같은 해에는 노동조합의 법적 승인을 위해 주종법(Master and Servant Act, 1823)도 폐지되었다. 이처럼 영국은 이미 절대적 왕권에 의한 자유의 제한은 철폐되어 정치적 권리(political right)로서의 자유론인 '벗어나는 자유(freedom from)'는 어느 정도 성취되어 있었다.[81]

과시켰으나, 상원은 이번에도 또다시 부결시켰다. 따라서 그레이 수상은 항의하는 의미로 사임하였고 윌리엄 4세는 웰링턴을 수상으로 임명하였다. 그러나 자유주의 개혁을 갈망하는 영국민의 의사를 무시할 수는 없게 되었으며 상원의 처사는 혁명을 촉발시킬 위기를 초래하였다. 따라서 왕은 수일 후 그레이를 수상직에 소환하였으며, 상원이 선거법 개정안을 통과시키지 않을 경우 통과에 필요한 만큼 새로운 상원의원을 임명하겠다고 약속하였다. 이러한 위협에 굴한 상원은 1832년 6월 4일 선거개혁안을 통과시켰다. 제3차 선거법(1884)에서는 소작인 농민 광산노동자에게도 참정권이 부여되었다(유권자 비율 9%). 이백만 농업 노동자에게도 투표권이 확장되어 성인 남자 전체가 선거권자가 되었다(총인구의 12~13%인 440만 명으로 증가). 그러나 여전히 여성은 예외였다. 또한 하원에 진출하는 전문 직업인, 기업가들의 수가 점점 증가하여 중간계급이 하원을 지배하게 되는 시기는 적어도 1885년 이후이다. 이어서 4차 선거법 개정(1918)에서는 비로소 남성 만 21세 이상 여성 만 30세 이상의 부인에 선거권을 인정하였으며(유권자 비율 46%), 5차 선거법(1928)에서는 만 21세 남녀보통선거권이 실현되었다.(유권자 비율 62%) 따라서 공공부조의 수급자에게까지 참정권이 확대된 것은 1918년부터라고 할 수 있다. Kirk, Neville, 1985, *The Growth of Working Class Reformism in Mid-Victorian England*, London: Croom Helm.

80) 비록 농업 노동자와 광부 등은 여전히 예외였으나, 디즈레일리에 의해 실시된 1867년 제2차 선거법은 자유당의 주장보다 오히려 더 진보적인 내용이었다. 이에 대해 그는 "내 일생의 꿈을 실현하고 국민적 기반으로서 토리주의를 재정립하는 데 성큼 다가섰다"고 긍정적으로 자신의 업적을 평가하였다.

이러한 영국의 안정된 민주적 의회 정치를 목도한 그는, 일본의 구태의연한 권력 편중은 개혁의 대상이었다. 즉 『서국입지편』의 독자에게 피치자와 통치자의 구분 없이 한 국가의 평등한 구성원 모두를 총칭하는 개념인 '인민'의 개념을 이해시키기 위한 두주를 달은 것이다. 또한 그는 「논」에서 '영국의 강함은 용맹한 군주의 존재가 아니라 개인 간 자유의사 합의로 생성된 제도와 계약에 기인하며 관부(官府)는 민(民)에게 편의를 제공할 뿐 사회를 주도하는 것은 민'이라 한 바와 같이, 절대군주제나 계몽군주제가 아닌 인민과 군주가 서로 협조를 통해 국정 운영이 이루어지는 '상하동권 군민동치의 정체인 입헌군주제'를 이상적으로 생각하게 된 것이다. 아울러 그는 「서국입지편후」에서도 같은 견해였다. 즉 영국의 입헌군주제와 양 날개를 이루는 의회제도에 대한 감동을 전하고 있다. 예컨대 영국 하원의원을 '민위관(民委官)'이라 번역하고, 글자 옆에 가타가나로 Member of Parliament라고 표기하였다. 이는 영국으로 파견되기 이전인 쇼헤이코 시절과는 대조적이다. 즉 그는 신분상의 통치 계급인 무사들에 초점을 맞추어 논의하였고 좁게는 쇼헤이코에서 공부하는 남성 일반만을 시야에 넣었다. 당시 오로지 통치계층인 사무라이 학문의 필요성만을 논하던 입장이었다. 또한 당시 인(人)이나 민(民)이 지칭하는 대상은 대부분 농민과 조닌(町人)[82]으로 피치자를 뜻하였다.

나아가 나카무라는 영웅적 군주의 자조력에 의해 국가의 부강을 꾀

81) 자유권의 발전연혁에서 보면 신체적 · 정신적 자유가 먼저 확립되고 나중에 경제적 자유권이 발달하였다. 즉 중세 전제권력으로부터의 해방이 신체적 · 정신적 자유를 가져왔고, 이어 자유가 경제생활에 도입된 후 경제적 자유방임주의 · 자유경쟁주의가 발전하게 되어 경제적 · 사회적 자유가 강조되었다.

82) civil을 적합하지는 않았지만 조닌(町人)으로 번역하였다. 본래 조는 '도시' 또는 '도회지'를 의미하며, 조닌은 에도시대에 도시에 거주하던 장인, 상인을 총칭한 말이다.

했던 입장에서, 개인의 집합체인 국가의 '치국(治國)'을 개인을 대표하는 '민위관'으로 두고, 이들의 자격에 대해 제9편의 「서문」에서 자문자답 형식으로 유학의 덕인 '신독(愼獨)'과 '극기'의 인물에 비유하였다. 본래 '신독'이란 '홀로 있음을 삼간다'는 뜻인데 '아무도 보지 않는 곳에서도 도리를 지키는' 사대부의 덕목의 하나로 특히 주자학에서 중시되는 개념이다. 그는 '신독'이란 "반드시 학문에 밝고 행실을 가다듬는 사람이다. 하늘을 공경하고 인간을 사랑하는 마음(경천애인)이 있으며 극기와 신독을 궁리하는 바가 있는 자다. 많은 세상의 변고를 겪고 환난을 통해 성장하는 사람이다"라고 하였다. 아울러 나카무라는 '극기'란 『논어』의 안연편에 나오는 '인'에 대한 정의(Definition)이고, 유학에서 '인'이란 다른 사람을 사랑하는 타고난 욕구이며 이러한 '인'이 없는 인간 존재는 단지 동물일 뿐이라 하였다. 따라서 유학에 있어 이상적 인간은 '인'을 통해 완성되며 이를 통해 도덕적으로 성숙한 인간이 될 수 있다고 보았다. 그리고 나카무라는 '정부(官府)'의 기능은 '단지 인민의 편의를 위하여 설립된 회소(會所)에 지나지 않으며 권세를 탐하고 형벌(威刑)을 제멋대로 하는 것 등은 하지 않는다'라고 하여 민주적이며 소극적 역할에 한정된 '작은 정부(Less Government)'임을 밝혀, 공포와 규제 중심의 강한 정부(Over Government)와 다른 것이다.

이러한 『서국입지편』에 나타난 민주정체론은 일본의 자유민권운동의 도화선이 되었다. 즉 출판된 지 4년이 된 해에 이타가키 다이스케, 고토 소지로(後藤象二郎, 1838~1897),[83] 소에지마 다네오미(副島種臣,

83) 이와쿠라사절단인 고토 소지로 등은 약 7개월간 유럽 견문을 떠났을 때, 일본에서 대유행하던 사회진화론의 대가인 스펜서를 면담하였다. 일본에서 스펜서의 인기를 살펴보면, 1877년부터 1890년 사이 총 32종의 번역서와 1권의 연구서가 출간되었다. 즉 1881년 마츠시마 츠요시(松島剛, 1854~1930)는 스펜서의 『사

1828~1905), 에도 신베이(江藤新平, 1834~1874) 등 8명의 참의(参議)는 영국과도 같은 의회정치를 수립하기 위해 「민선의원설립건백서(1874. 1.17.)」를 제출하였으며, 이는 『日新眞事誌』에 전문이 게재되면서 전국적으로 알려졌다. 이에 대해 나카무라는 찬성의 입장이었다.

그리고 「민선의원설립건백서」의 제출 시기부터 1881년 10월 정부가 국회개설을 약속하는 「국회개설 칙유」를 발표하는 시기를 이른바 일본의 자유민권운동 전반기라 한다. 또한 「민선의원설립건백서」의 내용은 고관(高官)에 의한 독재를 비판하고 조속히 민선의원을 개설을 주장으로 좌원(佐院)에 제출하였다. 그러나 이들은 관직에서 퇴출당하였으며 이타가키 다이스케는 고지(高知)로 귀향하여 가타오카 켄기치(片岡健吉, 1843~1903), 하야지 유조우(林有造, 1842~1921), 다니 시케키(谷重喜, 1843~1887), 후루사와 시개루(古沢滋, 1847~1911) 등과 함께 정치결사 〈릿지사〉를 설립하여 그의 고향은 자유민권운동의 성지가 되었다. 아울러 〈릿지사〉의 「건백서」에는 활동 목적에 대해 참정권 확립, 언론의 자유, 조세의 경감, 지방자치의 확립, 불평등조약 개정, 국회개설 등으로 밝혀 놓았다.[84] 특히 당시 계급적 경제적 지위를 상실한 사족의 생활구제가 급선무였기에,[85] 국가재정을 더 이상 압박

회정학(Social Statics)』(1851)을 『사회평권론(社會平權論)』, 1882년에는 노리다케 고우타로(乗竹孝太郎, 1860~1909)가 『사회학원리(The Principles of Sociology, vol. 1)』(1878)를 『사회학원리(社會學原理)』로 출간하였다. 이러한 스펜서의 번역서는 도쿄대학과 게이요의숙 등에 대학 교재로도 채택되어 당시 일본의 사회 정치사상에 큰 영향을 주었다.

84) 「민선의원설립건백서」의 핵심은 '인민이 국가의 근본이므로 인민이 국가의 부강을 받쳐주지 않으면 안 되므로 국회 설립도 필요하며 이를 통해 '구미각국의 자유의 인민과 어깨를 나란히 나아가야 한다'는 것이다. 또한 〈입지사〉의 초대 사장은 가타오카 켄기치였다.

85) 70만 석 영주로 봉해진 토쿠가와 일가와 그 직속무사들, 그리고 그들의 식솔들은, 연고가 없는 새로운 본거지인 시즈오카로 이주하였고 곤궁한 생활을 면치 못했다.

하지 않고 경제적으로 자립하기 위해 생활협동조합 혹은 생활상조회 역할을 하였으며 향후 영리회사의 설립도 계획하였다.

그러나 1870년대 후반부터는 자유민권운동가들의 자조론의 전개는 좌절되어 갔다. 당시 일본은 다윈과 스펜서의 번역서의 레벨을 넘어, 대표적 사상가인 히로유끼를 중심으로 사회진화론에 대한 새로운 원리론의 형성 이루어지고 있었다. 즉 그는 강력한 국가 체제를 건설하고자 국민에게 요구했던 것은, 개인의 자주 혹은 자립 대신에 일본의 전통적 가치가 보다 효과적으로 전파되도록 하였다. 예컨대 교육칙어를 통해 청일전쟁과 러일전쟁에 참가한 군인들의 국민으로서의 충군애국 정신 함양에 효과적으로 이용되었다. 더욱이 대일본제국헌법이 제정되어 자본주의경제 체제를 근간으로 하는 절대주의 국가의 수순을 밟아갔기 때문이다. 따라서 스스로의 도덕심에 의지한 자주 자립적인 이상적 인간의 추구와 의회 개설을 주장한 나카무라의 개인주의적 자조론은 쇠퇴하고, 점차 국가의 위기적 상황에 대한 인민의 책무를 자각하고 국가를 위한 인민의 '자수 자치의 정신'을 함양하는 국가주도의 자조론으로 변용되었다.

(3) 나카무라 마사나오의 자조론의 정치사상사적 의의

나카무라는 장기간 체제한 것은 아니었지만, 영국민이 지닌 풍속과 품성에 매우 깊은 인상을 받았다. 따라서 영국과도 같이 국가가 독립을 유지하고 번영하기 위해서는 인민의 성품이 변화하여 새롭게 거듭나야 한다는 것이다. 이처럼 그는 '덕은 생명과 더불어 하늘이 부여한 것이며, 인민의 정신이며, 문명이며, 나라의 기초'라고 한 바와 같이 약육강식 정치적 강권이나 군사력 행사에 비판적이며, 서양의 과학 군사

기술 같은 형이하학이 아닌 서양의 정신문명을 배워야 할 당위성을 주장하였다. 따라서 기독교를 금지한 채로 서양문명을 받아들이는 것은 위험하다고 본 것이다. 이는 서구 부강의 원천인 기독교의 해금과 천황에게 입교할 것을 권유한 것도 같은 맥락이다. 이러한 나카무라의 서양문명의 수용의 입장은 자신의 유교적 세계관, 인간관, 가치관을 기독교와 접합시켜 문명을 원리적으로 재파악했기 때문에 가능한 것이었다. 이는 「계몽수신요훈서(啓蒙修身要訓書)」와 기독교와 유교를 원리적으로 일치시킨 『천도소원』의 역할도 컸다. 또한 나카무라의 품행론은 자신이 영향을 받은 『자유지리』를 매개로 하여 량의 '신민설'에 큰 영향을 주었다. 반면에 후쿠자와는 덕이 아닌 물리와 과학적 지식을 문명의 핵으로 보았으며, 량은 나카무라와 달리 서양의 종교를 부정하였다.

한편 나카무라의 도덕에 근거한 문명사회의 달성과 국민형성론은 유교의 목민정치를 극복하는 것이다. 즉 모든 인민의 인격의 향상은 이상적인 국가를 달성하는 데 필요 불가결한 것이라고 인식하고 있기 때문이다. 이러한 인격 완성을 통한 정치의 실현을 지향하는 수신제가치국평천하(修身齊家平天下)의 논리와 유사해 보인다. 그러나 그는 유학을 결코 절대적 보편원리의 덕으로 강조한 것이 아니라 유학을 포함한 모든 학문의 덕을 상대화시켰다.

이러한 나카무라의 자조론의 수용 양식은 비록 개인의 행복을 강조하지는 않았지만 19세기 자유주의의 영향이다. 앞서 언급한 바와 같이 스마일스는 개인의 행복을 위한 개인주의를 토대로 자주적인 인격적 성숙에 의한 영국의 품격 있는 시민사회의 건설을 목표로 한 것이었다. 이는 행동의 자유가 자유의 기본 형태이지만, 스스로의 신체를 매개로 하여 욕구를 실현하고자 활동하는 인간에 초점을 맞춘 것이 아니라, 인격적인 자율을 의미하는 정신적 독립을 포함하는 자유론이다. 이와 같은 스마일스의 입장은 '인간의 최고의 목표는 인격의 완성이다'라는 밀의 명제를 받아들인 입장이다. 다시 말하자면 다른 사람의 강제로부터의 면제인 외부적 강제의 부재를 통해서 파악하는 소극적인 자유론의 전형인 무엇으로부터의 자유(freedom from)론에서 벗어난 것이며, 이익의 실현이나 이익의 조정에 있어서 필요하기 때문에 인격의 도야가 필요하다는 벤담주의자들의 양적 공리주의에서도 벗어난 것이다. 즉 시민들이 좀 더 자유롭고 평등하고 안전하고 건강하고 평화로운 삶을 영위할 수 있는 공동체의 도덕적 기반을 가꿔가고자 하는 누구나 평등한 욕구의 주체인 동시에 '스스로의 주인'이고자 하는 주체성이 전제가 되는 내면적이며 적극적인 도덕적 자유론이다. 밀의 표현을 빌려보면 인간은 그저 물질을 얻고 소비하면서 만족을 느끼는 존재가 아니라, 자신의 능력을 키워 나가고 발휘하고 즐기면서 질적 행복을 느끼는 존재라는 것이다. 다시 말하자면 인간은 도덕적 행위자로서 자기 자신에 대해 자의식을 지닌 주체이며 자신의 힘과 능력을 발전시킬 수 있는 존재라는 것이다. 이러한 바탕 위에서 개인이 사회 속에서 어떻게 하면 자유를 얻을 수 있는 것인가 하는 국가에서의 자유(freedom in State)를 고찰한 것이다.[86)]

이와 같이 나카무라가 수용한 이러한 서양의 도덕적 자유론은 서양정치사상사에 있어 밀에 의해 처음으로 전개된 것은 아니다. 예컨대 사회계약론을 기반으로 전개한 루소의 도덕적 자유론이 있다. 그는 자유란 인격적 자유이며, 인격적 자유란 자발적인 자연적인 충동을 생기는 데로 만족시키는 것이 아니라, 특수한 정열이나 욕구에 질서

---

86) 多田眞鋤, 2002,『ヨ-ロッパ 近代政治社會思想史』, 慶応義塾大學出版會, 46~52쪽 참조.

를 부여하여 억제하려는 것이 가능한 상태를 말한다. 이러한 루소에 있어 인간의 자유란 곧 윤리적 완성을 의미하며, 윤리적 완성은 국가 이외에는 불가능하다고 생각하였던 것이다. 따라서 루소는 일반의지에 의해 스스로 만든 국가(Republique)에 충실히 복종하는데서 도덕적 자유가 실현된다고 생각하였던 것이다. 이러한 루소의 도덕적 자유론은 이와쿠라사절단에 동행하여 프랑스에 유학한 나카에 쵸민(中江兆民, 1847~1901)이 귀국한 후에 『사회계약론』을 『민약역해(民約譯解)』(1882~1883)라는 제목으로 번역하여, 인간의 자유와 평등의 사상을 전하고 자유민권운동의 발전에 많은 영향을 주었다.

그러나 나카무라는 '국가란 자주권을 가진 인민의 총합'이라는 스미스의 자유방임적 민권론에 기초하여, 정부의 규제와 법률에 대한 의존성에서 개인을 해방시킬 필요가 있다고 주장하였다. 즉 나카무라는 최소한의 정부개입과 최대한의 사회구성원의 사이의 자발적 협력이 결합했을 때 국가의 번영이 안정적으로 지속될 수 있었다는 자유방임주의의 본지도 수용한 것이다. 또한 나카무라는 '신으로부터 부여받은 선한 자유'를 주장하였다. 이는 스마일스와 밀이 보여준 적이 없는 기독교적 종교관에 의한 것이다. 나아가 자국의 안녕과 번성에서 인류의 보편의 행복을 바란다는 기독교적 평화관 및 동양평화론을 전개하는 외연의 확장을 보여주었다.

그런데 나카무라가 서양의 자조론의 수용이 용이하였던 까닭은, 앞서 언급한 바와 같이 그는 인간의 품행을 정치에서 가장 중요한 요인으로 고려했던 유학의 전통과 자조론이 일치한다는 절충주의적 보편주의적 입장이었기 때문이다. 즉 학문을 통한 도덕적 수양을 바탕으로 한 개인이야말로 공동체의 일원으로 책임을 다할 수 있다는 논리가 공통적이라는 것이다. 그러나 본래 유교는 도덕적 수양이 보통의 인민에게 모두 개방되어 있었던 것은 아니었던 것은 주지의 사실이다. 그럼에도 불구하고 나카무라는 유교적인 해석 방법으로 양국에 관통하는 보편적인 진리가 존재하고 현실에 이(理)가 실현되어 간다는 관념을 토대로 한 것이다. 따라서 그는 유학적 발상을 토대로 하여 서양의 사상 문화와 접합을 모색하고 이를 통해서 일본 사회의 근대화를 추진하고자 하는 것이 가능했던 것이다. 다시 말하자면 후쿠자와의 목적은 물리와 과학지식을 기초로 국가의 독립과 산업국가로의 확고한 구축이었다. 반면에 나카무라는 군사력이나 주체적 가치로서의 문명관을 배경으로 하는 것이 아니라, 도덕을 근간으로 한 보편적인 문명사회의 달성이다. 이에 대해 요시노 사쿠조(吉野作造, 1878~1933)에 의해 "후쿠자와가 메이지 청년의 지(智)의 세계를 보여주었다고 말할 수 있다면, 나카무라는 『서국입지편』을 통해 '교법(教法, 덕)의 세계를 보여준 것이라 말할 수 있다"라고 평가하였다.[87]

그러나 나카무라의 자조론에 나타난 19세기 자유주의는 일본에 자유민권운동의 도화선은 되었으나 토착화에는 실패하였다. 본래 스마일스는 타인에게 의존하지 않고 자조의 생활을 영위해야만 한다고 강조였다. 바꾸어 말하자면 그는 '근면'이라는 근대적인 자본주의적 노동윤리가 영국 빅토리아시대의 산업사회의 도래를 가능하게 하였음을 자조론을 통해 설파했다. 나카무라 역시 『서국입지편』을 통해 관계와 정계의 진출을 위한 '입신출세'[88]나 혹은 실업(business)에서의 부를 축

87) 후쿠자와는 유교적 도덕주의를 비판한 인물이다. 즉 그는 "지란 지혜로 서양말로 인텔렉트(intellect)이다"라고 하며 역사 진보의 동인을 '지력'이며, 인간의 주체적 자유는 사물의 이치를 궁리하려는 과학적 인식 태도와 불가분의 관계이며 자유의 수준도 높일 수 있다고 하였다. 반면에 나카무라는 유학의 보편주의적 입장에서 '덕'을 강조한 인물이다. 이에 관하여는 고야스 노부쿠니, 김석근 번역, 2007, 『후쿠자와 유기치의 '문명론의 개략'을 정밀하게 읽는다』, 역사비평사를 참조.

적하는 성공을 뒷받침하고자 한 것은 아니었다. 따라서 나카무라의 '입지'는 '입신'의 의미와 다르다. 아울러 산업과 기술에 대해서는 다소 불투명하게 이해하였을 뿐만 아니라 상대적으로 비중도 적게 두어 축소시켰다. 그럼에도 불구하고 『서국입지편』은 '자신의 능력과 노력을 통한 사회적 지위 상승'을 의미하는 입신출세의 통속적인 원본으로 간주되었다. 즉 무일푼에서 대자본가가 되듯 새로운 부와 권력을 가진 정치가와 관료로서의 입신출세의 교과서였다.

그런데 이러한 메이지 초기에 전개된 입신출세주의는 신분제도의 폐지 및 보통교육의 본격화인 근대교육제도라는 두 가지 조건이 필요조건이었으며, 이를 통해 봉건제로부터 해방되려는 일본 자본주의의 모습이 전개된 것이다. 즉 입신출세주의가 가능하려면 최소한 모든 구성원들 사이에 형식적 평등이 필요한데, 에도시대에는 자신의 신분에 맞지 않는 상승 욕망은 억압되고 배제되어 취급되었다. 더욱이 지행(知行)의 수양을 쌓는 것이 입신이며 가업을 확장하고 가산을 증대하는 것이 출세를 의미했다. 그러나 신분적 제약이 사라진 평등한 메이지 경쟁 사회에서는 하급무사 출신이 관료가 되고 상인이 부호가 되는 것을 모두가 목도해 갈 수 있는 시기였다. 이는 장차 일본의 관료체제로 편입될 예비군인 학생층에게 취학을 통해 개인의 노력과 인내로 사회적 이동을 이룰 수 있는 입신출세주의가 장려되었기 때문이다. 다시 말하자면 메이지정부는 국가 관리 및 군사 영역을 위한 근대적인 관료제를 창출할 필요성으로, 대장성(大藏省)을 중심으로 인재

88) 본래 '입신'은 『효경(孝經)』을 통해 '효'의 범주에서 '올바로 자기 몸을 간수한다'라는 의미였다. 즉 몸을 올바로 간수하고 도를 행하여 후세까지 이름을 드날림으로써 부모님을 드러나게 하는 것이 효의 끝맺음이라는 맥락에서 이해되었다. "立身行道揚名於後世以顯父母孝之終也". 김학주 편저, 2006, 『新完譯 효경』, 명문당, 62쪽.

등용의 교육정책 및 문관시험을 통해 관료를 선발하였다. 대표적 인물이 이토이다. 그는 농민 출신이었지만 신분제 폐지와 근대교육제도에 의한 충원과정으로 일약 정부의 고관이 될 수 있었다.[89] 이처럼 뜻을 세우고 넓혀서 세상에 나아가 출세한 후 고향에 금의환향하는 인간이 높은 평가를 받는 분위기가 조성된 것이다.

그러나 메이지 초기의 자조론의 토착화 양식인 이러한 입신출세의 열풍은 모든 청년의 꿈을 실현시켜 줄 수 있었던 아니었다. 왜냐하면 상층이동 지망자의 증대로 상승시장이 압박되었기 때문이다. 따라서 지금까지 추구하던 보편적인 입신출세에 대한 기회를 위해 신앙처럼 개발된 민중의 에너지는 결과적으로 침체되지 않을 수 없게 되었다. 결국 사생활까지도 침투되어 결국 국가의 원기를 쇠퇴시키며 체제질서를 파괴시킬 위험에 처하게 된 것이다. 예컨대 청일전쟁과 러일전쟁 사이에 후지무라 미사오(藤村操, 1886~1903)라는 '번민(煩悶)청년'의 자살 사건으로 이어졌다.[90] 그의 자살은 메이지 근대화를 성취해가는 가운데 서민의 비대해진 성공 의욕을 유지시키는 것과 깊이 관련이 있다. 즉 분출되는 상승욕구가 채워지지 않는다면 사회질서의 밑에 누적된 욕구불만이 생겨나 어처구니없는 죽음으로 귀결된 사건이다.

---

89) 이토는 야마구치현 구마게군(山口縣 熊毛郡)의 천민에 가까운 적빈한 집안 출신으로 애초에는 성도 없었다. 그러나 그의 아버지는 명민한 아들을 평시에는 잡역에 종사하지만 전시에는 보병이 되는 집안의 양자로 보냈다. 그런데 어려서 그는 요시다 쇼인을 만났으며, 1863년 영국으로 밀항하여 유니버시티칼리지런던(UCL)의 청강생으로 유학한 바 있다. 또한 신분의 한계를 극복하고 초대 총리를 포함하여 4번의 총리대신으로 정계의 중심에 섰으며, 한국통감으로 요시다 쇼인의 정한론을 성사시켰다. 또한 바이에른, 뷔르텐베르크 등 남부 독일국가들의 헌법을 모델로 하여 대일본제국헌법을 천황이 내리는 방식으로 반포하였다.

90) 이 명문고 엘리트 학생의 자살은 당시 입신출세주의를 미덕으로 삼은 일본사회와 지식인들에게 큰 충격을 주었고, 그의 뒤를 따라서 목숨을 끊는 연쇄자살이 이어졌다. 당시 현장에 남겨진 그의 유서 「巖頭之感」가 유명하다.

반면에 후술하는 오오가키의 경우와도 같이 국가정책으로 국내가 아닌 해외에서의 입신출세를 꿈꾸는 인물이 생겨났다.

2) 오오가키 다케오의 자조론

그러면 메이지 후기의 인물인 오오가키는 한국에서 어떠한 자조론을 전개한 것인가. 이는 나카무라의 자조론과는 어떻게 다른 것인가. 즉 나카무라가 자조론을 수용한 시기는 초기 메이지 격변기였다면, 오오가키는 일본이 러일전쟁에서 승리한 후 일본 정부가 대외문제에 대한 활발한 논의와 대륙 경영을 위해 이주를 권고하던 시기였고, 한국은 보호국에서 벗어나 자주적 국가 수립을 위해 노력하던 시기였다. 그는 이러한 시기에 도한하여 〈대한자강회〉와 후속 단체인 〈대한협회〉[91]에서 활동하고 자조론과 관련된 계몽논설을 발표하였다. 뿐만 아니라 『서국입지편』의 아류서적인 자신의 『청년입지편』(1908)의 「서문」에서, 집필 목적이 '한국 청년들의 자조지개(自助志概)의 진작'이라고 밝혔다. 즉 한국이 보호정치에서의 벗어나 독립을 획득할 수 있도록 하는 선도 역할을 맡은 '청년'을 거명하고, 이들의 '자조지개'의 양성을 위한 '수양(cultvation)'론을 전개한 것이다.[92] 이는 후술하는 바와

91) 〈대한자강회〉가 강제 해산된 뒤 〈대한자강회〉의 고문이던 오오가키가 이토의 내락을 얻어 1907년 11월 10일 윤효정 · 장지연 등 이전의 대한자강회 간부들과 천도교의 대표로서 권동진 · 오세창 등을 추가시켜 10명으로 이 단체를 조직하였다. 출처: 한국민족문화대백과사전(대한협회).

92) 본고에서 사용하는 '청년'과 '수양'은 일반 명사와 달리 근대 동아시아 삼국에 유행하던 개념이다. 특히 1900년대 이후 정신의 수양, 영성의 수양, 지조의 수양, 오관(五官)의 수양 외에도 기술자가 수양해야만 하는 기량 등 다양한 종류의 수양이 등장한다. 예컨대 일본 국회데이터 베이스를 검색해보면 1890년대에서

같이 나카무라의 개인주의에 기초하며 국권과 민권이 상충하지 않는 자조론과는 차이를 보여주는 것이다. 따라서 오오가키가 대한제국으로 오게 된 배경과 그의 계몽논설 및 『청년입지편』을 통해 자조론의 수용양식을 살펴보고자 한다.

(1) 도한의 배경

엘리트 저널리스트 출신인 오오가키가 보호정치하의 한국으로 오게 된 배경은 무엇인가. 그는 메이지유신을 반대한 지역의 하나인 가나자와 출신이지만, 명문 사학인 게이오주쿠를 졸업하고[93] 졸업 후에는 학교 교사·관리·신문사 기자 등으로 저널리스트로서 활동한 계몽지식인이었다. 예컨대 나라(奈良)의 『야마토신문(大和新聞)』, 카가(加賀)의 『이시카와 일일신문(石川日日新聞)』의 주필 등을 거쳐 도쿄에서 『벚나무신문(さくら新聞)』을 창간했다.[94] 이러한 저널리스트로서의 활동을 접고 그는 '영구거주를 표방하며 도한을 자임'한 것이다. 나아가 그는 '영구거주'의 이유를 「도한고별의사(渡韓告別の辭)」(1904.8)에서 밝힌 바와 같이 '제국의 정책에 대한 비보(裨補)역할을 하기 위함'이라 하였다. 또한 「대한의견(對韓意見)」(1904.8)에서는 '조선에 교

1899년 29건, 1900년에서 1909년 420건으로 증가하였다. 1910년에서 1919년은 1,120건으로 더욱 증가하였다.

93) 일본은 1871년에 문부성을 설립하여 1872년 9월에 근대적 학제를 발표했다. 즉 소학교·중학교·대학교 및 각종 전문학교가 설립되었고, 교육의 내용도 새롭게 바뀌었다. 소학교는 1873년에 12,500개였고 취학률도 30%에 이르렀는데 1878년에는 41%였다.

94) 그의 행적은 『東亞先覺志士記傳』(黑龍會)에도 소개되어 있다. 아울러 그의 경력은 가나자와 향우회 잡지인 『加越能鄉友會雜誌』의 회원 동정란을 참고하였다 (『加越能鄉友會雜誌』 187, 1905.12).

육을 통한 문명개화를 강구하고자 한다'는 것이었다.

그러면 그가 도한한 목적인 '제국의 정책인 조선의 문명개화에 대한 비보 역할'이란 무엇인가. 이는 당시의 시대적 배경과 밀접한 연관성이 있다. 왜냐하면 러일전쟁 이전에는 텐진(天津)조약(1885)에 의해 조선을 둘러싼 중국과 일본의 각축이 소강상태였다. 반면에 청일전쟁과는 규모나 의미가 달랐던 러일전쟁에서의 승리로[95] 한국을 둘러싼 경쟁에서 일본은 급속히 제국주의의 길로 나아갔기 때문이다. 즉 일본은 과잉인구의 해소뿐만 아니라 제국화의 수순인 대륙이주를 권장하기 위해, 지방으로 순회강연을 실시하거나 안내서를 배포하고 각종 편의를 제공하며 권장하였다. 이미 1901년에는 자유롭게 민간인의 도한을 허용하는 내용의 법률안을 통과시켰으며, 1904년부터는 완전히 자유롭게 한국에 건너갈 수 있도록 하였다. 이주에 필요한 생활 정보서인 『최신조선이주안내(最新朝鮮移住案內)』(1904)도 제작하여 배포하였다. 아울러 『자조론』의 영향으로 마든이 창간한 미국의 성공주의 표방 잡지인 『Sucess』(1898)에 감명을 받은 무라카미 슌조(村上俊藏, 1872~1924)는, 동일한 제명으로 월간 잡지 『成功(성공)』(1902~1916)[96]을 창간하는데 이 잡지는 자조론의 전파가 핵심이었다. 즉 '영국의 자조정신 실천'이라는 구호 아래 대륙으로의 이주를 더욱 독려하였다.[97]

---

95) 일본은 포츠머스강화조약(1905.8)을 통해 한반도 지배권, 랴오둥반도 조차권, 남만주 철도 부설권, 사할린 할양 등을 얻어내어 중국 진출의 교두보 및 조선을 보호국으로 만들어 본격적인 제국주의의 길로 나아가게 된다.

96) 村上俊藏, 1902, 「大旨」, 『成功』 1-1, 成功雜誌社. 『성공』은 일본국회도서관에 마이크로필름으로 보관되어 있으며 최근 복각판이 출판되었다. 『(復刻板)成功』, 不二出版, 2014~2017. 보다 자세한 내용은 雨田英一, 1992, 「村上俊藏の『成功』思想: 近代日本修養思想一形態」, 『教育學硏究』 59(2) 참조.

97) 이 잡지는 자조론의 열렬한 전도사인 미국 齋井輝子, 1987, 「日米兩國の成功雜誌に關する一考察」, 『アメリカ硏究』 21, 93쪽.

특히 이 잡지에서 국가에게 유용한 인물로서 '자조적 인물'이라는 용어가 처음 등장하였다. 예컨대 나카무라마저도 자조적 인물로 소개되었으며, '영국인들의 자조·모험정신을 본받아 국내에서 벗어나 새로운 성공의 기회를 찾으라. 성공을 향한 과정에서의 노력과 인내 등은 인생을 풍부하게 한다'라고 하며 해외 이주를 통한 성공을 강조한 것이다. 따라서 이 잡지는 가혹한 노동과 궁핍으로 시달리는 농민이나 하층의 노동 청년이 성공을 갈망하며 구독한 것이다. 또한 메이지 후기의 수많은 출판물 가운데 실업일본사(實業之日本社)의 『실업지일본(實業之日本)』과 함께 가장 높은 판매 부수를 올린 잡지이다.[98] 나아가 『성공』의 자매지인 『탐험세계(探險世界)』(1906)에서는 '국민의 섬나라 근성을 타파하고 탐험적 사상을 가질 것'을 강조하였으며 『식민세계(植民世界)』(1908)에서는 대륙적 세계적 사업가를 양성시켜야 한다고 하였다. 이처럼 메이지 후기에 국가가 주도한 대륙 이주를 통한 일본에서 벌어진 입신출세의 열풍에 뛰어든 인물이 오오가키라고 볼 수 있다.

즉 오오가키는 도한하여 〈대한자강회〉의 창립에도 참여하고 고문으로도 취임하였다.[99] 또한 1907년 8월 고종이 강제로 퇴위한 이후 반

---

98) 『실업지일본』은 1900년대 이후 이른바 '실업의 시대'에 일본 청년의 성공 방향을 제시해 준 잡지이다. 주목할 만한 사실은 이 시기의 '성공'이란 실업(business)의 분야에서 부를 축적하는 것을 의미한다. 한편 잡지 『실업지일본』과 『성공』의 실업가에 대한 기사는, 마든의 기사에서 가져온 것이 대부분이다. 이에 관하여는 다음을 참조. Earl H. Kimmonth, 1982, *The Self-Made Man in Meiji Japanese Thought: From Samurai to Salary Man*, University of California Press, pp.153~205; 馬静, 2005, 「實業之日本社の研究: 近代日本雑志史研究の序章」, 東京外國語大學博士學位論文.

99) 오오가키가 '학식 있는 배일파의 유생내지 양반들을 통일하여 선도하여야 한다'고 건의하자 이토는 '통감부가 직접 나설 수 없는 일이나 그대가 힘써야 한다'며 〈대한자강회〉 설립을 지원하였다. 藤村德一編, 1927, 『居留民之昔物語』, 朝鮮二昔會事務所, 110~111쪽.

일운동이 격렬해지자, 당시 총독이던 이토 히로부미는 오오가키를 직접 불러 '한국 현하의 민심을 지도하는데 그대가 통솔하는 자강회가 더 분투할 필요가 있다'고 한 만큼 〈대한자강회〉의 핵심인물이었다.[100] 아울러 『청년입지편』의 '자서'에서 〈대한자강회〉 활동에 대해 회고하기를 '도한 이래로 정당의 조직에 조력하여 국민사상의 통일을 모(謀)하기에 전무(專務)하였다'고 하였다. 이뿐만 아니라 오오가키는 필명 '금릉거사(金陵居士)' 등으로 『대한자강회월보』(이하 월보)에 창간호 「서문」을 비롯해 〈대한자강회〉의 정체성을 널리 알리고 자조론이 담겨있는 계몽논설을 포함하여 약 23편을 남겼으며 이는 회원들 가운데 집필 수로는 3번째이다.[101]

이러한 오오가키의 한국에서의 활발한 계몽 활동에 대해 김윤식(1835~1922)은 긍정적이었다.[102] 즉 그는 『속음청사(續陰晴史)』(1906.3.8)에서 '1905년 동경대한문제연구회를 만들어 회장에 취임하였으며 병합파 · 보호국파와 달리 양국이 동맹관계를 맺어야 함을 일본 정부에 건의한 인물'로 호의적으로 언급하며, 일본의 군사적 침략을 책동한 것이 아니라 '한일동맹'이라는 평화적 외교책에 의해 양국의 공존을 주장한 인물로 평가하였다.[103] 이에 머물지 않고 그는 『청년입지편』의 '편서(編序)'도 써주는 호의도 베풀었다. 박은식도 '편서'를 써주었는데, '삼국이 함께 문명에 나아가려 하고 복리를 균등하게 누리고자

100) 大垣丈夫, 「韓末傾保護條約の成立と大韓自强會の創立」, 『京城日報』 1928.10.6.

101) 보다 자세한 내용은 한국역사정보통합시스템, "대한자강회월보(大韓自强會月報)", http://www.koreanhistory.or.kr. 참조.

102) 그는 1907년 5월 이완용내각이 들어선 후 12월 조선 황태자 영친왕을 수행하기 위해 일본을 방문하였다.

103) "本有大垣丈夫者, 有志士也日本對我韓有三派, 其一幷吞也, 其一保護也, 其一同盟也, 大垣君, 自初爲同盟之說, 去年設對韓問題硏究會于東京, 大垣爲會長, 以同盟之說, 勸告其政府"

하는' 인물로서 긍정적으로 소개하였다.[104] 또한 황현도 『매천야록(梅泉野錄)』(1908)에서 '화평당(和平黨)이며 우리나라의 정상(情狀)을 민망하게 생각하여 일본에 한국에 관한 내정개혁안을 올린 인물'이라 하여 계략적으로 '화평'을 논한 인물로 보지 않았다.[105] 한국의 자주독립을 위해 노력한 헐버트도 『한국평론(The Korea Review)』에서 '일본신사(a Japanese Gentleman)'라고 평하였다.[106]

(2) 오오가키 다케오의 자조론의 수용양식

그러면 오오가키의 자조론은 어떠한 특징을 나타내고 있는 것인가. 그의 계몽 논설 및 『청년입지편』을 통해 살펴보면, 국제사회에서의 국가경쟁에서 패배하지 않는 인간인 동시에 국가의 일원이라는 자부심에 가득 찬 '청년'으로 성장하기 위한 방법론으로서의 '수양'론이다.

앞서 살펴본 바와 같이 메이지 초기에는 '수양' '청년'이라는 단어는 범람하지 않았다. 즉 나카무라가 'culture'의 역어로 유교의 수신과 구별하기 위해 도교에서 사용한 '수양'을 사용한 정도였다. 그러나 제국의회(1889)가 개설된 시기부터 '청년'의 연구가 활발히 진행되었다. 즉 1880년 도쿄의 YMCA 결성의 주축이었던 신학자 고자키 히로미치(小崎弘道, 1856~1938)가 YMCA를 〈그리도교 청년회〉로 번역한 것을 계기로 'young men'의 역어로서 '청년'이란 용어가 등장하게 되었다.

104) "시야가 굉할하여 한쪽에 치우치지 않았고 가슴에 품은 뜻은 크고 커서 작은 공을 돌아보지 않았다. 우리 동아대주의 황인종이 함께 문명에 나아가고(齊進文明) 복리를 균등히 누리고자(均享福利)하여 혹 연단에 내달리고 혹 신문 잡지에 장황한 글을 기고하여 그 목적을 달성하고자 하였다."

105) 황현, 『梅泉野錄』, 「大垣丈夫의 上書」.

106) Hulbert, Homer Bezaleel, 1906, "News Calendar," *The Korea Review,* April.

그리고 도시샤를 졸업하고(1879) 국가주의 사상가의 표상이 된 도쿠토미 소호(德富蘇峰, 1863~1957)는 YMCA의 창설에 함께 참여 하였는데, 1887년경에 잡지 『신일본청년(新日本青年)』 및 『국민지우(國民之友)』에서 국가 요직을 담담하고 있던 이들을 '덴포(天保 1831~1845) 老(노)'라고 비판하였다. 또한 그는 '장사(壯士)'와 '청년'을 비교하며 시대를 주도할 새로운 지식인이자 국민을 대표하는 존재로서 '청년'을 지칭하였다. 그런데 그가 언급한 '장사'란 한탕주의적 영웅심을 가진 인물이다. 즉 메이지 초기의 자조의 주체이자 입신출세의 주체로서, 주로 사족 출신이나 호족부농 출신이다. 즉 1880년대에는 조약개정, 지조(地租)경감, 언론의 자유 등 민감한 정치적 사안을 둘러싸고 정부에 적극적으로 저항하던 젊은 지식인이었으나, 이제는 구시대의 유물로서 부정적인 이미지를 표상하는 존재이다. 이러한 '장사'와 대척점에 독서하는 '청년'의 이미지가 대항문화로서 등장하게 된 것이다. 요컨대 도쿠토미 소호는 '장사'의 야심적인 정치적 폭력성과 격정적인 행동 양태를 비판하고, 엘리트계층의 남자가 중등교육이 당연시되었던 1890년대 말의 메이지 시대와 어울리는 이상적인 주체로서 정치적 경제적 문화적 리더를 꿈꾸는 '청년' 개념을 새로이 구축한 것이다.

그리고 메이지시대부터 쇼와시대의 사상가이자 사회교육자인 야마모토 타키노스케(山本滝之助, 1873~1931)는 볼(G.S. Ball)의 『청년론』의 영향으로 '청년'은 국민적 통합을 위한 주체로서 장래 일본을 담당할 성인인 '대인(大人)'으로서 전사회의 표준을 만들었다. 즉 '청년'은 신분을 벗어나 주지적 합리적으로 현실을 분석하고 예측 가능한 미래를 준비하는 근대적 인간형이다. 이처럼 일본에서 '청년'이란 신체적 연령을 의미하는 일반적인 용어가 아니라, 스스로의 힘에 의해 자아를 발견함으로서 존재의 의미를 채워간다는 의미이다. 곧 근대적 자기형성 개념을 갖춘 성인의 준비단계인 젊은이를 말하는 '청년'을 지칭하게 된 것이다.

이러한 '청년'을 대상으로 일본은 러일전쟁을 전후로 본격적으로 '수양'을 강조하였다. 왜냐하면 대외적 팽창주의와 더불어 일본은 이제 개인의 입신출세가 아닌 일본의 국민의 통합 문제가 절실하였기 때문이다. 따라서 자기의 의미를 탐구하기 위한 개인적 개념으로가 아니라, 충군애국의 전제하에 자기 자신을 수련하는 '자수(自修)'적 의미이며 국가로부터 요청되는 자세의 형성을 위한 구동장치였다. 즉 학교에서 지식교육만으로 충분하지 않으니 먼저 자신이 정신을 차려 실행하지 않으면 안 된다는 것이 주된 메시지였다. 이는 스마일스의 개인주의에 기초하여 개인의 인격의 향상을 위한 품행론인 나카무라의 민권론적 자조론과 차이를 보여주는 '청년수양론'이 오오가키에게 나타나 있다.[107]

예컨대 오오가키는 「수양의 필요」(1906.9.25.)에서 '자조정신'을 언급하고 있다. 즉 '자조'는 '나태'와 같은 악습의 반대개념이며, 빈둥빈둥 놀기만 하며 게으른 '유태(遊惰)'라는 습관을 가져 '근면역행'의 대척점에 서 있는 인물에게 '수양'을 권고하였다. 이는 스마일스가 "인간에게 내려진 진짜 저주는 일이 아니라 게으름이다"라고 한 바와 같이 '근면(work hard)'은 사람들에게 복종과 자제력, 상황에 대한 냉철한 주의력과 적응력, 인내심을 키워준다는 것이다. 더욱이 '아무리 국가에 부채가 많아도 이를 갚아줄 수 있는 인물'이라 하여 산업적 성공의 국민상(像)이다. 이처럼 그는 국가의 자주독립 및 문명 부강 등의 사업은 모두 국민의 '수양'에서 출발한다는 내용이다. 이처럼 『월보』에

107) 보다 자세한 내용은 "대한자강회월보(大韓自强會月報)", http://www.koreanhistory.or.kr (한국역사정보통합시스템) 참조.

발표된 오오가키의 교육논설들은 서양의 신지식의 습득이 강조되기보다, '품행'의 향상에 방해가 되는 고질적 폐습인 '나태'를 척결하여 '근면 각고하였기에 금전 · 명예 등이 뒤에 따른다'라고 하여 '근면'한 산업적 자조 인물로 변화시키는데 비중을 두었다.

그리고 「위대한 국민에는 삼개(三個) 특성이 유함을 견(見)함」(『월보』 2호, 1906.8.25)의 전반적인 내용은 위대한 국민이 가진 세 가지 특성을 말한 것인데, '자주독립정신', '조직적 단합능력', '보수적 정신을 겸한 활기찬 기상'이 '위대한 국민'의 세 가지 요건이라 주장하다. 여기서 '자주독립정신'이란 그가 "영국과 미국이 위대한 국민이 될 수 있었던 이유는 '하늘은 스스로 돕는자를 돕는다'는 이 격언을 탁월하게 실행하였기 때문이다"라고 하여 곧 '자조정신'이다. 나아가 그는 이러한 '자조정신'이 영국에게는 '태양이지지 않는 식민대제국'을, 미국의 경우는 '북극에서 남극을 통하는 대륙의 패권을 가진 공화국 건설'을 가능하게 한 동력이 되었다는 것이다. 따라서 대한국민의 '자조정신'을 촉구한 것이다.

아울러 오오가키는 1906년 9월 3호에 국채보상운동과 관련한 글인 「물우한국무전(勿憂韓國無錢)」(『월보』 3호 1906.11.25)에서도, 당시 한국에 가장 절실한 것은 '자조적 인물'임을 주장하며[108] 한국 국민이 자조적 인물이 되면 충분히 국가의 경제적인 부채를 갚을 수 있다고 주

108) "國難에 良相을 思ᄒᆞ고 家貧의 賢妻를 思ᄒᆞ나니 韓國目下에 何人을 思ᄒᆞ리오 良相도 必要오 賢妻도 必要라 然이나 尙一層 必要ᄒᆞᆫ거ᄉᆞᆫ 實로 自助的人物이라 自助的人物有ᄒᆞᆫ 處에ᄂᆞᆫ 金錢은 自生ᄒᆞ고 名譽ᄂᆞᆫ 不期而到ᄒᆞ리니 人이 正道를 修ᄒᆞ야 勉勵刻苦ᄒᆞᆫ즉, 金錢이 到處湧出ᄒᆞ고 運命은 到處造得ᄒᆞᆯ지며 遊惰ᄂᆞᆫ 自立ᄒᆞᄂᆞᆫ 所以가 안이니 卽 今日韓國人이 斷然ᄒᆞᆫ 決心을 有ᄒᆞ야 各自 奮發ᄒᆞ야 自助的人物을 作成ᄒᆞᆫ즉, 國家에 一千萬圓이나 二千萬圓에 負債가 有ᄒᆞᆯ지라도 有何憂慮之可及이며 正心慧眼으로 二千萬人之同胞가 唾雙腕而奮起ᄒᆞ면 一億二億은 勿論ᄒᆞ고 十億百億에 金錢도 地上에 湧出케 ᄒᆞᆷ을 得ᄒᆞᆯ지라. 今日에 國民이 最可注意處ᄂᆞᆫ 此一事에 只在ᄒᆞ니 刮目ᄒᆞᆯ지어다. 二千萬人之同胞여."

장하였다. 이처럼 오오가키는 국가에게 유용한 인물로서 '자조적 인물'을 강조하고 있다.

그런데 이러한 '자조적 인물'이라는 용어는 앞서 언급한 무라카미 슌조의 『성공』에서 처음 사용된 것이다. 그는 창간 당시부터 이상적 인물상으로 '자조적 인물'을 제시하며, 타력이 아니라 자립 · 자활 · 자치의 능력으로 신지식을 추구하는 적극성으로 신천지를 개척하는 기개와 정신이다. 또한 『성공』의 판매 선전의 문구를 보면 '산업주의의 파도에 몸을 실은 입신출세를 위한 책으로 가난한 혹은 집안이 미약하더라도 교육을 받아 근면하고 정직하며 노력을 계속하면 성공할 수 있다는 것을 담고 있으며, 일본에서 이 책을 읽고 성공한 사람들의 후일담도 많다'고 소개하였다. 아울러 『외국인의 오해』(2호)에서 '인종적으로 일본과 같은 뿌리의 한국인들은 교육만 잘 시키면 중국 영향으로 말미암은 나태 · 사대주의를 극복하여 곧잘 문명개화로 중국을 앞지를 것이다'라고 한 바와도 같이 교육의 내용이 '유타', '나태', '사대주의'등의 악습의 척결인 덕육이다. 이어서 『청년입지편』에 나타난 자조론의 특징을 살펴보고자 한다.

○ 『청년입지편』의 자조론

오오가키는 『청년입지편』의 '자서(自序)'에서 저술 목적을 '대한 청년의 자조정신의 진작'이라 밝혔다. 왜냐하면 그는 한국이 보호정치에서 탈피하기 위한 중추적 역할을 '한국의 청년'이 맡아야 하며 '미래의 영수자(領袖者)'인 이들의 '자조정신의 진작'이 열쇠라고 보았기 때문이다. 즉 그는 '모름지기 청년은 독립 독행인 자조의 지기를 굽히지 않는(不枉) 고상한 품격을 이룰 수 있도록 채찍질해야 한다'(9면)라고

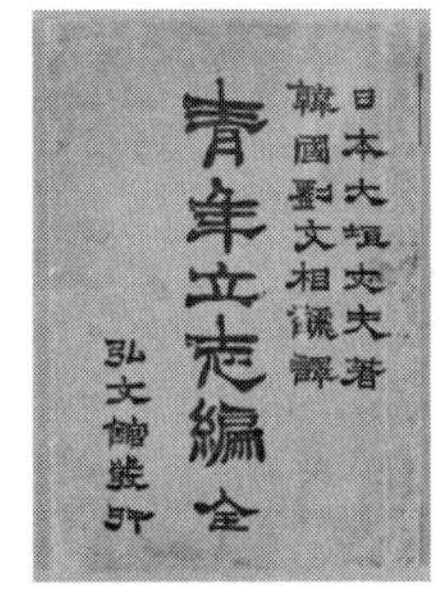

『청년입지편(青年立志編)』
출처: 국립중앙박물관 e뮤지엄, 1923, 「유문상 청년입지편」, https://terms.naver.com/entry.nhn?docId=2220682&cid=51293&categoryId=51293(검색일: 2018.12.24).

하였다. 이처럼 오오가키는 '청년의 성품에 따라 국가의 성품이나 등급이 결정된다'고 분명히 하고, 민족의 장래를 책임져야 할 인물로 '청년'을 지목한 것은[109] '인민의 성품이 인민의 집약체인 국가의 품격을 결정한다.' 스마일스의 자조론에서 '인민' 대신에 국가의 자주독립을 책임지기 위해 '청년' 이 주체가 된 것이다. 요컨대 오오가키는 근대적 정신인 '자치', '자주', '자립', '독립'을 갖춘 성숙한 인격의 '청년'에 의해 주권 회복이 가능하다고 보았다. 다만 그는 한국의 청년이 이러한 '유덕자 청년'으로 성숙하는데 필요한 기간을 '대략 40~50년의 기간이다'라고 밝혔다. 그러나 이렇게 긴 시간이 걸리는 것인지에 대한 근거는 제시하지 않았음에도 불구하고, 『청년입지편』은 일제에 의해 '사회의 안녕과 질서를 방해한다'는 이유로 1910년 11월 19일 금서였다.[110]

---

109) '이 책을 읽음으로써 청년의 정신을 고무하여 국가에 유용한 사람으로 만들어, 쓰러진 국세를 만회하고 동양정립의 본망을 달하여 대한제국의 융성을 보고자 하는 것이다'라고 하였다.

110) 이 책이 청년을 독자로 삼은 점은 『황성신문』 1908년 5월 24일자 광고에서도 잘 나타난다. 한편 번역자는 게이요 동문인 유준상이다. 그의 약력을 간단히 소개하면 일본 관비 유학생으로 선발되어(1895.2) 게이오기주쿠에 입학하여(1895.4) 12월에 졸업하였다. 또한 그는 오오가키의 편집서인 『대가논집(大家論集)』과 가토오의 『강자권리의 경쟁(強者の権利の競争)』(1893)을 번역하여 출판하였다. 『조선 총독부 관보』 1910년 11월 19일자에 의하면, 『청년입지편』은 량의 「음빙실자유서」와 『음빙실문집(飲氷室文集)』 등과 함께 금서가 되었다.

그리고 책의 구성을 보면 모두 7개의 장이며 분량은 약 60페이지이다. 또한 목차에 나타난 바와 같이 내용은 '지기(志氣)를 자편(子鞭: 채찍질)', '근면역행', '희망', '책임감', '처세요결(處世要訣)', '침의(沈毅)' 등으로 '수양'에 관한 덕목이다. 그리고 글쓰기 방식은 스마일스와 나카무라의 방식과 유사하다. 즉 「서문」에서 밝힌 중심 주장을 각장을 통해 각론으로 설명해가는 연역적 방식을 따랐으며, 자신이 전달하고자 하는 동일한 주제를 반복적으로 예증하여 강조해 가는 글쓰기 방식을 사용했다. 다만 예시된 인물은 한국을 포함한 동양의 인물들이 포함되어 있으며, 이들의 흥망성쇠와 관련한 덕목과 빛나는 업적 및 흥미로운 사건에 대해 간략히 설명하였다. 또한 집필 시기는 본문에서 네덜란드의 헤이그에서 회합한 2차 〈만국평화회의〉(1907.06.15~10.18)와 '융희' 연호가 언급된 것으로 보아 연호가 시작되는 1907년 7월 20일 이후라는 추측이 가능하다. 이 시기는 오오가키가 〈대한협회〉의 고문으로 활동을 시작하던 시기였다. 그리고 일본어로 쓰여진 이 책의 번역은 오오가키의 게이요 동문인 유문상에 의해 이루어졌는데, 언제 번역이 완료되었는지에 대한 기록은 없으나 출판 날짜는 1908년 5월 11일이다.

그러면 오오가키는 한국 청년에게 권장한 '수양'의 덕목은 구체적으로 어떠한 것인가. 1장인 「청년은 지기를 채찍질이 마땅함」에서는 '독립독행인 자조의 지기'로 채워야 한다는 것이다. 즉 그는 동서양의 인물들이 각자 자신이 처한 삶의 현장에서 근면과 성실, 용기와 불굴의 노력으로 자신의 운명을 개척하였음을 예시하며 '하늘은 수고한 이들에게 반드시 보수를 준다'는 명제를 제시하였다.(10면) 그러면 어떻게 해야만 '독립독행의 지기'로 가득 채울 수 있다고 본 것인가.

이를 위해 오오가키는 2장 「자기 몸을 근면 역행해야 마땅함」에서

3단락으로 해명하였다. 1절에서 '융희 유신의 시대에 태어난 청년들은 신교육을 받고 고금의 경서, 동서의 사전(史傳)을 섭렵하면 가능하다'고 하여 '신교육'에 의해 후천적으로 획득될 수 있음을 강조하였다. 그가 이렇게 인식한 이유는 '왕후장상(王侯將相)의 씨(種)가 따로 있는 것은 아니다'라고 한 바와 같이 혈통주의를 철저하게 부정하며,[111] 누구나 태어난 재능과 관계없이 인격 성숙의 기회인 교육에 의해 근면 · 성실 · 자기의 능력개발 · 자제 · 절제 · 검약 · 인내 등과 같은 '자조(정신)'을 갖추게 되면 이루어질 수 있다고 본 것이다. 실제 유학에서는 누구나 인격적인 성숙을 가져올 수 있는 존재는 아니었으며, 교육의 기회마저도 누구에게나 균등히 주어지지 않았다. 그러나 그는 '정력을 오로지 한곳에 쏟아 기울이는' 몰입이라는 '근면 역행'에 의해서 충분하게 가능하다는 것이다. 이러한 혈통주의를 강하게 부정하고 제2의 천성을 강조하는 그의 관점은, 책의 분량에 비해 상대적으로 많은 지면을 통해 전반적으로 피력되어 있다. 실제 산업화가 진전될수록 개인의 지위는 점차 혈통보다는 기술이나 교육 수준에 의해 평가받는 쪽으로 변화해 왔듯이, 그는 후천적인 '근면역행' 품행을 통한 문명의 진보와 독립을 주장한 것이다.

그러면 그는 이러한 「근면 역행의 품행」을 갖춘 후 해야 할 일은 무엇이라 보았는가. 반드시 '관직에 나가는 것만이 의미하는 것이 아니라 도주(陶朱)[112]의 산업, 농사 등과도 같은 다양한 직업에 각기 전념

---

111) 이 밖에도 많은 언급이 있다. 즉 '천부의 자성은 대략 평등의 한결같은 모양이라', '영재는 특별한 재능을 가진 것이 아니라 정력을 오로지 한곳에 쏟아 기울이면 도달할 수 있다' 등이다.

112) 도주공(기원전 536년~기원전 448년)은 중국 춘추시대 말기에 월(越)왕 구천(勾踐)을 도와 오(吳) 나라를 멸망시킨 범려(范蠡)라는 인물이다. 그는 중국 역사상 정치가에서 상인으로 변모한 인물의 원조이다. 즉 산동성 도(陶)현으로 거처를 옮긴 그는 종자돈만 가지고 상업, 농업, 목축업 등을 하면서 비범한 사업

하는 것'이라 하였다. 이는 모든 직업은 귀하다는 천직관을 제시하여 직업의 귀천관념을 부정하는 것이다. 따라서 근대적 노동 중시의 가치관에 따라서 훌륭한 직업인의 모범 사례를 열거한다. 그러나 그가 제일 관심을 두었던 것은 '안목을 다른데 두지 않고 집중하여 열성을 가지고 자기의 희망을 향해 돌진한 인물'인 나폴레옹, 일본의 풍태각(豊太閤),[113] 메이지 유신에 기여한 정치가, 아울러 서양과 어깨를 견줄 수 있는 인물로서 한국의 임경업과 이순신 등을 예시한 바와도 같이 국가에 헌신하는 직업을 최우선으로 꼽았다.

이어서 2절에서는 이러한 직업인 되기 위해서는 '타인을 지도하려면 먼저 자신이 자신력을 가지고 분기해서 타성에서 환기할 시기이다'라고 하였다. 즉 청년에게 '타성'에 맞설 '자신력'을 갖출 것을 강조한 것이다. 그러면 '자신력'이 '타성환기' 곧 나태에서 벗어난 데 중요한 이유가 되는 것은 왜인가. 그는 '자신력이 없으면 수수방관하게 되고 수동적이 되어 타인의 힘을 빌리게 된다'고 전제하였다. 즉 개인의 차원에서는 타인에 의존하려 하고, 국가의 차원에서는 강국에 의지하는 이른바 사대주의가 될 수 있다는 의미라고 해석된다. 그러면 어떻게 하면 '자신력'을 키워갈 수 있다고 말하는 것인가. 그는 '이튼스쿨의 학생들에 의한 워털루 전쟁의 승리'를 언급하며 '교육에 의해 변화될 수 있음을 믿어야 한다'고 강조하였으며, 이를 통해 '청년'을 자주와 자립의 근대적 인간형으로 창출하여야 한다고 보았던 것이다.

나아가 이러한 '자신력'을 토대로 한 '청년'은 '황종 존속을 위한 일

수완을 발휘하여 막대한 부를 쌓았다. 그때부터 사람들은 그의 이름을 도주공으로 부르기 시작했다.

113) 당시 일본에서의 자조론은 동아시아 위인들을 편제하여 서구의 위인과 어깨를 견주는 세계위인의 반열에 올렸다. 예컨대 토요토미 히데요시(豊臣秀吉)로서 그의 관직 이름이다.

대 중심축이 되어야 한다'고 하여 궁극적으로는 한국의 자주독립과 동양 평화에 기여하는 것이다.[114] 실제 그는 '한 국민의 골격이 장대하고 외교술이 좋은 역사상의 소질이 있는 민'이므로 충분히 가능하다고 낙관하였다. 또한 이를 뒷받침하기 위해 3절 전체를 스마일스가 언급한 적이 없는 미국 독립의 영웅이자 재무장관이었던 해밀턴(Alexander Hamilton, 1755(57)~1804)의 전기로 상당 부분을 채웠다. 그러면 왜 그는 해밀턴이 소개되지 않으면 안 될 성공 신화의 대표적 인물로 본 것인가. 그의 선택 기준은 해밀턴이 빈곤한 사생아로 태어나 미국으로 이민 간 후에는 온갖 역경 속에서 근면하고 정직한 인물로 성장하였기 때문이다. 게다가 '왕당주의'라는 강도 높은 정치적 비판을 딛고 일어서 독립혁명에 가담하여 건국의 아버지로도 거듭난 인물이기 때문이다. 이처럼 오오가키는 미국 독립전쟁의 역사와 주인공들에 대해서 자주 언급하였는데, 이는 분명 미국 독립전쟁의 역사가 당시 한국 청년에게 줄 수 있는 교훈이 많다고 보았기 때문인 것이다. 실제 미국의 독립전쟁은 영국 본국의 폭군에 맞서 자유를 지키려는 시민군들의 역량을 증명한 전쟁이라고 평가된다.

다음으로 3장 「희망과 생명」은 '희망'이라는 덕목이 '청년'에게 얼마나 중요한 덕목을 강조하는 것이다. 즉, 그는 '희망은 영원의 생명이라'라고 말하였다. 곧 한국의 독립에 대한 '희망'을 버리지 말라는 의미이다. 이는 '희망을 가지고 행동한 과거 야만인의 역사에서도 조차도 이미 희망이 얼마나 중요한지를 입증된 바가 있다'고 언급하고 '희망'을 끝까지 잃지 않았던 고사(古事)를 소개하였다. 예를 들어 네덜란

114) 이외에도 「교육의 효과」 1호(1906.8.25) 및 「한국의 신학정(新學政)」 2호(1906.8.25)에서 '대한자강회를 중심으로 잘 뭉쳐서 교육에 열중하면 아예 백인종까지도 능가하여 세계 문명의 중심이 되리라'고 하였다.

드와 독일의 의술을 배웠던 일본의 개국주의자 다카노 조에이(高野長英, 1804~1850)가[115] 막부주의자들과 맞서 '사민(四民)의 집단적 무지(盲)를 열은 공덕'에 관한 것이다. 이처럼 일본으로 유학하고자 하는 한국의 고학생들에게도 고난 속에 '희망'을 가지고 '교육'에 매진하면 장차 독립을 되찾을 수 있다고 독려한 것이다. 따라서 그는 고난에 찬 한국의 청년들에게 미래를 희구하는 새로운 도덕적 가치로서 '희망'을 불어넣고자 하였으며, '교육'은 '청년에게 희망을 잃지 않게 하는 도구'라 한 것이다.

4장 「청년의 의기(意氣)와 책임」에서는 '독립의 자조 지개'란 달리 말하자면 '의기'와 '책임'을 의미한다는 설명이다. 먼저 그는 '의기'란 '이전에 아무도 하지 못한 일을 처음으로 해낼 수 있는 파천황(破天荒)'의 의미이며, '진취'와 같은 의미로 정의하였다. 아울러 '책임'이란 자조의 의미인 '자신을 완성시키기 위해서는 자기 스스로를 도우려는 노력에 의지하는 방법 밖에 없다'는 자기책임의 원칙을 받아들여야 한다는 것이다. 즉, 자신의 역량 부족을 흔히 자신을 둘러싼 외부적 불합한 환경 탓으로 돌리는 경향을 경계해야 한다는 의미로, '종소리의 향응'과 스마일스의 격언에 비유하며 그는 다음과 같이 언급하였다. "큰 종도 치지 않으면 소리를 내지 않고, 향응(響應)의 이치도 발음하지 아니하면 반향이 없다. 하늘은 스스로 돕는 자를 돕나니 자력으로 진취하는 자에게만 부여하는 지라. 청년제군의 의기는 진취로써 그 임무를 만들어 평소 자조하는 지개를 양성할지니." 이처럼 그는 개인의 성공의 여부도 타인에 의해서가 아니라, 스스로가 자기계발에 진취적으로 나아갈 때만 가능하다는 자기책임의 원칙을 강조한 것이다.

---

115) 에도시대 후기의 의사이자 난학자이다. 그는 에도막부의 이국선 타격령(1825)을 비판하고 개국을 주장한 이유로 처형당하였으나 1898년에 복권되었다.

또한 그는 역사적으로 볼 때 독립국의 지위를 가진 강국도 고정불변이 아니었듯, 약국인 보호국의 지위도 불변이 아니라고 보았다. 즉, '이집트 · 터어키가 쇠잔해지고 폴란드는 멸망하고, 독일 · 이태리가 다시 일어나고 일본 유신이 성공한 것도 모두 자조하는 지개를 양성하는 것에서 달성되었다'라고 한 바와 같이, '자조하는 지개'에 의해 변화할 수 있음을 피력한 것이다.

5장 「청년의 처세요결(處世要訣)」은 4단락인데, 1절에서는 '교육'받은 것을 몸소 실행하는 '궁행의 덕'이 '청년의 처세요결'이라는 것이다. 아울러 2절에서는 종교를 부정하지는 않았지만 종교적 권위를 약화시켜 자유로운 종교관을 가질 것을 권하였다. 즉 미개인은 비록 두려운 것을 숭배하였으나 오늘날은 '망신오봉(妄信謬奉)'해서는 안 된다며 미신을 척결해야 한다는 것이다. 이어 3절에서는 모든 종교의 본질은 '애(愛)'라 하였다. 즉 성경의 피리호(빌립보서) 제2장 제5절에 바울(保羅)이 '그리스도(基督)의 마음을 품으라'라고 한 바도 같이, 기독교의 본의도 '만인을 사랑으로 보는 것'이며, 석가의 대자비와 공자의 인(仁)도 모두 본질은 사랑이라는 것이다. 그러나 종교의 범주는 서양의 기성종교뿐만 아니라, 당시 한국의 신흥 종교이던 천도교까지도 포함시켰을 뿐 아니라 어느 종교든 신봉하여도 괜찮다는 견해를 밝혔다. 그러나 일반인의 생활에 미친 종교의 병적인 영향력과 권력에 취해 벌인 교회의 부패에 대해서는 비판적이었다. 즉 그는 기성의 종교가 '정의(正意)'를 가져야 하는데 기독교의 경우를 들어 보면, 최초에는 주장이 하나였으나 신구(新舊)의 둘로 분열되었으며 더욱이 전통적 교회는 도그마에 빠져 아동교육에서부터 신학교 · 대학교에 이르기까지 교육제도를 독점적으로 지배하였고 결국에 학문의 진보를 저해해 왔다는 것이다. 이러한 관점은 나카무라가 기독교를 유일 신앙으로 강조한 점과 대조적이다.

이어서 4절에서는 산업 사회적 직업관을 피력하고 있다. 즉, '직업에 최선을 다하는 것이 곧 인격을 얻는 것이다'라고 하였다. 달리 말하기를 '직업에 온 힘을 다하면 천지 귀신도 감동시킬 수 있다'는 것이다. 이러한 그의 직업관의 피력은 인간이란 '직업'을 잘 수행함으로써 사회적이고 공적인 존재로 확장하여 '직업인'이 될 수 있다는 근대적 직업관을 분명히 한 것이다. 실제 근대적 직업관의 핵심은 '업'의 정신인데, 자신이 맡은 역할(職)을 전인격적인 태도로 대하느냐 아니면 기능적으로 대하느냐에 따라 달라진다고 보는 것이다.

이 가운데 오오가키는 전자인, 몰입이라는 전인격적인 태도를 가진 직업인의 역할을 통해서 자아가 완성되고 실현된다고 본 것이다. 이러한 근대적 직업관을 통해 당시 청년이 가져야 할 최고의 '직업'으로서 앞서 언급한 바와 같이 '국가의 부강과 독립에 몰입하는 직업'을 권고한 것이다. 이에 성공적인 인물은 그가 이미 여러 차례 언급한 미국 전 대통령 워싱턴, 해밀턴, 마치니 등이다. 특히 마치니는 스마일스가 존경한 동시기의 인물인데 오오가키도 자주 거명한 인물이다.[116] 주지하듯 마치니는 이탈리아의 민족주의자로 공화주의에 대한 열렬한 지지자였으며, 오스트리아로부터 자유롭고 독립적인 이탈리아의 통일을 추구했던 인물이다. 그는 스마일스가 활동하던 당시 런던에 망명 중이었다.

---

116) 이태리 청년운동을 일으킨 인물인 마치니는 1837년 1월에 런던으로 이주한 뒤 만년에 이르기까지 이곳을 거점으로 하여 이탈리아 해방운동, 이탈리아인 이민노동자·망명자 자제들을 위한 민족교육 활동을 계속하였다. 그는 1837년 9월에는 밀과 1840년에는 토마스 칼라일 부부와 친교를 맺는다. 또한 차티스트들과도 교류하였다. 이에 관하여는 John Hunter, 2017, *The Sprit of Self-Help-a life of Samuel Smiles*, London: Shepheard-Walwyn 참조.

6장 「인(人)은 침의로 위주 함이 마땅함」은 6단락으로 이루어졌는데, 주로 '청년'이 갖추어야 할 덕목인 침착함과 대범함인 '침의(沈毅)와 대도(大度)'에 관한 것이다. 그는 1절에서는 청년이 갖추어야 할 최고의 도덕은 '침의'이며, '용감함'에 프랑스의 잔다르크가 대표적 인물이라 하였다. 이어 2절에서는 '침의와 대범함'을 갖춘 인물에 대한 추가적인 예시와 '신의와 겸치(兼治)가 없이는 국가의 독립을 바랄 수조차 없다'고 하며 주요한 덕목으로 추가하였다. 또한 3절과 4절에서는 본론으로 돌아가 '침의와 대도는 새의 양 날개'라 하며 '침착함과 대범함이 얼마나 중요한 덕목인 가를 재차 강조한 내용이다. 5절에서는 '침의와 대도'를 구비한 인물로서 발명왕 에디슨 · 공자 · 소크라테스 · 워싱턴을 칭송한다. 6절에서는 '청년'에게 '영웅들이 가진 침의의 성향을 모방하여야 하며 등한시해서는 안 된다'는 것을 재차 주지시켰다.

지금까지 살펴본 1장에서 6장까지의 중핵은, 새로운 독립 주권 국가의 건설을 지향하기 위해서는 지금까지 청년들의 정신을 예속시켜온 낡은 사회나 제도의 틀에서 벗어나 모든 것을 극복하라는 메시지이다. 즉 낡은 사회나 제도의 틀에서 벗어나 종래의 편견 · 사회의 통념 · 무지 · 오류 · 미신 · 신학상의 도그마를 신지식과 서양의 도덕 교육을 매개로 하여 해방시키고자 한 것이다.

마지막 장인 7장 「이십세기의 동양」에서는 동양 평화를 위한 집단안보체제구상인 '삼국정립(三國鼎立)'론을 밝혔다. 그런데 동양평화를 위한 논의는[117] 러일전쟁 직후부터 본격적으로 논의되었다. 즉 오오

---

117) 삼국간섭이란 향후 러일전쟁을 배태한 사건이다. 즉 청일전쟁에서 승전한 일본이 랴오둥 반도(遼東半島)를 차지하자, 러시아 · 프랑스 · 독일이 반대하여 시모노세키조약이 체결된지 불과 6일만에 청에 반환하게 한 사건이다. 예컨대 러시아는 일본이 랴오둥반도를 차지할 경우 자국의 남하 정책에 장애가 될 것으로 판단하여, 프랑스 · 독일에게 일본에 대한 공동 간섭을 제안했다. 이에 일

가키뿐만 아니라 일진회의 정합방(政合邦) 청원운동(1909.12.4) 및 안중근의 『동양평화론』(1910) 등에서도 나타난 바와 같이 중요한 정치적 이슈였다.[118] 오오가키는 서두의 책의 집필 목적에서도 한국이 '망국의 위험에 빠져서 사나운 독수리와 독룡의 먹이가 되는 것' 혹은 '이웃의 강국과 함께 달려 태극기를 세계에 드날리게 되는 것'의 양자택일의 상황에 처해 있으므로, 한국의 장래를 짊어질 청년이 지향해야 하는 바는 이를 타개할 동양평화를 위한 삼국정립의 주체가 되어야 한다는 것이다.

그러면 그의 '삼국정립론'은 어떠한 내용의 집단안보체제 구상인 것인가. 이는 국가평등의 원칙에 기초한 '연휴(連携)'로서 그가 사용한 '정립'으로부터 함의하는 바가 크다. 즉 오래전부터 동아시아 한자문

본은 영국과 미국에 지원을 요청하여 삼국에 대항하고자 했으나 두 국가는 모두 중립적인 입장을 견지했다. 따라서 군사적으로 삼국에 대응할 수 없는 일본은, 삼국의 요구대로 청으로부터 3천만 량의 배상금을 더 받기로 했지만 굴욕적인 사건이다.

118) 이 밖에도 당시 궁배부 특진관이던 유길준은 폴란드와 미얀마의 예를 들어 한국이 스스로 부강해져 우리의 권한을 회복해야만 동양의 영원한 평화가 보장될 수 있을 것으로 보았다(『고종실록』, 1907.10.23). 그러나 이토가 사망하고 합방논의가 진전될 무렵에야, 동양평화에 대한 근본적인 의문과 침략 논리에 불과하였다는 허구성에 대한 논의가 등장하였다. 대표적 예가 안중근의 『동양평화론』이다. 그는 사형을 언도받은 뒤 감옥에서 『안응칠역사』라는 자서전을 탈고한 후, 사형당하기 전까지 쓴 미완성 원고이다. 즉 「서문」과 전감(殿監), 현상(現狀), 복선(伏線), 문답(問答) 순으로 구성되었지만, 「서문」과 전감 일부에 그쳤다. 이처럼 원고를 마치지 못할 것을 알면서도 저술을 시작한 것은, 검거 이후 심문과 재판과정에서 공술한 내용 및 자서전 등을 통해서 알 수 있듯이 평소 생각하던 한국의 국권 수호를 중심으로 한국과 중국 일본의 국제정세와 그에 대한 대응책을 정리하여 국권 수호 방책을 대내외적으로 개진하기 위한 것이었다고 볼 수 있다. 비록 내용은 미완성이지만 안중근이 집필하는 목적과 국제정세에 대한 기본 생각이 담겨져 있는 『동양평화론』의 「서문」을 통해서 기본 구상을 알 수 있다. 이 책의 요점은 일본이 한국의 국권을 침탈하고 진행하는 문명개화는 '일본의 문명개화'일 뿐 '한국의 문명개화'는 아니며, 통감통치는 동양평화를 해치는 것이며 한국의 독립에도 전혀 도움이 되지 않는다는 것이다.

화권에서 사용해왔던 '정립'은 '세 세력이 솥발이 벌여 서다'라는 의미로, 흔히 정족(鼎足)과 같은 뜻으로 사용되었다. 왜냐하면 고대의 솥은 3개의 다리로서 솥의 균형을 잡은 바와도 같이, 세력이나 지위가 각각의 자리에 있으면서 대등하게 균형을 잡는 의미이다. 이를 흔히 삼정승(三政丞)으로 비유하며 정치적 역학 관계를 설명하는 데에 사용되어 오던 것을, 당시 동아시아 국제관계에서의 역학관계를 설명할 수 있는 시대적 키워드로 사용하게 된 것이다. 즉 오오가키는 서양의 비해 세력이 열세인 한·중·일이 하나의 솥발 역할을 맡아 가는 가운데 동양평화를 이루어내야 한다는 것으로, 삼국이 수평적인 합맹·공존의 관계를 맺어야 동양평화가 가능하다는 것이다. 그런데 한국이 보호국 체제로 솥의 다리 역할을 하지 못하므로, 동양 평화를 위해서는 자주독립 국가의 위치를 회복하여 세력균형을 갖추게 하자는 것이다. 따라서 그는 이러한 '삼국정립론'이 '양책'이라고 주장하였다.

이러한 오오가키의 주장의 근거는 당시 러일전쟁이후 벌어진 동아시아를 둘러싼 서구 열강의 세력판도에 대한 판단이다. 즉 그는 일본이 러일전쟁의 승전국임에도 불구하고 제국으로 부상한 자신감보다는, 일본 역시 여전히 약국의 입장임에 변함이 없다는 것이다.[119] 이러한 국제정치적 긴장감을 강하게 드러내며 그는 다음과 같이 말하였다. '호랑이와 표범은 양 날개가 없으므로 날카로운 이빨을 갖추었으며, 배고픈 독수리(餓鷲)는 이빨이 없음을 탄식하여 날개를 단련시킨 것과 같이 황종인 양떼는 단합으로 맹호의 습격을 물리쳐야 한다'는 것이다. 다시 말하자면 그는 삼국은 서로를 개별적으로 공격하고 살상하는 '맹호'의 입장이 아니라 혼자서는 생존 할 수 없이 떼를 지어

119) 승전국임에도 불구하고 일본은 배상금 없이 뤼순과 사할린군도 남쪽을 갖게 되어 불만이 컸다.

힘을 합쳐 살아가야만 하는 약소국 집합인 '양떼(羣洋)'의 입장이라는 의미이다. 따라서 오오가키는 삼국의 현재의 입장을 '한 울타리에서 살아가는 양떼가 목장에서 놀면서 서로 희롱하고 먹을 것을 가지고 서로 다투나, 맹호가 울타리를 넘어와 포효하면 일제히 상호단결 하는 것은 필연적인 형세와 같다'며 '황종단합'이야말로 삼국 생존의 열쇠라고 본 것이다.

실제 당시 동아시아 삼국은 국가의 독립권과 평등권을 대외 교섭의 최대 목적으로 삼아 열강과 담판을 추진하였던 시기였다. 따라서 오오가키는 '동양의 평화를 위해 삼국이 국가적 독립성을 유지하는 가운데 공동 대응하자'는 또 다른 아시아연대론이다. 동시기의 『황성신문』 논설에서도 삼국의 관계는 종종 '동양이란 울타리에 사는 삼형제'로 비유되었는데 문명화에 앞선 일본이 맏형 중국과 한국을 논자에 따라서는 둘째 또는 막내로 비유되었다. 또한 장지연도 「시일야방성대곡」(1905.11.20)에서 '동양 삼국 정족(鼎足)의 안녕에서 동양 삼국의 분열 조짐을 가져온 것이 을사조약'이라며 이토의 배신에 목 놓아 울었던 것이다.

그런데 이러한 오오가키의 '삼국정족론'은 동시기 일진회의 한국 병탄의 이데올로기이자 맹주론적인 '아시아 제휴'론과는 다르다.[120] 이는 일본을 맹주로 하고 전통적인 중화체제의 중국으로부터 한국을 독립시킨 은인이며 백인종 러시아의 침입에 대하여 대응책을 추진해야 할 수직적 정점의 위치에 일본을 두었기 때문이다. 특히 한국을 정복하는 것은 일본 대외 확장의 첫걸음이었다. 따라서 한반도 침투는 일본 주권에 대한 이익선으로 설정하고, 러시아를 비롯한 서양 열강의

---

120) 보다 자세한 내용은 荻原隆, 1996, 『中村敬宇研究 : 明治啓蒙思想と理想主義』, 東京: 早稲田大学出版部, 제5장 「國際認識」 참조.

한반도 침투에 대비하여 일본의 국익을 위한 '조선의 독립'의 방어라는 명분으로 지켜야 한다는 1890년의 이익선론과 맥을 같이하는 것이기 때문이다. 예컨대 다루이 토키치(樽井藤吉, 1850~1922; 이하 다루이)가 그의 책 『대동합방론(大東合邦論)』(초고 일본어 1885, 한문 1893)에서, 약육강식의 국제질서 속의 가장 유리한 생존 방식을 '황종연합'의 방식이 아닌 약국인 한국이 살아남는 방식으로 일본과 동맹이 아닌 '정합방'에 있다고 설명했다. 곧 '정합방'이란 대등이 아닌 일본을 맹주로 하는 주종관계이기 때문에, 동등한 지위와 권리를 누리는 오오가키의 삼국정립론과는 달랐던 것이다.[121] 즉 다루이의 동양 단결 방식은 대략 이렇다. "백인종인 서구열강의 아시아 침략에 대항하기 위하여 황인종인 아시아제국은 단결하여 일어서야 하며, 그러기 위해서는 일본과 조선이 합동하여 대동이라는 새로운 합방국을 만들고 대동국이 청국과 긴밀한 동맹관계를 수립"해야 한다는 것인데, 다루이는 한일 두 나라의 민족은 같은 동이족(東夷族)이므로 먼저 두 민족이 대등한 입장에서 합방하여 대동국(大東國)을 건설하고 그 다음에 중국과 연대한다는 것이다. 아울러 그는 세계를 동양과 서양으로 양분하고, 동양은 순수 · 평화 · 피해자로, 서양은 방종 · 타락 · 착취자 · 침략자로 상징화하며, 한국이 일본의 속국으로 편입되어 백인종에 대항하며 강고한 방어전선을 펴나가야 한다는 것이다. 이와 같은 다루이의 '대동합방론'은 일본 우익의 아시아연대론의 원류이자 분명 위기 시에는 침략론으로 변질될 소지가 이미 내장된 주장이다. 이후에 벌어진 일본의 침략은 실제로 다루이의 시나리오대로 진행되었으며, 결국 동

121) 野原四郎, 1959~1962,「大アジア主義」, 平凡社 編,『アジア歴史辭典』, 東京: 平凡社; 竹内好, 1963,「アジア主義の展望」, 竹内好 編纂 · 解說,『アジア主義』, 東京: 筑摩書房, 8~10쪽 참조.

아시아에 대한 일본의 침략을 정당화할 뿐 아니라 향후 전개된 영국·미국과의 전쟁도발도 동시에 합리화하는 파시즘 강화에 쓰인 것이다.

반면에 오오가키의 삼국정족론은 각국의 자주권을 기초로 한 것이다. 이에 관하여는 그의 다음 언급에서 선명해진다. '인민은 국가의 조직의 한 분자이고 경용부담(經用負擔)의 한 담당자이므로 국가의 이해는 곧 인민의 기쁨과 슬픔에 관계하므로 민권을 신장하여 국가의 사상을 함양하고 나쁜 정치를 배제하여 관권과 민권을 명확하게 하는 것이 오늘날 한국의 급선무'라고 한 바와 같이 '국민의 자주권의 총합이 국가의 자주권을 형성한다'라는 밀의 명제를 계승한 스마일스와 나카무라에게 이어지는 민권론적 자조론에 의한 국제평화론이 이론적 원형인 것이다. 즉 앞에서 살펴본 바와 같이 나카무라는 자유민권사상을 전파하고 후쿠자와의 '탈아'론과 달리 '흥아'를 제창하는 〈흥아회〉 활동에 참가한 흥아론자였다. 즉 1881년 결성된 〈자유당〉을 중심으로 흥아·동종동문(同文同種)[122]·순치보거 등을 외치며 '흥아론'을 제창하였다. 즉 한국과는 종족적·문명적 동질성에서 중국과는 지정학적·문명적 근친성에서 3국 운명 공동체를 만들어야 한다는 것이다. 이는

122) 『중용』 28장에 나오는 '동문'이란 개념은 한자 글자꼴의 통일을 가리키던 개념이었다. 예컨대 진시황 때 주도한 '동문'은 글자체의 표준화와 규범화 작업이었다. 그 뒤로 한·중·일 이 한자어를 한자로 적는 점이 같기 때문에 '동문'으로 불렸다. 이는 새로운 뜻이다. 또한 근대 이전의 조선 외교에서 '동문'이란 중국 중심의 사대교린의 다른 말이기도 하다. 예컨대 1876년 2월 3일에 체결된 강화조약의 제3관을 보면 확인할 수가 있다. 그러나 근대 이후 '동문' 동아·동종이라는 지역성과 인종주의가 결합하여 '동아동문' '동아동종'으로 나타났다. 즉 일본 중심의 제국주의적 질서를 정당화하는 주요한 개념 장치로 기능하였다. 유교적 배경을 지닌 지식이 주 독자층이었던 『황성신문』은 '동문동종'의 아시아 연대론에 큰 관심을 보였다.(1901.6.15) 이에 신채호는 허울과 달리 동양 속에 조선을 잊어버리는 '국혼을 찬탈하는' 동양주의임을 비판하였다.

역사적인 동문동조(同文同祖) · 동문동종 · 순치보거 등 지리적 인종적 문명적인 친연성이 이론적 바탕이다. 여기서 '동문동조론'이란 몽골인 · 만주인 · 한국인 · 일본인은 원래 같은 조상에서 퍼진 민족이며 그들의 언어는 같은 친족계열에 속한다고 하는 것이다. 즉 동문동조론이 인종적이고 언어적 근친성을 전면에 내세우고 있다면, 순치보거론은 지정학적 동질성을 강조하고 있다. 이를 근거로 하여 흥아론자들은 약육강식의 국제질서를 비판하며 특히 당시 벌어진 러시아의 남진에 저항하기 위해서는 삼국이 대등하게 연대해야 한다고 주장하였다.

이러한 〈흥아회〉에서 주장한 대등한 아시아연대론은 한국인들에게 호의적으로 받아들여졌다. 즉 김홍집을 비롯한 1차 수신사(1880) 일행이 〈흥아회〉 회의에 참석한 이후 한국에 소개된 이래, 갑오개혁 이후 출간된 신문들을 통해서 '순치보거 관계의 동아시아 삼국연대'로 소개되고 지지하기 시작하였다.[123] 즉 서양과 같은 근대화를 통한 부국강병의 필요에 이견이 없었던 한국 사회에서 〈흥아회〉가 주창한 대등한 아시아연대론은 『황성신문』에서도 지지를 얻은 것이었다.[124] 특히 의화단사건(1900)을 계기로 백인종 러시아가 대규모 군대를 만주에 주둔시키자 아시아연대론은 더욱 비등했다.[125] 그러나 러일전쟁 후에는 『황성신문』은 '일본이 러시아에 승리하게 되었다고 해서 같은 인종 이웃 국가를 침략해 동양 평화를 단절시키니 이는 스스로 행한 약속을 어기는 것일 뿐만 아니라 일본 또한 안전하지 못하게 하는 것'이라고 침략적인 일본에게 경고하며 동양평화를 위한 삼국의 공동 연대를 촉

123) 이광린, 1989, 『개화파와 개화사상연구』, 일조각, 140~144쪽; 『독립신문』 1899.05.11; 『황성신문』 1899.06.13, 1901.07.02.

124) 백동현, 2001, 러 · 일전쟁 전후 '民族' 용어의 등장과 민족인식: 『皇城新聞』과 『大韓每日申報』를 중심으로」, 『한국사학보』 10, 170~172쪽.

125) 『황성신문』 1900.06.21.

구한 것이다.

그러나 오오가키는 나카무라가 결코 수용한 적이 없는 당시 자조론과 동시기에 유행하던 인종주의적 사회진화론(Social Darwinism)을 결합하여 삼국정족론에 의한 동양평화론을 전개한 것에 차이점을 보여주는 것이다. 이는 앞서 살펴본 바와 같이 나카무라는 도덕적으로 더 나은 삶을 살고자 하는 의지를 가능케 하는 근원이며 서양의 나라들이 통치에 대한 안정인 '내치(內治)'를 이룰 수 있는 원인은 초월자인 신의 섭리가 그들의 내면에 전면적으로 미치고 있기 때문이라고 하여 기독교 신앙을 가장 결정적으로 보았던 것과 차이를 보여주는 것이다. 반면에 오오가키는 "말하기를 문명의 못된 풍습에 야만의 아름다움을 흩어지게 하면 개명진보에는 자주적 경쟁이 동반할지다. 자주적 경쟁의 결과로 약육강식과 우존열망의 심함이 따라 나타난다"라 한 바와 같이 20세기를 철저하게 인종을 단위로 한 약육강식의 권력정치가 국제사회가 법칙적으로 작용하고 있음을 철저하게 믿고 있었다. 또한 오오가키는 "빈부의 격차도 현격(懸隔)해 안으로는 사회혁명(사회주의 혁명: 인용자 주)의 열기가 일어나고, 외부로는 인종적 경쟁의 열기가 밀치고 일어난다(排起). 따라서 금일에는 서세동점이 급하게 일어나 황종 존멸의 위기에 처하므로 황종일국의 세력을 조성하여 생존을 도모하자. 이는 양떼가 맹호의 급습에 처한 것과 같다"라고 하여 나카무라가 현실에서 전개되고 있었던 당시의 약육강식의 국제질서를 인정하지 않았던 것과 달랐던 것이다.[126]

이러한 오오가키의 삼국정족론의 사상적 배경인 인종주의적 사회

126) '만국평화회의를 믿고 군비 축소안을 성행해서는 안 된다', '열국협상은 각각 자국의 이해 때문이다', '열국 외교의 기략(機畧)과 협상을 과신하지 말아야 우유완태(優遊緩怠)해서 망국파가의 액운에 조우치 아니함'이라고 한 바에서 잘 드러난다.

진화론이란 아르튀르 드 고비노(Arthur de Gobineau, 1816~1882)와 휴스턴 스튜어트 체임벌린(Houston Stewart Chamberlain, 1855~1927) 등에 의해 인종이라는 개념이 정치 및 국제관계까지 사용되어 피부색은 권력정치·국제정치의 요소가 되었던 것이다. 더욱이 이들에 의해 아시아인종은 자의적으로 황인종으로 명명되었으며, 우월한 인종이 열등한 인종을 지배하는 것도 정당화하며 구미열강의 제국주의 지배를 정당화한 것이다. 당시는 '인종'전쟁으로 인식하던 러일전쟁이 발발하여 백인종의 동아시아 진출에 대한 위기의식이 절정이던 시점이었다. 따라서 당시 인종경쟁을 내세워 러일전쟁이 일본의 대륙 침략의 전제임을 양국의 지식인들조차도 의심하지 않았다.[127] 즉 러일전쟁 전부터 일본에서 유행하던 동아시아가 '황종존멸'의 분기점에 처했다는 인종주의적 사회진화론에 기초한 백화론적 위기감도 배경이 되고 있다. 그런데 백화론(White Peril)이란 13세기 몽골이 유럽을 침략한 이후 황화(黃禍, Yellow Peril)를 우려하는 이른바 황화론의 인종주의적 역발상으로, 황색인종이 백색인종에게서 받는 압박을 말한다. 이를 촉발시킨 사건은 미국의 주재로 열린 포츠머스강화조약에서 러일전쟁 승전국인 일본이 패전국 러시아에 비해 상대적으로 약한 배상을 받았다는 박탈감을 일본국민이 공유하게 된 것이다. 이를 황화론에 의한 피해라 보고, '황종 측에 설 수밖에 없다'는 이른바 '황종연대'론을 기반으로 한 백화론이 일본에 거세진 것이다.

---

127) 이러한 주장의 근거는 언론 통제의 영향일 수도 있으나, 3·1운동 직후인 5월 23일 「진정서」에서 '일본의 목적은 처음부터 동양의 공존과 평화에 있지 않았고 병탄의 의지만 있었다'라는 주장이 발견된다. 이전인 「2·8 독립선언서」(1919)에서는 '러일전쟁 이전의 러시아는 동양의 평화와 안녕을 위협하였으나, 일본은 「한일의정서」를 통해 동양의 평화와 한국의 독립보전을 위한 결과를 마련하였다', '3·1운동 이후 일본은 병합으로 동양평화를 교란하였고, 독립을 주장하는 이유도 동양평화를 위해서이다'라고 적시하고 있기 때문이다.

이는 종래 문명화를 달성한 일본은 대외적으로는 '동양의 악우(惡友)'인 한국 · 중국과의 관계를 끊고 서양의 문명국과 진퇴를 같이할 것이며, 양국에 대한 교섭에서도 서양제국의 방법으로 해야 한다는 탈아론을 잠재웠다. 또한 황화론이란 독일 황제 빌헬름 2세가 청일전쟁 말기인 1895년경에 제기한 것으로, 황인종은 잠재적으로 유럽 백인 문명에 위협이 될 수 있기 때문에 유럽 열강이 단결하여 황인종을 억압해야 한다는 주장이었다.[128] 미국 · 영국 · 프랑스 · 태평양 연안의 자치령 · 중국 등에서도 황화론이 부상하자 스에마쓰 겐조(末松謙澄, 1855~1920)를 러일전쟁 선전 포고일에(1904.2.10) 유럽으로 파견하며 아시아연대의 불가능성을 알리려 한 바도 있다.[129]

그리고 일본은 다윈과 동시대의 영국 프랜시스 골톤(Francis Galton, 1822~1911)의 우생학(Eugenics)도 소개되어 인종주의적 진화론의 전개에 영향력을 행사하였다. 즉 1883년 골톤이 「인간의 능력 및 그 발전 연구」에서 처음으로 사용한 'Eugenics'라는 단어를 '우생학' · '인종개량론' · '인종개량학' · '민종(民種)개량학' · '민종개선학' · '인종개선학' · '인종개조론' 등 여러 가지로 번역 소개되었다.

그런데 지적하고 넘어가야 할 점은 오오가키는 '황종연대'의 토대가 되는 인종적 사회진화론을 메이지시대의 사상계를 주도하고 일생을 인종적 사회진화론자로 마감한 가토오에 의해 변형(Transform)된 이론임

---

128) 독일 빌헬름 2세는 미국 잡지인 『하퍼스 위클리(Harper's Weekly)』(1898)에 '대천사 미카엘이 유럽 각국을 대표하는 전사들에게 부처와 용으로 형상화된 동양의 위협에 맞서 싸울 것을 요구'하였다.

129) 러일전쟁 당시 서구 세계에 만연했던 황화론을 진정시키는 것과 일본 정부의 전쟁 수행 목적을 홍보하고자, 캐나다 · 미국을 거쳐 유럽을 방문하고 1906년 3월에는 영국에 도착하여 홍보를 시작하였다. 주로 그는 영국과 프랑스를 중심으로 활동하였는데 1905년까지 유럽에 머물며 황화론이 진정되는 과정을 정부에 타전하는 업무를 하였다.

에도 스펜서의 사상이라 밝혔다는 점이다. 당시 일본에서는 가토오의 '우승열패적자생존'론은 점차 '우승열패'로 통용되고, 당시의 동양 삼국에서 세계관을 설명하는 키워드로 퍼져나갔다. 즉 그는 국가를 단위로 한 국제사회의 경쟁은 사회유기체설이 사회의 집단적인 번영을 강조하는 논리를 안고 있으므로 제국주의로 연결시킨 것이다. 그러나 당대에 사회유기체사상를 받아들인 사상가들 가운데 스펜서를 제외하고는 대게 제국주의를 지지하고 있다.

그러나 실제 스펜서의 사회진화론은 인종적 사회진화론과는 별개의 이론이다.[130] 그의 사회진화론은 사회의 진화란 환경에 가장 잘 적응하는 자만이 살아남는다는 적자생존의 경쟁법칙에 의한 것이라는 정치 사회이론이다.[131] 또한 그는 사회진화의 동인은 개인의 자유 확대 정도에 비례한다고 하였다. 역으로 말하자면 국가권력이 확대되면 사회진화는 저조해지는 것이다. 따라서 스펜서는 개인의 자유와 자율성을 중시하기 위해 국가는 되도록 개인의 경제 활동에 간섭하지 않는 것이 좋다는 자유방임주의로 돌아갈 것을 제창한 인물이다. 예컨대 당시 영국 노동자의 빈곤이 커다란 사회문제가 되면서 국가가 정치적 경제적 문제에 개입하는 것이 많아지자, 스펜서는 이를 국가권력의 확대로 받아들이고 반대한 것이다. 이처럼 스펜서는 국가나 교회 등 모든 형태의 조직을 혐오했고 민족주의적 전쟁도 반대하였다. 그러나

---

130) 당시에는 오늘날 사회학에서 말하는 the Theory of Social Evolution이나 정치학이나 역사학에서의 Social Darwinism이란 용어는 당시에 존재하지 않았다. 특히 Social Darwinism이란 용어는 미국의 역사학자인 호프스태터(Richard Hofstdter)가 *Social Darwinism in Amercian Thought*(1944)에서 '19세기 후반에서 20세기에 걸쳐 다윈의 이론을 정당화하거나 혹은 인간의 경쟁을 장려하는 많은 사상가의 시도를 사회진화론(Social Darwinism)'이라고 명명하고 분석한 것에서부터 시작된 용어이다.

131) スペンサ-, 1988, 「進歩について」, 『世界の名著』 36, 中央公論社版, 406쪽 참조.

스펜서의 의사와는 관계없이 19세기 중엽 제국주의시대에 들어섰던 자본주의 이데올로기에 적합한 이론으로서 이른바 스펜서주의가 아닌 인종적 사회진화론이 세계적으로 크게 유행하게 되었다.

이를 일본에서 선봉에서 받아들인 인물이 가토오이다. 특히 그는 적자란 강자를 의미한다고 해석하여 국제관계에 적용했던 것이다. 즉 스펜서는 적자생존이란 용어를 처음 만들어 적자는 환경에 잘 적응한 자임을 의미하여 자유민권론의 토대가 되었으나, 가토오는 사회진화론을 생존을 위한 강국을 만들기 위해 개인에 대한 국가의 절대적 우위를 정당화하는 국권론적 권력사상으로 변형한 것이다. 이러한 인종의 '우승열패'의 국제사회의 법칙을 전제로 하되, 오오가키는 일본의 평화를 위해서도 한국의 독립 자치가 필요하다고 믿고 일진회의 합방론에 반대 입장을 취했다. 즉 '일진회의 정합방론이 동양평화란 수사를 사용하여 동양평화를 배반한 것이라고 주장'하며 반대한 것이다. 또한 오오가키가 참여한 〈대한협회〉의 『대한민보』는 회장 김가진이 "연방 합방 등을 주장하여 현 상태를 파괴하는 일파(일진회: 인용자 주)에 반대한다"는 취지로 〈일진회〉와의 정치적 결별을 선언했음을 보도했다.[132] 아울러 『대한민보』는 논설을 통해 보호국체제를 인정하되 장차 '보호국'체제를 벗어날 수 있는 희망과[133] 미래의 독립주권을 논하였다.[134]

---

132) 彙報「在京日記者決議」, 1909.12.23.

133) "십 오년 쌓인 일을 교정하고자 한다면 지금 분발하고 힘써야 하루에 이틀의 일을 함께 행하고, 1년에 2년의 일을 단행하여 7개년 반 2천 1백일을 지나야 완료할 수 있다." 『시론』, 1910.1.9.

134) 이토의 사망과 합병논의가 진전될 무렵에야 〈황종연대〉에 의한 동양평화론에 대한 근본적인 의문과 침략 논리에 불과하였다는 허구성에 대한 논의가 비로소 신채호 등을 중심으로 등장한다. 즉 『대한매일신보』에서 '동양주의'를 '동양 제국이 일체로 단결하여 서양의 세력이 동으로 번져오는 것을 막는다는 뜻'이

그러나 결국 병탄이 되자 오오가키는 추방당했고, 잠시 중국에 체류하다 일본으로 되돌아갔다. 1912년 다시 그는 경성통신사 사장으로 취임하고(1914) '조선통(朝鮮通)의 선각자로서'활약하였다. 특히 3·1운동 이후에는 총독부 정보위원회 민간인 위원으로 참여하였다. 1927년에는 경성부 협의원·도(道)평의원이 되었다. 오오가키의 저서로는 도한하기 전에 쓴 『덕의론(德義論)』(1890)과 편집서 『대가논집(大家論集)』(유문상 역, 1908.6.30)이 있다. 69세에 서울에서 그는 병사하였는데 지킬 수 있었던 그의 약속은 오직 한국에서의 '영구거주'뿐이었다.[135)]

(3) 오오가키 다케오의 청년수양론의 정치사상사적 의의

지금까지 살펴본 바와 같이 오오가키는 좌절된 입신출세주의의 신화를, 해외 웅비를 통해 실현하려는 인물 중의 하나였다. 또한 그는 자유민권운동 쇠퇴기인 1890년 전후인 메이지 30년대(1897~1906)에 계몽운동가·교육·종교·저널리스트 등 각 분야의 지식인들에 의해 추진된 국가 주도의 자조론인 청년수양론을 수용한 인물이다. 즉 이들은 교육실천·포교활동·강연·저서 등을 통해 인격의 수양, 자기의 향상, 신체의 단련, 취미의 함양, 처세 방법 등을 중심으로 국민에게 수양을 제창하고, 1899년에는 일본 장래를 짊어질 청년이 지향하고자 하는 잡지 『수양(修養)』을 발간하였다. 이들은 이 잡지를 통해 근대라는 새 틀에 맞는 청년 및 국민의 표본을 제시하였다. 또한 '수양'을 쌓

라고 규정하고 '마귀의 말이었다'라는 논의가 등장하였다.

135) '한일합방'기념탑은 1910년 8월에 이루어진 일본의 한국병합을 기념하여, 공로자를 찬양하기 위한 것이다. 만주국 성립 2년 뒤인 1934년, 우치다 료헤이(內田良平)·도야마 미쓰루(頭山滿)·스기야마 시게마루(杉山茂丸) 등 당시의 우익 거두 3명의 발기로 메이지 신궁 바로 앞에 건립되었다.

기 위한 지침서인 수양서 붐은 1907년까지 이어졌다.[136] 이 밖에도 많은 저작 및 잡지에 '청년의 수양'이라는 용어가 '자조'와 '입신출세'와 달리 새로이 부상하였다. 이처럼 일본은 새로운 자조론으로서 청년들에게 인격의 함양을 위한 정신적 수양 및 신체적 수양이 모두 필요하다는 청년수양론의 대중화의 국면을 맞이하게 된 것이다.

이러한 국가주도의 자조론인 청년수양론의 등장 배경을 보면, 먼저 신분의 제약이 없어진 일본 근대사회의 탄생과 더불어 이에 걸맞는 근대적 자아 형성을 추구하는 '청년'의 등장이다. 즉 근대사회의 도래와 사족이나 호족(豪族), 부농 출신의 젊은이들은 스스로 아이덴티티를 획득해 가는 것은 커다란 시대적 과제가 되었다. 왜냐하면 전통적인 일본 사회는 공동체가 개인의 성장에 큰 영향을 끼치는 형태였기 때문에, 아이덴티티는 공동체에 의존하는 형태로 존재하였다. 그러나 이들은 일본에서 가장 빠르게 서양사회를 만나게 되었고 이를 통해 서양의 사회와 문화에 대해 배우고 이해하지 않으면 안 되는 근대화의 선두에 서게 되었기 때문이다. 이처럼 공동체가 붕괴되고 개인 스스로가 아이덴티티를 획득하지 않으면 안 되었던 '청년'을 수양을 매개로 하여 국가의 자립을 짊어지는 국민국가형성의 기본 단위인 국민으로 양성하는 데에 초점을 맞추게 된 것이다. 따라서 청년의 근대적이며 자발적인 내면 형성의 방법으로, 서구적인 자기형성론인 근대적 자아의 형성론이 대두되게 된 것이다. 특히 수양론을 통해 '수양의 중

136) 4서 3경 중 『대학』에 나오는 수신제가평천하를 끌어와서 수양의 '수(修)'의 의미를 설명하였으나, 자주적 인격인 근대적 자아로서 개인을 확립하라는 메시지라 볼 수 있다. 또한 '수양서'란 수양을 쌓기 위한 자기계발서를 말하는데, 당시에 중요한 문화현상이었음에 주목해야 한다. 요즈음 목격하는 자기계발서 붐과 유사한 것이라 볼 수 있겠다. 또한 '수양주의'는 고학력 엘리트의 문화와 연결된 것으로 일종의 유행처럼 번지게 되는데, 일종의 교양주의였다. 이에 관하여는 筒井清忠, 1995, 『日本型「教養」の運命』, 東京: 岩波書店, 14~17쪽 참조.

요한 의의는 자기를 아는 것에 있다'고 하여 수양과 자기 확립의 관계를 설명하였다. 즉 마음가짐을 늘 떠올리라든가, 결심을 지속하기 위해서 냉수욕을 한다든가 하는 내용들인데, 작은 습관이 숙련을 가져오고, 그 숙련을 통해서 성공한다는 것이다.

그리고 경제적 사회적 성공과 수양은 연결된 것이다. 즉 일본은 러일전쟁을 전후로 하여 관리와 군인의 사회에서 점차 자본주의가 점점 발전하게 되어 산업의 영역에서까지도 성공을 위해 수양이 요청되었다. 바꾸어 말하자면 일본은 메이지 30년대에 이르자 비로소 영국의 산업적 중간계급에 의한 부국강병의 산업국가의 대열에 서게 된 것이다. 더불어 이러한 지식청년들 사이에 유행한 수양론이 수양운동이라는 실천적 열풍으로 이어질 수 있도록, 직간접적으로 주도한 것은 일본의 출판업계의 성장이다. 즉 수신서 · 처세훈 등의 형태의 베스트셀러에 의해 수양이념이 유행될 수 있었다. 특히 러일전쟁 후 일본의 출판업계는 발전을 거듭하였고, 독자의 수용에 응하기 위해 수양서의 출판이 더욱 증폭될 수 있는 시장이 형성된 것이다. 당시 신문광고를 보면 수양이라는 표제를 내세운 서적이 눈에 띄게 늘었다.

이와 같은 메이지 중기의 청년수양론을 오오가키는 대한제국에서 전파하는 매개 역할을 하였다. 즉 그는 이러한 한국의 자립을 위한 근대적 한국 청년을 양성하기 위해 한국에서 발표한 계몽 논설을 통해서 한국 청년들을 향해 인간의 평등에 긍정, 일신의 독립 및 자주 자존의 획득, 혈연주의의 부정, 인격의 성숙을 위한 교육과 학문의 존중을 주장한 것이다. 이는 유학적 교양을 습득한 신분적 엘리트층, 초월적 인간이나 영웅에 의지하던 전통적인 유학적 세계관에서는 볼 수 없는 것이다. 아울러 한국 청년들에게 개인의 자조가 아닌 국가의 자조를 역설하며 집단 안보체제 구상인 '삼국정립'론을 역설하며 수평적

동맹에 의한 국제사회도 각국의 자주권에 의해 동양평화가 형성되어야 한다는 주장을 편 것이다. 이는 종래의 일본의 생존 전략으로서 순치보거의 국제정세론과 달리 하는 것이다. 이러한 국가주도의 자조론인 청년수양론은 이후 일본의 사회주의운동에 크게 영향을 끼치게 된다. 왜냐하면 〈사회민주당〉은 천황제 전제정치에 의한 국가주도의 자조론에 대해 저항하며, 인민의 자주 자유의 권리인 자유주의적 인권을 주장하기 시작하였기 때문이다.

3. 중국의 자조론

량치차오(이하 량)는 1898년 11월에 일본에 망명하고 1902년에 『서국입지편』의 독서 논설인 「자조론(自助論)」(1902)을 「음빙실자유서」에 게재하였다.[137] 즉 그는 당시 다수의 자조론 번역서가 있었으나, "日本中村正直者. 維新之大儒也. 嘗譯英國斯邁爾斯氏所著書. 名曰西國立志編. 又名之為自助論"이라 하여 『서국입지편』이 저본임을 밝혔다.[138] 당시 나카무라의 책은 여전히 스테디셀러였다.

이처럼 량이 독서 논설 「자조론」을 일본에서 쓰게 된 역사적 계기는, 서태후(西太后, 1835~1908) 등의 수구파의 무력 탄압에 의해 무술 변법개혁이 실패하였기 때문이다. 그가 벌인 이 운동은 청일전쟁 패

---

137) 량은 1899년 『청의보』 25호(冊)부터 자신의 호에 '자유(自由)'라는 이름을 붙이고 「음빙실자유서」 난을 만들었다. 이러한 배경에 대해 "서유(西儒) 밀(J.S.Mill)이 말하기를 인군(人群) 진화에 최고로 필요한 것은 사상 · 언론 · 출판의 3대 자유이다."라고 밝혔다. 이는 나카무라가 중국보다 먼저 번역한 『자유론』을 읽은 영향이 크다. 또한 량은 『청의보』가 정간되자 『신민총보』를 만들어 역시 정간될 때까지 「음빙실자유서」 난을 이어갔다.

138) 나카무라의 『서국입지편』은 중국에도 전해졌다. 즉 나진옥(罗振玉)과 왕국유(王国维)가 창간한 『교육세계(教育世界)』에 되었고(1901), 상해통사(上海通社)의 『통사총서(通社叢書)』(1903), 『자조론, 일명 서국입지편(自助论, 一名西国立志编)』(1910)이 있다. 마오져뚱(毛澤東)도 『자조론』을 읽었음을 분명히 밝히고 있다.

배 후 서양의 정치제도를 도입하여 정체를 개혁하려는 것이 주요점이었으며 중국의 개혁운동 중 중요한 사건이다. 즉 초기변법파는 의회나 선거라는 제도를 군민 결합에 이용하는 수준이었다고 하면, 무술변법파는 민권이나 헌법의 개혁을 주장하였다. 주지하듯 민권이나 헌법은 중국의 전통적 전제정치에 대한 견제나 도전을 의미하는 것이어서 이들의 무술변법개혁운동은 '중체'에 대한 침해를 가져오게 되는 결과를 가져왔고, 그 때문에 보수파의 격렬한 반대에 부딪혀 좌절되었다. 반면에 이 사건을 계기로 그는 많은 사람들에게 스승 캉유웨이(康有爲, 1858~1927)와 함께 널리 알려지게 되었다.

그런데 량은 『서국입지편』을 통해 자조론을 단순히 수동적으로 받아들인 것이 아니라, 분량은 상대적으로 짧은 편이지만 마지막 「서문」인 11편을 자신이 직접 써서 자기의 주제 의식을 분명히 드러내었다. 즉 '자조'를 나카무라의 '자주지권'이 아니라 『주역』의 건괘(乾卦)의 '평생 쉬지 않고 스스로 연마하다'는 뜻인 '자강'으로 치환하였으며, 『주역』의 군자와 인민 모두의 상호조화의 이치를 나타내는 태(秦)괘의 태화(泰和)를 근거로 하여 인민의 역할이 중요함을 주장하였다. 이는 전통적인 사고방식을 통해 서구 근대 서구사상을 선택적으로 수용하는 격의의 방식이였다. 그러면 량은 『서국입지편』을 매개로 하여 서양의 자조론을 과연 어떠한 양식으로 수용하였으며, 이는 과연 어떠한 정치사상사적 의의를 살펴보기로 하겠다.

1) 량치차오의 자조론의 역사적 수용

량은 만청(晩淸)의 시기에 태어나 중화민국의 시대를 거쳤다. 그런데 두 시기는 뿌리 깊은 중화사상의 폐해와 배타적 자기중심주의를 정정하지 않으면 안 되는 시기였다. 즉 지금까지 중국은 문화적으로 자기완결적이라는 인식으로, 문화는 국외에서 수입하는 것이 아니라 과거로부터 전해지는 자생적인 것이라는 인식이 강하였다. 그러나 청일전쟁, 아편전쟁에서의 참패한 이후 이러한 인식은 크게 달라졌다. 예컨대 아편전쟁을 계기로 웨이위안(魏源, 1794~1856)이 쓴 『해국도지(海國圖志)』(1844)에는 서양의 군사력인 기선이나 대포의 제작을 배우자는 입장에서 벗어나 '사리장기(師夷長技)'를 주장했다.[139] 그러나 이는 중학(中學)에 대응하는 독자적인 서학의 영역을 인정한 것은 아니어서, 서구의 근대를 마주하는 태도인 중체서용론(中體西用論)은 아니었다. 1860대 후반에 이르러 리훙장(李鴻章, 1823~1901)을 비롯한 한인(漢人) 관료의 양무파들은 정주학파 관료인 왜인(倭仁, 1804~1871)일파와 논쟁 등을 거치면서 양무운동(1861~1894)을 통해 문물차원에서 서구화를 중시하였고 제도와 문화 차원의 서구화에까지는 미치지 못하였다. 결국 청일전쟁의 실패에 보듯 양무운동은 실패하여 양무파의 지도력은 급격히 약화되었다.

이러한 양무파의 활동시기에 활동을 전개하기 시작한 량은 일본 망명 이전부터 이미 학술 분야에서 두각을 나타낸 인물이다. 즉 타고난 글재주로 서양의 부강의 원인을 습득해 갈 것을 주장하는 글을 발표

139) 아편전쟁 패배에 따른 현실 치욕에 대한 지적 반작용으로 시작된 이 책은, 1852년에 이르면 100권에 이르는 방대한 저서가 되었다. 아울러 내용은 서양의 장기인 기선이나 대포의 제작을 배우자는 해방론(海防論)의 입장에서, 각국의 정세 외에도 서양의 배나 대포 등을 도해를 붙여 해설하였다. 즉 중화사상에 심취해 있던 중국에 대해 세계 사정을 종합적으로 알리는 종합 인문 지리서 역할을 하였다. 따라서 '중국의 자강 및 보국을 위해서는 유럽의 기술 정치제도 학문을 일정 범위 내에서 중국으로 도입은 필요 불가결하다'라는 인식을 광범위하게 승인시키는 역할을 하였다. 이 책의 열렬한 일본인 독자로는 사쿠마 쇼잔, 요시다 쇼인, 사이고 다카모리 등이 있었다.

하였다. 예컨대 그는 1895~98년간 "중국이 살아남으려면 반드시 자강하여 유럽의 법을 받아들여야 한다"는 이치를 설파하고, 위로부터의 정치 및 사회 제도의 개혁이 필요하다고 주장한 것이다. 다시 말하자면 서양의 군사과학 기술이 뛰어남은 그 자체가 형이하학의 지엽말단적인 것에서 비롯된 것이 아니라 서양의 사상과 학술이라는 이른바 형이상학에서 비롯되었다고 여긴 것이다.[140] 이처럼 양무파와 달리 중체서용론에서 벗어나 서양의 사상을 받아들인 입장은 캉유웨이의 경세적이고 미래지향적인 금문공양학(今文公羊學) 기반 위에 사회진화론, 민족주의, 계몽주의가 중요한 사상적 근원이다. 예컨대 「변법통의(變法通議)」(『시무보(時務報)』(1898)[141]에서부터 봉건왕조의 법제와 사회 개량을 주장하여 향신층 중심의 입헌군주제, 군비강화와 징병제, 산업 교통진흥 등의 부국강병책, 교육개혁과 인재등용, 국교로서의 공자교 수립을 내용으로 하였다.[142]

그러나 량은 정치적으로 좌절하자 일본으로 망명하였고, 그가 목도한 일본은 이미 서양 근대사상 수용의 파고(波高)가 높이 일던 시절이었다. 실제로 그는 망명 전부터 서양사상을 빨리 습득하기 위한 지름길로 일본책을 번역할 것 주장한 바가 있으며,[143] 일본에서는 서양문

---

140) "나라의 강약은 군사력에 달려있지만 강약의 근본 원인은 군사력에 있는 것이 아니다." 梁啓超, 1896, 『變法通議: 論變法不知本源之害』, 11쪽.

141) 『시무보』에 게재한 것으로 변법의 필요성과 변법의 본질에 대해 논한 것이나 미완성 작품이다. 특히 근대적 교육 방법에 대해서 상세히 논하고 학교제도·교육활동·학회·과거제도의 개혁 등을 다루었다. 한편 량은 『시무보』의 주필로서 총 67편의 문장 가운데 28편을 일본과 관련된 문장을 남겼다. 즉 일본 서적을 번역할 것과 일본어를 매개로 서양의 선진사상과 이론을 연구할 것을 주장하는 내용이다.

142) "법은 천하의 공기(公器)이며 변(變)은 천하의 공리(公理)라고 하였다. 변법이 국가성립의 근본이며 법의 발달 여부가 국가의 강약에 직결되고 그것이 그대로 문명과 야만을 가른다고 한다." 『文集』 5, 1~5쪽.

명서를 열독하며 재빨리 섭렵하였으며, 서양지식을 받아들이기 위해 일본에 유학온 나보(羅普)[144]와 단기간 일본어를 자습할 수 있는 『和文漢讀法』을 만들었다. 이 책은 중국 지식인들이 한문체로 번역된 일본 서적을 읽는데 도움이 되었다. 자신도 새로운 중국을 위한 핵심적 서양사상을 배울 수 있는 논설과 번역서를 내놓았다.[145] 예컨대 불른칠리의 『국가론』(1899.4~11)을 번역 연재하고, 「중국적약소원론(中國積弱溯源論)」(1901.5.28)에서는 부강의 반대어인 '적약'의 원인을 기술이 아닌 '국민성'에 두었다. 또한 그의 정치사상의 핵심적 저술이며 중국의 국민정신 형성에 기여한 빛나는 문장으로써 평가받는 「신민설」에서, 그는 '신민'의 창출 방법으로써 서양에 기원을 가진 '자유'의 가치를 적극 긍정하고, 중국민이 '자유'를 비롯한 국가 · 진취 · 권리 · 자치 · 진보 등의 '공덕'(국가와 사회의 일원으로서의 덕목: 인용자 주)을 예시하였다. 그리고 「신민설」 제3절 〈석신민지논의(釋新民之論義)〉에서는 '신민'의 의미는 『대학』의 세 강령의 하나인 '백성을 새롭게 한다'의 뜻을 딴 것이나 주자(朱子)의 '신민'이 아니라, 서양의 시민적 덕성인 '공덕'이 함양된 새로워진 사람을 의미하며 '자국의 유신'을 위해서 필요하다고 하였다.[146] 밀의 경우도 이미 『자유론』에서 동양사회의

---

143) 량은 『시무보』 주필 시절부터 공개적으로 일본 서적을 번역할 것을 주장한 바가 있다. 1899년 일본문을 배우는 이익에 대해 논한다는 「논학일본문지익(論學日本文之益)에서 단기간에 일본어를 습득할 것을 주장하였다.

144) 캉유웨이 제자인 그는 생년월일 미상이다. 당시 그는 도쿄 고등전문학교 유학 중이었다.

145) 1902년에서 1904년까지 번역된 일본 문헌이 321종에 달하며, 이는 전체 번역 서적의 60%에 달한다. 같은 시기 서양 문헌의 번역은 120종으로 전체 번역 서적의 30%를 못 미친다. 이처럼 이후에도 일본 서적의 번역은 날마다 증가하였으며, 이는 화제한어(和制漢語)가 중국에 전파되는 주요 통로가 되었다.

146) "중국을 유신하려면 중국민을 유신하는 것이 당연하다"라고 하여 새로운 국민상인 '신민'을 중심으로 하고 있다. 이 글이 실린 『신민총보』의 1902년 2월의

정체 원인을 관습의 독재로 인한 개별성의 억제에서 찾았다. 즉 "동양에서는 관습이 모든 것에 대한 심판관이다. 관습에 순응하는 것이 정의이고 권리이다. 그 결과 동양인들이 그들의 조상들이 장엄한 궁전과 화려한 사원을 가지고 있을 때, 서양인들은 숲속을 방황하던 조상들을 가졌지만, 관습과 함께 자유와 진보의 지배도 받았던 서양인들에게 피지배자의 신세로 전락하였다." 다시 말하자면 밀은 중국인이 종래 최상의 지혜를 가지고 높은 문화를 가졌으나 계속 선두를 지키지 못하고 정체된 것은 "모든 국민들을 똑같이 만들고 동일한 격률과 법칙에 의해 생각과 행위를 지배하는 데 성공했기 때문이다"라고 하여 교육과 정치체제에 의해 조직적으로 획일화된 것처럼, 유럽은 공공 여론에 의해 획일화되고 있다고 비판하였다. 나아가 만약 개별성이 이에 대항하여 성공적으로 자신을 방어할 수 없게 된다면 유럽도 제이의 중국이 될 것이라 경고하였다.[147)]

또한 「중국 국민의 품격을 논함(論中國國民之品格)」(1903, 문집14(5) 합집2)에서는 국가의 강약과 국민 개개인의 품행의 향상의 긴밀한 관계를 인식하는 가운데, 중국민의 애국심의 박약, 약한 독립심, 공공심의 결여, 자치력의 결핍을 지적하였다. 이처럼 량은 '신민', '품격'이라는 키워드를 사용하여 중국인의 도덕과 정신 면모를 새롭게 하여 새

창간호에서부터 第76호(1906.2)에 이르기까지 약 5년간 26회에 걸쳐 게재한 연작 논설이다. 한편 이 글이 실린 『신민총보』는 『청의보』의 '보황(保皇)'과 달리 '신민'을 중심으로 하고 있으며, 량은 그동안 필명을 여럿 사용하였으나 「신민설」의 집필기간 동안만은 오직 '중국지신민(中國之新民)'만을 사용하였다. 이러한 『신민총보』는 중국의 청년들에 큰 영향을 미쳐 중국 내지에 수십 종의 복제품이 나올 정도였으며, 1906년에는 상해지점의 판매량은 1만 4천 부에 달했다. 또한 호남성(湖南省) 장사(長沙)에서 마오쩌뚱이 중국민의 개조를 위한 조직의 이름도 신민학회(新民學會)였다.

147) 존 스튜어트 밀 저, 서병훈 역, 2018, 『자유론』, 책세상, 138쪽.

로운 국민을 양성하여 중국의 독립과 부강을 찾고자 하는 노력을 벌인 것이다. 이처럼 서양 정신에 새롭게 주목하던 량의 논설들은, 일본에 유학 중이던 중국인들뿐만 아니라 한국 및 중국 본토에까지도 대량으로 유입되어 큰 공명을 얻었다. 이제 나카무라의 『서국입지편』을 원본으로 하여 이루어진 량의 수용양식을 살펴보아야겠다.

2) 량치차오의 독서 논설 「자조론」

량은 나카무라의 「서문」인 「논」과 1, 4, 5, 8, 9, 11편의 총 6편의 「서문」만을 역술하여 「자조론」을 구성하였다. 본래 「논」은 나카무라가 뒷부분에 놓았던 발문(跋文)이었으나, 량은 「총론(總論)」이라 개칭하고 자신의 「자조론」 1편의 「서문」이 시작하기 전으로 재배치하였다. 즉 그는 독자들이 1편 이후를 읽어 내려가기 위해서 이해를 제공하는 성격으로 「총론」으로 바꾸었다. 또한 이는 나카무라가 영국의 입헌군주제의 성공 사례를 토대로 입헌군주제의 효용에 관해 많은 부분을 할애하고 있는 내용인데, 량이 정치에 입문하고부터 중시한 입헌군주제에 대한 열망을 반영하는 것이라 볼 수 있다. 또한 량은 나카무라의 본문은 역술하지 않았다. 그 이유에 대해 량은 '「서문」을 통해서도 반복적으로 예시된 위인의 삶을 통해 본문의 내용을 짐작할 수 있기 때문'이라는 입장을 밝혔다.[148] 따라서 나카무라처럼 원서에 있는 예화(에피소드)를 전혀 번역하지 않았다. 아울러 본래 11편의 「서문」의 경우는 앞서 언급한 바와 같이 나카무라와 같은 최고 유학자의 칭호를

148) "原書三十編. 有序者凡七. 今將其各編之序錄出. 雖嘗鼎一臠. 猶足令讀者起舞矣."

지녔으며 막부의 최고 권위의 유학기관이던 쇼헤이코 선배였고 서양 학문에도 조예가 깊었던 고가 사케이의 글이었다. 그러나 량은 이를 자신이 쓴 글로 대체하며 자신의 수용양식을 선명히 드러내어 논설의 백미로 만들었다.

이제 량의 독서논설 「자조론」의 본문을 검토해 보면, 「총론」의 첫 문장을 다음과 같이 시작한다. 즉 "국가란 인민의 총합이므로 인민이 자주권이 있으면 국가도 당연의 논리로 자주권이 있다. 그런데 인민이 자주권이 있게 되는 이유는 인민이 자주의 지행(志行)이 있기 때문이다"라고 하였다.[149] 이는 나카무라의 '인민의 양지행(良知行)에 의한 국가의 자주권의 획득'[150]을 강조한 것이다.

먼저 량이 '모든 인민의 양지행이 결과적으로 국가의 자주권을 가져온다'고 본 이론적 구조는 '국가는 인민의 총합(Aggregate)'이라는 서양의 사회유기체적 사고를 토대로 하는 것으로 본래 유학에서는 볼 수 없는 사고이다. 여기서 '인민'이란 나카무라의 번역본을 그대로 따른 것인데, 량이 번역하지 않은 나카무라의 1편 2절의 제목 「인민의 법도(法度)의 책」에서 '사농공상 모두를 인민이라 말한다. 농민만을 말하지 않는다. '이하 이것을 따른다'라는 보충 설명이 달려 있는 것에서 유추해보면, 량 역시 '인민'이란 신분의 제한이나 남녀 구별도 없는 국가의 구성원으로서의 평등한 '인민'임을 전제한 것이다. 그리고 국가는 이러한 '인민'의 집합인 '촌(村), 군(郡), 현(縣)'[151]과 같은 단체의 확대에 의해 '국(國)'이 성립하였으므로, '국과 민의 사이에는 처음부터

149) "其總論曰. 國所以有自主之權者. 由於人民有自主之權. 人民所以有自主之權者. 由於其有自主之志行."

150) "某國福祚昌盛. 則某國人民之志行端良. 克合天心者為之也"

151) "今夫二三十家之民相團則曰村. 數村相聯則曰縣. 數縣相會則曰郡. 數郡相合則曰國"

두 갈래(二致)가 아닌 일체성이며, 총칭하여 나라라고 일컫고 분언하면 민'[152]이라는 것이다.

또한 그는 이러한 인식을 근거로 인민이 자주권이 있으면 당연의 논리로 국가도 자주권을 가질 수 있게 된다는 것이다. 그런데 주목해야 할 점은 '인민의 자주권은 인민의 양(良)지행에 의해 가능하다'는 점을 강조하고 이를 역사적 경험으로 뒷받침하려 한 것이다. 즉 "마을의 순실한 풍속이란 결국은 구성원인 인민의 언행이 순실하기 때문인 것이며, 화물이 많이 생산되는 것은 인민의 근면한 농공에 의한 것이며, 예문(藝文)의 발달도 인민의 학문과 기술의 연마에 의한 것"[153]이라고 한 바와 같이 국가의 기초가 되는 '모든 인민의 순실한 언행, 근면한 농공, 학문과 기술의 연마'를 내용으로 하는 '인민의 양지행'에 의해 이루어지기 때문이라는 것이다. 따라서 그의 '양지행'이란 '인민'의 덕성, 산업력, 학술과 문예를 의미한다고 할 수 있겠다. 이와 같이 량은 국가의 '자주권'의 원천이 근원적으로 '모든 인민의 양지행'인 도덕에 달려있음을 전면에 내세워 이를 주지시키려는 한 것이다.

이러한 자신의 인식을 더욱 더 강조해 나가기 위해, 그는 독자들에게 어떻게 하면 '서국의 속(屬)이 되지 않을까?' 어떻게 하면 '자주국'이 될 수 있는가를 반문하였다. 이를 통해 '자주국'이란 고정 불변의 것이 아니라 '자주국'이었던 인도가 영국에 의한 '진통(盡統)'이 되었으며, 베트남이 프랑스에 의한 '반속(半屬)'이 되었고, 동남아시아가 '서국의 속'이 된 바와도 같이 '자주국'의 지위는 유동적인 것은 역사적 사실이기도 하다는 것이다.[154] 그러므로 중국이 어쩌면 자주권을 상실할지

---

152) "蓋總稱曰國. 分言曰民. 殆無二致也"

153) "故如曰某村風俗純實. 則某村人民之言行純實者為之也. 曰某縣多出貨物. 則某縣人民之力農勤工者為之也. 曰某郡藝文蔚興. 則某郡人民之嗜學講藝者為之也.

모르니 대비하지 않으면 안 된다는 뜻이기도 할 것이다. 이는 지금까지 중국 쇠퇴의 원인으로써 양무운동가들에 의해 주장되었던 제국주의적 침략성에 대비해 군사력 강화에 치중하고, 만국공법적 질서의 준수를 촉구하는 원리적 비판과는 차이점을 보여주는 것이다.

이제 「총론」 부분을 살펴보면, 앞서 언급한 대비책인 나카무라의 종교, 인민의 자질, 의회주의 3가지 요소 가운데, 량은 의회주의와 인민의 자질에 대해서만 언급하고 있다. 이는 나카무라가 서양문명의 핵를 종교로 보았던 것과 달리, 량은 의회주의에 대한 관심이 높았다. 즉 당시 번영의 극에 달한 영국에서의 '군주의 권력이란 자의적으로 한 사람을 투옥시키는 것조차도 불가능하며 재정 운용의 권한도 민에 있는 점을 강조하였다. 뿐만 아니라 대외적 군사 활동의 개시 조차도 민의 의사에 기반되어야 하므로 민을 대표하는 의회가 이에 대한 허가가 필요한 수준이다'[155]라고 하며 통치하되 군림하지 않는다는 입헌군주제론의 특징을 반복하여 강조하였다. 이 밖에도 "군주가 명하는 것은 국민이 행하기를 바라는 바이며, 군주의 금지령은 국민이 행하기를 원하지 않는 바를 나타내는 것이다",[156] "군주는 승객인 인민의

---

154) "試揭輿地圖而觀之. 自主之國幾何. 半主之國幾何. 羈屬之國幾何. 如印度古為自主之國. 今則盡統於英矣. 安南古為自主之國. 今則半屬於法矣. 如南洋中諸國. 今莫不為西國之屬者. 人或祇謂西國有英主良輔. 故勢威加遠方. 殊不知西國之民. 勤勉忍耐. 有自主之志行. 不受暴君污吏之羈制. 故邦國景象. 駸駸日上. 蓋有不期然而然者. 且不獨此也."

155) "西國之君. 大用其智. 則其國大亂. 小用其智. 則其國小亂載在史冊. 歷歷可徵. 方今西國之君. 不得以已意輒出一令. 不得以已命輒囚繫一人. 財賦之數. 由民定之. 軍國大事. 非民人公許. 不得舉行."

156) "唯然. 故君主之所令者. 國人之所欲行也. 君主之所禁者. 國人之所不欲行也." 이 외에도 "서국의 군주라 그 지(智)를 쓰는 일이 많아지면 나라가 크게 어지러워지고 그 지를 조금만 쓰면 그 나라는 조금 어지러워진다", "군주의 권력은 사유(私有)가 아니며 전국민(闔國民人)의 권(權)이 모이는 것에 의해 성립한다", "마차에 탄 사람의 뜻에 따라 말을 모는 존재가 마부인 것처럼 군주도 인민의 뜻

의사에 따라 어디로 갈 것인지 어느 길로 갈 것인지 말을 부리는 마부에 불과하다",[157] "나라의 창성이란 군민이 일체가 되고 상하가 마음을 같이 하고 조야가 모두 함께 하며 공사의 구별이 없는 상태를 실현할 수 있느냐의 여부에 달려 있는 것이다"[158] 등이다. 실제로 근대 빅토리아 왕조에 이르러 영국은 절대주의 체제를 벗어남과 동시에 오히려 입헌군주체제하에서 광대한 식민지를 거느리는 국가가 된 것은 널리 알려진 역사적 사실이다.

그러면 왜 그는 입헌군주제가 영국의 번영인 동시에 모든 국가의 자주권을 가능하게 하는 열쇠로 본 것인가. 이는 그의 성선설과 자유의지론이란 인간관이 토대가 되고 있다. 즉 "좋은 말은 채찍질하지 않아도 스스로 잘 달리며 길들이지 않아도 스스로 알아서 잘 달리는 법이라서, 마부가 괜히 고삐를 당기고 채찍질을 많이 하게 되면 말이 어긋나 부딪혀 갑자기 나아가지 못한다. 마부가 임의로 때리고 통제하려 하면 도리어 저항감으로 달리려 하지 않는다. 나쁜 국민 나쁜 나라는 없다. 다만 마부가 자기가 원하는 바를 이루고자 하늘이 주신 인민의 본성을 제대로 발현시키지 못하게 만들기 때문에 문제가 생기는 것이다. 통치자에 의해 오히려 하늘로부터 가진 좋은 본성(천량 天良)을 잃게 되는 경우가 많아 나빠지게 되는 것이다"[159]라고 하여 영국민

에 따라 국정을 운용해야 하는 것이다", "만일 군주의 권력이 사유의 대상이라면 군주의 권리 행사와 인민의 권리 사이에는 어긋남이 생길 수 있다. 그러나 군주의 권이 온 나라의 인민의 권을 군주 한 사람에게 집중시킨 것으로써 성립한 것이라면 군권과 민권 사이에 그러한 어긋남이 생길 여지가 없게 된다." 등이 있다.

157) "蓋西國之君. 譬則御者也. 民人. 譬則乘車者也. 其當向何方而發. 當由何路而進固乘車者之意也. 御者不過從其意施控御之術耳."

158) "故君主之權者. 非其私有也. 闔國民人之權. 萃於其身者是已. 唯然."

159) "嘗聞善馬有駕車者. 不加鞭策. 而自能行. 不待控御. 而自能馳. 及御者妄引. 繩. 多加撻責. 而其馬扞格牴牾. 頓致不能行."

을 '선마(善馬)'에 비유하며 성선설적 인간의 본성과 자유의지에 대한 신뢰를 나타냈다. 다시 말하자면 '군주는 선마(善馬)를 모는 마차의 마부와도 같기 때문'이라는 인식을 근거로 국정(國政)은 인민에 의해 이루어져야 하며 그 당연의 논리로 군주의 권한 및 역할은 소극적인 수준에 머물러야 한다고 본 것이다. 이처럼 량은 입헌군주제 채택의 당위성에 대한 원리론적 설명에 있어 종래 유교적 입장인 성인의 지혜에 의한 우민정책에서 벗어나 평등한 '인민'을 주체로 이들의 역량 결집에 의한 정치체제를 지지하고 있다.

이러한 량의 인민주권론의 사상적 기반인 성선설 및 자유의지론의 기원은, 인간의 '품행'을 중시한 자조정신의 사상에 뿌리를 둔 것이다. 즉 스마일스는 "품행이란 인간 본성의 최선의 형태", "인간만사란 사람들이 내면으로부터 스스로 다스리고 스스로 주인이 되는 것과 관계가 있다"라고 하였다. '법률과 제도 같은 것은 특히 인민의 품행이 점점 생장하여 형태를 갖추는 것에 다름 아니다'라는 사고에 크게 공감 받은 것이었기 때문이다.

물론 유학에서도 맹자의 인간의 본성을 선으로 주장한 사단설, 하늘로부터 부여받은 인간의 선한 본성인 본연지성을 회복하면 인격의 완성을 이룰 수 있다고 본 주자의 복초론(復初論)이 있다. 그러나 맹자의 민본사상에는 '민'의 '힘(力)'을 중시하였지만, '민은 무지하므로 모르는 것을 알려고 싸우지 않고 위정자에게 부탁하는 것이 평안한 사회를 유지하는 것에 좋다'라고 하는 바와 같은 항상 '우민'이어서 성인이 가르치지 않는다면 아무것도 할 수 없는 존재로서 인식되었던 것은 주지의 사실이다.

나아가 량은 영국의 '정(政)'과 '속(俗)'에 대한 실증적 예증을 통해 더욱 더 입헌군주제의 효용을 설득하고자 하였다. 먼저 그는 '아편전쟁에서 당당한 청이 패배할 정도면 영국의 여왕은 여호걸에 틀림이 없다고 생각'하였으나 실제의 '빅토리아 여왕은 손녀들과 과자를 가지고 노는 보통의 할머니에 지나지 않는다'는 것이다. 이처럼 그가 잘못 알게 된 배경은 아편전쟁을 통해 탄생한 서적인 웨이위안의 『해국도지』에 의한 것이다. 그런데 량은 저자가 '서국 무뢰의 도(徒)를 보고 개언(概言)했기 때문에 자신이 오(謬)하여 탐욕스럽고 난폭하게(悍) 행동하고 사치를 좋아하고 술을 즐기는 오직 기예만 뛰어난 나라'로 알게 되었다는 것이다. 그러나 실제의 영국은 이 책의 내용과 달리 여왕에게는 실권이 없고 실질적으로 최대의 권한을 가진 것은 인민의 대표인 의회이며, 의회 가운데 '백성의회(the House of Commons)'의 권력이 가장 크며, 그 다음으로 '제후의회(the House of Lords)'라는 것이다. 더불어 그는 '관부(정부)'의 기능은 '단지 인민의 편의를 위하여 설립된 회소(會所)에 지나지 않으며 권세를 탐하고 형벌(威刑)을 제멋대로 하는 것 등은 하지 않는다'라고 하여 규제 중심의 강한 정부(Over Government)가 아닌 민주적이며 소극적 역할에 한정된 '작은 정부(Less Government)'라는 것이다.

뿐만 아니라 량은 영국 의원인 '민위관(Member of Parliament)' 자질에 있어서도 "반드시 학문에 밝고 행실을 가다듬는 사람이다. 하늘을 공경하고 인간을 사랑하는 마음이 있으며 극기와 신독을 궁리하는 바가 있는 자다. 많은 세상의 변고를 겪고 환난을 통해 성장하는 사람이다"160)라 하여 '극기'와 '신독'의 인물이라는 것이다. '극기'란 『논어』의 안연편에 나오는 '인(仁)'에 대한 정의이고, '신독'은 『대학』과 『중용』에 나오는 것이다. 실제 유학에서 '인'이란 다른 사람을 사랑하는 타고

160) "學明行修之人 敬天愛人克己愼獨 多更世故長於艱難之人 其俗則崇尚德義"

난 욕구이며 이러한 '인'이 없는 인간 존재는 단지 동물일 뿐이라 하였다. 따라서 유학에 있어 이상적 인간은 '인'을 통해 완성되며 이를 통해 도덕적으로 성숙한 인간도 될 수 있음이다. 아울러 '신독'은 '홀로 있음을 삼간다'는 뜻인데 '아무도 보지 않는 곳에서도 도리를 지키는' 사대부의 덕목의 하나로 특히 주자학에서 중시되는 개념이다. 량은 치국(治國)의 기본 단위가 되는 개인의 인격적 완성인 수신 전통에 빗대어 '민위관'의 내면적 자질에 대해 설명한 것이다.[161] 그러나 이러한 설명이 그가 유학적 '덕'을 기초로 하여 유학적 수신론을 답습하는 부회론적 입장임을 나타내는 것이 아님은 후술하는 9편의 「서문」에서 선명해진다. 만약 량이 이러한 사고에 동의하지 않는다면 분명 9편의 「서문」을 다른 것으로 대체 하던지 번역의 대상에 제외하였을 것이다.

지금까지 살펴본 바와 같이 량이 나카무라와 달리 자주국의 요소로서 입헌군주 정치체제의 효용에 대해 논의를 「총론」이란 이름으로 전진 배치한 점과 상대적으로 긴 분량의 설명을 제시한 것은, 량의 변법론의 영향을 간과할 수 없다. 즉 그는 법에 의한 자유에 성공적 나라로 영국을 소개할 정도로[162] 입헌제도의 고향이 영국임을 잘 알고 있었다. 또한 망명 이전 중국에서 쓴 「변법통의」[163]에서부터 헌법에 대

---

161) '인심을 단련하여 청아하게 만드는 일에 관해서는 유교의 공덕이 결코 적지 않다'라고 한 바와도 같이 인간만사는 모두 사람들이 스스로를 다스리고 관장하는 것과 관계하는 것이라는 전제하에 성립하는 『대학』의 팔조목과 배치되지는 않는다. 왜냐하면 수기치인의 자세로 자신의 도덕적 수양을 통해 이상적 통치를 행한다는 정치적 실천의 기본 태도를 뜻하며, 정치 변혁의 근본은 인심의 변화이지 제도의 변화가 아니라는 입장이기 때문이다.

162) "천하에 법률에 복종을 잘 하는 민족은 영국인이며, 영국인은 법률에 복종하는 것이야말로 자유의 어머니라는 것을 잘 알고 있기 때문이다." "법률이란 것은 아자(我者)가 제정한 바로써 아(我)를 보호하고 동시에 자기의 자유를 속박하는 것이다. 영국인이 자유행복을 독점한다." 『專集』 4, 72쪽.

한 관심을 보였으며,[164] 전제국가를 대신하는 입헌법치국가의 건설을 꿈꾸었던 것이다. 이는 전제체제를 타도하여 공화제를 수립하여야 한다는 손문(孫文, 1866~1925)이 주도한 혁명파의 구상과 달리, 전제체제를 발본적으로 변혁하되 향신층 중심으로 한 입헌군주제를 포함하는 제도개혁을 주장하는 개혁파의 입장이었던 것이다.[165]

이어서 량은 자주국을 가능하게 하는 또 다른 요인으로 '인민'의 '양지행'인 '순실한 풍속' '근검' '인내' 와 같은 '품행'의 중요성에 대해 주장을 전개한다. 먼저 그는 다음과 같이 말한다. "서국의 창성(昌盛)은 근면, 인내의 결실이지 한 군주 한 사람으로 좌우할 수 없는 것이다"[166]고 말한다. 이에 대한 실증적 예로 '인민'의 '근검'과 '인내'로 성공한 영국의 복지사업의 사례를 든다. 즉 가난한 자녀가 배우는 학원(Sunday School)과 낮에 일하는 노동자를 위한 야학교(Evening School) · 농아학교 · 맹아학교 · 여학교 등과 같이 이른바 사회적 약자에 대한

---

163) 량의 변법론에 관한 초기 단계의 총론이다. 변법의 필요성과 변법의 본질에 대해 논한 것이나 미완성 작품이다.

164) '법은 천하의 공기(公器)이며 변(變)은 천하의 공리(公理)라고 하였다. 변법이 국가성립의 근본이며 법의 발달 여부가 국가의 강약에 직결되고 그것이 그대로 문명과 야만을 가른다고 한다.' 법률을 통해 개인의 자주지권을 보장하고 군권을 제한하려는 사고를 보여주고 있다. 그리고 그는 「입헌법의(立憲法議)」(1900)에서 전제적인 군권과 관권을 제한하려는 사고가 현저히 나타나고 있다. 그는 군권과 관권을 제한하려는 근거를 민권에서 구하고 그 민권을 헌법에 의해 보장하려고 한다. 즉, 헌법과 민권을 불가분의 관계로 받아들이고 있는 것이다. 나아가 그는 민권을 헌법보다도 근원적인 것으로 받아들인다. 『文集』 5, 1~5쪽.

165) "만약 신민이 있다면 새로운 제도 새로운 정부 새로운 국가가 없다고 하더라도 무슨 걱정이겠는가. 신민이 없다면 오늘 한 조의 법을 바꾸고 내일 한 사람의 일꾼을 바꾸더라도 여기저기 갖다 붙이고 깎아 내면서 남의 것을 섣불리 흉내내는 것에 불과하다. 그렇게 해서 구제되는 것을 본 적이 없다. 우리나라가 신법(新法)을 입에 올린 지 수십 년이 지났는데도 효과를 볼 수 없는 것은 무엇 때문인가. 아직까지 신민의 도에 유의한 자가 없기 때문이다." 『專集』 4, 2쪽.

166) "實由於. 其國人勤勉忍耐之力. 而其君主不得而與也"

교육의 기회를 제공하는 사업의 9할이 정부가 아닌 '인민'의 '자원봉사(民人公同)'에 의해 이루어지며, 빈곤자에 대한 자선 사업과 병든 자에 대한 구제의료 등도 마찬가지라는 것이다.[167] 이와 같이 그는 '근검'과 '인내'의 성품을 지닌 인민의 집합인 영국의 시민사회가 보여주듯 신분과 신체의 조건을 뛰어 넘어 모든 '인민'을 교육해 가는 교육제도가 정착되어 운영하고 있는 점, 유학에서와 같은 신분에 의한 선천성이 아닌 교육에 의해 후천적으로도 계발될 수 있다는 새로운 '민지(民智)'의 확대론의 토대가 되어, '민지의 계발(啓發)'을 촉구하는 국민 교육론이 더욱 강화되어 가게 되는 것이다. 주지하듯 유학의 경서(經書)가 인간 보편을 논하기는 하나 피치자인 '인민'과 여성을 실제로 학문의 주체로 고려한 적이 없었다. 이뿐만 아니라 량은 학교를 설립하는 주체가 정부가 아닌 '근검'과 '인내'의 '자원봉사(民人公同)'에 의해 이루어지고 있는 점을 강조한다. 이와 같은 영국의 성공 사례에서 나타나듯 '근검'과 '인내'의 덕성을 갖춘 '인민'의 결합체인 시민사회의 자발적 협력과 큰 정부가 아닌 작은(Less) 정부 개입이 어우러질 때, 통치의 안정과 자주국으로서의 지위, 부강을 동시에 가져다 줄 수 있음을 새로이 인식하게 된 것이다. 이는 그가 비록 서양의 학문이 유학과 같다는 부회론을 기반으로 한 양무운동(1861~1894)을 지지했던 것은 아니었지만, 서양 제도의 수용을 통해 통치 엘리트인 유학자 중심의 위로부터의 개혁을 주장한 변법사상에서도 한층 벗어날 수 있게 되는 것이다.

이제 량의 「서문」을 검토해보자면 1편 「서문」의 제목은 「방국급인

---

167) "晝間有職務者所往學之學院. 名夜學院者. 二千有餘所. 學徒八萬人. 凡此係民人公同捐銀而設者. 官府不與焉. 凡百之事. 官府之所為. 十居其一. 人民之所為. 十居其九. 然而其所謂官府者. 亦唯為民人之利便而設之會所耳. 如貪權勢擅威刑之事無有也"

민지자조(邦國及人民之自助)」로 나카무라의 것과 같다. 내용도 스마일스의 원문과는 전혀 관계없는 나카무라의 글이다. 왜 '병서'가 아닌 『자조론』를 번역하였는가에 대한 답변 형식이다. 즉, "당신은 강한 병력이 있으면 나라가 여기에 의지해 치안을 이룬다고 생각하는가? 서양의 강력함이 병력에 의한 것이라고 생각하는가. 이는 크게 그렇지 않다. 대저 서국의 힘은 인민이 독실하게 천도를 믿음에 유래하며 인민이 자주지권을 갖고 있기 때문이며 정사는 관대하게 법은 공정하게 이루어지기 때문이다"[168]라는 것이다. 이처럼 인민의 '천도에 대한 믿음' '인민의 자주지권(자치권)'의 보유, '관대한 정사' '공정한 법'이 '서양의 강력함'의 원천이라는 것이다. 이를 위해 그는 우리에게 전쟁의 영웅으로 친숙한 나폴레옹마저도 '덕행의 힘은 신체의 힘의 열배'라고 한 점, 스마일스 역시 '나라의 강약은 인민의 품행과 연관된다. 또 말하기를 진실 양선은 품행의 근본이다'라고 일관되게 주장하고 있는 점 등을 인용하여 자신의 주장의 타당성을 높이고자 하였다.[169] 이처럼 량은 새로운 인식의 전환을 이루어 스마일스와 나카무라의 근본적인 메시지인 국가 번영의 원인을 군사력이 아닌 인간의 도덕적·정신적 능력에서 찾고자 한 것이다.

더 나아가서 량은 군사적 경쟁의 폐해가 얼마나 큰 것인지를 유학의 '양(讓)'의 정신을 통해 더욱 더 독자를 설득하고자 하였다. 즉 그는 '올바른 품행과 풍속의 토양 없이 병사(兵事)'만을 연구한다면 '잔인한 속(俗)'인 '강(强)'을 조장하는 결과밖에 되지 않으며, 또한 '천'의 원리

---

168) "余譯是書. 客有過而問者曰. 子何不譯兵書. 余曰. 子謂兵強則國賴以治安乎. 且謂西國之強由於兵乎. 是大不然. 夫西國之強. 由於人民篤信天道. 由於人民有自主之權. 由於政寬法公."

169) "拿破崙論戰曰. 德行之力. 十倍於身體之力. 斯邁爾斯曰. 國之強弱. 關於人民之品行"

는 '일반 백성(斯民)'이 모두 함께 달성할 수 있게 되기를 바라기 때문에, 일부의 인간만이 '강' '우(優)'가 되며 나머지는 '약(弱)' '열(劣)'이 되는 상태는 하늘의 뜻과 어긋난다는 것이다.[170] 이처럼 그는 '천(天)'은 '경쟁의 원리에 의한 세상을 인정하지 않는다'고 확신할 뿐만 아니라, '천리'에서 본다면 '강함의 욕망은 크게 바름에 거스르는 것'이라는 것이다.

따라서 그는 "궁극적으로는 지구만국의 인류가 학문과 예업을 통해 교류하고 다 함께 이용후생의 길을 찾아 서로 도움을 주고받아 안녕과 행복을 누리게 된다면 강약을 비교하거나 우열을 겨루는 일 자체가 없어질 것이라는 것"[171]이다. 요컨대 그는 국가의 부강은 추구하여야 할 사안이지만 방법론으로서 군사력 증강이라는 물리적 강병책을 거부하고, 물리적 경쟁에 의해 승리한 강자 주도가 아닌, 모든 인민의 '덕'의 향상에 의해 이루어 가야 한다고 본 것이다.

이어서 4편 「논용심지근면급작업지내구(論用心之勤勉及作業之耐久)」의 요지는 직업과 학문은 병행되어야 한다는 것이다. 이는 그가 '진정의 학사, 진정한 문인이란 하찮은 직업을 부끄럽게 생각하지 않으며 속무를 하는 것을 싫어하지 않는 사람들'이라 정의한데서 분명히 드러난다. 즉 량은 그들은 학문에 노력함과 동시에 '천업(賤業)', '속무(俗務)'에 속하는 생업까지도 '근면' '인구(耐久'하여 성공을 보여주었다는 것이다. 실례로서 옛 중국 고사에서 잘 알려진 인물인 심인사(沈麟士,

---

170) "若國人品行未正. 風俗未美. 而徒汲汲乎兵事之是講. 其不陷而為好. 嗜殺之俗者幾希. 尚何治安之可望哉. 且由天理而論. 則欲強之一念. 大悖於正矣. 何者. 強者. 對弱之稱也."

171) "天生斯民. 欲人人同受安樂. 同修道德. 同崇知識. 同勉藝業. 豈欲此強而彼弱. 此優而彼劣哉. 故地球萬國. 當以學問文藝相交. 利用厚生之道. 互相資益. 彼此安康. 共受福祉. 如此則何有乎較強弱競優劣哉."

419~503), 정명호(程明道, 1032~1085), 소자(蘇子, 1037~1101; 일명 소동파)를 들었다. 이러한 유학적 인물의 등장에 의한 설명은 앞서 언급한 바와도 같이 유학을 답습하는 입장이 아니라 낯설고 알지 못하는 다른 나라의 인물에 빗대어 입증하기보다는 독자의 이해를 돕는 방법의 차원으로 보아야 할 것이다. 왜냐하면 유학은 시원에서부터 노동에 대하여 천시하는 입장이다. 즉 공자는 인간을 군자와 소인으로 구분하여 군자는 통치자이며 소인은 통치계층을 위해 생산을 담당하는 사람으로, 생산 활동이란 신분이 낮은 소인의 과제로 경시하였다. 따라서 노동은 계급적 신분관계와 표리를 이루는 것으로 수직적 성격의 강제적 노동이었으며, 공자는 신분을 떠나 무차별적으로 이익을 추구하는 노동은 정의롭지 않을 뿐만 아니라 윤리적 노동이라고도 보지 않았기 때문이다. 따라서 이러한 새로운 직업관은 유학의 원리론에서는 설명할 수 없는 부분이다.

반면 량은 학문의 가치에 대해 지고의 가치를 부여하면서도 직업을 가지는 것은 '학문에 의해 공을 얻을 수 있다'는 것과 같은 의미라는 새로운 인식을 제시하며, 학문의 계속을 위해선 이를 지탱해주는 현실의 문제로서 생계의 유지의 중요성을 강조한 것이다. 스마일스가 원본에서 '어떠한 신분의 사람이라도 근면하게 일하며 자신의 운명을 개척해가는 것이야말로 소중하다'라고 하며 신분과 빈부의 차를 뛰어넘어 끊임없는 노력과 인내에 의해 인간 스스로가 성공을 만들어 나갈 수 있음을 대부분 평범한 인물들을 통해 입증한 것과도 같이, 량은 서구 산업사회의 직업윤리에 일치하는 부분을 유학적 인물을 통해 설명하고자 한 것이다. 요컨대 량은 신분이나 빈부의 차이에 의하지 않고 근검한 노력과 흔들리지 않는 인내력이 성공을 가져다준다는 신념의 직업정신이 바로 유학적 수양에 다름 아니라고 본 것이며, 이를 토대로 유교적 봉건사회의 노동관과 직업윤리의 타파를 긍정적으로 제시하고, 산업사회 도래에 맞추어 등장한 서양 산업사회의 직업관과 직업윤리를 긍정하고자 하는 시도를 한 것이다.

이어 5편 「논기회급면수예업지사(論機會及勉修藝業之事)」[172]에서 량은 '예업(藝業: 학술기예(學術技藝, 학문과 기예))'에 대한 성실함인 '면수(勉修)'가 국가의 '강약'의 판단 기준이 된다는 것이다. 즉, 그는 "학술에는 정사가 있고 공예에는 공(功)이 있는데, 성(誠)이 머릿속에 존재한다면 그것이 진실로 만사의 근원이 된다. 사람은 그 성을 가지고 예업과 학식을 심고 인민을 다스리는 심명과 교감해야만 한다"라고 하여 '면수'를 『중용』 22장에 나오는 '성위지이자이이의(誠僞之二字而已矣)'에서의 '성(誠)'과 본질적으로 같은 의미라는 것이다.[173] 왜냐하면 유학에서 하늘이 미리 사람에게 심어 둔 도덕성을 인간이 성실하게 스스로를 반성하여 안으로 참된 도를 추구해 가는 수양 공부를 '성'이라 하였는데, 『중용』은 이와 같은 도(道)의 인식에 있어 내부적

---

172) 원제목은 "Help and Opportunities"이며 나카무라는 「幇助すなわち機会を論ず」라 하였다. 이는 초간본에는 없고 개정판의 5편에 새로 첨가하였다. 내용은 다음과 같다. "天下之事. 不止千萬. 然察其成敗得失之機. 一皆決於誠僞之二字而已矣. 以發於國政. 則公私之別也. 以見於人品. 則善惡之別也. 以顯於學術. 則邪正之別也. 以著於工藝. 則巧拙之別也. 今夫木之大者. 凌霄漢. 戰風雨. 蒼皮黛色. 千年尚新. 然溯其始. 則一粒種子. 託根於地中而已. 川之洪者. 漑田野. 汎艨艟. 百折不絕. 萬古不息. 然探其源. 則一道活泉. 湧而出耳. 是知種子者木之誠也. 活泉者川之誠也. 唯其有是誠. 所以成其大. 物尚然. 況於人乎. 人苟有一片之誠存於胸中. 則雖若甚微不可見. 而實為萬事之根源. 可以修藝事. 可以植學識. 可以治民人. 可以交神明. 此編曰勉強忍耐. 曰善乘機會. 曰不忽小事. 曰偶然解悟者. 不一而足. 是皆人之所以成其業也. 然而推其本. 則不外於一誠之發為此數者而已矣. 是故讀書學問者. 及學工事者. 當自問於己曰. 果然發於誠心否. 苟發於誠心矣. 則自能勉強忍耐. 自能善乘機會. 自能不忽小事. 自能偶然解悟. 蓋有不期然而然者焉. 呂新吾曰. 才自誠出. 才不出於誠. 不得算箇才. 誠了自然有才. 今人不患無才. 只是討一誠字不得. 斯言也. 可為世間才子頂門一針."

173) 나카무라는 「성(誠)」의 대표적 예로 나무에서 떨어진 사과를 보고 만유인력을 알아낸 뉴턴의 일화를 소개하고 있으나 량은 생략하였다.

반성의 방법인 '성'을 중요성을 강조하고 있으며, 주자도 즐겨 사용한 개념이기 때문이다. 이는 량이 '덕'의 보편성도 인정하여 유학의 '덕'과 서양의 '덕'이 일치하는 부분은 위화감 없이 일치시키려 한 것이다.

다음으로 8편은 「논강의(論剛毅)」[174]인데 본래 기개와 용기라는 뜻의 '강의(剛毅)'를 량은 '대본(大本)'과 같은 의미라 정의하고, 마음의 '자(慈)'와 '신(信)'에서 유래한 '자신(慈信)'이라 부연하였다. 아울러 그는 '태서에 강의(剛毅)의 사람이 많은 이유는 기후 체질 풍토에서 나타난다'라는 종래의 주장을 반대하며, 신체적 조건이 아닌 '심지(心地)의 힘'에 좌우된다는 것이다. 이를 입증하기 위해 스마일스의 원서에 등장한 한니발 장군(Hannibal, BC 247~183)의 군사적 물리적 용기에 대한 설명을 빼버리고, 주자학적 수양론에 흔히 등장하는 '이사(李斯)'와[175] '여혜경(呂惠慶)'[176]을 예로 들어 '강의'를 설명한 것이다. 즉 '강

---

174) 원제목은 "Energy and Courage"이며 나카무라는 「剛毅を論ず」라 번역하였다. "或曰. 泰西多出剛毅之人. 蓋一由於天氣沍寒. 軀幹堅實. 一由於土地磽確. 非勤勉不得食. 余曰. 此事容或有之. 然其大本. 不在此區區者. 曰. 何也. 曰. 泰西人所以多有剛毅之行者. 由於有剛毅之原質也. 曰. 何謂剛毅之原質. 曰慈也信也. 不觀雜末耶維廉士之事乎. 確信其道愛人如己. 痛苦不避. 死生不易. 不觀翰回沙泊之事乎. 多救嬰儿之命. 永脫黑奴之苦. 千艱萬阻. 不挫不折. 必達其志而後已. 蓋如此數人. 肝脾骨肉. 毛髮爪甲. 皆由慈與信而成. 故此身苟存. 此心不喪. 欲不剛毅. 奚可得乎. 以是可見剛毅者心志之力. 而慈與信實其原質也. 或曰. 世固有強忍有力者. 亦可謂剛毅之人乎. 曰. 非也. 如李斯呂惠卿. 豈不見強忍有力者. 然其所為. 不根於慈信之心. 而出於嗜欲之私. 故弊害所極. 身喪國敗. 宣尼不云乎. 也慾. 焉得剛."

175) 이사는 중국 전국시대 진나라의 정치가로, 자는 통고이며 초나라 상채 사람이다. 여불위의 천거로 진나라 조정에 출사하여 시황제를 섬겼다. 유학자였으나 법치주의에 그 사상적 기반을 두어, 도량형의 통일, 분서 등을 실시하여, 진시황을 도와서 진(秦)의 법치주의 기반을 확립하는 데 큰 기여를 하였으나, 시황제의 사후에는 조고와의 권력 싸움에 패하고 살해되었다. 생전에 그는 스스로 유학자를 자처하였으나 사후에는 역사가들에 의해 법가(法家)로 분류되었다.

176) 역사의 기록에 따르면 "왕안석은 금릉에 물러나 살면서 왕왕 복건자(福建子, 여혜경) 세 글자를 썼는데, 아마도 여혜경이 자신을 망쳤다는 깊은 회한에 잠겼기 때문일 것이다"라 하였다. 이는 왕안석이라는 인물은 자신이 키운 인물에 의해 쫓겨났다는 사실 때문에 자신과 남에게 원한과 회한의 마음을 가졌던 인

의'란 혼동되기 쉬워서 역사적으로 두 사람을 '강의'의 인물로 잘못 상징된 점을 지적하고, 실제 그들의 '대본(大本)'이란 '호욕(嗜慾)의 사(私)'이기에 '자신(慈信)'과 다르며 역사 속에서 '강의'의 인물로 평가된 것은 잘못된 평가라는 것이다.[177]

이상에서 살펴본 「서문」 1, 4, 5, 8편의 특징은 량이 근대 서구 이론들을 중국 고전에 빗대어 전통에 가까운 방식으로 설명하는 독특한 글쓰기 방식을 전개하는 데 있다. 이는 곧 유학의 '덕'과 서양의 '덕'에 일치되는 부분을 통해 유학의 '덕'을 절대화가 아닌 상대화시키고 있는 것이다. 이는 후술하는 9편의 「서문」에서 분명히 드러나 있다. 즉 그는 9편 「서문」인 「논무직사지인(論務職事之人)」에서 '사(事)를 힘쓰는(務) 사람'이 가져야만 하는 다양한 자질 및 습관 등에 관한 것이라고 소개하였지만, 제목과 달리 향후 일어날 논쟁에 대해 두 가지로 해답을 미리 제시해 주는 형식을 취하고 있다. 먼저 '이 책을 어떻게 받아들여야 하는 가' 곧 책의 의의에 대한 것으로 '이 책에 서국의 사리(事理)가 전부 쓰여 있을 것이라고 지나치게 기대하지 말라'고 한다. 그 이유는 '천하의 사리란 무궁무진하여 한 책에 머물러 있는 것이 아니라 항상 변해가기 때문이다. 예를 들어 금일 옳다고 하는 바를 후인이 아니라고 하는 가능성'이 있기 때문이라는 것이다. 즉 '소크라테스처럼 천하가 이제까지 말하지 않는 바를 말한 탓에 당시에는 죄인이었으나 후세에는 성인이 된 것과 같다'고 한 바와 같이 이 책은 언제

물로서 그의 됨됨이를 잘 말해준다는 의미이다.

177) 량은 생략했지만 나카무라는 다음과 같은 고사도 소개하고 있다. 즉 『논어』 「공치장(公冶長)」 제5에서 "맹무백(孟武伯)이 공자에게 물었다. 자로(子路)는 공자가 대답하기를 알 수 없다고 하였다. 그러나 맹부백은 반복해서 다시 같은 질문을 했다. 그러자 공자는 말했다. '욕(慾)과 강(剛)을 틀리게 안 것을 고치지 않으면 안 된다'"라 하였다. 이처럼 둘은 혼동하기 쉬운 특징임을 지적한 것이다.

부정될지 모르는 또 하나의 새로운 학술일 뿐이라는 것이다. 따라서 그는 “사람들이 서양의 서적을 습독해서 마음을 겸허하게 하고, 신견이설(新見異說)을 수용해서 역할을 다하는 사람들에 대해 함부로 논단하지 말아주었으면 한다”고 한 바와 같이 서양 학설의 수용에 앞장선 인물들에 비판적이며 배타적일 필요가 없다는 것이다.

이처럼 량은 서양 학문을 설명할 때 독자들의 이해를 돕기 위해 예로부터 전해 온 유교적 학설과 절충하여 설명한 것에 독자들이 오해를 야기 할 수 있다는 것을 예견하고 답을 준비해 놓은 것이다. 이러한 그의 답변에서 나타난 바와 같이, 그는 가치 일반을 역사적으로 상대화하여 유학 역시도 일정한 역사적 발전 단계에서 등장한 하나의 견해였으므로 새로이 등장한 오늘날은 서양의 ‘덕’의 수용에 의한 ‘인민’의 자질의 향상을 거부하지 말라고 촉구한 것이다.

마지막 11편 「서문」을 보면 「논자수지사급기난역(論自修之事及其難易)」인데 제목은 나카무라와 같으나 내용은 전술한 바와 같이 나카무라가 고가 사케이에게 부탁하여 게재한 「서문」을 자신의 글로 바꾸었다. 11편 「서문」의 분량은 다른 「서문」들에 비해 상대적으로 짧은 편이지만, 그는 번역 텍스트에 직접 개입하여 원본의 메시지에서 필요한 것을 선택하여 전달하려는 자기의 주제 의식을 가장 분명히 드러낸 창의적 글이다.

즉 그는 나카무라의 책을 통해 ‘서국이 왜 흥했는가’를 알 수 있었다며, 그는 다음과 같이 말한다. “모두 한 가지 뜻에 전심하여 태어나서 죽을 때까지 움직이지 않으면 국가의 평안이 어찌 흥하지 않을 수 있겠는가. 어느 사람이 말하기를(주역: 인용자 주) 나라의 성쇠는 기수(氣數)의 겉과 안에 있는 것이지 인력이 아니라고 한다. 그렇지 않다. 즉 성인이 태괘의 해석과 관련하여 말하기를 군자의 도(道)를 키워가기 위해 음양의 상반이다. 즉 기수의 해 운수가 좋을 경우 자연적으로 성공이 가능하다. 반면 보통의 운수면 자신이 노력하여 성공해야 하는 것이다. 따라서 뒤이어 천지의 도를 지나친 것은 적절히 억제하고 모자라는 것은 마땅히 도와서(裁成輔相) 좌우의 백성을 다스리는 것이다. 그러므로 누가 국가의 흥을 인력의 능한 바에 있지 않다고 말하는가. 그렇다. 한뜻으로 태어나서 죽을 때까지 움직여서 능히 자신의 직분을 다할 때 안(安)을 얻을 수 있다. 간(艮)의 상구(上九)이다. 성인들이 말하기를 간이 두텁다고 한다(敦艮) 서국이 흥하는 까닭은 역시 인력에 의한 것이다." 여기서 량이 말한 '기수'란 천지의 도(道)인 길흉화복의 운수이며, '재성보상(裁成輔相)'에서 '재성(裁成)'이란 지나친 것을 억제하는 뜻이고, '보상(輔相)'이란 부족한 것을 보충하는 것이다.

이러한 그의 설명이 무엇을 의미하는 것인지를 검토해 보면, 먼저 태괘란 본래 여섯 개의 효(爻)가 모여 가장 이상적인 괘를 이루었다고 한다. 왜냐하면 하늘의 마음과 땅의 마음이 화합하여 서로 교통하는 괘이기 때문이다. 즉, 곤(坤☷, 땅) 괘가 위에 있고, 건(乾☰, 하늘)괘가 아래에 있는 형상으로, 땅이 위에 있고 하늘이 아래에 있는 모양은 자연의 형상과는 역전된 모양이라 자연스러운 형상이 아니다. 그러나 '천지교이만물통야 상하교이기지동야(天地交而萬物通也上下交而其志同也)'라 하여 한편으로는 음(陰)인 땅(地)의 기운이 위에서 아래로 흐르고, 양(陽)인 하늘(天)의 기운이 아래에서 위로 오르면서 서로 사귀어 만물이 만들어지고 뜻이 통하면서 오히려 태평성대가 이뤄진다는 뜻이다. 바로 상호조화의 이치를 나타내는 태화(泰和)이다. 이처럼 량은 '천행(天行)'이 전적으로 '천자(天子)'에 의해서만 좌우되는 것이 아니라, 태괘가 말해주듯 '인력'과의 상호조화에 의해 이루어진다는 것이다. 이렇게 태괘를 인용하여 국가의 번영을 위해서는 '인력'의 힘이 필요하다는 것을 강조하게 된 것이다.

실제 유학에서는 '민'은 국가의 근본으로서 소중히 해야 할 존재이나, 정치원칙을 제시할 수 있는 자격을 지닌 사람은 군주 또는 성왕에 한정되어 '민'의 힘을 경시해 왔던 것은 주지의 사실이다. 그러나 량은 국가의 번영의 상징인 자주권을 얻기 위해서는 태괘가 설명한 바와도 같이 군자와 인민 모두의 상호조화가 필요하듯, 종래의 군주의 '자강불식'뿐만 아니라 인민의 자강불식도 필요하다고 하여 본격적으로 인민을 국가의 번영의 주체로서 시야에 넣고 있는 것이다.

3) 량치차오의 자조론의 정치사상사적 의의

량은 『주역』의 건괘를 인용하여 '자신이 스스로를 도와 자립한다는 의미'의 'selp-help' 개념을 '평생 쉬지 않고 스스로 연마하라'는 뜻의 '자강불식'의 개념으로 해석하였다.[178] 본래 '자강불식'이란 주(周)의 문왕(文王) 상전(象傳)에서 '천행건(天行健)'이라 하니 아들 주공(周公)이 '군자이자강불식(君子以自强不息)'이라고 주석을 단 것에서 유래한 것이다. 즉 천행(天行)이 춘하추동(春夏秋冬)의 건장한 순환이니 군자도 쉬지 말고 본받아 심신을 단련하고 지혜, 품행, 도덕을 닦으라는 뜻이다. 따라서 '자강'에서 '강'이란 '스스로 강해지다'는 의미인 물리적 강이 아니라, '평생 쉬지 않고 스스로 연마하라'는 노력한다는 뜻인 '면(勉)'의 뜻이다. 이처럼 량은 『주역』을 매개로 하여 서양의 형이상학

178) 량은 1914년에 칭화대학을 방문하여 '자강불식 후덕재물(厚德載物)'을 언급하며, 학생과 학자들의 진취적인 기상과 면학의 정신을 격려한 바가 있는데 이를 계기로 1917년부터는 칭화대학의 교훈이 되었다.

을 보편적 진리라는 수준으로 받아들인 것이다.

뿐만 아니라 상호조화의 이치를 나타내는 태괘를 통해 태화의 가장 중요한 조건인 군자와 인민의 상호조화의 필요성을 부각시켜 '자강불식'의 주체를 전 인민에게 확대시킬 이론적으로 근거도 마련하게 되었다. 즉 자신이 가졌던 종래 위로부터의 개혁을 지향했던 자신의 변법운동의 관점에서 벗어나, 인민을 주체로 하여 그들이 공동체 일원으로 인민이 담당해야 할 역할에 대해 분발을 촉구하며 모든 인민의 '자강불식'의 필요성을 다각적으로 설명한 것이다. 이를 바꾸어 설명하자면 종래 유학이 정치원칙을 제시할 수 있는 자격을 지닌 사람을 군주 또는 성왕에 한정시키고 '민'의 힘을 경시해 온 점을 타파시켜 버린 것이다. 따라서 량에 있어서 언제나 상실될 가능성이 있는 국가의 자주권을 유지할 수 있는 방법은 군자만이 아닌, 신분 성별을 넘은 모든 인민이 정치의 주체이며, 실천적 방법론으로서 군사력의 증강이 아닌 인민의 '양지행' 곧 도덕적 '자강불식'에 의한 성품의 향상에 의한 국부의 증진임을 주지시킨 것이다. 이를 통해 량은 국가의 자주권을 가능하게 하는 본질적 부분을 종래 주력했던 통치제도의 개혁인 변법론에서 벗어나, 문명의 기초를 '덕'으로부터 도출하고, 사회변혁은 한 사람 한사람의 인격적 완성에 달려 있다는 발상을 전개한 것이다. 이는 마치 인격 완성을 통한 정치의 실현을 지향하는 수신제가치국평천하의 논리와 유사해 보인다. 그러나 그는 유학을 결코 절대적 보편원리의 덕으로 강조한 것이 아니라 유학을 포함한 모든 학문의 덕을 상대화시켰다. 즉 군주의 자강 및 모든 인민 개개인의 자조를 위해, 서양의 과학 군사 기술 같은 형이하학이 아닌 서양의 형이상학도 배워야 할 당위성을 주장하게 된 것이다. 요컨대 인민의 성질이 변화하여 새롭게 거듭나야 한다는 것으로 모든 인민 개개인의 도덕 및 지적 향상에 의한 품행의 향상이 자주국으로 나가갈 수 있는 방법이라는 서양의 메시지에 공명하여 이를 전달하고자 한 것이다. 그러나 그는 나카무라와 달리 인내·끈기·근면·성실·정직·몰입과 같은 서양의 복음주의 윤리에 근원한 덕목의 구비를 강조하지는 않았다. 이러한 관점은 량의 후술하는 한국의 '자강'·'독립'사상가들의 선두주자들에게 선명히 계승되었다.

4. 한국의 자조론

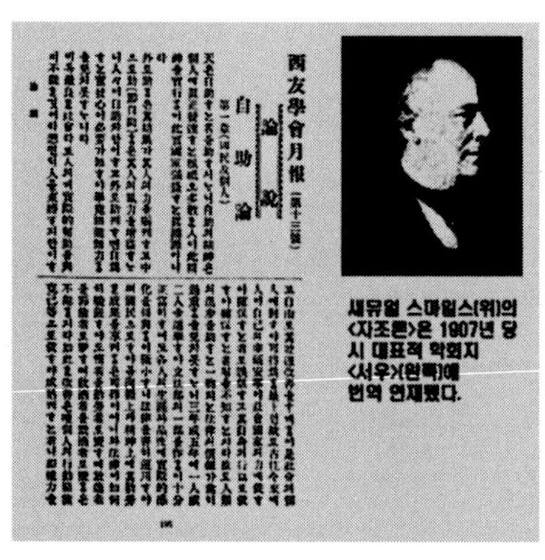
西友學會月報 (第十三號)

論說

自助論

새뮤얼 스마일스(위)의 <자조론>은 1907년 당시 대표적 학회지 <서우>(왼쪽)에 번역 연재됐다.

『서우학회월보』 제1권 13호(1907.12)

이 절에서는 국가의 활력과 실력의 원천은 국민 개개인의 자조정신이라는 이른바 스마일스의 자조론이, '자강'·'독립' 사상가들의 근대적 '교육'론과 산업국가론인 '식산흥업'론에 어떠한 수용 형태로 영향을 끼쳤으며, 이는 한국 정치사상사에 있어서는 어떠한 사상사적 의의를 가지는 지를 살펴보는 것이다. 즉 '자강'·'독립'사상가들이 대한제국의 국권 상실의 위기 상황을 배경으로서 사용된 '자강'은 '자조'와 동의어였다. 또한 이는 외세(일본)에 의존하지 않고 스스로 실력 양성을 애썼던 '자강주의'의 기본정신이었으며, 일본의 보호에 의지하지 않고 스스로 실력양성을 추구했던 정치적 의미의 '자주' '자치' '독립'의 필요조건이었던 것이다. 따라서 이들은 무력적인 국권회복운동을 지양하고 온건적인 방법을 통하여 국권회복 운동을 전개하려 한 것이다. 또한 의병운동을 전개한 위정척사론의 대척점에 서 있었다.

한편『자조론』은 일제 강점기에 금서였다.[179] 이는 이 책이 단순한 성공주의의 교과서가 아니라 봉건주의와 일본 제국주의 침략이라는 이중적 시대적 과제를 해결하기 위한 공적 원리가 되어 결과적으로 민족주의를 촉진하는 역할을 하였음을 유추해 볼 수 있다. 이처럼 이 책이 금서가 된 이유에 주목하는 것은 지금까지 상대적으로 소외된 대한제국기에 역사적 의미를 부여함과 동시에, '조선은 망할 수밖에 없는 나라였고 일본은 우리에게 근대화라는 선물을 준 나라'라는 식민지 근대화론을 비판적으로 극복할 수 있다. 이러한 비판적 극복의 관점은 한국 근대 정치사상사의 전체상에 대한 완성도를 높이는 데에도 기여하는 파급효과도 가져올 수 있다고 하겠다. 이러한 연구의의를 달성하기 위해 먼저 자조론의 역사적 수용 경로를 살펴보고, 이어서 일본의 자조론의 수용양식의 대상 시기와 일치하는 한일병합 이전까지의 한국의 자조론의 수용양식을 살펴보고자 한다.

1) 한국 자조론의 역사적 수용: 중국과 일본

한국의 자조론 수용은 영국 유학생이 없었으므로 간접 수용이며 최초의 편역본인『서국입지편』이 저본이라 보아야 할 것이다. 그런데 자조론은 보다 일찍이 수용될 기회가 있었다. 왜냐하면 윤치호가『서국입지편』이 교재이던 도진샤에 최초로 유학한 인물이기 때문이다. 그러나 이 시기는 한국에는 동도서기론의 개화사상이 지배적인 사상

179) 「赤露에 禁止書籍」(저자 一記者)에 의하면 "철학, 심리학, 인생철학 중에는 금지한 書名을 指定한 것이 17種인데 英國 쓰마일쓰의 職分論, 品性論, 自助論 같은 名篇이 들어있고",『동광』 제7호(1926.11.1), 국사 편찬위원회의 〈한국사데이터 베이스〉 http://db.history.go.kr/ (검색일: 2015.5.30) 참조.

이었으므로 사상적 흔적을 찾을 길이 없다. 더욱이 국제정세도 청일·러일전쟁이 일어나기 이전에는 한국을 둘러싼 중국과 일본의 각축은 소강상태였다. 따라서 자조론의 등장은 러일전쟁의 전리품으로 한국이 보호국화되어 가는 국제정세 가운데 '자강'·'독립'사상가들에 의해 조야에 널리 퍼져나갔던 것이다.

그런데 자조론의 선제적인 전달자로서 량에 주목하는 이유는, 앞장에서 살펴본 '자조'의 의미를 '자강'으로 해석한 량의 「자조론」으로부터의 영향으로 크다고 보기 때문이다.[180] 더욱이 그는 한국의 지식인들에게 영향을 끼친 외국 사상가들 가운데 대표적 인물이다. 즉 그는 일본에 망명하기 전부터 변법무술개혁으로 인해 한국에 잘 알려졌으며, 1897년 독립협회가 출판한 『대조선독립협회보』에 량의 「청국형세(淸國形勢)의 가린(可憐)」이 실렸다. 또한 『황성신문』 외보란에는 『청의보』의 소식이 실렸다.[181] 장지연·박은식 등은 『청의보』 『신민총보』 등을 인천의 보급소를 통해서 혹은 당시 유통되던 일본 및 중국에서 유입된 한문서적 등을 통해 접했던 것이다.[182] 예컨대 「애국

---

180) 량은 한국에 사회진화론 전파에도 큰 기여를 하였다. 이에 관하여는 우남숙, 2011, 「사회진화론의 동아시아 수용에 관한 연구: 역사적 경로와 이론적 원형을 중심으로」, 『동양정치사상사』 제10(2) 참조.

181) "청의보, 요코하마에 머무르고 있는 청국 사람이 청의보를 지난해 12월 3일 초에 발간하였다. 기자는 량으로 상하이 『시무보』의 필자였다. 첫 호에서는 중축철학개론, 「청국 변정 시말문제」의 논문에서 국내의 치란에 뜻을 두면서 동서양의 시국을 설명하고 청의보는 이러한 시국을 비통하게 논하고, 안으로 중국의 4억 인들이 나태하지 말고 경계를 촉구하고 밖으로는 동방 지식인들의 가르침을 받았다", 『황성신문』 1899.01.13. 4면. 그리고 『청의보』 판매처는 서울의 한성신문관과 인천의 화교가 경영하는 이태호(怡泰號)였다.

182) "또한 청국 신회사람 량이 작년에 시국이 돌아가는 것을 비분하여 『파란멸망기(波蘭滅亡記)』를 지어 비록 군대를 출동하는 것을 억누르고 권모(權謀)로서 여러 나라가 병탐 잠식하여 커 가는 것을 부의적으로 설명하였다. 권모를 써서 약한 나라에 들어가는 것은 한 나라만이 아니다. 파란은 나라 안으로 정치가 문란하고 오랫동안 심하게 국력이 약하여 집안의 한 마리 쥐였지만 강한

론(愛國論)」(1898)은 『황성신문』(1899)에 약 3분의 1 정도 번역 기고되었으며, 1907년에는 박은식에 의해 완역되었다. 또한 장지연의 논설을 보면 글의 내용이나 논설에 량의 글을 인용하고 있음을 알 수 있다.[183] 특히 그의 「자조론」이 실린 고정 칼럼인 「음빙실자유서」는 한국판이 1908년에 탑인사에 의해 발행되었고[184] 평양 대성학교와 안동 협동학교의 한문 시간의 교재로도 사용되었던 것은 역사학계에서도 잘 알려진 사실이다. 이 밖에도 1904년부터 1911년 사이에 집중적으로 발표된 량의 조선에 대한 논의의 글도 약 십여 종이 전해졌다.[185]

이처럼 량이 한국에 많은 독자를 확보할 수 있었던 이유는 그의 문장은 깊은 지식을 갖고 있을 뿐만 아니라 논리가 뛰어나 독자들의 마음을 털어 놓게 하며, 한문을 배우는 데 모범이 된다고 여겼기 때문이다. 황현은 다음과 같이 량의 문장을 칭송하고 있다.

호랑이나 이리에 의탁하여 고기를 택하여 먹게 됨으로써 스스로 자강하려 하지 않고 대국의 비호 아래 들어가니 슬프다 망할 날도 얼마 남지 않았구나", 『대조선독립협회보』 제2호 아세아문화사 영인본, 146~147쪽. 『파란멸망기』는 1896년 8월 상하이에서 발행된 『시무보』에 량이 발표한 것이다.

183) 장지연은 『시사총보사』의 주필(1899.1.22.~8.13), 『황성신문』 주필 겸 사장(1899.9~), 『조양보』를 창간하고 편집위원(1906)이었다.

184) 이는 「음빙실자유서」에다 량의 몇 가지 논설을 추가하고, 전항기의 번역본을 합쳐 간행한 것이다.

185) 「애국론」(1899.2.3.7월)이 『황성신문』에 실렸다. 요점은 근대 서구적 의미의 '애국' 개념과 중국인의 애국심 부족을 안타까워하는 내용이다. 이 밖에도 1914년까지 그의 역사 · 전기소설 · 신소설을 포함한 많은 형태의 작품이 번역되어 한국의 신문 · 학회지 · 기관지에 100여 개가 소개되었다. 예컨대 〈이태리건국삼걸전(伊太利建國三傑傳, 1902)〉의 4종류 번역판 중 하나는 신채호가 내고, 초기 교육 개혁의 청사진인 『학교총론(學校總論)』(1896)의 번역은 박은식이 맡고, 약육강식의 세계에서 미래를 논하는 량의 글들은 장지연이 『중국혼(中國魂)』이라는 단행본으로 내었다. 이 밖에도 「무술정변기」 「월남망국사」 등은 신채호가 번역하여 간행하였다. 한편 량의 저술들은 학교의 한문 독본으로 쓰였으며, 안창호는 필독 서적으로 량의 『음빙실문집』을 추천한 바가 있다.

캉유웨이는 광동인으로 그의 제자인 량과 함께 新學을 힘써 제창하였다. 무술변법이 실패함에 따라 영국 배를 타고 도망하고 일본으로 건너갔다. 량의 그때 나이는 28세로 그 재주가 뛰어나고 문장도 범위가 넓고 훌륭하였다. 일본에서 청의보를 발행하여 당시의 세태를 꼬집었다. 수천만자에 달하는 음빙질문집을 지어 그 이론이 종횡으로 힘이 넘쳐흐르고 있으며 오대주에 유행하여 혀를 내두르고 있다.[186]

두 번째 경로는 일본 유학생을 통한 수용이다. 한국에 자조론이 펴져나간 시기는 일본에서는 이미 『서국입지편』의 개정판도 출간되었으며, 상대적으로 현대어를 사용하여 이해하기 쉬워 더 적절한 번역서라는 평가를 받는 켄죠의 『자조론 상 · 중 · 하』도 출판되어 있었다. 따라서 유학생들이 창간한 유학생 계몽잡지를 통해 자조론의 수용은 더욱 더 활발히 이루어졌다. 예컨대 『조양보』의[187] 목차에 '수마이루스'라는 이름이 등장하고 이어 2호, 3호에도 연이어 실렸다. 또한 『조양보』(1906.07.01)에는 『자조론』이 다음과 같이 소개되어 있다.

이 논의(此論)는 영국 근년 큰 학자(碩儒) 스마일스(斯邁爾斯氏)씨의 저술(著)한 바라 대범 개인의 성품사상이 국가운명에 관한 힘(力)이 심대함으로 이에 책(書)을 저술(著)하여 국민을 각성케 함이니 세계 도처에 스마

186) 『매천야록』 권3, 1900년 7월.

187) 『조양보』는 1906년 6월 창간되어 1907년 12월까지 통권 12호로 종간했다. 편집 겸 발행인은 심의성, 주필은 장지연이며 매달 10일과 25일 2번 펴냈다. 국한문 혼용, 타블로이드판 24쪽 안팎으로 조양보사에서 펴냈다. 국권회복을 위한 국민의 지식을 계발할 것을 목적으로 학술논문과 실업(business)」에 도움이 될 만한 기사를 실었다. 예컨대 량의 「홉브스(토마스 홉스: 인용자 주) 학안(學案)」도 번역, 연재하였다. 주필은 근대 유럽 4대 사상가의 정치학설을 편집 번역한 량의 글을 중역한다고 주를 달았다.(『조양보』 1906.10.25) 구성은 논설 · 교육 · 실업 · 담총 · 관보초록 · 내외잡보 · 사조 · 소설 등으로 되어 있다. 종간 12호는 국판, 월간으로 바꾸어 발간했다.

일스(氏)의 저서를 번역함이 극다한데 자조론이 그 첫 번째(卽其一)이라. 이제 저술 가운데 적실한 바를 번역하여 독자로 하여금 그 길을 강구코자 하게하여 중흥할 수 있는 근본적 힘을 얻을 수 있으리니.

이처럼 『조양보』에는 『자조론』의 1장인 「국민과 개인(National and Individual)」을 초역하고, 스마일스를 '덕학대가(德學大家)'로서 회자시킨 것이다. 이어서 『공수학보』 통권 1호(1907.01.31 창간), 『태극학회보』 제12호(1907.07.24), 1908년 도쿄 유학생 중심의 『대한학회월보』 제3호(1908.04.25)[188] 등과 같은 일본 유학생 잡지에는 주로 『서국입지편』 1장의 초역과 모방 논설이 실려 있다. 예컨대 『공수학보』를 보면 관비 유학생 김성목은 「자조정신(自助情神)」[189]이란 유사한 논설을 썼는데, 스마일스에 관한 직접적인 언급은 없이 '자조정신'을 '자주 자립하여 타인에 의존하지 않는다'는 의미이며 이는 '재능과 지혜'로부터 생겨난다고 하였다. 그리고 그는 '자조정신'의 효과는 '국권을 충실히 할 수 있어 국가 독립의 기초'가 되며[190] 이에 대한 경험적 사실로 '네

188) 재일본 한국유학생 단체인 〈대한유학생회〉가 〈낙동친목회〉, 〈호남학회〉와 함께 통합해 1908년 01월 〈대한학회〉를 도쿄에 설립하였다. 이는 발기인 일동이 『월보』 1호에 쓴 「취지서」를 통해 알 수 있다.

189) 1904년 황실특파 유학생 50명이 동경에 파견되어 동경부립 제1중학교에 입학하였다. 그들은 일본에서 〈공수학회〉를 조직하였다. 이 단체의 학회 활동은 그다지 활발하지 않았으나 국내에서의 국채보상운동에 고무되어 의연금 62원 50전을 모아 송금했으며, 대마도에서 순절한 최익현의 정신을 기리는 만사(輓詞)를 지어 보내기도 하였다. 또한 국내의 『제국신문』에 관비생을 비방하는 글이 게재되자 크게 반발, 이를 수정하게 압력을 가하였다. 『공수학보』는 1907년 1월 31일자로 창간되어 표지에다 매년 4회 발행이라 하였으나 속간되지 못했다. 국권의 상실 이후로는 잡지의 발행은 철저히 총독부에서 규제하고 있었기 때문에 잡지 한 권 펴내는 일이 용이하지 않았던 이유로 추측된다. 한국민족문화대백과, 한국학중앙연구원 자료 참조.

190) "자조정신이란 것은 자주자립하야 타인의 힘을 의(依)치 아니하는 것이니 사람의 재지(才智)를 유(由)하야 생(生)하는 근원이라" "가정에 자조자(自助者)없으면 산업이 저경(抵傾)하고 화사(禍事)가 더욱 생겨나 국내에 자조자 없으면 내

덜란드의 자주와 미국의 독립'을 들고 '자조정신을 오해하지 말고 배양할 것'을 권장하였다. 요컨대 그들은 '자조정신'을 '국력의 원천' 및 '국권확립'의 기초로 인식하고 '국가 독립의 자격'이라는 공적 원리로써 강조하였다. 나아가 스마일스는 언급한 바 없는 어떻게 하면 '자조정신'을 양성할 수 있는 지까지에도 주목하여 방법론으로 '나태란 악습이자 구습을 제거'해야 한다는 것이다.

그리고 같은 호에 나란히 게재된 어윤빈의 「성공론」은 '사업을 경영함에 성공할 수 있는 4가지 요건'이 주제인데, '견고한 의지, 엉김(凝)에 대한 연구, 근면 및 견고한 인내력과 의지로, 자포자기하지 않고 용감히 전진하는 것, 학문상의 이치를 잘 연구하는 것'라고 소개하고 이를 통해 '부국강병하여 열강의 대열에 합류할 수 있다'는 것이다. 대표적 예로 나폴레옹, 성 피터, 워싱턴의 건국, 루터의 종교개혁, 왓슨의 증기기관, 뉴턴의 만류인력, 콜럼버스의 탐험의 예를 들었다. 이는 『자조론』 2장 「산업을 주도하는 힘(Leaders of Industry)」의 요지와 유사하다고 볼 수 있다.

역시 일본 유학생 회보인 『태극학보』에서 장응진은 「희망의 서광(希望의 曙光)」(제11호, 1907.06.24),[191] 최석하가 「천하대세를 논함(天

정이 문란(紊亂)에 외회(外會)에 이르고 인민이 나태해 국세가 빈한하여 형국을 당하리니"라고 하여 사업이 부진하고 국내정세가 혼란하며 가난한 국가가 된다는 것이다. 반면 "국내에 자조하는 인민이 많으면 국권이 충실하여 독립기초를 견고히 구성하리", "자조정신이란 것은 사람을 입(立)케 하고 가(家)의를 보(保)케 하고 국기를 고(固)케 하는 원인이라 하여도 무방하니 개인이든지 일가든지 전국이든지 아무쪼록 자조정신을 양성하여(하략)"라고 하여 양성의 궁극적인 목적은 영국의 국가번영에 그치지 않고 정치적 목적인 국권회복인 것이다. "만약 자조정신이란 의미를 오해하여 타인의 권고와 이웃집의 보호와 다른 나라의 구원은 조금이라도 불수하고 자의(自意)를 고집타가 패망을 초래하는 자 있으니." 김성목, 「자조정신」, 『공수학보』, 1907.

191) "西哲이 言을 傳호되 天은 自助호는 人을 助혼다 호엿스니 自暴自棄호야 自己의 運命을 自力으로 開發치 아니호는 者의게 何處에 無用安値혼 幸福이 多多호

下大勢를 論홈)」(제12호, 1907.07.24)에서[192] 개인의 자조가 국가의 자조로 이어지므로 '자조정신'에 의해 '자주독립 외교'할 것을 강조하고 있다. 이는 국제사회에서 당시 원조가 전혀 없던 시기이므로 이러한 주장은 의미가 있다고 하겠다. 또한 제15호(1907.11.24)의 김지간(金志侃)의 「청년입지(青年立志)」[193](제17호, 1908.01.24), 이동초(李東初)의 「문명의 성질유지와 문명의 유입물오(文明의 性質有差와 文明의 誘入勿誤)」[194](제21호, 1908.05.24) 포우생(抱宇生)의 「수양의 시대(修養의 時代)」에서도 등장한다.[195]

야 幸福을 兩下홀 理가 有ᄒᆞ며 拱手不動ᄒᆞ고 八字나 運數의 來到를 坐待ᄒᆞᄂᆞᆫ 人의 口中에 飮食이 自步自入홀 理致가 何에 有ᄒᆞ리오. 故로 奮鬪ᄂᆞᆫ 希望의 花를 發ᄒᆞ고 希望은 奮鬪의 根을 作ᄒᆞ면 此 間에 幸福의 果實이 自然 成熟ᄒᆞ리라 고 斷言ᄒᆞ기를 余ᄂᆞᆫ 不憚ᄒᆞ노라." 태극학보, 1907a, 「希望의 曙光」, http://db.history.go.kr/(검색일: 2015.05.30).

192) "今日 我韓은 外交의 軌道에 脫出ᄒᆞ야 世界上 問題와 東洋問題ᄂᆞᆫ 勿論ᄒᆞ고 自國의 問題에 對ᄒᆞ야셔도 發言權이 無ᄒᆞ니 豈不痛哉아. 然이ᄂᆞ 皇天이 自助者를 助ᄒᆞᆫ다 ᄒᆞ얏스니 今後로 我同胞가 自助精神을 不失ᄒᆞ면 엇지 機會가 無ᄒᆞ리오. 故로 余ᄂᆞᆫ 於此에 我韓國民은 外交上 思想을 更一層 養成ᄒᆞ야 列國의 一合一分이 我韓에 如何ᄒᆞᆫ 影響이 有홈을 硏究홀 義務가 有ᄒᆞ다 ᄒᆞ노라." 태극학보, 1907b, 「天下大勢를 論홈」, http://db.history.go.kr/(검색일: 2015.05.30).

193) "諺에 云ᄒᆞ되 天은 自助ᄒᆞᄂᆞᆫ 者를 助ᄒᆞᆫ다 ᄒᆞ엿고 又 云ᄒᆞ되 汝의 腕으로 汝의 運命을 造ᄒᆞ라 ᄒᆞ엿고 또 西人의 格言에 我ᄂᆞᆫ 正義와 善良의 間에 自由로 行動홀 ᄲᅮᆫ이오. 世評의 如何와 時代의 變遷이 我의게 何關이 有ᄒᆞ리오. 我ᄂᆞᆫ 千年을 閱ᄒᆞ던지 萬年을 閱ᄒᆞ든지 我ᄂᆞᆫ 我의게 홀 ᄲᅮᆫ이라 ᄒᆞ야스니 大槪 天下에 大名을 擧ᄒᆞ고 大業을 成ᄒᆞᆫ 者ᄂᆞᆫ 다 是와 如ᄒᆞ도다. 人이 人되ᄂᆞᆫ 價値를 得ᄒᆞ랴면 獨立獨行ᄒᆞ야 他人의게 依賴ᄒᆞᄂᆞᆫ 根性을 絶ᄒᆞ고 他人의게 壓制밧ᄂᆞᆫ 根性을 絶ᄒᆞ라. 自己가 風波를 冒ᄒᆞ고 自己가 運命을 造ᄒᆞ라. 聖賢도 人이오 英雄도 人이오 哲人도 人이라. 우리ᄂᆞᆫ 人이 아닌가." 태극학보, 1907c, 「青年立志」, http://db.history.go.kr/(검색일: 2015.05.30).

194) "惟我東邦人士ᄂᆞᆫ 一掃古來之氣風ᄒᆞ고 自助之精神과 自奮之氣象으로 自活自立ᄒᆞ야 千古不朽萬古不廢之平等主義文明을 期意得成ᄒᆞ면 豈不美哉며 胡不樂哉아." 태극학보, 1908a, 「文明의 性質有差와 文明의 誘入勿誤」, http://db.history.go.kr/(검색일: 2015.05.30).

195) "天은 自助者를 助ᄒᆞ나니 自己의 事를 自己가 不作ᄒᆞᄂᆞᆫ 者에게 恩을 垂할 天이 何에 有ᄒᆞ며 人類 有史以來로 其 行動의 結果랄 一言으로 論定ᄒᆞ면 弱肉을 强

그리고 일본 유학생 학회보인 『대한학회월보』(1908.9)에서 '자조인조(自助人助)' 항목으로 실례가 소개되었다. 즉 미국으로 유학 간 정등엽(1884~?)과 이대위(1878~1928)가[196] 학자금을 노동을 통해 자기 힘으로 마련하는 예화에 대한 이야기인데, 학비가 부족하여 외국인으로부터 학자금 도움을 받은 것은 '인조(人助)'라고 표현한 것이다. 또한 홍성연(洪聖淵)은 「국가정도난필자개인지자조품행(國家程度ㄴ必自個人之自助品行)」(제3호, 1908.04.25)에서는 '자조란 자주자립하며 타인에 기대지 않는 것으로 우리의 진정한 정신이다. 자조정신의 사업이 이루어지며 국가가 자조하는 인민을 가지면 국가가 문명으로 나아간다', '국민의 인격이 국가의 품격을 결정한다', '이는 확연한 경험이다' 등과 같이 『자조론』 1장과 13장의 주요 내용이 초역되어 있다. 그리고 『대한협회회보』 제12호(1909.03.25)에는 홍필주(洪弼周)[197] 「국민십대원기영집절약(國民十大元氣氷集節略)」, 1908년 8월 창간된 『기호흥학회월보』 제8호(1909.03.25)에서는 필명 관해생(觀海生)의 「동서격언(東西格言)」에 '나태(懶惰)흔 두납(頭臘)ㄴ 귀마(鬼魔)의 공장(工場)이니라'

食흔 結果뿐이니 爾를 救흘 者도 爾며 爾를 亡흘 者도 爾니 爾의 事ㄴ 爾가 作흐고 他를 夢想치 말지어다." 태극학보, 1908b, 「修養의 時代」, http://db.history.go.kr/(검색일: 2015.05.30).

196) 이들은 미주지역에서 독립운동을 벌인 인물인데, 이 공로로 보훈처에서 독립유공자로 인정받았다. 최기영, 2013, 『이대위: 잊혀진 미주한인사회의 대들보』, 역사공간.

197) 1905년 가을에 홍필주(1857~1917)는 요코하마를 방문하여 량을 만난 후, 귀국한 뒤에는 그의 인상담을 다음과 같이 남겼다. "청국 유학자 량은 호가 음빙자로 오늘날 동양 유신자의 제일인자다. 대개 그가 제시하고 있는 주장이 광범위하고 박학하여, 고대나 오늘날의 것은 물론 동양의 것과 서양의 것을 관통하고 있으며 분석과 해석의 자세함이 마치 솜털 구멍을 뚫는 것과 같으며 범위가 넓은 것이 하늘의 것과 지상의 것을 다 포함하고 있으며 시의에 적절한 것이 정말 세상을 다스리는 나침판과 같다고 할 수 있다." 또한 그는 일본의 황무지개척권 요구에 반대하는 규탄선언서를 발표한 항일운동가이며 대한협회 발기인이었다.

라고 하여 『자조론』의 구절이 인용되어 있다.

그리고 『대한흥학보』 제6호의 한흥교(1885~1967)도 「자강(自彊)」(1909. 10)에서 「자강(自彊)」을 '강(彊)'과 상통하는 '자강불식(自彊不息)'이라 정의하고, 그 의미를 "自彊의 反對에는 依賴的 思想과 畏怯的 根性이 隱隱히 包含되얏└니 人을 依賴ᄒᆞ며 人을 畏劫ᄒᆞ고야 自治란 自一字를 何處에 覓求홀슈 有ᄒᆞ리오"라고 하여 '의뢰적 사상' '외겁(畏怯)적 근성'과 대립적 개념이자 '자치'의 독립생활을 영위하는데 갖추어야 할 정신으로 중시되었다.

또한 1906년에서 8년 사이에 발간된 『매일신보』(1907~1908), 『서우』(1906~1907), 『대한자강회월보』(1907), 『해조신문(海潮新聞)』(1908.4.12) 등에 번역 소개하여 사회일반에 퍼져 나간 것이다. 예를 들어 『대한자강회월보』 제3호(1906.09.25)의 「배미대한인집관조성해외보관계(北米大韓人集款組成海外報館啓)」,[198] 제4호 금능거사(金陵居士: 오오가키의 필명; 인용자 주)의 「물우한국무전」[199](1906.10.25), 제5호(1906.11.25)의 박은식의 「자강능부의 문답(自强能否門答)」,[200] 「배미대한인집관조성

198) 『월보』, 1906a, 「蓋人自助天必助之理也豈不可勉力圖成哉若有大義贊助諸位卽付書於帝國新聞社則自可信傳矣」, http://db.history.go.kr/(검색일: 2015.05.30).

199) "國難에 良相을 思ᄒᆞ고 家貧의 賢妻를 思ᄒᆞ나니 韓國目下에 何人을 思ᄒᆞ리오 良相도 必要오 賢妻도 必要라 然이나 尙一層 必要ᄒᆞᆫ거슨 實로 自助的人物이라 自助的人物有ᄒᆞᆫ 處에ᄂᆞᆫ 金錢은 自生ᄒᆞ고 名譽ᄂᆞᆫ 不期而到ᄒᆞ리니 人이 正道를 修ᄒᆞ야 勉勵刻苦ᄒᆞᆫ즉, 金錢이 到處湧出ᄒᆞ고 運命은 到處造得ᄒᆞᆯ지며 遊惰ᄂᆞᆫ 自立ᄒᆞᄂᆞᆫ 所以가 안이니 卽 今日韓國人이 斷然ᄒᆞᆫ 決心을 有ᄒᆞ야 各自 奮發ᄒᆞ야 自助的人物을 作成ᄒᆞᆫ즉, 國家에 一千萬圓이나 二千萬圓에 負債가 有ᄒᆞᆯ지라도 有何憂慮之可及이며 正心慧眼으로 二千萬人之同胞가 唾雙腕而奮起ᄒᆞ면 一億二億은 勿論ᄒᆞ고 十億百億에 金錢도 地上에 湧出케 흠을 得ᄒᆞᆯ지라. 今日에 國民이 最可注意處ᄂᆞᆫ 此一事에 只在ᄒᆞ니 刮目ᄒᆞᆯ지어다. 二千萬人之同胞여." 대한자강회월보, 1906b, 「물우한국무전」, http://db.history.go.kr/(검색일: 2015.05.30).

200) "自助로써 天助를 得ᄒᆞ기로 目助을 삼은 然後에야 自强을 可致오 獨立을 可復ᄒᆞ려니와 萬一 他列强의 如何事機로 我를 援助ᄒᆞᆯ가 希望ᄒᆞ면 非但 妄想이 될 뿐더러 實로 莫大ᄒᆞᆫ 不幸이라." 『월보』, 1906c, 「자강능부의 문답」,

해외보관계(北米大韓人集款組成海外報館啓)」『서우』 제12호 (1907.11.01) 또한 『서우』 제12호(1907.11.01)에 「자치론(自治論)」(저자: 익명),[201] 제14호(1908.01.01) 「세계이문(世界異聞)」에 소개되어 있다. 『서우』 13호에서는 켄죠의 번역서 1장을 중역하였다. 왜냐하면 나카무라는 스마일스의 『자조론』 1장의 'Selp-Help: National and Individual'을 '邦國及び人民の自ら助る(방국과 인민이 스스로 돕는 것을 논함)'이라고 번역하지만, 켄죠는 Nation을 국가로 Individual을 개인이라는 역어로 정착시켰기 때문에 원본이 누구의 것인지 알 수 있다.

> "一國의 政府는 항상 國民의 反映이라, 그 人民보다 進步한 政府는 그 人民과 同列로 떨어짐을 면치 못하고 그 人民보다 뒤에 있는 政府는 드디어 人民과 同列로 올라갈지니 國民의 品性과 그 國家의 政治 法律과 정상 비례하니 前者의 向上과 低落을 불러오니 물의 수평을 구함과 같은 것이라."[202]

그리고 『대한매일신보』(1904.07.18) 등에서는 스마일스의 유명한 격

http://db.history.go.kr/(검색일: 2015.05.30).

201) "英國人 스마이루스(斯邁爾斯氏)의 四大著書中에 「自助論」이最有名ᄒᆞ니 實로 世界不朽ᄒᆞᆯ大著인ᄃᆡ 其價値는 人의 共知ᄒᆞᄂᆞᆫ바라 此 書의 主되ᄂᆞᆫ 目的은 青年을 鼓舞ᄒᆞ야 正한 事業에 勤勉케 ᄒᆞ야 勞力과 若痛을 不避ᄒᆞ고 克己自制를 勉ᄒᆞ야 他人의 幇助庇護를 不依ᄒᆞ고 專혀 自己의 努力을 賴ᄒᆞᆷ에 在ᄒᆞ니라. 日本維新之初에 中村正直氏가 此書를 譯ᄒᆞ야 國民의 志氣를 振起ᄒᆞ야 使日本青年으로 人人마다 自立自重의 志氣를 有케 ᄒᆞ니 其 譯文이 謹嚴的確ᄒᆞ야 堂堂ᄒᆞᆫ 大家의 筆致라 然ᄒᆞ나 漢文에 偏ᄒᆞ야 青年子弟가 了解키 苦難ᄒᆞ야 金玉의 文字도 興味가 往往索然ᄒᆞ고 且原文의 意를略ᄒᆞᆷ이 甚多ᄒᆞ야 吾人의 遺憾이 되ᄂᆞᆫ지라 於是乎畔上賢造氏가 時文으로 翻譯ᄒᆞ야 解讀에 易케ᄒᆞ고 其略ᄒᆞᆫ 바를 補ᄒᆞ야 遺憾이 無케 ᄒᆞ니라 今에 青年의 志望을 鼓動ᄒᆞ야 其努力忍耐勇氣精勵를 勉코져 ᄒᆞ야 畔上氏의 譯ᄒᆞᆫ 書를 譯ᄒᆞ야 順次로 本報에 載ᄒᆞᆯᄭᅥᆺᄂᆞᆫ ᄃᆡ몬져 中村氏의 本書에 對ᄒᆞᆫ 總論一篇을 左에 譯載ᄒᆞ노라." 『서우』, 1907, 「자치론」, http://db.history.go.kr/(검색일: 2015.05.30).

202) 「자치론」, 『서우』 13호, 1907.12.01.

언 '하늘은 스스로 돕는 자를 돕는다'가 '자조천자조(自助者天助)'의 문구로 등장하였고, 1906년에서 1908년 사이에 '덕학대가'로 본격적으로 알려지기 시작하였다. 또한 『서우학회월보』 제1권 13호(1907.12)에는 "세계 불후의 대저인데, 그 가치는 사람들이 함께 아는 바라. 이 책의 주된 목적이 청년을 고무하여 바른 사업에 근면케 하여 노력과 고통을 피하지 않고 극기와 자제에 힘써 타인의 도움이나 비호를 의지하지 않고 오로지 자기의 노력에 의지함에 있다"라는 책 소개와 함께, 속편 14호(1908.01.01)까지 걸쳐있다. "서양 사람은 항상 말하기를 나라가 자립권을 갖게 된 까닭은 인민에게 자립권이 있기 때문이며 인민이 자립권을 갖게 된 까닭은 인민에게 자립의 뜻과 자립의 행위가 있기 때문이다"라는 글이다. 또한 『서북학회월보(西北友學會月報)』(1908.01) 등에도 중역이 실려 있다. 아울러 1906년 7월 25일 자에는 스마일스의 자조론의 핵심적인 이론적 구조인 '개인의 성품이 국가의 운명을 좌우한다'는 「품행의 지식」이 함께 수록되어 있다.

그런데 한국에서 『자조론』에 대해 상대적으로 가장 충실한 번역은 역시 초기 일본 유학(1906~1909)이자 『대한유학생회학보』[203]의 주필이었던 최남선에 의해 이루어졌다. 즉 그는 『서국입지편』의 6편까지를 『자조론』(1918)으로 중역 출판하였으며,[204] 뒤이어 홍난파도 일부 번역하여 『청년입지편』(1923)을 펴낸 것이다. 즉 최남선은 1908년 일본에서 많은 서적과 인쇄기계를 구입해서 귀국하여 〈신문관〉을 세우고,

203) 『대한유학생회학보』는 1907년 3월 3일자로 일본 동경 대한유학생회에서 창간한 회원잡지로서, 그해 5월 20일 제3호까지 내고 종간했다. 창간호의 판권장을 보면, 주필 최남선, 발행인 유승흠, 인쇄인 문내욱, 발행소 대한유학생회(東京麴町區 中六番町 49), 인쇄소 명문사, A5판 100면에 정가 17전, 서울 보급소는 주한영(朱翰榮)서포이다.

204) 매일신보에 광고가 실렸다.

잡지 발간 사업을 대대적으로 벌인 인물이다.[205] 예컨대 〈청년학우회〉의 기관지의 성격을 띠었던 『소년』[206]의 1909년 10월호에는 스마일즈의 『품행론』을 『성행론(性行論)』으로 소개하였으며, 스마일스에 대해 직접적으로 언급한 글도 3편이나 실려 있다. 즉 「이런 말씀 들어보게」 난(欄)의 「스마일스 서절록(書節錄)」과 「스마일스 서절역(書節譯)」, 「신시대 청년의 신호흡」 난에는 『품행론』 3장을 '용기론'으로 초역한 것이다. 3편 모두 '자강'과 '독립'을 위해 '소년'이 '품행'을 함양하여 '자조'할 것을 독려하는 글이다. 그리고 「스마일스 서절록(書節錄)」은 인용출처가 표기되어 있지 않지만 미국을 독립시킨 워싱턴에 관한 내용이며,[207] 「스마일스 서절역(書節譯)」 또한 애국주의를 다룬 내용으로 「신세대청년의 신호흡 일곱(七)」(1909.10)의 논설 「영국 덕학대가 스마일스 선생의 용기(英國德學大家스마일스先生의勇氣)」와 더불어 모두 『품행론』 1장을 참고로 한 것이다.[208] 비록 홍난파의 「청년입지편」(1923)은 일부 내용과 결론은 생략된 것이어서, 한국에 있어서 『자조론』 완역본은 일본과 달리 해방 이후가 되어서야 이루어졌다.

---

205) 『소년』 통권23호(1908.11~1911.5), 『붉은 저고리』 통권12호(1912.8~1913.6), 『아이들보이』 통권12호(1913.9~1914.8), 『새별』 통권 16호(1913.9~1915.1), 『청춘』 통권15호(1914.10~1918.9).

206) 당시로는 드물게 2천 부에서 2천5백 부에 이르렀으나 1911년 폐간되었다.

207) '워싱턴과 같은 품행을 가진 사람이 국력을 증진시키고 부강하게 한다. 한국의 을지문덕과 이순신도 이러한 품행을 가진 위인으로서 조선의 소년들이 이들과 같은 위인의 품행을 본받게 하는 것이다.'

208) 이 책의 핵심적 내용은 '조선 사람은 근면하지 못하니 말로만 애국을 부르짖지 말고 묵묵히 한걸음씩 착실하게 노동 역작(力作)하는 것이 애국'이라고 하여 '노동'을 통한 근면이 '애국'임을 주장한 것이다. 여기서 '노동(勞動)'은 근대에 새롭게 정의된 한자어이다. 본래 고대 중국 『장자(莊子)』 등에서는 '몸을 사용하여 움직이다'라는 의미로 쓰였으나, 1880년대 후반인 메이지 10년경 서양의 번역서를 통해 'Labor, Work'의 역어로 차용된 것이다.

2) 한국 자조론의 수용양식

그러면 한국의 자조론은 어떠한 수용양식을 보여주는 것인가. 즉 『황성신문』(1899.12.9)의 익명의 논설에는 '자강'을 '힘써 노력하다'는 뜻인 '면력(勉力)'으로 정의하였다. 또한 원영의는 「자조설(自助說)」(『월보』 13호, 1907.7.25)에서 '자조란 사물의 진리를 밝히는데 힘쓰는(窮理力學) 자강불식에서 벗어나지 않는 것'이라고 하여 '자조'와 '자강'을 일치시켰으며, '자강'의 본질에 대해서도 '남에게 도움을 받으려는 구태를 벗어나는 것'이라 하여 개인의 자주 및 자립을 의미함을 분명히 하였다. 아울러 박은식은 「자강능부의 문답」(『월보』 5호, 1906.11.25)에서 "自助로뻐 天助를 得ᄒᆞ기로 目助을 삼은 然後에야 自强을 可致오 獨立을 可復ᄒᆞ려니와 萬一 他列强의 如何事機로 我를 援助ᄒᆞᆯ가 希望ᄒᆞ면 非但 妄想이 될 뿐더러 實로 莫大ᄒᆞᆫ 不幸이라"라 한 바와 같이 '자조'란 '열강의 원조를 바라지 않는 정신'인 동시에 '국가의 독립의 선결 요건'이라고 하였다. 특히 박은식은 식민지 이후에 쓴 『한국통사』(1915)에서도[209] '자강의 결핍'이 국권 상실의 원인으로 강조하였다. 즉 그는 안설(按說)에서 '잠깐 위기를 넘기고 나면 그뿐 아무 경각심 없이 구태의연한 모습으로 돌아와 연안에 빠져 있었다'라고 하며 대한제국의 좌절된 역사의 이상(理想)은 을사늑약 체결 이후 일본의 보호에 의지하고 스스로 실력 양성의 노력에 실패한 '자강'이었기 때문이

---

209) 순한문으로 기술되었으며 한글로 번역되어 조선 내에도 배포되었다. 총 3편 114장으로 구성된 이 책은 우리나라의 지리와 역사를 대관한 후 흥선대원군의 섭정이 시작된 1864년부터 1911년에 벌어진 105인 사건까지를 기술한 것으로 일제의 침략과정을 밝히는 한편 국혼(國魂)의 수호와 이를 바탕으로 한 국백(國魄)의 회복과 독립의 희망을 전하는 것이었다. 책이 간행되어 중국과 만주 일대의 교민들에게 널리 읽히며 일본의 만행을 알리고 독립의식을 고취하자, 조선총독부는 이 책을 금지시켰다.

라는 것이다.

뿐만 아니라 장지연은 황해도 동명학교에 조직된 〈자조회〉의 취지문에서도 '자강'이 '자조'임을 밝히고 있으며[210] '자강주의'라는 용어를 사용하였다. 즉 그는 「자강주의」(3호)에서 '자강'의 본질을 '의뢰하고 기대려는 고질병의 대립적인 의미'라 정의한 것은 스마일스가 '게으름뱅이가 가지지 못한 근성'이자 '나태' '게으름' '이기심'과 같은 악습과는 대척점에 있으며, 구체적으로는 '근면' '근로' '극기' '절제' 등의 가치관이라고 '자조'를 정의한 바와 개념적으로 다를 바 없다. 또한 장지연은 "그대가 이미 건괘의 건이 자강불식이라는 뜻을 알고 있으니 이는 진정 자강주의의 둘도 없는 법문이다. 자강의 옳은 뜻은 이것에서 실제 취함이요 남방의 강함이나 북방의 강함이 아니니 굳세기만 한 그 강함이 어찌 오늘날 자강의 진의이겠는가"[211]라고 하여 건괘의 '자강불식'이 '자강주의의 둘도 없는 법문'이라는 것이다. 이는 량의 독서논설 「자조론」에서 이미 살펴본 바와 같이 『주역』의 건괘의 해석에 따라 '자신이 스스로를 도와 자립한다는 의미'의 '자조'개념과 '평생 쉬지 않고 힘써 노력하다'는 뜻을 담은 '면강(勉强)'의 의미인 '자강불식'을 개념적으로 일치시킨 바와도 사상적으로 같은 맥락인 것이다.[212] 여기에 덧붙여 장지연은 『중용』 제10장을 인용하여 '자조'의 의미에 대해 보충적 설명을 덧붙였다.

---

210) 장지연, 1956, 「백천 동명학교 생도 자조회 취지문」, 위암문고, 248~249쪽.

211) "蓋聞易經乾健之義컨ᄃᆡ 曰自强不息이라 ᄒᆞ니'旣知乾健自强不息之義ᄒᆞ니 是ᄂᆞᆫ 眞正自强主義之不二法門也라 自强之義ᄂᆞᆫ 實取諸乎此也오 非南方之强과 與北方之强也니 若矯矯其强이 豈今日自强之眞義歟" 대한자강회월보, 1906d, 「著者 南嵩山人 張志淵」, http://db.history.go.kr/(검색일: 2015.05.30).

212) 안창호는 필독 서적으로 박지원의 『열하일기』, 유길준의 『서유견문』, 량의 『음빙실문집』을 권한 바 있다.

"자로가 강함에 대해 물었다. 자로는 용맹을 좋아하여 강에 대해 물었다. 공자가 답하기를 관유(寬柔)로써 가르치고, 무도함에 보복하지 않음이 남방의 강이니 군자가 이에 거한다. 즉, 관용을 베풀고 손순하여 남의 불급함을 가르치는 것이요, 불보무도는 이르되 횡역(橫逆)이 와도 그대로 받아들이고 보복하지 않는 것이다. 남방은 풍기가 유약하기 때문에 참고 견디는 힘으로써 남을 이기는 것을 강함으로 삼으니, 군자의 도이다. 한편 병기와 갑옷을 깔고 자면서 죽는 것도 싫지 않음은 북방의 강이니, 강한 자 이에 거한다. 즉, 과감한 힘으로 남을 이기는 것을 강함으로 삼으니, 강한 자의 일이다. 공자가 자로에게 고한 것은 그 기혈의 강함을 누르고 덕의의 용으로써 나가게 하고자 한 까닭이다."

이와 같이 장지연은 자신이 주장한 '자강주의'에서의 '강'의 의미가 '부국강병'에서 의미하는 물리적인 '강'이 아님을 밝혀, 자신의 '자강주의'는 개화사상가들에 의해 추진된 군사력에 의한 '부국강병'론과 차이가 있음을 설명하였다. 즉 장지연은 부국강병이란 기본적으로 예치와 덕치에 의한 왕도정치에 대비되는 패도 정치에 가까운 개념으로서, 난세의 국면에 부상하게 되지만 가능한 지양해야만 될 가치이자 태도라고 인식했던 것이다. 이처럼 무력적인 국권회복운동인 위정척사파와는 대척점에 섰던 것이다.

그리고 김성희도 「지취(知恥)와 자신력(自信力)의 주의(主義)」(『월보』 5호, 1906.11.25)에서 "무릇 사람이란 유기체의 동물이라 부끄러움을 알면 분개하여 스스로 움직이는 힘이 필히 나오고 스스로 움직이는 힘이 있는 즉 자강할 힘이 필히 생기니 고로 서양의 학자가 말하길 소위 적극적인 것이 필히 자강의 시작이라"라 하였다.[213] 아울러 대한

213) "서양의 정치학자가 말하길 국가는 유기체위 조직이라 하고 또 말하길 국가는 民人의 절육관절이 집합한 것으로 그 구조를 이루는 것이라 하니... 사람은 자기오관과 혈구선위가 생리조직을 만들어 그 몸을 이루니 이는 개인 한 몸의

제국 외교자문이었으며 교육자 선교사 『한국평론(The Korea Review)』 발행인으로 활동하며 한국의 독립에 헌신했던 인 헐버트(Homer B Herbert, 1863~1949)[214]는 당시 〈대한자강회〉의 영문 발족 기사에서 〈대한자강회〉의 영문 이름을 '자조를 위한 모임'이란 뜻의 'Society for the Self-Help'로 번역하고 있다. 즉 헐버트는 "치안방해 죄로 감금되어 있었던 윤효정이 석방되어 지금 황성신문 주필(장지연; 인용자 주) 및 상당히 유명한 일본인 신사 오오가키 다케오(인용자 주)의 도움을 받아 자조를 위한 단체를 설립하려고 한다. 그 단체는 자강회 곧 자조를 위한 모임이라고 불린다"라고 하였다. 이와 같이 헐버트도 '자강회가 자조를 위한 모임'라 하여 '자조'와 '자강'을 동일한 의미로 이해하고 번역한 것이다. 이러한 헐버트의 영문 번역은 그의 일방적인 입장이라기보다는 '자조'와 '자강'을 동일한 의미로 이해하고 있던 당시의 맥락 속에서 이루어진 번역이라 보아야 할 것이다.

한편 윤치호의 경우를 살펴보면 〈대한자강회〉의 영문 이름을 'Ja-Kang

단체요, 스스로 그 몸을 닦으며 자강하여 삶에 기대지 않으며 계약한 바를 두려워하지 않아 자유 행동함이 한 몸의 독립이니 한 몸의 단체로써 한 몸의 독립을 이루고 천만인의 단체로써 천만인의 독립을 조합하여 국가독립존재의 실재를 이루니......", 「독립설」, 『월보』 7호, 1907.1.25.

214) 1908년 샌프란시스코 페리호 선착장 앞에서 장인환, 전명운 의사가 일본 앞잡이 노릇을 하던 미국인 스티븐스를 저격한 사건에서 헐버트는 '스티븐스의 죽음은 무척 유감이지만 한국인들 입장에서는 방치할 수 없었다. … 일본의 악행과 잔혹함을 조금이라도 얘기하면 미국인들은 피가 끓어 분노할 것이다.'라고 뉴욕타임스에 반박 기고문을 실었다. 일본에 우호적 분위기가 팽배했던 당시 미국에서 헐버트가 스티븐스의 저격 사건을 옹호한 것은 이례적이었다. '태프트-가쓰라 밀약(1905)에 분개한 헐버트 박사는 가는 곳마다 "미국이 조선을 일본에 넘겼다"며 모국을 비난했고 1907년 헤이그만국평화회의에 참석한 이준, 이상설, 이위종 특사가 을사늑약 무효를 세계에 알린 거사를 뒤에서 적극 도왔다. 이 일로 그는 강제 추방당했다. 그는 세계 지리와 문화를 소개한 최초의 한글 교과서인 '사민필지'를 제작했고, 서재필을 도와 최초의 한글 신문인 『독립신문』을 창간하기도 했다. 일제 침략이 노골화되자 그는 "박해받는 조선인을 돕는 것이 참선교"라며 대일 투쟁의 선봉에 나섰다.

Hoi'로 표기하거나 'Self-Strengthening Society'라고 표기하였다.(『일기』, 1906.05.6) 그런데 그가 'Help' 대신에 'Strengthening'으로 표기한 것은 헐버트의 표기와 다르나 다른 의미라고 생각될 수 없다. 윤치호 역시도 '자조'와 '자강'을 일치시켜 이해한 사람 중의 한사람이었기 때문이다. 왜냐하면 '자강회'을 'Self-Strengthening Society'라고 번역한 것은 문법적으로 틀린 것이 아니기 때문이다. 즉 여기서 'strengthening'은 형용사 역할인데 '강하게 하는'이라는 의미로 '자신을 스스로 강하게 해주는 단체'라는 직역이 가능하다.[215] 다시 말하자면 그는 〈대한자강회〉를 지칭하여 '사회(Society)'를 '강'하게 할 수 있는 단체라는 의미로 번역한 것인데, 그에 있어 사회를 강하게 할 수 있는 방법은 자조론의 본질과도 같이 물리적 군사적인 '병학'이 아니라, '서양의 정신교육'에 의한 고양된 인품을 강조한 것이다. 따라서 윤치호는 1906년 말 개성의 기독교계의 한영서원(훗날 송도고보) 교장 시절에, 서양의 신지식과 함께 무위도식하는 한국인의 나쁜 습관인 폐습을 '개량'하고자 헌신했다.

그런데 '자강'·'독립'사상 운동가들은 '자강불식'의 주체를 전 국민으로 확대할 것을 제창하였다. 따라서 윤치호가 회장이던 〈대한자강회〉의 강령인 「취지서」(1906.03.31)와 「규칙」 2조에서도 '자강'의 요체인 '교육'진흥책과 '식산흥업'책을 연구하고자 자체적으로 '교육부'와 '식산부'를 두었으며, 그가 통감부에 제출한 건의서인 「자강건의(自强

215) 윤치호는 "일본어만 배우지 말고 영어를 배워야 일본을 경유치 않고 서양문명을 직접 수입할 수 있다"는 김옥균의 권유로, 1883년 4개월 간 네덜란드 외교관과 프랑스 건축가로부터 영어를 배웠다. 실력이 우수하여 그 해 5월 초대 주조선 공사인 푸트(L.H.Foote, 1826~1913)가 초대 미국의 특명전권공사로 부임할 때, 통역관으로 발탁되었으며 미국에서 귀국한 후에는 조선의 주사로 임명되었다.

建議)」에서도 '교육'을 가장 우선시하였다. 그런데 교육의 목적을 국민 개개인의 게으름, 이기심, 부도덕을 타파하기 위한 국민의식 개혁 운동을 통해 국가의 자립을 위한 자조정신을 구축하는 것이었다. 또한 유길준(兪吉濬, 1855~1914)은 1907년 일본 망명에서 돌아온 뒤 '흥사단'과 '한성부민회' 등 여러 사회·정치 활동에 참여하였는데 자신이 참여한 〈청년학우회(靑年學友會)〉는 실력양성과 국민적 의식의 개선인 '자강'이 독립보다 우선이라 주장하였다. 아울러 그는 건전한 인격 양성을 위한 덕육의 일환으로 고취한 4가지 정신 가운데 하나가 '자강'이며, 이를 토대로 국가의 '자유' '자치' '독립'을 성취할 수 있을 것이라는 것이다. 또한 '자조정신'은 배제학교와 같은 기독교 계통의 학교의 실천 덕목이었다.

한편 신소설에도 자신의 가난과 역경을 딛고 일어선 삶을 암시하는 주제가 등장하게 되었다. 즉 종래 유교가 제시하지 못한 사업의 성공을 꿈꾸며 도시에 와서 노동에 종사하던 무학자들에게 근면과 절약, 헌신과 끈기를 통해 성공할 것을 독려하는 기능을 했다. 예를 들어보면 육정수(1885~1944)의 『송뢰금』(박문서관, 1908)에는 『자조론』의 문구와 영향을 받은 근암과 우초라는 인물이 등장이다. 근암은 꿈속에서 "자조론의 1편을 다시 읽어보라"는 노인을 만나 다시 원기를 회복하며 '하늘은 자조하는 자를 돕는다'는 격언을 되내인다. 비록 근암이 영국과 같은 공업화에 의한 산업화 방식을 주장한 것은 아니지만, 중상주의적인 상업 발전과 자원무역의 확대가 부국강병의 기초가 된다는 경제적 구상을 실천하는 모습이다. 아울러 신소설의 주인공들은 대체로 시골 출신의 미천한 신분 계층이 주를 이루지만, 노동을 신성시하는 근면하고 성실한 인격의 소유자인 야학생들로 그들의 분출된 성공 의욕을 표현하였다. 아울러 상업이 국가 부강의 요체라고 생각하여 사업수행과 이익 창출의 경제적 가치를 중시하는 신흥 부르조아의 정체성을 지닌 근대적 주체로 변모를 모색하는 인물들이 등장하는 것이다.

○ 자강책

'자강'·'독립'사상가들은 근대적 교육으로 지식을 계발하고 식산으로 세력을 증진 시키자고 주장하였다. 이는 한국의 국권 실추는 타인에게 '나태하여 의뢰한 결과'라고 지적하며 '자주'적 인격과 인민의 '근로'에 의해 민족의 산업인 '식산흥업'의 성공 여부가 결정되면 국가의 '독립'을 가져다줄 수 있다고 보았기 때문이다.[216] 따라서 이를 위해

216) "今日 我韓 學界에 第一 好 消息이 發現ᄒᆞ니 卽 我 西北學會에 汲水商의 夜學請願이 是也라. 蓋此汲水商 諸氏ᄂᆞᆫ 素無一厘之恒産ᄒᆞ고 又乏他種之營業일ᄉᆡ 流離漂泊으로 京師에 住着ᄒᆞ야 托身無所ᄒᆞ고 糊口沒策이라 於是漢城各處에 源源不竭ᄒᆞᄂᆞᆫ 井泉을 汲取ᄒᆞ야 許多人命의 飮料를 供給ᄒᆞᆯᄉᆡ 自晨至昏에 轆轤軋軋ᄒᆞ야 暫不休息이라. 分錢零金을 藉此取得ᄒᆞ야 以延朝夕ᄒᆞ니 其 生活의 困難과 身世의 凄凉이 果何如哉아. 乃於今日에 慨然奮發ᄒᆞ야 互相協議에 晝而勞動ᄒᆞ고夜而上學ᄒᆞ기로 本學會를 對ᄒᆞ야 實心懇求ᄒᆞ며 實力做去ᄒᆞ니 是ᄂᆞᆫ 時局의 情勢를 觀念ᄒᆞᆷ이오 國民의 義務를 感覺ᄒᆞᆷ이오 自家의 成立을 志願ᄒᆞᆷ이니 果是世界奇聞이오 今古罕事라. 孰不喝采懽迎이며 孰不熱心持導哉아. 本記者ㅣ 於是에 右 勞動 同胞의 夜學ᄒᆞᄂᆞᆫ 誠心美擧를 擧ᄒᆞ야 我全國二千萬同胞의게 一致勸告ᄒᆞ노니 若 夫公卿巨室의 紈袴子弟아 被勞動同胞가 學問에 從事ᄒᆞ거ᄂᆞᆯ 若等은 奢侈淫逸에 沈溺ᄒᆞ야 自誤平生ᄒᆞ고 學問을 不事乎아. 素封富戶의 豪華子弟아 彼勞動同胞가 學問에 從事ᄒᆞ거ᄂᆞᆯ 若等은 飽食暖衣에 酣適ᄒᆞ야 拋棄光陰ᄒᆞ고 學問을 不事乎아. 其他士族家와 農業家와 商工業家의 一般子弟아 彼勞動同胞가 學問에 從事ᄒᆞ거ᄂᆞᆯ 若等은 國民의 責任을 不念ᄒᆞ고 男兒의 志氣를 墮失ᄒᆞ야 學問을 不事乎아. 嗚呼라 我二千萬同胞여. 彼汲水商의 身分으로도 若是乎 開明目的과 發達思想으로 學業에 注意ᄒᆞ야 勤勉不怠ᄒᆞᄂᆞ니 凡我同胞의 耳가 有ᄒᆞ고 目이 有ᄒᆞ고 心知가 有ᄒᆞᆫ 者면 엇지 此에 對ᄒᆞ야 觀感興起ᄒᆞᆯ 思想이 無ᄒᆞ리오. 我全國社會에 上流와 中流와 下流를 勿論ᄒᆞ고 無不受敎ᄒᆞ야 普通學問과 普通知識이 無不發達ᄒᆞᄂᆞᆫ 日에ᄂᆞᆫ 吾人의 自由를 可以獲得이오 吾國의 自立을 可以克復이니 嗚呼라 其 念之勉之어다." 『서우』, 1908, 「勞動同胞의 夜學」, http://db.history.go.kr/(검색일: 2015.05.30).

교육의 목적도 국민 개개인의 게으름, 이기심, 부도덕을 타파하기 위한 덕육을 통한 국민의식 개혁 운동을 통해 자강정신을 구축하는 것이다. 또한 교육 내용은 산업사회에 적합한 직업관과 직업윤리 교육이다.

예컨대 박은식은 「누가 내 나라를 구하며 누가 내 민중을 살릴 것인가」에서는 농업사회에서부터 산업사회를 도래한 현실에서 산업적 자립은 국민의 손에 달려 있으며, 국가의 번영을 지탱하는 것은 '육체적 정신적 노동에 의한 근면정신을 가진 국민'이며 인민이야말로 국가 부강의 기초라는 사고에 기반하여 개인이 근로를 통해 부강하면 한 가족이 부강하게 되고, 한 가족이 부강하게 되면, 한 국가가 부강하게 되어 국가가 '자활독립'하게 된다는 것이다. 그러나 현실의 한국은 '경제를 강구하지 않아 식산이 부진하고 그 결과 다른 민족의 유린을 받은 것'으로 진단하며 '재산을 증식하는 것은 국민의 의무'로 제시되었다.[217] 또한 그는 서양에서 '나태는 법으로 처벌받는 죄'이며 서양인은 남녀를 막론하고 각기 직업을 잡고 근로하며 타인에게 의지하는 자는 없다고 강조했다.[218] 아울러 「인민의 생활상 자립이 국가의 자립을 성(成)함」에서 나태가 척결되어야 하는 이유는 '구미 각국의 부강의 원인이 인민 한 사람 한 사람의 근면'에 의한 것이기 때문이라는 것이다. 반면에 한국의 인민은 예의만 말하고 안일 · 태만하며 풍부한 천연자원에도 불구하고 빈곤한 것은 '근로'에 힘쓰지 않으므로 '구습'인 '나태'를 척결하면 한국인도 문명국의 국민과 같이 직업에 힘을 쓰면 부강국이 될 수 있다고 역설했다.[219] 따라서 박은식은 현재 세계에서

217) 『박은식전서』 하, 「悲喜」, 17쪽.

218) 『박은식전서』 하, 「學校之制」, 117~118쪽; 『대한매일신보』 1906.1.16, 잡보 「日新學校序」.

는 하루라도 노동을 중단한다면 인류의 생명은 지속될 수 없다고 강조했다. 즉 노동에 대해 천부 민권의 고유한 직분, 인류 생활의 무량한 자본, 국가의 가장 큰 기초, 문명 진화의 절실한 기관 등의 의미를 부여했다. 또한 그는 고금 역사를 볼 때 사람의 선악과 세상의 치란은 항산과 항심에서 나온다고 지적했다. 예컨대 그는 황건적 등은 항산이 없어 항심을 잃은 결과라고 언급하며, 천부의 양심을 유지하면 천하에 난은 일어나지 않을 것이라고 강조했다. 이와 같이 박은식은 노동은 항산의 근간으로서 항심을 유지하게 하여 자유, 민권, 국가, 평화, 문명 등의 기초가 된다고 주장했다. 따라서 박은식은 노동의 가치를 실천한 근면한 인물을 칭송했다. 예컨대 그는 러시아의 문호 톨스토이는 노동역작(勞動力作)으로 인류에게 모범을 보였다고 소개하였다. 즉 톨스토이는 하인에게 식기 운반 등을 시키지 않았고, 하루 4시간 농작(農作), 4시간 제화(製靴)로 일과를 보냈다고 언급했다. 그러면서 그는 '노동주의'를 가장 중요한 가치로 내세운 톨스토이를 그 어떤 제왕, 정치가, 학자, 문학가보다도 우위에 있다며 높게 평가했다.[220] 또한 그는 노동자는 근태에 따라 임금의 다소가 판가름 난다고 지적하며, 재차 근로 생활은 인민의 자유하는 원인이며, 국가의 자립하는 기초라고 강조했다. 이처럼 박은식은 한국인도 노동자를 중시하고 노종을 자유생활의 기초, 문명진보의 기관으로 삼아야 한다고 주문했다. 이러한 주장들이 「누가 내 나라를 구하며 누가 내 민중을 살릴

219) "人生所可恨ᄒᆞᄂᆞᆫ 習於懶惰니 旣不作工이면 豈宜得食이리오 東方之人은 以坐享富饒로 爲幸福者ㅣ謬矣라. 西國은 懶惰者를 懲罰ᄒᆞᄂᆞᆫ 法이 有ᄒᆞ니 遊手不業之人으로 ᄒᆞ여곰 自來水筒中에 立ᄒᆞ게 ᄒᆞ야 若 不盡力用機器ᄒᆞ야 吸出其水ᄒᆞ면 水滿ᄒᆞ야 浸死를 不免ᄒᆞ더라." 『서우』, 1906, 「懶惰之罰」, http://db.history.go.kr/(검색일: 2015.05.30).

220) 『박은식전서』 중, 「論普通及專門」, 162~170쪽.

것인가」, 「구습개량론(舊習改良論)」, 「노동동포의 야학(勞動同胞의 夜學)」, 「나태지벌(懶惰之罰)」 등의 논설에도 담겨있다.

이와 같이 '자강'·'독립'사상가들은 덕육의 강조와 더불어 자강의 수단으로서 산업의 육성을 위한 근대적 지식교육이 병행되어야 한다고 주장하였다. 예컨대 박은식은 논설 「교육이 불흥(不興)이면 생존을 부득(不得)」에서 개명국의 국민과도 같이 근대적 교육으로 지식을 계발하고 식산으로 세력을 증진시키자고 주장했다. 즉 그는 영국이 재능이 많은 프랑스 학자를 초청하여 국민을 교육시킨 결과, 제조는 날로 새로워지고 부강은 날로 증가했다고 강조했다. 또한 영국의 학제는 대학원, 학당, 서숙으로 3등분된다고 소개하고, 처음에는 서숙에 입학하고 계속해서 학당, 대학원에 진학한다고 기술했다. 또한 주요 교과과목은 각국 문자, 지도, 물리, 율법, 화학, 측량, 산수라고 소개했다.[221] 그리고 영국의 장관은 문학에 능한 자를 주로 채용한다고 소개하고, 주요 인물로 청교도혁명을 지도한 크롬웰(克林威爾, Oliver Cromwell)과 『자조론』에 등장하는 탐험가 리빙스턴을 언급했다. 즉 그는 크롬웰을 순결한 청교도로서 영국을 혁신시켰다고 평가했다.[222] 반면에 중국은 구학문을 고수한 결과 지혜가 날로 쇠퇴하여 국가가 빈곤해졌다고 주장했다. 역시 인도, 페르시아도 구학문을 고집하여 속국으로 전락했으며, 터키의 쇠퇴는 정치제도와 교법의 열등성에 기인한다고 강조했다.

그리고 장지연은 농공상 실업에 관계하는 사람이 아닌 양반관료, 거기에 기생하는 막객과 서리, 공경귀족의 자제, 부호 및 토호 등의 부자, 도적, 걸식 승려, 도사, 무당 등과 같은 이른바 '놀고먹으며 재물

---

221) 『박은식전서』 하, 「學校總論 二」, 129쪽.

222) 『박은식전서』 중, 「興學說」, 399쪽; 『박은식전서』 하, 「學校之制」, 117~118쪽; 『황성신문』 1909.3.5, 논설 「敬告各社會人士」.

을 소진하는(遊食毛財) 무리'의 나태를 비판하였다. 또한 「국가빈약지고(國家貧弱之故)」(6~7호)에서 한국인에게는 '당파 · 시기 · 질투 · 의타심 · 나태 · 무국가'라는 5가지 뿌리 깊은 병이 있다고 하였다. 그중에서도 '유식모재(遊食毛財) 무리의 나태'에 대하여 가장 강력한 비판을 하였으며, '가렴주구가 조선인의 나태를 가져오게 한 가장 근본적 요인'이라 하였다. 즉 장지연은 국빈(國貧)의 원인으로 첫째, 정부와 관리가 생산력 증대를 가져올 수 있는 부원(富源)을 근절시키고 식산흥업에 경주하지 않으며 오히려 생산 활동을 방해한 점, 둘째로는 생산보다는 소비를 일삼는 모재유식층(耗財游食層)이 많은 것이 지적되었다. 그런데 관리야말로 생민의 보호나 산업진흥을 도모하지 않고 오히려 탐학만 일삼는 유식모재하는 대표적인 존재라는 것이다. 독서인도 글만 읽고 사회와 국가의 공익에 기여하는 바가 없으면 좀벌레, 독벌레에 지나지 않는다고 비판하였다.(「국가빈약지고(國家貧弱之故)」, 『월보』 제6호)

그리고 장지연은 이에 대한 대안이 국가 차원과 국민 차원으로 제시되었다. 첫째는 국가차원으로는 우선 생산을 많이 하고 소비를 적게 하면 재용이 풍부해진다는 것인데 이는 『대학』에 나오는 전통적 경제사상에 입각한 것이다. 둘째는 반드시 상공업의 발전에 힘써 부원을 증대시켜야 한다는 것이다.(「논공예장여지술(論工藝奬勵之術)」, 『문고』 3권) 물산을 수출하기 위해서는 공예업에 의한 제품생산을 증대시켜야 하므로 공예 기술의 발달에 비중을 두어야 한다고 했다. 즉, 상공업의 육성과 수출증대를 통한 외화획득을 국부증대의 최우선의 방법으로 강조한 것이다.(「식산흥업의 필요」, 『월보』 제1호) 국민적 실천의 차원에서는, 국민의 노력의 여부, 재물을 생산하느냐 소비하느냐, 곧 생재(生財) 또는 모재(耗財)가 국가의 부강을 결정한다고 보았다.

(「학생계(學生界)의 주의」, 『경남일보』) 이는 생산에 참여하는 국민이 많아야 국가가 부강해진다는 것인데, 국가의 총생산량을 국민 각자의 총생산량으로 보았기 때문이다. 또한 장지연은 〈대한자강회〉 창립 총회에서 '공업에서 생산된 물품을 수출함으로써 외국의 금전을 가져오면 국부를 증진시킬 수 있다'고 주장했다.[223] 아울러 그는 '하종술업(何種術業)이던지 우승열패(優勝劣敗)함은 자연(自然)의 정리(定理)라 현세기(現世紀)의 경쟁(競爭)은 공상실업계(工商實業界)로 위주(爲主)하난 고(故)로'(「공업계의 현황」, 『경남일보』 1909.11.24)라고 하여 국권신장을 위한 국부(國富)의 증진을 주장했다. 이처럼 장지연은 서구 자본주의의 가치를 이해하고 수용하는 것을 관건으로 삼아 경제적 산업인들을 중시하였으며 기업설립운동, 물산장려운동 당시 사회 운동의 이름에서 잘 드러나 있듯이 일관되게 관통되는 서구 자본주의 개인의 성공의 사례를 보여주고 발분하도록 이끈 '식산흥업론'의 토대가 된 것이다. 요컨대 '자강'·'독립'사상가들은 '자조'에 방해가 되지 않는 덕성 함양을 위한 국민교육, 전문성을 확립하기 위한 지식교육, 산업사회에 적합한 직업관과 직업윤리 교육을 강조하게 되는 것이다.

그리고 유길준의 경우는 '국민이 정직, 성실, 근면으로 요약되는 노동의 윤리를 갖추고자 노력하는 것은 곧 애국심을 갖는다'는 것과 같은 의미라 하였다. 즉 그가 노동자를 위한 교과서로 쓴 『노동야학독본(勞動夜學讀本)』(1908)의 내용에 따르면 '노동은 사람의 근본이고 직업에는 귀천이 없으므로 노동자는 각자 직분과 재주대로 일을 해야 한다'고 말하였다.[224] 이처럼 그는 노동이 국가 및 사회의 근본이며 부강과 문명의 원천이라 하여 노동의 소중함을 일깨우고 노동자 스스

223) 『월보』 창간호, 「대한자강회월보간행축사」.

224) 유길준 저작, 조윤정 편역, 2012, 『노동야학독본』, 경진, 15쪽.

로 자신의 역할에 자부심을 갖도록 한 것이다. 또한 그는 노동자들의 사회적 지위 상승을 위해 노동자들이 신지식을 습득하여 국민의 자격을 획득할 수 있도록 '교육'에 힘써야 할 대상임을 강조하였다. 따라서 산업의 발달이 나라의 운명을 좌우하는 현실에서 유학적 노동관을 버리고, 노동의 의의와 노동자의 존재 가치를 깨닫도록 계몽하였다.

그리고 '자강'·'독립'사상가들은 지식교육으로서는 실용성이 강한 서양 학문이다. 윤치호는 한영서원을 통해 농업중심의 실업교육을 강조하였다.[225] 즉 그는 한국 농업의 자본주의화를 위해 개성(開成)을 중심으로 미국적 농업방법을 받아들여 과수와 채소를 재배하는 원예농업과 혼합농업을 통해 낙농업도 발전시키려 하였다.[226] 또한 면화

---

225) 한국에 「실업학교령」이 1905년에 공포 된다. 내용을 살펴보면 실업학교는 농업, 공업 상업학교를 총칭하고, 실업학교 본과의 학과목은 실업에 관한 학과 및 실습 이외에 수신, 국어 및 한문, 일본어, 수학, 이과, 지리, 역사, 도서, 법규, 통계 등이었다. 제21조에서는 입학조건을 제시하는데, 그 조건은 '신체건전'하며, '품행방정'하고 '학력시험에 합격한 자'로 정하고 있다. 실업학교에서 가장 시수가 많은 과목은 각 학교 특성에 따른 실습기간이었으며 30% 이상의 비율을 차지하고 있다. 한영서원은 학칙에 따라 소학과(4년-초등 교육), 반공과(3년-농업 공업 기술계 중고등 교육), 고등과(3년-인문계 중고등 교육) 영어전수과(고등과 반공과 졸업자에게 영어교육-예과 수준)를 설치하였다. 그리고 실업교육을 담당한 반공과는 직조 기계 목공 사진 인쇄 피혁 등을 가르치는 기술부분과 목축 양봉 과수재배를 가르치는 농업부분으로 나뉘어 운영되었다.

226) "이후 학교 방침이 어떻게 변하든지 조선에 있어 문예적 교육보다 실업교육이 더 중요함을 명심해야 할 것이다. 셰익스피어를 읽는 것도 좋지만 한 이랑의 먹음직스러운 딸기를 기르는 것이 더욱 좋다. 비록 한 사람이 두 가지를 다할 줄 알아도 딸기 밭을 가꿀 줄 아는 것이 낫다. 우리 학생들이 둘 중 하나를 선택하라면 딸기를 재배하게 할 것이다. 셰익스피어는 두었다가 읽을 수 있지만 토지는 지금과 같은 형편으로 기다리지 않는다.", "땅을 파고 땀 흘려 창작하고 그 창작된 것으로 산업을 일으켜 윤택한 생활을 하자." 김영희, 1999, 『좌옹윤치호선생약전』, 좌옹윤치호문화사업위원회, 252~254쪽. 『좌옹윤치호선생약전』은 윤치호의 고희(70세)를 기념하여 김영희(金永羲)가 저술하여 1934년 경성 기독교조선감리회총리원(基督敎朝鮮監理會總理院)에서 출판한 것이며 이를 1999년 '좌옹윤치호문화사업위원회'에 다시 간행하였다.

농업을 장려하여 산업혁명의 기반인 면방직 공업도 도모하려 하였다.[227] 이를 위해 한영서원을 설립하여 실업교육을 실시하고 모범촌을 형성하여 자본과 상재와 연결망을 가진 개성 상인들과 함께 근대적 농업사회를 형성하려 하였다.[228] 그리고 국민교육의 목적은 국가의 산업화를 위해 국민 개개인의 게으름 이기심 부도덕을 타파하기 위한 국민의식 개혁 운동을 통해 산업적 자조정신을 구축하는 것이다.

그리고 박은식은 서양의 학문에 대해 천문 · 지리 · 물리 · 율법 · 화학 · 측량 · 산술 · 정치 · 법률학 · 농학 · 공학 · 상학 · 무학 · 의학 · 광학 · 철학 · 공예학 등을 예거하며, 신학문의 내용을 구체적으로 설명

---

227) 이것은 봉건적 식량생산에서 벗어나려는 것이며 일제가 강요하는 벼의 단작화에서 벗어나려는 것이기도 하다. 아울러 새로운 밭작물을 기반으로 2차 3차 산업으로 나아가는 것이 윤치호가 실현하려던 근대화의 방법이었다. 그러나 남감리교 선교부가 윤치호의 선교를 적극적으로 지원하지 않았으며, 사업의 불확실성을 때문에 개성상인들도 받아들이지 않았다. 더구나 일제는 윤치호를 투옥함으로써 그의 농업 근대화 노력을 전면적으로 저지하였다. 윤치호의 실업교육을 어렵게 한 또 다른 것은 근대적 농업방법을 수행할 수 있는 지식과 기술이 없었다는 것이다. 1922년에 송도고보의 교장이 된 윤치호는 윤영선을 통해 실습교육을 강화하고 목장을 운영하여 미국 농업 방법의 시범을 보였다. 윤치호 자신은 농업기술을 개발하기 위한 기초과학을 발전시킬 수 있는 환경을 조성하는데 실업교육의 중점을 두었다. 그리고 면방직 공업의 운영에도 적극적으로 참여하였다. 그럼에도 윤치호의 농업 자본주의화와 산업화는 좀처럼 이루어지지 못하였다. 일제의 방해와 개성상인들의 외면 그리고 기술부족이 원인이었겠지만 그보다 근본적인 어려움이 있었던 것으로 보인다. 그것은 거대한 토지를 기반으로 거대한 시장과 설비를 갖춘 미국의 조방적 농업방법을 한국 농촌이 수용하기 어려웠기 때문이었을 것이다.

228) “즉 조선의 미래는 노동에 달려 있고 기독교는 일하는 종교입니다. 농업이나 더 큰 규모의 농업적 부속물들이 이런 류의 학교에서 선교활동을 지원하게 해줄 것입니다. 핸드릭스 감독께서는 그 사업계획을 약속하셨습니다.” Letter to W. A. Candler, 1895.10.22, 『서한집』; “박사님 조선에 오려고 하는 사람이 있다면 이 사실을 알려주십시오. 산업학교에 관해서 혹은 농사와 종교에 관해 풍부한 경험이 있는 사람을 환영합니다.” Letter to W. A. Candler, 1895.10.24, 『서한집』; “저녁 후에 나는 아저씨에게 이번 여행의 목적은 송도에 선교부와 농업학교를 건설하기 위한 사전 조사라고 말했다. 그러자 그는 그 사업을 수긍하고 성실히 도울 것을 약속하였다.” Letter to W. A. Candler, 1895.10.26, 『서한집』.

하기도 했다. 예컨대 그는 “농학은 토지를 적절하게 고르고 과수법, 원예법을 양호하게 한다. 날카로운 신식기계를 이용하여 1개의 종자로 100개의 수확을 가능하게 한다. 천문학은 5대양 지구에 교육을 가능하게 한다. 광학은 땅속의 쇠를 측정하고 광질의 귀천 여부를 판단하게 한다. 법률학은 집정자를 공평무사하게 정무를 처리하게 해서 국가의 기초를 굳건히 하는데 기여한다. 격치학은 전기를 밝히고 전신을 만드는 데 기여한다.”라고 설명했다. 즉 농업 · 무역 · 제조업의 발달을 촉진시키고, 공정한 정치를 가져와 국가의 안정에 기여한다고 평가했다.

그리고 박은식은 신학문은 신제품의 발명으로 연결된다고 인식했다. 그는 “학문의 길은 보통에서 시작하여 전문으로 끝난다. 보통이 아니면 천하사물의 명목을 알 수 없다”, “전문이 아니면 정밀제조로 입신의 경지에 들어갈 수 없다”라고 주장함으로써 학문 연구가 신제품의 제조로 연결됨을 강조했다. 박은식이 언급한 서양의 신제품은 선박, 철함, 전선, 기차 등이었다. 따라서 다음과 같이 신제품을 생산하는 산업의 중요성을 강조했다.

> “구국활민(救國活民)의 가장 중요한 요소는 실업학가다. 그 명확한 증거를 고찰하면 세계 역사에 사실이 명료하다. 한국을 인도하는 보배가 여기에 있다. 국가의 승패와 인민의 생멸기관은 빈부강약에 달려 있는 바 국가와 인민의 빈부강약은 실업기관의 발달여부에 달려 있다. –(중략)– 물질의 연구는 인공(人工)의 천백 배를 증가시키기 때문에 그 국력을 또한 천백 배 증가시키는 것이다. 한국의 이학가(理學家)는 심성론, 예학에 몰두한다. 실업의 경우 농작법은 매우 열악하고 목축종식 등의 이익에는 전혀 주의를 기울이지 않는다. 상공업은 하류로 천시하고, 열등한 기예로 부끄러워하니 진보발달은 없다. 스스로의 피복과 일용 물품을 제조하지 못하고

> 타국에서 수입하는 실정이다. 하물며 윤선, 윤차, 전기, 철함의 제조는 말할 것도 없다. 물질의 리를 탐구하지 않고 실업의 학문을 강구하지 않으면 금일 경쟁의 시대에 생존할 수 없다. 한국을 구할 것은 실업학가다. 자본가와 유지자는 주식을 모집하여 영업을 발전시키고 청년을 외국에 유학보내 실업학문을 수학시켜 국가의 부강과 민인 생활을 도모해야 한다."

이처럼 박은식은 국가를 부강하게 하는 가장 필수적인 요소를 실업이라고 인식했다. 다시 말하자면 그는 기계를 사용하여 물품을 제조하면 수제품에 비해 천백배의 이익을 올릴 수 있게 되어 국가와 국민 모두 부유하게 된다고 강조했다. 따라서 한국도 실업의 학문을 연구하여 새로운 기계를 제작해야 한다고 제의했다. 아울러 그는 서양 발명품의 가공할 만한 위력을 높게 평가했다. 그는 "대륙의 풍조가 진동하여 구름처럼 바다를 건너 온 것은 윤선, 철함이고, 우레처럼 대륙을 횡단하는 것은 전차, 철도이다. 역사 및 신무지상에 의하면 모국의 부력은 세입이 기억만원, 모국의 무력은 군인 수가 수백만 명이다. 약육강식 현상으로 국가가 멸망하고 인종이 바뀐 나라가 여럿이다, 최근 여순의 역과 요양의 전투에서 수백만 명이 희생됐다. 과거에 없던 대경쟁이 일어났다. 한국도 국권과 인권이 추락하여 타인의 노예와 우마가 되는 참상을 겪고 있다"라고 언급했다. 박은식은 서양 백인종은 군함, 기선, 전선, 철도 등을 앞세워 약소국들을 속국으로 편입하고 타인종을 무수히 살상했다고 인식했다. 요컨대 박은식은 서양 국가의 경쟁력의 근원은 산업에서의 우월성으로 분석했다. 따라서 산업의 발전으로 부유한 국가가 되면 국권을 회복할 수 있다고 인식했기 때문에 자강의 수단으로서 산업의 육성을 강조했다.

3) 한국 자조론의 정치사상사적 의의

국민의 자조와 경제적 자립을 통해 국가의 자주권을 되찾기 위한 한국의 자조론은, 장지연 · 박은식 등에 대표되는 한국의 '자강' · '독립' 사상가들의 자강주의이다. 즉 외세인 일본에 의존하지 않고 스스로 실력양성을 애썼던 실력양성론인 동시에 국가의 자주 독립을 위한 민족주의 형성의 기본정신으로 토착화되었음을 알 수 있다. 특히 박은식은 대한제국의 좌절된 역사의 이상(理想)은 을사늑약 체결 이후 일본의 보호에 의지하고 스스로 실력 양성의 노력인 '자강'에 실패한 것에서 비롯되었다는 인식이었다. 즉 군사력과 외교권을 상실한 보호정치하의 시대적 상황에서도 개인의 인내와 근면을 통한 산업화와 국민의 인격 향상을 통해 높인 도덕적 자율성에 의해 영국과 일본과 같은 부강한 국가의 대열에 들어설 수 있다는 메시지는, 곧 조선이 군사력과 외교권이 없음에도 국력강화에 의해 보호정치를 벗어나 주권을 회복할 수 있는 것을 가능하게 해주는 이른바 한국독립가능론으로 설득력을 지닌 이론이었기 때문이다. 특히 러일전쟁의 승리로 보호국 한국을 전리품으로 받은 일본이 '군사력이 러시아에 비해 당시 열등하였음에도 불구하고 '자조정신'이라는 국민의 정신력으로 승리할 수 있었다고 강조한 점'은 더더욱 자강론에 몰입하게 된 시대적 배경이기도 하다. 따라서 〈대한자강회〉와 당시 『황성신문』 등의 언론은 '의병을 해산하고 고향으로 돌아가라'라고 하여 의병반대운동 의병에게 무력항쟁을 포기하도록 종용하였던 사상적 배경이기도 하다. 다시 말하자면 을사늑약 이후 당시에 격렬히 일어났던 위정척사파의 의병운동에 대해, 청에서 열강의 침략에 대해 일어난 의화단사건(1900)과도 같이 스스로 국가를 망하게 하는 일이고,[229] 이로써는 결코 '자강'을 이룰 수 없다고 보았으며[230] 의병에게 무력항쟁 포기를 권유하였기 때문이다. 이는 박은식이 『한국통사』에서 '자수자강'의 실력을 갖추지 못하여 국망에 이르렀다는 통절한 자기반성을 하였던 점에서 더욱 드러나고 있다.

그런데 한국의 『자조론』의 수용 양식에 있어 주목해야 할 점은 무엇인가. 스마일스의 사상은 신분이 아닌 개인의 자유 · 권리 · 독립을 의미하는 개인주의를 토대로 자신의 능력으로 인정받을 수 있는 새로운 세계에 대한 설명인 사적 원리에 초점이 맞추어져 있었다. 즉 개인의 성공은 자신뿐만 아니라 저절로 당대 사회의 경제와 산업 그리고 학문적 예술적 영역에서 영향과 가치를 펼치게 되고 궁극적으로 문명의 진보와 국가의 번영으로 귀결된다고 인식한 것이다. 그러나 한국의 수용 양식은 스마일스와 달리 국권이 상실되어 가는 정치상황과 맞물려 개인보다는 국익을 위한 인민의 역할을 강조한 것으로 국가를 위해서 개인이 성공하지 않으면 안 된다는 것을 강조한 것이다. 즉 스마일스는 스미스의 『국부론』의 주장과도 같이 근면 · 노동과도 같은 산업적 자조정신이 강한 개인 한사람 한 사람이 국가의 번영을 가져오는 것과 달리, '자강' · '독립'사상가들은 국가와 개인의 관계라는 틀 속에서 개인의 '자조(정신)'은 공론화하여 국가에 대한 책무를 다하는 요건으로서 수정하고 '자조정신'이 국력의 원천이며 국가의 번영을 위해 개인이 성공해야 된다고 강조한 것이다. 그리하여 대한제국 시기에는 개인의 '자조(정신)'을 국가의 독립을 위한 '자강(사상)'이라 이름

---

229) 청조가 의화단사건에 가담한 열강에 선전포고를 강행하자 8개국 연합군은 북경에 진주하였으며, 청조는 국가수입의 6년분에 해당하는 거액의 배상금인 4억 5천만 량을 지불하였다.

230) 『월보』 제1호, 1906, 20쪽.

을 지은 것이다. 다시 설명하자면 영국과도 같이 자기 주체를 정립한 개인의 총합인 사회와 국가의 부강은 '자기 자신을 스스로 도우려는 정신인 자조정신'의 개인에 달려있다고 하는 사적 영역에 한정된 도덕 원리가 아니라, 국가와 민족에 대한 봉사를 최고의 가치로 하여 국가나 민족을 자기를 확대한 실체로 보는 관점, 국가본위의 직업관, 나아가 개인보다 국가 속의 개인 혹은 인민의 역할을 강조하여 자주·독립의 기틀을 마련하고자 하는 공적 원리로서의 역할이 강화된 것이다. 이처럼 영국과 일본은 자유주의와 민족주의가 결합하는 현상이 나타나지 않았지만, 반식민지 상태의 중국과 보호정치 하에 있던 한국은 국가주권의 회복이라는 문제를 안고 있어 식민권력과 맞서기 위해서는 자유주의와 민족문제가 분리될 수 없었다. 즉 서구 자본주의 가치의 수용과 더불어 국가의 자질을 구성하는 공적인 정치적 원리가 되어 결과적으로 민족주의를 촉진하게 되는 것이다. 따라서 자유주의는 친일화를 통해 제국주의 침투를 용이하게 만들어 민족주의와는 배타적이었다는 종래의 입장에 대해 새로운 해답을 줄 수 있다.[231)]

그런데 이는 사상사적으로는 한국 독립운동에 역시 열렬한 찬사를 보냈던 량의 자조론의 영향이 크다. 즉 그가 「자조론」에서 보여준 바 있는 태괘에서 군자와 인민 모두의 상호조화의 필요성을 강조한 태화에 근거하여 종래와 달리 군주만이 아닌 모든 '인민'의 도덕적 '자강불식'의 필요성을 강조한 것을 받아들인 것이다. 아울러 스마일스의 자

231) '어떤 인사는 제국주의를 침투시키기 위해 자유주의사상을 전파시켰으며, 자유주의이념 자체에 제국주의의 맹아가 이미 있었기에 친일로 돌아설 수밖에 없었다. 그 대표적 인물은 박영효'라는 것이다. 즉 그의 자유주의사상과 친일 행각은 상관관계를 지니며, 우리나라에서는 자유주의와 민권이론의 시작이 친일 제국주의의 쌍생아로 출발한 것이라고 한다. 따라서 자유주의자들이 친일로 간 것은 어떤 면에서는 매우 자연스러운 일이었다고 주장한다. 이나미, 2001, 『한국자유주의의 기원』, 책세상, 80~110쪽 참조.

기수양 논의를 유교의 수신 전통과 일치시킨 바에서 오는 이론적 친화성이다. 이는 나카무라의 번역서가 결정적 매개 역할을 하였는데, 나카무라는 유교적 수신론 곧 치국의 기본 단위가 되는 개인의 인격적 완성을 향한 수신제가치국평천하와 유사한 논리구조로서 이해시킨 점이다.[232] 또한 전통적으로 부국강병이란 기본적으로 예치와 덕치에 의한 왕도정치에 대비되는 패도 정치에 가까운 개념으로서 난세의 국면에 부상하게 되지만 가능한 지양해야만 될 가치이자 태도라고 인식했던 것이다.

그리고 자조론의 수용은 한국의 자유주의 수용의 역사에 있어 단순한 고전적 자유주의 수용에 머무르지 않고 천부인권과 사회계약설을 부정하는 가운데 이루어진 19세기 자유주의가 수용되는 도정이었다. 즉 영국의 고전적 자유주의의 경우 정치사회에서의 자유는 법에 의해 보장되며 법과 자유는 상호 대립하는 것은 아니라는 것이다. 그들에 있어 법은 개인의 효용가치로서 존재하는 것으로, 곧 개인의 자연권(행복 및 재산권)을 지키는 수단이었다. 군주의 자의적 권력이 아닌 인민의 동의에 의해 만들어진 법에 의한 통치가 바로 자유를 안정적으로 보장한다는 입헌주의의 근간인 것이다. 이러한 종래의 고전적 자유주의에 기반하여 법과 제도에 의한 개혁을 주장하던 사고에서 벗어나, 국민의 인격적 자질의 향상에 의한 개혁을 주장한 스마일스의 입장을 공감한 것이다. 아울러 스마일스가 주장한 노동과 습관의 변화 통한 정직 · 근면 · 성실 · 인내 등의 빅토리아적 산업 윤리적 도덕

---

232) 이새봄은 그의 논문에서 『자조론』의 마지막 장인 「품행론」을 나카무라가 「品行ヲ論ズ, 即チ眞定ノ君子ヲ論ズ」로 번역했다는 사실은 그가 『자조론』의 본질을 유학, 특히 주자학에서 이야기하는 인격적 완성을 향한 수신론과 근본적으로 일치한다고 생각했음을 보여주기 때문이라 주장한 바 있다. 이새봄, 2015, 「中村正直의 文明론: 天의 사상과 品行의 관계」, 『일본역사연구』 41.

이 유교적 도덕에도 배치되지 않는다고 보았다.

그러나 한국은 식민지시기에 이르자 청년수양론이라는 담론을 전개하였다. 즉 1920년대에선 관계와 정계로의 진출을 의미하는 입신출세가 아니라 자본주의의 발전과 더불어 실업에서 부를 축적하는 성공을 위한 사고와 행동의 지침이다. 또한 1930년대에는 일제가 피폐해진 식민지 조선의 경제적 현실을 개선 또는 은폐하기 위해 진행한 농촌진흥 운동에서 농민의 자조 자립을 선동하는 구호로 활용된 바와 같이 자력갱생론으로 전개되었다.

그러면 이러한 토착화된 자조론은 한국 근대정치사상사의 문맥에서 어떠한 위치를 가지는 것인가. 먼저 유교적 봉건사회의 노동관의 타파이다. 유교는 그 시원에서부터 노동에 대하여 천시하는 입장이다. 공자의 경우는 인간을 군자와 소인으로 구분하였는데 군자는 통치자이며 소인은 통치계층을 위해 생산을 담당하는 사람으로, 생산 활동이란 신분이 낮은 소인의 과제로 경시하였던 것이다. 즉 종래의 유교적 노동관은 계급적 신분관계와 표리를 이루는 것으로 수직적 성격의 강제적 노동이었다. 더욱이 자연의 재해보다도 양민의 노동관에 더욱 큰 영향을 미친 것은 지배층의 가혹한 수탈이었으며, 대가와 보상이 충분히 돌아가지 않는 노동임에 고통, 괴로움, 희생의 대상으로 인식되는 성격이었다.[233] 게다가 공자는 신분을 떠나 무차별적으로 이익을 추구하는 노동은 정의롭지 않을 뿐만 아니라 윤리적 노동이라 보

---

233) "유교적 경제사상은 전근대적인 생산양식을 반영하는 것이며 자본주의는 근대적 생산양식을 반영하는 것이다. 또한 유교와 자본주의는 그 가치관에 있어서도 극단적으로 대립된다. 유교자본주의론이란 별로 타당성이 없는 논리라 하겠다."라고 하는 바와 같이 경제윤리와 경제정의의 부재 등 유교자체가 갖는 기본 덕목들이 자본주의와 오히려 배치된다고 주장이 지배적이다.(이상익, 2001, 「유가의 경제사상과 유교자본주의론의 타당성 문제」, 『철학』 66(0), 211쪽 참조)

지 않았다. 그러나 이제는 국민의 자아각성을 통하여 모순된 현실 속에 문제의 본질을 파악하고 해결방법을 찾아 가기 위해 노동을 긍정하며 지극히 현실적이고 개인적인 고학으로 자본주의 세계 속에서 개인적 욕망을 실현시키는 삶을 긍정하게 되는 것이다. 아울러 노동자계급을 둘러싼 생활불안을 자기 책임인 자조로 대처해야 할 문제로 보았다. 자신의 노력인 자조를 게을리 한 빈곤자들을 구제하기 위한 비용을 투입하는 것은 자본주의적 생산의 낭비일 뿐 아니라 자기 책임의 포기를 조장하는 반사회적 행위로 취급되었다.

둘째로 국력강화를 위한 경제체제의 구축을 위해 자본주의적 경제체제의 수용의 필요성을 인식하고 자본주의적 산업화를 위해 산업적 자조정신의 양성을 위한 덕목인 근면(hard-working)을 『자조론』에서 발견한 것이다. 즉 유교적 경제관에서는 결코 인식될 수 없는 『자조론』에 입각한 인물의 현실 대응방식을 통해 반봉건경제 의지와 근대 산업화(공업화)의 지향의지라는 긍정적 가치를 수용한 것이다. 다시 말하자면 서구 자본주의의 가치를 이해하고 수용하는 것을 관건으로 삼아 경제적 산업인들을 중시하였으며 기업설립운동, 물산장려운동 당시 사회 운동의 이름에서 잘 드러나 있듯이 일관되게 관통되는 서구 자본주의 개인의 성공의 사례를 보여주고 발분하도록 이끈 '식산흥업론'의 토대가 된 것이다. 요컨대 '자강' · '독립'사상가들은 봉건신분제도하의 숙명론을 부정하여 노동을 천시하는 봉건의식을 타파하며 '자조'의 이념을 문명개화의 새로운 지표로 설정하여 노동의 실천인 근면, 성실, 자기계발에 의해 자신의 운명을 극복할 뿐 아니라 자립경제의 기반을 통한 산업적 자조정신의 기틀도 되어 서구 산업화 시대의 정신을 수용하고 시대정신으로 풍토화하였다.

이렇게 토착화된 '자조론'의 정치사상사적 위상은 어떠한가. 이는 개화사상의 동도를 전제로 한 동도서기론과 달리 서도의 긍정에 의한 신구학절충론으로 나타난다. 본래 동도서기론의 논리구조는 신기선의 「농정신편서(農政新編序)」(1881)에서 잘 드러난다. 그는 서법이 곧 서교인 기독교를 가리킨다거나, 서법의 수용이 곧 서교의 수용과 같다는 주장을 반박하여 법이란 문물제도라는 의미의 기(器), 또는 그것을 제작 · 운용하는 방법을 말하고 교(敎)는 학문 · 사상 등을 의미하는 것으로서 도(道)와 같은 것, 또는 도와 연관되는 것이라고 하였다. 따라서 서법 또는 서기를 수용한다고 하더라도 그것이 동도를 서교나 서도로 대체함을 의미하지 않는다고 하는 '도기상분(道器相分)'의 사고로 귀결된다. 다시 말하자면 그는 다시 '도기상수(道器相須)'의 논리로 도와 기가 서로 구분될 뿐 아니라 항상 맞대어 있다고 하여 동도와 서기가 서로 결합할 수 있다고 하였다. 물론 이 '도기상수'의 경우에도 동도가 서기보다 우선 한다고 보았다. 그러므로 동도서기론은 서양의 근대적 생산력을 수용하기는 하지만 서기로 인해 동도가 침해받을 수는 없는 것이었다. 요컨대 도와 기는 본래 다른 것이며, 다만 기술적인 것만 가져다 쓰면 된다는 것이었다. 이러한 동도서기의 논리는 대한제국의 광무개혁에서 변형된 형태로 나타났다. 즉 광무개혁의 '구본신삼(舊本新參)'은 논리적으로 동도서기론의 연장에 있었다. 그런데 전통적 정치체제에 도전하는 독립협회 등의 의회설립운동이 일어나자 대한제국은 독립협회를 해산하고 전제황권을 오히려 강화했다. 또한 광무개혁은 정치체제에 관한 한 전통적 '동도'에 집착했고, 그 결과 개혁의 주체를 황실로 한정시킴으로써 식민지화로의 길을 막을 수 없었던 것이다.

그러나 자강론은 서양의 신도덕 중심의 '교육'을 통해 국민 개개인의 '품행(인격)'을 계발하고, 자본주의적 노동윤리를 지닌 '경제적 인간'에 의한 국력강화의 '식산흥업'론의 토대도 된 것이다. 즉 도체기용(道體器用) 혹은 도본기말(道本器末)을 전제로 하여 구학과 신학의 장점을 취해야 한다는 동도서기론과 얼핏 유사해보이지만, 서양의 형이상학도 포함하며 서기의 전제 아래 도를 문제 삼고 있고 반드시 동도만을 근본으로 삼아야 한다는 전제가 없으므로 '신구학절충론'이란 새로운 이름을 갖게 되는 것이다.

그런데 자조론의 파급효과는 대한제국기에만 머물렀던 것이 아니라 오늘날에도 남북한에 확연히 드러났다. 즉 박정희 전 대통령의 '자조'적 농민을 만들기 위한 새마을운동인데 이는 근면·자조·협동을 기본정신으로 하는 '잘살기 운동'이다.[234] 또한 북한의 경우는 1950년대 후반 '자력갱생론'을 천명하면서 벌인 천리마운동의 국가 이데올로기로서도 유통되었다. 오늘날에도 성공을 지향하는 개인이 갖출 자기계발서 성공의 처세술 또는 자기계발에 관한 인생지침서로서 역사의 제약을 받지 않고 보편적 성격을 띠며 꾸준히 읽혀지고 있다.

234) 고(故) 류달영(1911~2004)이 『새 역사를 위하여』(1953)에서 '자조'를 강조한 이래로, 박정희 전 대통령에 의해 새마을운동의 지도이념과 행동철학이 되었다. 즉 첫째로 근면은 부지런함과 성실을 담고 있다. 성실하면 거짓과 꾸밈이 없다. 허영과 사치, 낭비를 모른다. 땀 흘려 성실히 일하는 사회는 믿음이 있고, 정의가 살아있다. 부정과 부패가 없는 밝은 사회가 열린다. 둘째 자조는 '하늘은 스스로 돕는 사람을 돕는다'는 속담처럼 자기 자신을 알고, 자기 위치를 지키며 자기가 해야 할 일을 해나가는 것이다. 남에게 의지하거나 자기의 책임을 전가하지 않고 스스로의 힘으로 개척해 나가는 것을 의미한다. 셋째 협동은 '백지장도 맞들면 낫다'. 혼자의 힘보다 여럿이 힘을 합치면 능률이 오르고, 자신감이 생기고 단결심이 강해진다. 최희정, 2014, 「한국근대화와 自助精神: 남한의 새마을정신과 북한 자력갱생론의 연원」, 『한국근현대사연구』 69, 여름호 재인용.

Ⅳ
결 론

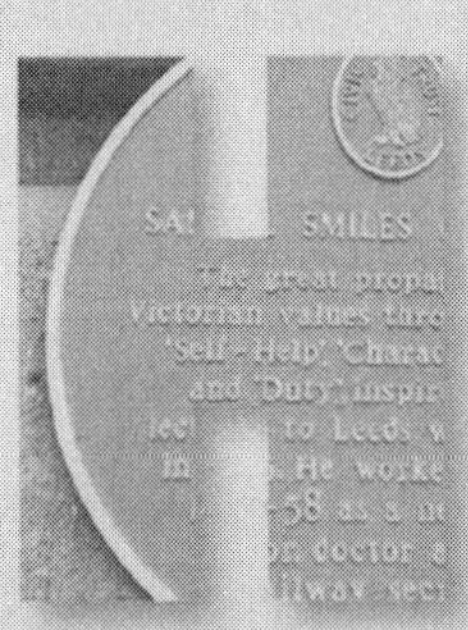

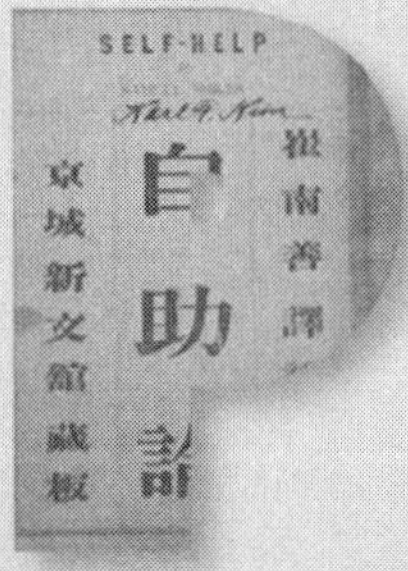

지금까지 스마일스의 개정판『자조론』이 삼국의 자조론의 이론적 원형임을 정치사상사적으로 해명하고, 그의 자조론은 각기 어떠한 역사적 경로를 통해 수용되어 당대의 시대적 맥락과 지성사적인 흐름 속에서 어떻게 토착화되어 가는지를 구명하였다.

빅토리아시대 초기는 인클로저의 여파와 산업혁명의 역설로 대량 빈민이 새롭게 등장한 거대한 사회현상이었다. 특히 기계가 대규모로 도입되어 세계 최초의 공장제와 공장 노동자계급이 등장하였는데, 이들에게 가난은 불행의 원인이며 행복의 조건이라 믿을 만큼 절실하게 타개해야만 하는 과제였다. 특히 스마일스에 의해 자조론이 전개된 1840년대의 상황은, 영국의 역사가들에 의해 '굶주림과 전염병'의 시대라 불렸다. 또한 노동자계급은 자신들의 가난을 극복하기 위해 대중투쟁에 나섰던 시기였다. 예컨대 1842년에는 보통선거권 쟁취를 위한 제2차 국민청원인 차티즘은 절정이었다. 이러한 시대적 배경하에 스마일스는 젊은 노동자들을 향해 빈곤의 탈출을 위해서 국가에 의존하지 말고 '자조'할 것을 권유하였다.

이러한 스마일스의 자조론의 사상적 배경은 스코틀랜드계몽주의와 공리주의이다. 스코틀랜드 계몽주의란 고전적 자유주의와 달리 이성 중시에서 벗어나, 인간의 쾌락과 고통이라는 인간의 감정 및 감성에 의해 선악을 구별하는 사조이다. 예컨대 스미스는 인간의 삶의 궁극적인 목적을 행복과 웰빙이며, 인간의 주어진 도덕적 본성인 '공감'으로 인해 인간이 아무리 이기적이라 해도 타인의 행복을 해롭게 하지 않는 범위 내에서 자기의 이익과 행복을 추구한다고 보았다. 따라서 시장은 약육강식의 세계가 아니라 품격이 작동하며 이로써 자유방임에 두어야 한다는 것이다. 더욱이 그는 사회유기체 사상의 영향으로, 개인의 집적인 사회는 개인의 경제적 번영의 총합이라는 것이다. 요컨대 그는 감성적인 사회적 인간을 토대로, 행복이라는 감성을 중시하는 자유방임주의에 의한 자본주의적 시장경제 체제를 위해 경제적 자유주의를 주장하였다.

반면에 고전적 자유주의자 로크는 자유를 가장 위협하는 원천은 타자와 국가로 규정하였으며 외부로부터 간섭받지 않을 권리인 소극적 자유만을 문제시 했던 것이다. 즉 국가란 이미 확립된 사적 소유권을 타자로부터 보호하는 장치이며, 선택의 자유와 결과에 대한 개인의 책임을 강조하였기 때문에 복지정책에 대해 소극적이었다. 다시 말하자면 사회는 개인들이 각자 재산권의 자유를 확보하기 위해 계약에 의해 형성된 자발적 연합체에 불과하므로 추상적 개체인 신민은 기본적으로 자신에게 부여된 법적 정치적 권리를 타인에게 인정하는 것 이외에는 어떠한 사회적 의무를 갖지 않기 때문에 분배적 정의와는 무관하다.

이러한 스미스의 고전주의 경제학을 받아들인 맬더스는 천부인권론과 중상주의를 부정하고, 빈곤개인책임설을 주장하여 빈민 증가의 온상이라 판단한 보편적 복지정책인 구빈법 폐지를 선도하였다. 반면에 봉건질서의 붕괴와 함께 대두된 중상주의는, 국가의 부와 왕실의 부의 축적을 위해 빈민을 유용성 있는 심지어 불가결한 존재로 간주하는 빈곤효용의 교리이다. 그러나 맬더스는 이를 비판하고 기근 · 빈곤 · 악덕이 발생하는 이유가 개인의 도덕적 해이에 의한 과잉인구 때문이라는 빈곤개인책임설을 새롭게 제기한 것이다. 따라서 그는 개인은 자유에 대한 권리와 자신의 운명에 대한 책임만 가질 뿐이므로, 빈곤으로부터 보호받을 권리는 갖지 못하며 지배층은 빈민에 대한 부양의무로부터 해방되어야 한다는 입장이었다.

한편 벤담은 이러한 스코틀랜드계몽주의와 고전경제학의 영향으로 공리주의를 창시하게 되었다. 예컨대 그는 '흄의 『인성론』을 읽고 비로소 진실에 눈을 뜨게 되었으며, 공리성이야말로 모든 덕의 시금석이자 정의의 유일한 기원이라고 믿게 되었다'라고 언급하였다. 또한 자신이 생각하는 바람직한 인간상을 스코틀랜드 계몽주의의 '행복'과 쾌적한 삶인 '웰빙' 개념에서 찾았다. 즉 벤담은 행복이란 거창한 관념이 아니라 쾌락에 뿌리를 둔 기쁨과 즐거움 같은 긍정적인 정서라고 정의하였다. 아울러 그는 인간 행동의 목표는 행복을 달성하기 위한 과정이며, 우리에게 중요한 것은 어떤 종류의 행복을 사회에서 함께 추구하며 삶을 영위하는 것이라고 하였다. 이를 위해 벤담은 왕과 귀족의 지배로부터 유럽 시민을 구하기 위한 지적 운동이 다양하게 전개됐던 18세기 말에 어떠한 정치적 압제나 부정의에 대항하고자 대중민주주의를 강조하였다. 이는 개인과 공동체의 쾌락을 증진하고 고통을 감소시키고자 하는 공리성의 행위원리에 근거한 것으로, 법률을 통한 최대행복의 실현을 위한 사회개혁에 관심이 높았다. 따라서 모든 사람의 쾌락이나 고통에 동일한 비중을 두는 1인 1표의 민주주의가 필요조건이며, 투표권이 소수에 한정돼 있던 시기에 보통선거를 지지하고 입법자는 보통선거를 통해 구성된 의회여야 한다는 것이다. 이 같은 주장은 당시 군주와 특권 계급에게는 큰 위협인 된 급진주의였다. 뿐만 아니라 스미스가 사회는 개인의 집합이며 개인의 이익 추구와 공익의 조화로운 일치를 믿었던 것처럼, 벤담 역시 각 개인의 이익의 증가가 그대로 사회 전체의 이익 증대와 일치 한다고 생각하였다. 그리하여 그는 빈민의 나태한 의지를 교화시켜 사회적 행복으로 전환시키기 위한 '최대다수의 최대의 행복'이라는 최대의 공리를 정립하였다. 나아가 그는 노동과 시장 논리에 의해 임금을 지급하는 '자력갱생'론을 토대로 새로운 형태의 복지정책을 구상하였으며, 이는 영국의 선별적 복지정책인 신빈민법의 근간이 되어 오늘날에도 전 세계의 복지정책에 영향을 끼치고 있다.

스마일스의 자조론은 이러한 벤담의 양적 공리주의뿐만 아니라, 엄격한 행복 계산과 측정에만 몰두했던 벤담의 양적 공리성을 극복하고 질적 공리주의를 주장한 밀의 영향을 가장 많이 받았다. 즉 밀이 활동하던 당시는 고전적 자유주의에서 기원한 정치적 권리로서의 정치적 자유는 어느 정도 성취되어 있었다. 그러나 밀은 고차원적 행복을 지속시키기 위해 인간의 존엄과 인격적 가치를 키워가야 한다고 보았다. 따라서 벤담의 바람직한 사회의 이념형인 최대다수의 행복을 위해 법률에 의한 정치적 제재를 중시한 것과는 달랐다. 즉 밀은 종래와 달리 개별성, 발전적 존재로서의 능력, 사회적 감정을 가진 인간상에서 행복의 개념을 이끌어내고 개인의 이익과 사회의 공동선이 함께 조화로울 수 있는 법과 사회제도를 지향하였다. 이는 그가 19세기 후반 당시 영국의 낭만주의의 전통의 미학과 정서들을 행복으로 받아들임으로써 성숙한 정신문화 형성을 염두에 두고 있었기 때문이다. 따라서 밀은 사회는 오직 다른 사람에게 영향을 주는 행위에 한해서만 개인의 자유에 간섭할 수 있다. 예컨대 다수 대중의 여론이 지배하는 사회는 개인의 자유를 증진시키기보다 오히려 억압할 수 있다는 것이다. 오늘날 포퓰리즘이나 파시즘이 여론을 빌려 자유를 구속하는 경우와도 같은 데, 밀은 당시 영국의 여론이 이러하다는 지적이었다. 따라서 자유로운 개인과 동시에 개인의 자유가 최대화된 자유로운 사회를 지향하는 사회적 자유를 주장하였다. 다시 말하자면 밀은 개인은 다른 사람에게서 일체의 물리적 도덕적 방해를 받지 않고 각자 생각대로 행동하는 자유의 담지자이다. 따라서 개인은 자신의 몸이나 정신에 대해서는 완전한 주권자로서 절대적인 자유를 누려야 한다. 반면에 그에 있어 사회란 개인의 자유를 억압하는 제도를 총괄하는 개념이다. 또한 사회적 자유는 권력 제한과 개별성 실현이라는 두 가지 의미의 지평을 갖는 것으로 평가하였다.

이러한 밀의 적극적 자유론인 도덕적 자유론은 스마일스의 개정판 『자조론』의 본문에도 잘 반영되었다. 즉 스마일스는 번영한 국가를 가능하게 하는 중요한 요소로 언급한 '일상생활 가운데 스스로 개개인이 인격을 형성하며 영위해 가는 것'에 역점을 두었다. 따라서 스마일스의 자조론의 정치사상사적 위상은 외적인 억압으로부터의 해방이라는 "~으로부터의 자유(freedom from)"인 이른바 소극적 자유론을 넘어서, 자신의 행동과 결정에 대한 통제권을 자기 내부에 둔다는 의미에서 "~를 향한 자유(freedom to)"의 도덕적 자유로서의 적극적 자유마저도 승인한 것이다. 즉 소극적 자유는 타인의 불간섭과 정비례하지만, 적극적 자유는 개인의 행위 결정의 원천을 타자가 아닌 자기 자신으로 삼는다는 것을 의미하며, 스스로 바람직하다고 생각하는 어떤 목적이나 행위방식을 추구할 능력을 가지고 있을 때 경험하는 자기 지배(self-mastery)의 원칙이다.

이러한 사상적 특징을 가진 스마일스의 자조론은 1880년대에 자유주의의 쇠퇴와 함께 공동체주의의 등장으로, 자유방임에 기초한 시장

경제에 대한 반동이 일자 쇠퇴하기 시작하였다. 또한 당시 영국은 산업의 성장 기술적 혁신 제국의 확대에도 불구하고 이른바 대공황(1873~1896) 때문에 고통을 받으며 많은 사회문제들이 부각되었다. 따라서 당시 널려 퍼져있던 빈곤개인책임론에 기초한 경제적 개인주의 철학에 대한 의구심이 높아지며, 사회적 책임을 강조하는 새로운 독트린이 전개되기 시작하였던 것이다. 즉 국가개입이 시작되고 복지국가의 특징인 의존체질과 국가의 독점적인 서비스를 제공하는 존재 방식이 등장하게 된 것이다.

그러나 자조론은 1970년대 말에 '작은 정부론'으로 재차 부활하게 된다. 왜냐하면 복지국가로의 이행은 영국 사회가 결국 의존성이 생겨 사적 노력과 노동의욕을 감소되고, 개인의 결정이나 책임을 제약하고 활력을 없애는 체제로 이행되었음이 드러난 것이다. 즉 복지급부에 대한 의존자의 증가, 이에 동반한 국가지출의 증가, 사람들의 의존정신의 침투, 근로의욕의 저하로 이른바 '영국병(British disease)'의 시대가 도래한 것이다. 따라서 대처 전(前) 수상은 '자조론은 서양의 초기 자본주의를 살린 원동력이다'라는 슬로건과 함께 1970년대 말부터는 대처리즘에서 '자조'는 재등장시켰다. 예컨대 대처는 1983년 선거당시 한 신문과의 인터뷰에서 근면 · 자존 · 검약 · 이웃과의 친교 · 조국에 대한 긍지 등을 열거하면서 이 또한 영속적인 가치라 규정한 바 있다. 즉 개인의 경제활동과 그 결과로서의 개인의 생계 문제에는 개입하지 않는다는 빈곤 개인책임설을 다시 한번 강조하기 시작한 것이다. 바꾸어 말하자면 대처는 개인의 능력과 업적을 토대로 땀 흘린 만큼 보답해주는 사회, 자유경쟁 시장에의 개입 및 노동자에 대한 국가의 원조에 대한 금지, 자조가 불가능하여 진실로 도움이 필요한 사람만을 원조해주는 것을 강조한 것이다. 이러한 자조론에 기초한 3차 신자유주의는 영국 경제의 활력을 되찾아 주었다.

한편 스마일스의 자조론은 동아시아 삼국에 전해져 각기 독특한 수용양식을 보여주었다. 나카무라는 인민의 도덕적 자유론을 담은 '품행론'으로 재탄생시켰다. 예컨대 그는 남녀의 평등을 제창하였지만, 이는 권리의 평등이 아니라 '남녀 모두 인격의 향상에 노력하지 않으면 안된다'는 의미에서의 평등이다. 또한 인내·끈기·근면·성실·정직·몰입과 같은 서양의 복음주의 윤리에 근원한 덕목의 구비는, 개인의 집합체인 국가의 번영을 위해서는 필수적이라는 것이다. 아울러 개인의 성공 혹은 국가의 번영을 목적으로서 추구한 것이 아니라, 인간의 덕성을 함양하고 국가는 '도리(道理)'를 달성하는 가운데 얻어지는 결과물로 보았다. 따라서 정치는 도의의 실현으로 국민의 도덕적 육성에 기여하는 것이었다. 이러한 점은 유학과 다를 바가 없었다. 그러나 그는 종래 비굴한 피치자 의식을 넘어 모든 인민의 자립 자조의 정신을 갖출 것을 설득해 갔다. 따라서 그는 후쿠자와 같은 메이지 계몽주의자들의 지육의 강조보다는 덕육에 의한 근대 교육의 방향을 제시하였으며, 국가의 권리인 국권의 달성을 우선시한 메이지 계몽사상가들을 비판하였다.

그리고 나카무라는 개인이 자조는 자유에 비례하므로 유럽 가운데 가장 선진적으로 운영되고 있었던 영국의 의회 민주정치제도의 수용을 주장하였다. 따라서 『서국입지편』은 일본에서는 자유민권운동의 도화선이 되었다. 예컨대 일부 정치가들은 「민선의원설립건백서」를 제출하였으며, 좌절되자 민권운동 단체인 〈릿지샤〉를 설립하고 「입지사건백서」를 통해 국가재정을 더 이상 압박하지 말고 경제적으로 자립하기 위해 자조정신을 강조하며 사족을 위한 생활협동조합 혹은 생활상조회 역할을 하였으며 향후 영리회사의 설립도 계획하였다. 아울러 참정권 확립, 언론의 자유, 조세의 경감, 지방자치의 확립, 불평등 조약 개정, 국회개설 등으로 밝혀 놓았다. 나아가 〈릿지샤〉가 세운 〈릿지학사〉의 「취지서」에도 자조론을 교육 목적으로 하고 있음'을 밝힌 것이다. 그러나 자조론에 기반한 일본의 자유민권운동은 사회진화론의 유행과 국가주도의 자조론의 등장으로 1880년대 후반에 이르면 쇠퇴하였다.

그런데 나카무라는 자조론의 토착화를 위해 기독교를 수용해야 한다는 고유의 영역을 개척하였다. 본래 스마일스와 자조정신은 기독교의 교리 혹은 신의 존재에 기반한 선험적이고 추상적인 가치를 인정하지 않았다. 그러나 그는 기독교를 서양문명의 정신으로 간파하였기 때문이다. 따라서 천황으로 하여금 기독교를 받아들이라고 권유하였으며 자신도 세례받은 감리교인으로 일생을 마쳤다. 이는 자신의 영국 시민사회의 체험이 큰 작용을 한 것이다. 즉 영국은 최초의 시민혁명인 청교도혁명은 왕권과 대화를 통해 점진적 권력 분점에 나섰으며, 청교도적 윤리는 가난을 나태한 성격과 무능력의 결과로 보고 근면과 절약의 노동윤리를 중시하였다. 또한 18세기에는 성공회 내에서 영적 각성 운동인 복음주의운동이 일어나 개인적 회개의 수준에 그치지 않고, 19세기에는 종교적 성격을 뛰어 넘어 정치 사회 문화 등 광범한 영역에까지 깊게 영향을 미친 이른바 정치적 복음주의운동이 활발하였다. 즉 '노블레스 오블리주' 정신에 의한 윤리적 삶과 사회봉사와 개혁의 가치관의 정신이다. 예컨대 윌리엄 윌버포스에 의한 노예무역(1807)과 노예제 폐지(1833)이다. 그가 노예제를 반대한 이유는 악한 제도일 뿐만 아니라 자유로운 인간들만이 새로운 영적 체험과 개종을 할 수 있다고 믿었기 때문이다. 아울러 복음주의자들이 전파한 도덕적 기업가정신은 〈반곡물법동맹〉과 같은 압력단체의 정신적 기반이 되기도 하였다. 이 운동은 결과적으로 무엇보다도 19세기 영국의 중상류계층의 가치관 형성에 큰 영향을 미쳤다. 즉 이들 사회지도층의 생활방식을 변화시키는데 크게 기여했으며 이들 가운데 상당수가 사회봉사와 사회개혁에 관심을 돌리도록 동기 부여를 하였다.

그러나 나카무라의 자조론은 서양 민주주의제도의 정착에는 기여하지 못했다. 왜냐하면 일본은 1870년대 후반에 이를수록 서구사상에 의한 덕육에 반대하고, 유학에 기초한 국민교육을 내용으로 삼고자 하는 전통주의적 입장이 세력을 얻게 되었기 때문이다. 더욱이 청일전쟁에 승리를 하면서 독자의 문명화에 대한 자신감도 생겨나 서구문명에 대한 비판의 담론이 일본 사회에 서서히 등장하였다. 따라서 서양식 근대 교육의 학제는 7년여 만에 폐지되고 1879년 메이지 천황의 명의로 덕육을 기본으로 하는 교학성지(教学聖旨)가 제정되었다. 이는 이후 제정된 교육칙어의 성격과 방향을 미리 담고 있다. 다시 말하자면 메이지시대의 '화혼'은 천황의 만세일계의 정치전통 속에서 찾고자 하는 움직임이 태동했다. 따라서 유교적 이념과 사회체제를 중체나 동도로 보는 중국과 한국과는 달리, 천황제를 정점으로 하는 '화혼'의 개념을 일본 근대화사상에 접목시킨 '화혼양재'론이 정립되었다. 이처럼 메이지 후기의 화혼양재론은 이미 '양재'의 수용이 문제가 아니라, 근대 국민국가의 내적 통합을 위해 '화혼'이 강조되어 천황에 대한 '충'을 강조한 '충효 일본론(一本論)'의 형태로 단일화되어 국체론으로서의 '화혼'론을 성립시키고 있었다. 이와 같이 '양재'의 수용은 전혀 사회적 문제가 되지 않고 천황제에 충성하는 '화혼'의 논리만이 남게 되어, 근대 일본의 군국주의 체제를 가능하게 한 사상으로 운용되었던 것이다. 이를 토대로 메이지 후기가 되면 천황 중심의 국가주의교육이 더욱 더 강조되었다. 최초의 작성자는 나카무라였으나 충효의 근원이 하늘에 있다고 말하는 등 기독교 색체를 드러낸 「덕육대의(德育大意)」는 교육칙어로 채택되지 못하고 폐안되었다.

그리고 나카무라의 자조론은 메이지 전기에 관계와 정계의 진출에 의해 사회적 신분의 상승 이동 전반을 가리키는 입신출세주의로 정착되었다. 본래 신분사회의 에도시대에는 자신의 신분에 맞지 않는 상승 욕망은 억압되고 배제되어 취급되었을 뿐 아니라 지행(知行)의 수양을 쌓는 것이 입신이라 하였으며, 가업을 확장하고 가산을 증대하는 것이 출세를 의미했다. 그러나 메이지유신으로 누구에게나 사회적 상승 이동의 가능성이 열리고 그 의욕을 환기하는 객관적 조건이 갖추어졌다. 이처럼 신분적 제약이 사라진 평등한 메이지 경쟁사회를 토대로 서민까지 개인적 성공에 대한 관심이 철저하게 침투될 수 있었다. 또한 메이지 정부는 국가의 독립을 위해 근대 산업에 가장 관심을 가졌으며, 1874년에 『식산흥업 백서』를 발간하여 자본주의 발전을 적극 도모했다.

한편 메이지 후기에 이르면 초기의 입신출세주의와 달리 오오가키가 보여준 바와 같이 청년수양론이 등장하게 된다. 본래 '청년'이란 자유민권운동 말기인 1880년 후반에 새로이 개념화된 것인데, 앞으로의 새로운 신시대를 건설하기 위해 분투하는 '신일본의 청년'을 의미한다. 또한 '청년'이 구비해야 할 덕목은 근로 · 인내 · 충성이다. 따라서 국가의 자립을 짊어지는 '국민'을 양성하는 것이며, 새로운 근대적 세계관을 지닌 청년이다. 그러나 메이지 후기의 '청년'은 개인주의를 근간으로 하는 것이 아니라, 국가의 일원이라는 자부심에 가득 찬 '국민'인 '청년'이다. 나아가 이를 국가적 차원에서 장려한다는 의미에서 '수양'이란 용어가 사용되었다. 따라서 그의 청년수양론은 즉 개인적 인격이 아니라 국가적 인격의 함양이며, 이를 위해 공통의 수양서를 통해 계몽하는 수양론의 시대가 열린 것이다. 다시 말하자면 천황제국가권력의 강제력과 더불어 일본은 이제 개인의 입신출세가 아닌 일본국민 개개인의 내면적 자율성을 충분히 확보하기 위해 국민의 수양을 필요로 하였다. 특히 러일전쟁 전후 일본의 국민의 통합 문제는 중대한 사회적 이슈였기에 수양이 더 더욱 빈번하게 사용되기 시작하였다. 이처럼 상향적 이동 신분 상승을 위한 '성공'의 수단이 학력의 강조에서, '청년'들에게 '국민'으로서의 인격의 함양을 위한 정신적 수양 및 신체적 수양이 모두 필요하다는 수양론의 대중화의 시대를 열었던 것이다. 그러나 일본의 사회주의자들은 이러한 청년 수양을 통한 국가 주도의 자조론에 반발하였다. 이들은 천황제 전제정치에 대한 인민의 자주자유의 권리를 주장하고 자유주의적 인권을 주장하였기 때문이다.

일본에서 좌절된 입신출세주의의 신화를 해외웅비를 통해서 실현시키려던 인물 중의 하나였던 오오가키는 메이지 후기의 '청년수양론'의 열풍을 가지고 도한하였으며, 한국의 1920년대에 식민지시기의 수양론에 이르기까지 큰 영향을 끼쳤다. 예컨대 그는 『청년입지편』을 통해 한국의 국가의 독립을 책임지기 위한 중추적 역할을 '한국의 청년'에게 맡아야 하며 '청년의 수양'을 강조하였다. 즉 그는 '자조지개의 진작'에 의해 인격을 성숙시켜 나가지 않으면 안 되는 '청년'상(像)을 제시한 것이다. 이러한 자조정신이자 근대적 정신인 '자치' '자주' '자립' '독립'을 갖춘 성숙한 인격의 '청년들'에 의해 한국의 주권 회복이 가능하다고 주장한 것이다. 이러한 한국의 자립을 위한 근대적 한국청년을 양성하기 위해 한국에서 발표한 계몽논설을 통해서 한국 청년들을 향해 인간의 평등에 긍정, 일신의 독립 및 자주 자존의 획득, 혈연주의의 부정, 인격의 성숙을 위한 교육과 학문의 존중을 주장한 것이다. 아울러 그는 한국 '청년들'에게 국가의 자조를 역설하며, 중국이나 한국이 구미 세력 아래 놓이게 되면 일본 또한 존립이 위태롭기 때문에 서양 제국주의라는 공동의 적과 대항하기 위해서는 한·중·일 삼국은 긴밀히 수평적 '동맹'을 맺어야 하며, 이를 통해 국제사회도 각국의 자주권에 의해 동양평화가 형성되어야 한다는 주장을 편 것이다. 이러한 한국의 독립을 위한 신청년의 구상이 담긴 『청년입지편』은 '사회의 안녕과 질서를 방해한다'는 이유로 일제 치하가 된 1910년 11월 19일 금서가 되었다.

그런데 일본에서는 오늘날에도 『자조론』은 '국부를 이뤄낸 텍스트'로서의 역할을 톡톡히 하여 '오늘의 부강한 일본을 만든 책'으로 평가받고 있다. 예컨대 2001~2006년 집권했던 고이즈미 준이치로(小泉 純一郎, 1942~) 전 총리는 스마일스의 『자조론』을 필독서로 추천하였다. 또한 자신의 신자유주의적 경제정책의 바탕으로 삼았다. 즉 그는 스마일스의 자조론을 '남(국가)에게 기대지 않고 스스로 자기 인생을 개척하는 인간상'과 '휴식보다 땀을 강조하는 노동관' '이타적 협조보다 이기적 성공을 미덕으로 치는 성공관'이라고 정의했다. 이처럼 영국보다 뒤늦었지만 일본도 신자유주의와 함께 자조론이 재유행하였다.[1] 더욱이 신자유주의가 쇠퇴한 후에도 여전히 유효한 이론으로 남아 있다. 왜냐하면 일본처럼 자기계발 서적이 인기를 끄는 나라도 없기 때문이다. 예컨대 '연봉을 10배로 늘리는 법' '비즈니스 머리를 만드는 사고'류의 서적이 넘쳐난다. 이처럼 자기계발서 코너는 독자들의 발걸음

---

1) 시정연설 때 21세기 일본국민의 필독서로 『자조론』을 제시하면서 부강한 일본을 만들고 지속시키려면 스마일즈의 정신이 밑바탕에 깔려야 함을 분명히 했다. 그러나 그의 신자유주의 정책은 서양과 같은 온전한 개인주의와 자유주의 기반이 없는 일본에 '자유주의 없는 신자유주의, 개인주의가 결여된 이기적 자조정신'만 키웠다고 비판받았다.

이 끊이지 않고, 시선을 가장 오래 잡아끄는 곳이기도 하다.

한편 서양사상을 일본의 번역서에 의존하였던 량은[2)] 즉 나카무라와도 같이 서양의 도덕을 보편적 진리라는 수준에서 받아들였다. 예컨대 『신민설』의 핵심적 용어인 '신민'도 노예근성에서 벗어나 새로운 근대적 인격을 갖추는 것이었다. 이는 밀이 『자유론』에서 유럽의 발전을 가져다 준 결정적인 계기가 "정신적 노예(Mental Slavery)" 혹은 "정신적 폭정(Mental Despotism)"의 파기에 있었다고 지적한 바와 같은 것이다. 바꾸어 말하자면 밀이 개인의 인격 수준은 행복 산출에 있어 매우 중요한 요소로 보아 궁극적으로 당시 사람들의 전반적인 인격 도야를 강조한 것과 같은 것이다. 따라서 이를 사상적 매개로 하여 량은 모든 인민 개개인의 도덕 및 지적 향상에 의한 품행의 향상이 자주국으로 나갈 수 있는 방법이라는 서양의 메시지에 공명하여 이를 전달하고자 한 것이다.

그러나 량은 자조론을 수동적으로만 받아들이는 것이 아니라 자기의 주제 의식을 분명히 드러냈다. 즉 분량은 비록 상대적으로 짧은 편이나, 주역을 통해 스마일스의 모든 인민의 품격에 걸맞는 모든 '인민'의 '자강불식'의 필요성을 다각적으로 설명한 것이다. 즉 『주역』의 건괘를 인용하여 '자신이 스스로를 도와 자립한다는 의미'의 '자조'개념과 '평생 쉬지 않고 스스로 연마하라'는 뜻을 담은 '자강불식'을 개념적으로 일치시키고, 태괘를 인용하여 국가의 자주권을 가져올 수 있는 방법은

---

2) 중국의 경우는 나카무라보다 뒤늦게 1877년에 영국 유학을 다녀온 엔푸(嚴復, 1853~1921)의 『원부(原富)』(스미스의 『국부론』), 『군학(群學)』(스펜서의 『사회학』), 『군기권계론(群己權界論)』(자조정신의 『자유론』), 『법의(法意)』(몽테스키외의 『법의 정신』), 『천연론(天演論)』(헉슬리의 『진화와 윤리』) 등이 있다. 그러나 엔푸의 역어는 중국인에게 선택되지 못하고 급속히 일본식 번역어가 선택되기 시작했다. 리디아 리우 지음, 민정기 옮김, 2005, 『언어 횡단적 실천』, 소명출판 참조.

군자만이 아닌, 신분과 성별을 넘은 모든 '인민'의 도덕적 '자강불식'이라는 점을 주지시킨 것이다. 따라서 '자강불식'에서의 '강'의 의미가 '부국강병'에서 의미하는 '스스로 강해지다'라는 의미의 물리적인 '강'을 의미하는 것이 아니라, 힘쓸 '면'과 같은 뜻으로 도덕적 '강'임을 새삼 주지시킨 것이다.

나아가 량은 종래 유학이 정치원칙을 제시할 수 있는 자격을 지닌 사람을 군주 또는 성왕에 한정시키고 '민'의 힘을 경시해 온 점을 타파하고, 국가의 자주권을 가져올 수 있는 방법은 군자만이 아닌, 신분 성별을 넘은 모든 인민이며 이들의 도덕적 '자강불식'임을 주지시킨 것이다. 즉 량은 국가의 자주권을 가능하게 하는 본질적 부분을 양무운동의 군사력과 통치제도에서 벗어나 문명의 기초를 '덕'으로부터 도출하고, 사회변혁은 한사람 한사람의 수양에 의한 인격적 완성에 달려 있다는 발상을 전개한 것이다. 그런데 이는 마치 인격 완성을 통한 정치의 실현을 지향하는 수신제가 치국평천하의 논리와 유사해 보인다. 그러나 량은 유학으로 회귀하고자 하는 복고주의자가 아니었다. 즉 유학을 결코 절대적 보편원리의 덕으로 강조한 것이 아니라 유학의 덕을 상대화시키고 있을 뿐만 아니라, 군주의 자강이 아닌 모든 인민 개개인의 자조를 위해 서양의 과학 군사 기술 같은 형이하학이 아닌 서양의 형이상학을 배울 것을 주장하게 된 것이다.

이러한 량의 자조론의 수용 양식은 대한제국기에 큰 영향을 끼쳤다. 즉 량은 1897년 초부터 한국에 처음으로 소개되기 시작하였는데, 그는 14년간의 메이지 일본에서의 망명 생활을 통해 서구 문명의 수용을 제창하고 많은 계몽사상을 고취하는 글을 썼다. 더욱이 1904년부터 1911년에는 대한제국 멸망에 대한 동정과 애통함을 드러내며 조선에 대한 친근하고 우호적인 글을 썼는데, 이를 통해 비친 량의 모습은 한국의 지식인들에게 일종의 모범이 되어 탁월한 식견을 지닌 선각자로 비춰졌다. 왜냐하면 량의 글의 주제는 중국이 민족 국가적 위기 속에서 생성의 길을 개척해 나가고자 하는 것으로, 그에 있어 멸망해가는 대한제국은 서구와의 대비 속에서 중국을 비추어 볼 수 있는 특별한 타자였기에 적극적인 관심을 표명하며 중국이 반면교사 할 것을 촉구하였기 때문이다. 따라서 박은식 · 장지연 · 신채호 · 홍필주 · 주시경 등은 그의 저작을 번역하여 전파하고자 하였다.

나아가 1890년대 후반 이래의 전개된 국력강화 사상인 '자강' · '독립' 사상가들에 의해 처음으로 전개되기 시작하였다. 예컨대 〈대한자강회〉라는 단체명에서도 상징되듯 당시 '자강' '자조'라는 용어가 조야에 널리 퍼져나갔음을 선명히 알 수 있다. 아울러 장지연은 자신이 국권회복을 목표로 사상활동을 전개하면서 거듭 강조한 개념어가 '자강'이었다. 그런데 자조론의 전파의 통로는 영국 유학생 출신이 아직 없었던 시기였으므로 분명 간접 수용이었으므로, 앞서 언급한 량과 일본 유학생들로 볼 수 있다.

즉 '자조정신을 가진 인민에 의해 국가의 번영이 보장된다'는 스마일스의 1장 첫줄에 실린 격언의 취지는, 대한제국의 자강과 독립의 관심에서 번역되고 개인의 자조는 곧 국가의 독립과 자강의 의미이며 국가의 번영을 위해 자조정신을 가지지 않으면 안 된다는 것으로 해석된 것이다. 바꾸어 말하자면 서양의 개인주의에 기초하여 개인의 세속적 성공만을 승인하는 자조론이 아니라, 집단의 목표를 달성하기 위해 국가에 대한 책무를 다하는 요건으로 수정된 것이다. 한편 당시는 주지하듯 청일전쟁 이후 러일전쟁에 이른 시기는 세계 제국주의가 아시아 권역으로 확대하는 시기와 중첩되면서 일본이 본격적으로 제국주의로 전환하는 시기였다. 그러나 국제사회에 원조가 없던 시절이었으므로 한국의 보호국 탈피는 스스로 노력하는 것 외에는 선택의 여지가 없었으며 그것은 '자강'에 의해서만 가능할 수 있던 상황이었다.

그리고 '자강'·'독립'사상가들의 경제적 자립론인 '식산흥업'론은 '자강'의 사회·경제적 기초가 되는 국부와 직결된다고 강조한 것이다. 즉 자아각성을 통하여 모순된 현실 속에 문제의 본질을 파악하여 그 해결방법을 찾아가기 위해 노동을 중시하며 지극히 현실적이고 개인적인 고학으로 자본주의 세계 속에서 개인적 욕망을 실현시키는 것을 긍정하게 된 것이다. 이는 유교적 덕육 교육에서는 결코 인식될 수 없었던 자조론에 입각한 인물의 현실 대응방식이다. 이렇게 서구 자본주의의 가치를 이해하고 수용하는 것을 관건으로 삼아 경제적 영웅들을 중시하였으며, 기업설립운동 물산장려운동 등 일관되게 관통되는 서구 자본주의 개인의 성공의 사례를 보여주고 발분하도록 이끌었다. 예컨대 직업과 생산적 노동의 바탕이 되는 근대적 실업교육, 무위도식에 대한 강한 비판을 가능하게 한 이론적 기능을 하게 된 것이다. 다시 말하자면 자조론은 봉건신분 제도하의 숙명론을 부정하고 노동을 천시하는 봉건의식을 타파하고 노동의 실천인 근면, 성실, 절약, 자기계발에 의해 자신의 운명도 극복한 자립경제의 기반을 통한 자주 독립의 기틀을 마련하고자 하는 계몽의식의 기초가 된 것이다. 따라서 이는 반봉건 의지와 근대 지향 의지라는 긍정적 가치를 자력으로 해결하는 일에 일조하였으며, 전통적인 유교적인 봉건적 노동관에서 탈피하고 자본주의 윤리를 새기려 애썼던 것이다. 이러한 대한제국기의 자조론의 수용양식은 한국 문명화의 새로운 지표로 개화사상을 대체하여 '자강'이 설정되어 보호국체제를 벗어나기 위해 일차적으로 요구되는 민족의 독립 및 자주를 위한 '자강'의 정치사상으로서 주된 기능하게 된 것이다. 즉 당시 군사력 및 외교력 등과 같은 정치력을 상실한 보호정치하에서 '자강'·'독립'사상가들은 의병운동과 같은 무력적인 국권회복운동을 지양하고 온건적인 방법인 자강운동을 통하여 주권회복 운동을 전개하려 한 것이다.

나아가 자조론의 정치사상사적 위상을 살펴보면 서양 국가와 인민의 부강의 원천인 서기의 원천이 '서양정신'임에 착안하여 '동도서기'론에서 탈피 서기를 전제로 한 신구학절충론으로 이행하게 되는 것이다. 즉 동도서기론은 도는 전통의 것이며, 기는 서양의 것이라는 틀이 짜여 있고 도와 기 가운데 도가 어디까지나 바탕이고 근본이라는 도체기용, 도본기말의 생각이 전제되어 있으나 량과 대한 제국기의 '자강'·'독립'사상가들은 더 이상 기(器)를 문제 삼고 있으며 서기의 전제 아래 도를 문제 삼고 있는 것이다. 더욱이 반드시 동도를 근본으로 삼는다는 전제가 없이 동도와 서도의 장점을 취한다는 입장이다. 따라서 서도서기론인 것이다.

그런데 일본·중국·한국의 동아시아 3국 가운데, 포스트 식민지시기에 이르기까지 자조론의 파급효과가 확연히 드러나고 있는 곳은 남북한이다. 즉 해방 이래에는 남한의 자조론은 성공주의를 표상화하는 가치로써 지속적 생명력을 가지고 활약 중이다. 예컨대 박정희 전 대통령의 '자조'적 농민을 만들기 위한 새마을 정신에서도, 오늘날에는 성공의 처세술 또는 자기계발에 관한 인생지침서 역사의 제약을 받지 않고 보편적 성격을 띠며 꾸준히 읽혀지고 있다. 더욱이 북한의 경우는 1950년대 후반 '자력갱생론'을 천명하면서 벌인 천리마운동의 국가 이데올로기로 유통되었다.

오늘날에는 비록 성공만을 크게 찬미하는 통속적 인생론의 책으로 간주하여 경시하는 입장을 뒷받침하는데 사용되기도 하지만, 스마일스의 메시지인 열심히 일하면 기회가 주어진다는 믿음은 자기계발이론, 동기부여이론의 선구적 이론으로 자리매김하고 있다. 즉 자기계발서란 '셀프헬프북(self-help book)'을 번역한 말이며, 자기계발이론이란 리더가 되기 위해 지속적인 전문적 개발과 현대 일을 기초로 한 행동학습이론으로, 조직에 충성하기보다 자신의 경력에 초점을 맞추는 이론이다. 또한 '우리가 할 수 있다고 생각하는 것은 거의 할 수 있다'라고 한 스마일스의 주장은 열정적 개인주의에 기초한 오늘날 리더십이론인 동기부여이론으로 자리 잡았다. 즉 열정이 강한 자는 리더가 될 수 있다는 것으로, 이를 성취하기 위해 모두 열심히 일하도록 만드는 지속적인 힘이 되었다. 또한 많은 리더들이 비젼(vision), 동기유발(motivation)에 의해 목표를 현실로 만드는데 사용하고 있다. 이처럼 자기계발을 옹호했고 일을 통한 학습론의 개척자이던 스마일스의 메시지는 오늘날에도 꿈과 희망을 현실로 바꾸는 성취동기 이론(self-fulfilling)으로 많은 젊은 전문 직업인에게도 영향력을 행사하고 있다.

참고문헌

1. 사료

『加越能鄉友會雜誌』, 『논어』, 『대조선독립협회회보』, 『대한매일신보』, 『대한민보』, 『대한자강회월보』, 『대한협회회보』, 『독립신문』, 『매일신보』, 『서북학회월보』, 『소년계』, 『신천지』, 『여자시론』, 『飮冰室文集』, 『조선신문』, 『주역』, 『중앙신문』, 『친목회회보』, 『태극학보』, 『태서문예신보』, 『황성신문』
『제국신문』(2011, 영인본, 청운출판사)

「朝鮮併合ニ關スル件」, 外務省 編, 『日本外交年表竝主要文書 上』(原書房, 1965).
「韓國ヲ帝國ニ併合ノ件」(詔書, 1910.8.29), 朝鮮總督府, 『朝鮮總督府施政年報』(朝鮮總督府, 1912, 附錄).
「韓國併合に關する條約」, 外務省 編, 『日本外交年表竝主要文書 上』(原書房, 1965).
Essex Standard 1949.1.5.
Mill, John Stuart, 2008, *On Liberty and Other Essays(1859)*, Oxford University Press.
梁啓超, 1896, 『變法通議: 論變法不知本源之害』.
Smiles, Samuel, 2002, *Self-Help*, Oxford: Oxford Press.
Smiles, Samuel, 1905, *The Autobiography of Samuel Smiles*, LL. D, Thomas Mackay, ed. London: John Murray.
加藤弘之, 1894, 『道德法律進化之理』, 敬業社.

加藤弘之, 1907,『自然界の矛盾と進化』(第二版), 金港堂.

국가보훈처 편, 1995,『亞洲第一義俠 安重根 3』, 국가보훈처.

국사편찬위원회, 〈한국사데이터 베이스〉 http://db.history.go.kr/

국사편찬위원회, 1968,『한국독립운동사자료 6』, 정음문화사.

김윤식,『음청사』(국사편찬위원회 한국사데이터베이스 참고, http://db.history.go.kr/)

檀國大附設東洋學研究所, 1975,『朴殷植全書』(上·中·下).

大垣丈夫, 유문상 역, 1908,『青年立志編』, 京城: 弘文館.

대한자강회월보, 1906a,「蓋人自助天必助之理也豈不可勉力圖成哉若有大義贊助諸位卽付書於帝國新聞社則自可信傳矣」, http://db.history.go.kr/(검색일: 2015.05.30).

대한자강회월보, 1906b,「勿憂韓國無錢」, http://db.history.go.kr/(검색일: 2015.05.30).

대한자강회월보, 1906c,「自强能否의 問答」, http://db.history.go.kr/(검색일: 2015.05.30).

대한자강회월보, 1906d,「著者 南嵩山人 張志淵」, http://db.history.go.kr/ (검색일: 2015.05.30).

대한자강회월보·국사 편찬위원회, 〈한국사데이터 베이스〉 http://db.history.go.kr/

대한학회월보, 1908a,「國家程度는 必自個人之自助品行」, http://db.history.go.kr/(검색일: 2015.05.30).

대한학회월보, 1908b,「本會의 原因說」, http://db.history.go.kr/(검색일: 2015.05.30).

대한협회회보, 1909,「國民十大元氣(氷集節略)」, http://db.history.go.kr/(검색일: 2015.05.30).

梁啓超, 1936,『飮冰室合集 全 12卷』, 北京: 中華書局.

로버트 오언 박물관(웨일즈 뉴타운 소재), http;//robert-owen-museum.org.uk/time_line

미디어오늘(http://www.mediatoday.co.kr)

弥爾, 中村敬太郎 譯, 1872,『自由之理』第二卷, 同人社藏版.

斯邁爾斯 · 中村敬太郎譯, 1870-71, 『西國立志編』,
http://kindai.ndl.go.jp, http://www.let.osaka-u.ac.jp
山室信一 · 中野目徹 校注, 1999, 『明六雜誌』 上 · 中 · 下, 岩波書店.
山縣有朋, 1996, 「帝國の國是に就ての演說」(1890.12.6), 大山梓編, 『山縣有朋意見書』, 原書房.
森彦太郎(九州), 1904, 『立身冒險談』, 文學同志會.
서우, 1906, 「懶惰之罰」, http://db.history.go.kr/(검색일: 2015.05.30).
서우, 1907, 「自治論」, http://db.history.go.kr/(검색일: 2015.05.30).
서우, 1908, 「勞動同胞의 夜學」, http://db.history.go.kr/(검색일: 2015.05.30).
스마일스, 홍영후 · 홍난파 역, 1923, 『靑年立志編--一名 自助論』, 京城: 博文書館.
안중근, 1979, 「동양평화론」, 최순희 옮김, 『나라사랑』 34, 외솔회.
안중근, 1990, 「안응칠역사」, 『안중근의사 자서전』, 안중근의사숭모회.
王濛常編, 1991, 『嚴復道年譜』, 上海書店出版社.
王栻編, 1986, 『嚴復集』, 中華書局.
윤치호, 송병기옮김, 2001, 『윤치호 일기』, 연세대학교 출판부.
일본 근대디지털 라이브러리, http://kindai.ndl.go,jp/info:ndljp/pid/899660 (검색일: 2015.2.24).
중소기업뉴스(http://www.kbiznews.co.kr).
中村正直, 1873, 『書感』(敬宇詩集) 全集 四劵.
태극학보, 1907a, 「希望의 曙光」, http://db.history.go.kr/(검색일: 2015.05.30).
태극학보, 1907b, 「天下大勢를論흠」, http://db.history.go.kr/(검색일: 2015.05.30).
태극학보, 1907c, 「靑年立志」, http://db.history.go.kr/(검색일: 2015.05.30).
태극학보, 1908a, 「文明의 性質有差와 文明의 誘入勿誤」,
http://db.history.go.kr/(검색일: 2015.05.30).
태극학보, 1908b, 「修養의 時代」, http://db.history.go.kr/(검색일: 2015.05.30).
風間礼助, 1901, 『偉人修養錄』, 文武堂.
한국문화간행회 편, 『황성신문』, 1984, 영인본, 경인문화사.
한국신문연구소 편, 『대한매일신보』, 1997, 영인본, 경인문화사.
湖南人民出版社点校, 1981, 郭崇燾日記』 第三卷, 湖南人民出版社.

胡適 · 吉川幸次郎訳, 1940, 『四十自術』, 創元社.
황현, 『梅泉野錄』, 「大垣丈夫의 上書」.

2. 국내문헌

강동국, 김현철, 윤병석 외, 2009, 『안중근과 그의 시대』, 경인문화사.
고야스 노부쿠니, 김석근 번역, 2007, 『후쿠자와 유기치의 '문명론의 개략'을 정밀하게 읽는다』, 역사비평사.
국가보훈처 · 광복회, 1996, 『21세기와 동양평화론』, 국가보훈처.
김경일, 2008, 「문명론과 인종주의, 아시아연대론」, 『사회와역사』 78.
김경일, 2011, 『제국의 시대와 동아시아 연대』, 창작과비평사.
김광수, 2018, 「애덤 스미스의 행복이론: 행복 경제학과 시민경제론의 기원」, 『경제학연구』 66(1).
김권정, 2011, 「근대전환기 윤치호의 기독교 사회윤리사상」, 『기독교사회윤리』 22.
김기순, 2017, 『디즈레일리와 글래드스턴: 국가 경영의 이념, 정책, 스타일』, 소화.
김남이, 2010, 「1910년대 최남선의 〈자조론(自助論)〉 번역과 그 함의: 『자조론(自助論)』(1918)의 변언(弁言)을 중심으로」, 『민족문학사연구』 43(0).
김남이, 2011, 「20세기 초 한국의 문명전환과 번역: 重譯과 譯述의 문제를 중심으로」, 『어문논집』 63(0).
김대륜, 2014, 「『영국 노동계급의 형성』 다시 읽기—출간 50주년에 부쳐」, 『역사비평』 106호.
김도형, 2011, 「한국 근대계몽기 일본적 계몽담론의 영향에 대한 연구: 오가키 다케오 관련기사 및 저술 분석을 중심으로」, 『일본공간』 10.
김명자, 2019, 『산업혁명으로 세계사를 읽다』, 까치.
김성근, 2011, 「메이지 일본에서 "철학"이라는 용어의 탄생과 정착－니시 아마네의 "유학"과 "philosophy"를 중심으로」, 『동서철학연구』 59, 한국동서철학회.
김성룡, 2007, 『17-18세기 영국의 국민 통합과 프로테스탄티즘』, 한국학술정보.
김연희, 1985, 「영국 구빈법의 사상적 배경」, 『한국사회복지학』 6.

김영한, 1998, 『서양의 지적운동 2』, 지식산업사.
김영희, 1999, 『좌옹윤치호선생약전』, 좌옹윤치호문화사업위원회.
김윤희, 2009, 「1909 대한제국 사회의 '동양'개념과 그 기원」, 『개념과소통』 4.
김재오, 2014, 「인권의 정치와 민주주의의 재구성: 토머스 페인의 『인간의 권리』」, 『안과 밖』 37.
김종현, 2006, 『영국 산업혁명의 재조명』, 서울대학교출판부.
김택현, 2008, 『차티즘, 좌절한 혁명에서 실현된 역사로』, 책세상.
김학주 편저, 2006, 『新完譯 효경』, 명문당.
남철호, 2003, 「1836년-40년의 차티즘의 전개 양상」, 『계명사학』 14.
남철호, 2004, 「1840-42년 사이의 차티즘의 전개양상」, 『계명사학』 15.
남철호, 2017, 「차티스트 빈센트의 금주운동 도입과 갈등」, 『대구사학』 128(0).
노관범, 2008, 「大韓帝國期 張志淵의 自强思想 연구 : 團合論을 중심으로」, 『한국근현대사연구』 47.
류시현, 2009, 『최남선 연구』, 역사비평사.
리디아 리우 지음, 민정기 옮김, 2005, 『언어 횡단적 실천』, 소명출판.
리처드 D. 앨틱, 이미애 옮김, 2011, 『빅토리아 시대의 사람들과 사상』(한국연구재단총서 학술명저번역 504), 아카넷.
박우룡, 2000, 「근대 영국 그리스도교의 복음주의 운동－영국인의 가치관과 사회개혁에 끼친 영향을 중심으로」, 『역사문화연구』 12.
박우룡, 2003, 「영국인의 정체성과 의사 표현 방식」, 『영미연구』 9.
박태균, 2015, 『박태균의 이슈 한국사』, 창비.
백광준, 2017, 「19세기 초 서양 근대 지식의 중국 전파－'Society for the Diffusion of Useful Knowledge in China'를 중심으로」, 『중국문학』 91.
백동현, 2001, 「러 · 일전쟁 전후 '民族' 용어의 등장과 민족인식: 『皇城新聞』과 『大韓每日申報』를 중심으로」, 『한국사학보』 10.
버나드 맨더빌 저, 최윤재 역, 2010, 『꿀벌의 우화－개인의 악덕, 사회의 이익』, 문예출판사.
새뮤엘 스마일스 저, 공병호 역, 2005, 『새뮤얼 스마일즈의 자조론』, 비즈니스북스.
서은국, 2014, 『행복의 기원 인간의 행복은 어디서 오는가』, 21세기북스.

소영현, 2006, 「근대 인쇄 매체와 수양론 · 교양론 · 입신출세주의－근대 주체 형성 과정에 대한 일고찰」, 『상허학보』 18.

애덤 스미스, 김수행 역, 2007, 『국부론』, 비봉출판사.

야나부 아키라 지음, 서혜영 옮김, 2003, 「나카무라 마사나오의 다양한 번역어」, 『번역어 성립과정』, 일빛.

야나부 아키라 저, 김옥희 역, 2011, 『번역어의 성립』, 마음산책.

양세욱, 2017, 「근대 중국의 개념어 번역과 '格義'에 대한 비교 연구」, 『중국문학』 91.

양일모, 2018, 「한학에서 철학으로－20세기 전환기 일본의 유교 연구－」, 『한국학연구』 49.

에이먼 버틀러, 황수연 옮김, 2016, 『고전적 자유주의 입문』, 리버티.

우남숙, 2011, 「사회진화론의 동아시아 수용에 관한 연구: 역사적 경로와 이론적 원형을 중심으로」, 『동양정치사상사』 제10(2).

우남숙, 2012, 「미국의 사회진화론과 한국 근대－윤치호의 영향을 중심으로」, 『동양정치사상연구』 11(1).

우림걸, 2000, 「한국 개화기 문학에 끼친 양계초의 영향 연구」, 성균관대학교 박사학위논문.

원석조, 2019, 『영국 사회복지의 역사: 빈민법에서 복지국가까지』, 공동체.

이광린, 1989, 「윤치호의 일본 유학」, 『개화파와 개화사상 연구』, 일조각.

이권희, 2011, 「메이지(明治) 전기 국민국가 형성과 교육－학제(學制)의 변천과 창가(唱歌) 교육을 중심으로－」, 『日本思想』 21(21), 한국일본사상사학회.

이권희, 2012, 「메이지(明治) 후기 국민교육에 관한 고찰: 창가(唱歌)를 통한 신민(臣民) 형성과정을 중심으로」, 『아태연구』 19(1).

이나미, 2001, 『한국자유주의의 기원』, 책세상.

이사야 벌린, 박동천 옮김, 2006, 『이사야 벌린의 자유론』, 아카넷.

이상익, 2001, 「유가의 경제사상과 유교자본주의론의 타당성 문제」, 『철학』 66(0).

이새봄, 2015, 「中村正直의 文明론: 天의 사상과 品行의 관계」, 『일본역사연구』 41.

이성용, 2016, 「맬서스이론과 그 파급효과－T. R. 맬서스 탄생 250주년」, 『지식의 지평』 20(20).

이영석, 2012, 『공장의 역사－근대 영국사회와 생산, 언어, 정치』, 푸른역사.

이황직, 2007, 「근대 한국의 초기 공론장 형성 및 변화에 관한 연구: 협성회와 독립협회의 토론회를 중심으로」, 『사회이론』 32.
임성모, 2008, 「근대 일본의 국내식민과 해외이민」, 『동양사학연구』 103.
존 스튜어트 밀 저, 서병훈 역, 2018, 『자유론』, 책세상.
전상숙, 2014, 「근대적 전환기 일본의 '아시아연대론'에 대한 한국의 인지적 대응: 국권 인식을 중심으로」, 『동아연구』 67(2).
정선영, 1983, 「Victoria 초기 영국의 빈민교육」, 『사학지』 17(0).
정진기 편, 1977, 『박정희 대통령의 지도이념과 행동철학』, 매일경제신문사출판부.
정희라, 2005, 「차별에서 평등으로: 종교적 불평등 폐지를 위한 19세기 영국의 개혁」, 『영국연구』 13.
제러미 벤담, 신건수 옮김, 2007, 『파놉티콘』, 책세상.
제러미 벤담, 고정식 역, 2011, 『도덕과 입법의 원리서설』, 나남.
조동준, 2015, 「사회세력과 담론 간 이합집산: 19세기 영국 노예제 금지 논쟁을 중심으로」, 『21세기정치학회보』 25(1).
조지 버나드 쇼 외, 고세훈 옮김, 2006, 『페이비언 사회주의』, 아카넷.
조지 제이콥 홀리요크, 정광민 옮김, 2013, 『로치데일 공정선구자 협동조합: 역사와 사람들』, 그물코 출판.
최기영, 2013, 『이대위: 잊혀진 미주한인사회의 대들보』, 역사공간.
최희정, 2011, 「1910년대 최남선의 『자조론』 번역과 "청년"의 "자조"」, 『한국사상사학』 39.
최희정, 2014, 「한국근대화와 自助精神: 남한의 새마을정신과 북한 자력갱생론의 연원」, 『한국근현대사연구』 69.
최희정, 2016, 「1920년대 이후 성공주의 기원과 확산」, 『한국근현대사연구』 76.
토머스 로버트 맬더스, 이서행 옮김, 2011, 『인구론』, 동서문화사.
한예원, 2017, 「일본 외래문화 수용의 두 자세－'화혼한재'와 '화혼양재'」, 『일본사상』 33.
함동주, 2014, 「러일전쟁기 일본의 조선이주론과 입신출세주의」 『역사학보』 221.
허구생, 2016, 『빈곤의 역사, 복지의 역사』, 한울아카데미.
허수, 2009, 「제1차 세계대전 종전 후 개조론의 확산과 한국 지식인」, 『한국근현대사연구』 50.
황미정, 2010, 「최남선역 『자조론』의 번역한자어 연구: 일본어역의 수용과 창출」, 『일본어학연구』 28.
후쿠자와 유키치, 엄창준 · 김경신 옮김, 1993, 『학문을 권함』, 지안사.
G.D.H.콜, 정광민 옮김, 2015, 『영국협동조합의 한 세기』, 그물코 출판.
G.D.H.콜 공저, 홍기빈 역, 2017, 『로버트 오언: 산업혁명기, 협동의 공동체를 건설한 사회혁신가』, 칼폴라니사회경제연구소.
Garth Lean, 송준인 옮김, 1987, 『신념으로 세상을 바꾼 사람 윌버포스』, 꽃삽.

3. 국외문헌

スペンサ-, 1988, 「進歩について」, 『世界の名著』 36, 中央公論社版.
岡義武, 1967, 「日露戰争後における新しい世代の成長（上）明治38~大正3年」, 『思想』 512, 岩波書店.
堅田剛, 1996, 「『権利のための闘争』と『強者の権利競争』ー加藤弘之のイエーリング解釈をめぐって」, 『独協法学』 42.
關肇, 1993, 「立志の変容: 国木田独歩「非凡なる凡人」をめぐって」, 『日本近代文学』 49.
區建英, 2009, 『自由と國民－嚴復の思索』, 東京大出版部.
堀幸雄, 2006, 『最新右翼辞典』, 柏書房.
宮崎正弘, 内田良平研究会 編著, 2009, 『シナ人とは何か--内田良平の『支那観』を読む』, 展転社.
宮永孝, 1990, 「幕府イギリス留学生 [下]], 『社會勞働研究』 36(4), 法政大学社会学部学会.
多田眞鋤, 2002, 『ヨ-ロッパ 近代政治社會思想史』, 慶応 義塾大學出版會.
大久保利謙, 2007, 『明六社』, 講談社学術文庫.
藤田祐, 2010, 「社会ダーウィニズムとハーバート・スペンサー」, 『イギリス哲学研究』 33, 日本イギリス哲学会 編.
藤村德一編, 1927, 『居留民之昔物語』, 朝鮮二昔會事務所.

鈴木英夫, 2007, 「明治初期の聖書に見られる「産業」の意味・用法について―『西国立志編』との比較を中心に」, 『白百合女子大学キリスト教文化研究論集』 8.

瀧井一博, 2016, 『渡邉洪基: 衆智を集むるを第一とす』, 東京: ミネルヴァ書房.

瀬川大, 2005, 「研究動向: 「修養」研究の現在」, 『研究室概要』 31, 東京大學大學院教育學研究科基礎教育學研究室.

馬静, 2005, 「實業之日本社の研究: 近代日本雜志史研究の序章」, 東京外國語大學博士學位論文.

門脇厚司, 1969, 「日本的立身・出世の意味變遷: 近代日本の情神形成研究・覺書」, 『教育社會學研究』 24.

培林薄, 2014, 「近代日本知識人の異る琉球問題認識－王その日本の友人を中心に」, 『關西大學 東西學術研究所紀要』 47.

山田有策, 1997, 「中村敬宇「西国立志編」(特集=続・日本人の見た異国・異国人－明治・大正期)－(明治時代の異国・異国人論)」, 『国文学：解釈と鑑賞』 62(12).

山下重一, 1983, 『スペンサ-と近代日本』, 東京: 御茶の書房.

山下重一, 2008, 「ハーバート・スペンサーの『社会静学』」, 『国学院法学』 46(3) (通号 180).

山下重一, 2009, 「ハーバート・スペンサーの社会有機体説」, 国学院法学』 46(4) (通号 181).

三上敦史, 2012, 「雑誌『成功』の書誌的分析: 職業情報を中心に」, 『愛知教育大學研究報告: 教育科學編』, 愛知教育大學.

三川智央, 2009, 「『西国立志編』はどのようにして明治初期の社会に広がったのか」, 『人間社会環境研究』 17.

三川智央, 2011, 「明治初期の社会における「小説」の位相: 『西國立志編』の影響を中心として」, 金澤大學大學院人間社會環境研究科博士論文.

西尾陽太郎, 1978, 『李容九小伝―裏切られた日韓合邦運動―』, 葦書房.

西村茂樹, 1899, 『德學講義 第六冊』, 哲學書院.

松岡僖一, 1996, 「士族民権家の登場」, 『見学園女子大学紀要』 29, 見学園女子大学文化学科.

松本三之介, 1993, 「近代日本における社会進化思想(一)」, 『駿河冶法学』 7(1).

松本三之介, 1998, 「近代日本における社会進化思想(二)」, 『駿河冶法学』 11(2).

松沢弘陽, 1975, 「「西国立志編」と「自由之理の世界－幕末儒学ビクトリア朝急進主義「文明開化」(日本における西欧政治思想)」, 『日本政治学会年報政治学』 03.

矢野卓也, 2003, 「ハーバート・スペンサーにおける〈完全社会〉と〈政治〉」, 『法学政治學論究 : 法律・政治・社会』 59, 慶應義塾大学大学院法学研究科内「法学政治学論究」刊行会 編.

矢野卓也, 2004, 「ハーバート・スペンサーにおける〈世論〉と政治」, 『法学政治学論究 : 法律・政治・社会』 60(2), 慶應義塾大学大学院法学研究科内 「法学政治学論究」 刊行会 編,

柴田篤弘編鵜浦裕, 1991, 「近代日本における社会ダーウィニズム受容と展開」, 『講座進化 2 進化思想と社会』, 東大出版会.

室伏武, 1993, 「我が国における自助論の展開－明治の精神と「西国立志編」(その10)」, 『東と西』 11.

野原四郎, 1959~1962, 「大アジア主義」, 平凡社 編, 『アジア歴史辭典』, 東京: 平凡社.

王成, 2004, 「近代日本における〈修養〉概念の成立」, 『日本研究』 29.

雨田英一, 1992, 「村上俊藏の『成功』思想: 近代日本修養思想一形態」, 『教育學研究』 59(2).

熊田忠雄, 2016, 『明治を作った密航者たち』, 祥伝社.

原田雄太郎, 2012, 「資本主義確立期における担い手と職業倫理に関する考察」, 『オホーツク産業経営論集』 21(1・2).

伊東俊太郎・広重徹村・上陽一郎, 2002, 『思想史のなかの科学』, 平凡社.

齋井輝子, 1987, 「日米兩國の成功雜誌に關する一考察」, 『アメリカ研究』 21.

槙林滉二, 1997, 「西国立志編」の系脈–自助と立志の位相」, 『広島大学文学部紀要』 57.

田中健之, 1987, 『内田良平翁五十年祭追慕録』, 皇極社出版部.

傳澤玲, 1995, 「明治30年代における立身出世考: 『成功』を中心に」, 『比較文學・文化論叢(東京大學比較文學・文學研究會)』 11.

佐藤慎一, 1996, 「梁啓超と社会進化論」, 『法学』 59(6).

佐藤優, 2014, 「ベストセラーで読む日本の近現代史(第7回)西国立志編サミュエル・

スマイルズ」, 『文芸春秋』 92(5).
竹内洋, 2005, 『(増補版) 立身出世主義』, 世界思想社.
竹内好, 1963, 「アジア主義の展望」, 竹内好 編纂・解說, 『アジア主義』, 東京: 筑摩書房.
中島哲也, 2007, 「Self-HelpにおけるDutyと『西国立志編』における職分--文化接触の一局面」, 『国際日本学』 5.
眞邊將之, 1999, 「明治啓蒙期の西村茂樹－民權と仁政」, 『日本歷史』 617.
天川潤次郎, 1989, 「明治日本における「立身出世主義」思想の起源」, 『經濟學論究』 43, 關西學院大學 經濟學部.
千坂恭二, 1997, 「日本的前衛とアジアの大衆アジア主義の革命と戦争－内田良平と黒龍会のアジア主義を革命の立場から再評価した」, 『情況』.
千坂恭二, 2015, 「内田良平と黒龍会」, 『思想としてのファシズム』所収, 彩流社.
初瀨龍平, 1980, 『伝統的右翼内田良平の研究』, 九州大学出版会.
村上俊藏, 1902, 「大旨」, 『成功』 1-1, 成功雜誌社.
萩原隆, 1996, 『中村敬宇研究： 明治啓蒙思想と理想主義』, 東京: 早稲田大学出版部.
筒井清忠, 1995, 『日本型「教養」の運命』, 東京: 岩波書店.
阪上孝 編, 2002, 『變異するダーウィニズム』, 京都大学出版會.
平尾道雄, 1970, 『自由民権の系譜』, 高知新聞社.
平川祐弘, 2006, 『和魂洋才の系譜』, 勉誠出版.
平川祐弘, 2006, 『天ハ自ラ助クルモノヲ助ク－中村正直と「西国立志編」』, 名古屋大學出版部.
狭間直樹編, 1999, 『梁啓超』, 京都大学出版會.
和田敦彦, 2002, 『メディアの中の読者: 読書論の現在』, ひつじ書房.
丸山真男 加藤周一, 1991, 『飜訳と日本の近代』, 岩波書店.
和崎光太郎, 2012a, 「近代日本における「煩悶青年」の再検討 ： 1900年代における〈青年〉の変容過程」, 『日本の教育史学』 55(0).
和崎光太郎, 2012b, 「初期丁酉倫理会における倫理的〈修養〉 : 姉崎正治と浮田和民に着目して」, 『教育史フォーラム-』 7.

和崎光太郎, 2016, 「〈青年?史研究序説：〈青年〉の誕生を再考する」, 『近畿大学教育論叢』 27(2).

和崎光太郎, 2017, 『明治の〈青年〉－立志・修養・煩悶』, ミネルヴァ書房.

森川輝紀, 2003, 『教育勅語への道』, 三元社.

Adams, M. Ray, 1947, "Introduction," *Studies in the Literary Backgrounds of English Radicalism*, Lancaster: Pennsylvania.

Arnstein, Walter, 1983, *Britain Yesterday and Today: 1830 to the Present*, *Lexington* D. C. Heath and Company.

Berlin, Isaiah, 1958, "Two Concepts of Liberty," *Four Essays on Liberty*, Clarendon.

Blackburn, Robert, 1995, *The Electoral System in Britain*, St. Martin's.

Briggs, Asa, 1954, *Victorian People : Some Reassessments of People, Institutions, Ideas and Events, 1851-1867*, London: Oldhams Press.

Burke, Edmund, 1987, *Reflections on the Revolution in France*, Indianapolis: Hackett.

Butler, J. R., 1914, *The Passing of the Great Reform Bill*, London.

Caprio, Mark E., 2009, *Japanese Assimilation Policies in Colonial Korea, 1910-1945*, Washington: University of Washington Press.

Cawelti, John G., 1965, *Apostles of the Self-Made Man*, Chicago: University of Chicago Press.

Clausen, Christopher, 1993, "How to Join the Middle Classes: With the Help of Dr. Smiles and Mrs. Beeton," *The American Scholar* 62(3).

Cole G.D.H. and A. W. Filson, 1951, *British Working Class Movement : Selected Documents, 1789~1875*, London: Macmillan

Dickinson, H. T., 1985, "The British Jacobins," *British Radicalism and the French Revolution 1789~1815*, Oxford: Basil Blackwell.

Dore, R. P., 1968, "Talent and the Social Order in Tokugawa, Japan," John Whitney Hall and Marius B. Jansen, eds. *Studies in the Institutional History of Early Modern Japan*, Princeton, N. J.: Princeton Legacy Library.

Edsall, N. C., 1971, *The Anti-Poor Law Movement, 1834-44*, Manchester: Manchester

Univ. Press.

Fielden, Kenneth, 1968, "Samuel Smiles and Self-Help", *Victorian Studies*, 12(2).

Harrison, J. F. C., 1957, "The Victorian gospel of success," *Victorian Studies* 1(2).

Harrison, J. F. C., 1959, "Chartism in Leeds," in A. Briggs, *Chartist Studies*.

Hawkins, M., 1997, *Social Darwinism in European and American Thought, 1860-1945: Nature as Model and Nature as Threat*, Cambridge: Cambridge University Press.

Huber, Richard M., 1971, *The American Idea of Success*, New York: McGraw-Hill.

Hudson, William James, 1969, *The History of Adult Education*, New York: Augustus M. Kelly Publishers.

Hulbert, Homer Bezaleel, 1906, "News Calendar," *The Korea Review,* April.

Hunter, John, 2017, *The Spirit of Self-Help: a Life of Samuel Smiles*, London: Shepheard-Walwyn.

Jansen, Marius B., 1965, *Changing Japanese Attitudes toward Modernization*, Princeton, N. J.: Princeton Legacy Library.

Jarvis, Adrian, 1997, *Samuel Smiles and the Construction of Victorian Values*, Gloucestershire: Sutton Publishing.

Joyce, Patrick, 1980, *Work, Society and Politics*, Brighton.

Kimmonth, Earl H., 1974, "The Self-Made Man in Meiji Japanese Thought," Ph. D. Thesis, University of Wisconsin-Madison, Madison, Wisconsin, USA.

Kimmonth, Earl H., 1980, "Nakamura Keiu and Samuel Smiles: A Victorian Confucian and a Confucian Victorian," *The American Historical Review* 85(3).

Kirby, P., 2003, *Child Labour in Britain, 1750-1870*, London:Palgrave McMillian.

Kirk, Neville, 1985, *The Growth of Working Class Reformism in Mid-Victorian England*, London: Croom Helm.

Jeffrey P. Morgan, 2016, *The Global Spencerism: The Communication and Appropriation of a British Evolutionist*, York: York University.

Mangiavellano, D, R., 2013, "Samuel Smiles, Nicolas-Edme Restif, and Habit in Self-Help," *Notes and Queries* 60(2).

Moore, D. C., 1969, "The Other Face of Reform - A Conservative View," Gilbert A. Cahill ed., *The Great Reform Bill of 1832*, Lexington: D. C. Heath and Company.

Moore, Keith, 2000, "Helping Himself to History," *Professional Engineering* 13(10).

Morris, Low, 2008, "Science, Protestant Christianity and Darwinism in Meiji Japan 87", *Historia Scientiarum* Vol 18(2).

Morris, Michael D. S. and Alexander Vekker, 2001, "An alternative look at temporary workers, their choices, and the growth in temporary employment," *Journal of Labor Research* 22(2).

Morris, R. J., 1981, "Samuel Smiles and the Genesis of Self-Help: The Retreat to a Petit Bourgeois Utopia," *The Historical Journal* 24(1).

Morris-Suzuki, T., 1998, "Europe in the Making of Japanese values," *European Review* 6(01).

Prochaska, F. K., 1993, "Philanthropy," *The Cambridge Social History of Britain, 1750- 1950*, vol, 3. Cambridge: Cambridge University Press.

Radcliffe, Christopher, 2006, "Mutual improvement societies and the forging of working-class political consciousness in nineteenth-century England," *International Journal of Lifelong Education* 16(2).

Ramnay, J., 1937, *Herbert Spencer's Sociology*, London: McMillian and Co.

Richards, Jeffrey, 1982, "Spreading the Gospel of Self-Help: G. A. Henty and Samuel Smiles," *Journal of Popular Culture* 16.

Rodrick, Anne Baltz, 2001, "The Importance of Being an Earnest Improver: Class, Caste, and Self-Help in Mid-Victorian England," *Victorian Literature and Culture*.

Rohlen, Thomas P., 1974, "For Harmony and Strength: Japanese White-Collar Organization", *Anthropological Perspective*, Berkeley: University of California Press.

Rohlen, Thomas P., 1982, *The Self-Made Man in Meiji Japanese Thought: From Samurai to Salary Man*, Berkeley: University of California Press.

Smiles, Samuel, 1905, *"The Autobiography of Samuel Smiles,"* LL. D, Ed. Thomas McKay, London: John Murray.

Smiles, Samuel, 2002, *Self-Help(1867)*, Oxford: Oxford University Press.

Spengler, J. J., 1945, "The Physiocrats and Say's Law of Markets I," *Journal of Political Economy* 53(3), September.

Thomas, McKay(ed), 1905, *The Autobiography of Samuel Smiles,* London: John Murray.

Thompson, E. P., 1971, "The Moral Economy of the English Crowd in the Eighteenth Century," *Past & Present,* 50.

Tocqueville, Alexis de, 1955, *The Old Regime and the French Revolution*, Translated into English by Stuart Gilbert, New York: Doubleday.

Travers, Timothy, 1977, "Samuel Smiles and the Origins of Self-Help: Reform and the New Enlightenment," *Albion* 9(2).

Travers, Timothy, 1987, *Samuel Smiles and the Victorian Work Ethic*, New York: Garland Publishing, Inc.

Tylecote, Mabel Phythian, 2005, *The Mechanics' Institutes of Lancashire & Yorkshire Before 1851*, Manchester: Manchester University Press.

Vincent, David & Watton, John K. 1981, *Bread, Knowledge & Freedom; A Study of Nineteenth-Century Working-Class Autobiography*, London, New York; Methuen.

Watts, M. R., 1978, *The Dissents* 1, Oxford: Oxford University Press.

Wells, David, 1988, "Evolution and A Free Society: Spencer, Kropotkin and Popper," *Politics* 23(1), May.

West, E. G., 1978, "Literacy and the Industrial Revolution," *Economic History Review* (August).

Wood, E. M., 2012, *The Retreat from Class: A New 'True' Socialism*, London: Verso Books.